Fundamentos da psicanálise
de Freud a Lacan

Transmissão da Psicanálise
diretor: Marco Antonio Coutinho Jorge

Marco Antonio Coutinho Jorge

Fundamentos da psicanálise de Freud a Lacan

Vol.2: A clínica da fantasia

2ª edição revista e ampliada
1ª reimpressão

Copyright © 2010, 2022 by Marco Antonio Coutinho Jorge

1ª edição: 2010
2ª edição revista e ampliada: 2022

Grafia atualizada segundo o Acordo Ortográfico da Língua Portuguesa de 1990, que entrou em vigor no Brasil em 2009.

Capa
Bloco Gráfico

Imagem de capa
Sem título, 2007, de Maria Lynch. Caneta hidrográfica sobre papel. Coleção particular.

Revisão
Adriana Bairrada
Adriana Moreira Pedro

Dados Internacionais de Catalogação na Publicação (CIP)
(Câmara Brasileira do Livro, SP, Brasil)

Jorge, Marco Antonio Coutinho
   Fundamentos da psicanálise de Freud a Lacan : Vol. 2 : A clínica da fantasia / Marco Antonio Coutinho Jorge. — 2ª ed. rev. e ampl. — Rio de Janeiro : Zahar, 2022. — (Fundamentos da psicanálise de Freud a Lacan ; 2)

   ISBN 978-65-5979-082-1

   1. Freud, Sigmund, 1856-1939 2. Lacan, Jacques, 1901-1981 3. Psicanálise I. Título. II Série.

22-121639   CDD: 150.195

Índice para catálogo sistemático:
1. Psicanálise   150.195

Cibele Maria Dias – Bibliotecária – CRB-8/9427

[2022]
Todos os direitos desta edição reservados à
EDITORA SCHWARCZ S.A.
Praça Floriano, 19, sala 3001 — Cinelândia
20031-050 — Rio de Janeiro — RJ
Telefone: (21) 3993-7510
www.companhiadasletras.com.br
www.blogdacompanhia.com.br
facebook.com/editorazahar
instagram.com/editorazahar
twitter.com/editorazahar

As fantasias possuem realidade psíquica, em contraste com a realidade material, e gradualmente aprendemos a entender que, no mundo das neuroses, a realidade psíquica é a decisiva.

Sigmund Freud

O valor da psicanálise está em operar sobre a fantasia.

Jacques Lacan

Sumário

Prefácio à série *Fundamentos da psicanálise de Freud a Lacan*

O MOMENTO EM QUE ESTA SÉRIE, *Fundamentos da psicanálise de Freud a Lacan*, se completa, com a publicação de seu quarto volume, coincide com a reedição dos três volumes anteriores em versões inteiramente revistas, ampliadas e com novas ilustrações. Nesses cerca de vinte anos entre o surgimento do primeiro e do último volumes, foi com grande satisfação que vi se firmar a receptividade desta obra junto a psicanalistas e estudantes de psicologia.

Em um processo de ressignificação tão caro à psicanálise, tive oportunidade, assim, de dirigir um novo olhar para o conjunto e revisitar cada volume da série. Há aqui um trabalho construído de acordo com movimentos que nitidamente se impuseram, ao longo do tempo, pelo aprofundamento da pesquisa teórico-clínica. Não por acaso demarquei a obra de Sigmund Freud em períodos que permitem ordenar sua evolução de forma gradativa e rigorosamente obediente ao avanço da experiência analítica: o ciclo do inconsciente, o ciclo da fantasia e o ciclo da técnica. Mostrei que esses três ciclos estão intimamente articulados e seguem um eixo de construção bastante notável, cuja consistência emana certamente da ênfase na soberania da clínica que norteou seus três grandes passos teóricos: pulsão sexual, narcisismo, pulsão de morte.

O primeiro volume trata das bases conceituais da psicanálise, a pulsão e o inconsciente. Com uma revisão minuciosa e completa, seu texto ganhou maior clareza e o sequenciamento das ideias foi aperfeiçoado — elementos importantes para um livro que condensa significativa gama de conteúdos teóricos complexos e consistentes. Nesse *As bases conceituais,* resgatei o esquecido conceito de recalque orgânico na obra de Freud, com o intuito de acrescentar elementos para elucidar o próprio mecanismo do recalque — pedra angular do edifício teórico da psicanálise, segundo seu criador —, e introduzi, como consequência dessa investigação, a noção de pulsão olfativa, única pulsão que não encontrou tematização consistente na psicanálise, embora sua manifestação na clínica e na vida cotidiana seja inegável.

A ordenação dos achados teóricos relativos ao inconsciente e à pulsão, com os múltiplos conceitos deles derivados, visou oferecer com a maior fidedignidade possível um retrato nítido, embora denso, da importância da leitura lacaniana da descoberta freudiana. Sem Lacan, não teríamos hoje tão bem definidas suas concepções absolutamente inéditas da sexualidade humana e do conhecimento sobre o inconsciente a partir da estrutura da linguagem. Um novo anexo foi acrescentado ao volume, em que o jogo de futebol é analisado como paradigma das exigências da pulsão e dos limites da sublimação imposta pela cultura.

O segundo volume, *A clínica da fantasia*, concentrou-se em um dos mais poderosos núcleos temáticos da psicanálise desde sua criação, o conceito freudiano de fantasia (*Phantasie*). Como consequência direta das elaborações do volume anterior, introduzi a definição da fantasia como a articulação entre a pulsão e o inconsciente. Percorri o conceito em suas variadíssimas manifestações e isolei um período de estudo sobre a fantasia na obra de Freud — que denominei ciclo da fantasia —, para demonstrar o lugar central que ele ocupa na maneira singular pela qual a psicanálise concebe o aparelho psíquico.

Isolei no matema lacaniano da fantasia seus dois polos — amor e gozo —, que orbitam em torno do núcleo vazio do desejo, o que nos permitiu detectar as duas fantasias de desejo que norteiam a vida erótica de modo universal. Mostrei como a clínica da separação amorosa, causa frequente das mais variadas formas de profunda desestabilização psíquica, pode ser considerada emblemática da desfusão pulsional produzida quando a fantasia sofre um golpe e sua potência é rarefeita a ponto de abalar, com maior ou menor duração, a estrutura subjetiva.

Criei uma forma inédita de conceber a relação entre a fantasia e a pulsão de morte, que reorganiza de modo fecundo um sem-número de ocorrências clínicas e lhes fornece inteligibilidade analítica. Mostrei como a localização de gozo propiciada pela fantasia fundamental — verdadeiro núcleo do aparelho psíquico — é fonte da realidade psíquica, e como sua ausência, mesmo momentânea, é o fator desencadeante de estados de enlouquecimento, passíveis às vezes de serem considerados erroneamente como psicóticos. A vida e a história clínica do grande dançarino russo Vaslav Nijinsky, um capítulo acrescentado ao volume 2 nesta nova edição, ilustram esse ponto de maneira impressionante.

O terceiro volume, *A prática analítica*, focalizou, especialmente tendo em mente a noção de ciclo da técnica, os elementos que considero os mais relevantes do método psicanalítico criado por Freud. Quis concentrar em uma única obra os termos fortes que definem a especificidade da experiência analítica, tal como construída por Freud, e que foram objeto da atenção de Jacques Lacan ao longo de todo seu ensino. Visitei o período de exatos dez anos em que o jovem neurologista Sigmund, após retornar de seu estágio com Jean-Martin Charcot no hospital da Salpétrière, em Paris, voltou toda sua atenção para a clínica da histeria, com a qual gestou e erigiu a ciência psicanalítica. Nessa nova edição, acrescentei um capítulo sobre o longo percurso de Freud na criação das balizas de uma clínica estrutural.

Indicando o enraizamento do ciclo da técnica naquele que o antecedeu, percorri-o como a expressão da maturidade alcançada por Freud com o estudo minucioso da estrutura da fantasia em suas várias apresentações. Os conceitos introduzidos por ele para tematizar as questões relativas à direção da análise foram estudados a partir das férteis interrogações e elaborações que o ensino de Lacan forneceu. Assim, apoiado no conceito lacaniano de desejo do analista e na ética que ele implica, acompanhei as principais balizas da prática analítica — a relação entre angústia e desejo, as duas faces da repetição, a distinção entre interpretação e construção em análise, a dialética entre luto e culpa, o lugar do analista e o sujeito suposto saber —, e introduzi a noção de deliberação analítica.

O quarto volume, *O laboratório do analista*, além de complementar temas pouco aprofundados nos anteriores — como o estudo da lógica da interpretação e do tempo da sessão analítica a partir de Lacan, assim como a genealogia do objeto *a* e o discurso psicanalítico —, tem o mérito de fornecer a luz mais intensa com a qual passei a conceber a posição do analista em sua prática: entre ciência e arte. Em seu consultório, a cada sessão o analista está em um verdadeiro laboratório, lidando com duas dimensões distintas e ambas imprescindíveis: uma em que o conhecimento teórico e científico se mostra necessário e subjacente à prática em toda a sua extensão; e outra em que a experiência real com seus analisandos o conduz a desenvolver um savoir-faire atravessado por seu estilo, mas também comprometido com a marca do encontro singular que cada paciente produz, em suas diversas manifestações transferenciais, e exige como escuta e resposta analítica.

Todo conhecimento é pouco para um analista, assim como toda prudência e humildade também — os analistas, mundialmente, são unânimes em reconhecer isso. Como afirma Lacan, o analista nada sabe do saber que lhe é suposto pelo seu analisando, mas isso não o exime de percorrer continuamente os mais variados saberes dos quais a teoria psicanalítica se nutre. Ao contrário, a posição de não saber ocupada pelo analista na direção do tratamento de seus pacientes só tem legitimidade, e pode produzir as consequências almejadas, quando é construída em uma referência ao saber. É o que Lacan nomeou de douta ignorância.

O relançamento dos três primeiros volumes junto à publicação do mais recente e último volume da série foi uma proposta entusiasmada do editor Ricardo Teperman, a quem devo essa fantástica oportunidade. Pude contar com a experiência de Ana Cristina Zahar, editora apaixonada por seu ofício e pela psicanálise, na leitura e sugestões de cada volume, o que deu à série uma nova vida textual. A eles, não poderia haver agradecimento maior que o da alegria de um autor diante do caloroso acolhimento a uma obra que expressa seu desejo de criar no campo teórico inaugurado por Sigmund Freud e continuado pelo ensino de Jacques Lacan.

Rio de Janeiro, setembro de 2022

Introdução
O real e a realidade

Vai, vai, vai, disse o pássaro: o gênero humano
Não pode suportar tanta realidade.

T.S. ELIOT

NESTE SEGUNDO VOLUME DE *Fundamentos da psicanálise de Freud a Lacan*, retraço a importância do conceito de fantasia na psicanálise a partir dos principais momentos em que é tematizado na obra de Freud e no ensino de Lacan. Trata-se de um prosseguimento encadeado ao primeiro volume, na medida em que a fantasia é aqui definida como a articulação entre pulsão e inconsciente, conceitos ali extensamente abordados.

Obtive nesse estudo alguns importantes avanços. Em primeiro lugar, o isolamento de um segmento da obra de Freud nunca antes ressaltado, que denomino "ciclo da fantasia": um dos períodos mais férteis de suas reflexões, conforme mostro, não só ressignifica etapas anteriores de sua descoberta como ordena de forma decisiva suas teorias posteriores. Em segundo lugar, a elevação da fantasia ao patamar de um verdadeiro conceito fundamental da psicanálise, a partir do momento em que seu estatuto fundador é realçado e sua função de mediadora do encontro do sujeito com o real é indicado.

Introduzo uma nova forma de articular a fantasia com a pulsão de morte, na qual se evidencia melhor a relação entre real e realidade, assim como a função de freio desempenhada pela fantasia em relação ao real do gozo destrutivo da pulsão de morte. O emparelhamento estrutural entre fantasia e delírio é proposto, nesse sentido, com o intuito de permitir estabelecer o papel que a primeira representa na neurose e o segundo, na psicose: ambos constituem esforços simbólicos e imaginários de apaziguamento das invasões bárbaras e inassimiláveis do real. Ambos são telas protetoras que possibilitam o contato — o laço social — com o outro, o semelhante e o mundo à nossa volta.

Considerando os laços humanos como fantasísticos e delirantes, podemos nos voltar para o estudo da cultura humana munidos de um instrumental psicanalítico muito refinado. Isso é realizado aqui pontualmente, através da ênfase posta em exemplos que derivam das artes, da literatura e da vida cotidiana, bem como os oriundos da clínica psicanalítica, sempre abrindo vias e condições para futuras abordagens mais amplas. O papel desempenhado pelos grandes caminhos do homem na cultura — arte, ciência e religião — nunca escapou à reflexão freudiana. Com isso em mente, trago a ideia da distinção de dois polos na fantasia, que permitem retomar certas observações clínicas e favorecem a expansão de nossa compreensão analítica na direção da cultura e do laço social. As culturas podem ser consideradas como fundadas em laços fantasísticos privilegiados por elas, e acredito poder postular que, se diferem entre si de forma tão acentuada, isso se deve às estruturas fantasísticas e delirantes que lhes são próprias.

O estudo da fantasia em psicanálise, depois do ensino de Lacan, passa pela tematização da diferença entre real e realidade. Pois o conceito lacaniano de real é uma resposta teórica consistente que visa solucionar os problemas, se não os impasses, inerentes à noção de realidade, onipresente na obra de Freud. Tal noção surge aí traduzida em inúmeros aspectos, como o princípio de realidade e o teste de realidade, além das chamadas realidades psíquica e material.

A oposição entre duas realidades diversas, uma interna e outra externa, constitui o fulcro principal aberto pela noção de fantasia na obra de Freud. Ela implica a existência de uma abertura na relação do sujeito com o mundo externo que vem a ser preenchida por representações singulares, que se repetem insistentemente, de modo a lhe oferecer alguma homeostase psíquica. Essas representações constituem verdadeira matriz psíquica que funciona como uma espécie de filtro em relação ao mundo externo, do qual são pinçados apenas os traços que com elas se coadunam.

É curioso que, tal como o cérebro é o único órgão vital hermeticamente protegido e tornado inacessível pela calota craniana, o aparelho psíquico parece necessitar estar fechado sobre si mesmo e viver nutrido por um determinado número de representações, que nele são armazenadas com a finalidade de protegê-lo do excesso de estímulos. O aparelho psíquico deve, assim, fazer face a duas ordens de excessos, externos e internos: os primeiros são constantes e muitas vezes traumáticos — representam uma elevada exigência de simbolização, isto é, de atividade psíquica para elaborar experiências que extrapolam a capacidade de assimilação de sua estrutura. Os excessos internos são igualmente poderosos, uma vez que são constituídos pelos pedidos constantes de satisfação pulsional, que se presentificam através de forças imperiosas ao longo da vida e das mudanças que esta propõe, sem cessar, ao sujeito.

Para Lacan, a realidade é simbólico-imaginária, uma construção eminentemente fantasística que, para cada sujeito, faz face ao real inominável. Essencialmente, a concepção lacaniana do real está ligada ao impossível em jogo na relação sexual, e a fantasia é, em suma, fantasia de relação sexual. Lacan define o real de diferentes modos, mas em todos eles o que importa é seu caráter evasivo ao sentido. Ele é puro não-sentido, ao passo que é precisamente o sentido que caracteriza o imaginário e o duplo sentido, o que caracteriza o simbólico. O real é "o que é estritamente impensável",[1] é o impossível de ser simbolizado; o real é, por excelência, o trauma, o que não é passível de ser assimilado pelo aparelho psíquico, o que não admite qualquer representação possível. Por isso, o real é também aquilo que retorna ao mesmo lugar, já que o simbólico não consegue deslocá-lo, e o ponto de não senso que ele implica se repete insistentemente enquanto radical falta de sentido.

Há, assim, um remanejamento da divisão freudiana original entre realidade material (objetiva) e realidade psíquica (subjetiva), ressituando a primeira como eminentemente inapreensível, nomeando-a de real e distinguindo-a da segunda, constituída pela fantasia. Dito de outro modo, a oposição freudiana entre realidade externa e realidade interna é substituída, em Lacan, pela oposição entre real e fantasia. A fonte dessa distinção operada por ele encontra-se embrionariamente na obra freudiana. Na conferência introdutória "A dissecação da personalidade psíquica", Freud já afirmara que a realidade é um território estrangeiro externo. E em seu texto tardio "Esboço de psicanálise", no qual pretendeu resumir seu legado, dedicou uma seção inteira ao mundo externo e afirmou que a realidade permanecerá para sempre incognoscível.

Ao introduzir a estrutura da fantasia, Freud funda uma dialética entre dois princípios: o princípio de prazer e o de realidade. Na verdade, o segundo não é, para ele, um rival do primeiro. Ao contrário, é sua continuação, já que, visando preservar os objetivos daquele, não hesita em introduzir um limite na direção do adiamento de uma ação que busca certa satisfação. Se a ação for adiada é porque deve aguardar um bom momento para ser empreendida. Assim, o princípio de realidade preserva os desígnios do princípio de prazer e a ele se alia. O princípio de realidade está mais intimamente associado, no fundo, ao princípio de prazer do que ao mundo externo, o qual avalia com o intuito apenas de sondar sua receptividade ou até mesmo de escapar dele, por meio da ação da fantasia.

O princípio de realidade não é senão um emissário do princípio de prazer, emissário que, se quiséssemos fazer uma parábola, seria tal como a escolta de uma personalidade importante, enviada na frente para abrir caminho e avaliar se as condições do ambiente e do tráfego favorecem o nobre viajante. É evidente que a escolta não pode deixá-lo prosseguir, caso algum perigo se anuncie. Nesse caso, recomenda que um acampamento seja montado e que tenha paciência e aguarde, pois não se deseja que sua integridade corra qualquer espécie de risco. A personalidade importante — que é a pulsão — recua diante de uma realidade externa hostil e, ao acampar em lugar seguro, conquista uma satisfação imaginária, fantasística.

Mas como a realidade externa erige continuamente obstáculos às demandas de satisfação da pulsão, a fantasia acaba sendo também uma atividade contínua, que ocupa uma região considerável do aparelho psíquico.

Na neurose, a fantasia produz uma ponte entre o acampamento e o mundo à frente dele, mas se a fantasia que vigora no acampamento tenta retificar o mundo, este corrige continuamente, numa via de mão dupla, a fantasia. Na psicose, o delírio também produz uma ponte entre o acampamento e o mundo, mas esse processo de recíproco balizamento está prejudicado, e aquilo que seria uma fantasia que reinventa o mundo sempre que este se revela insatisfatório torna-se um delírio ao qual só cabe reconstruí-lo inteiramente. O delírio é essa ponte que não cessa de se estender em direção a um mundo que foge radicalmente de sua apreensão simbólica, embora permita contatos imaginários.

Pois o mundo humano é construído pela linguagem, e, caso esta não inclua nela mesma um limite — o significante Nome-do-Pai —, aquele fica sem ancoramento, sem a ponte simbólica que o homem está sempre atravessando, de um lado para o outro, para tocar o mundo aqui e ali e depois voltar ao seu refúgio prazeroso, feito de significantes singulares e idiossincráticos.

Muitos amigos, colegas e pesquisadores participaram, direta e indiretamente, da escrita deste livro, trabalhando comigo em diferentes atividades de ensino psicanalítico. Em psicanálise, a fala, com frequência, precede a escrita, e assim, tendo encontrado ouvintes atentos antes mesmo de ter sido escrito, este livro teve inúmeros colaboradores.

O trabalho de construção teórica em psicanálise jamais é feito isoladamente e sim através das instâncias em que a palavra circula. Dessa forma, a reflexão adquire condições de se abrir para caminhos novos e diferentes formas de dizer que retransmitem o saber, atravessando-o, necessariamente, pelo não saber inerente à prática clínica. Em seu trabalho e em suas indagações, o psicanalista está advertido, com T.S. Eliot, de que *"The only wisdom we can hope to acquire/ is the wisdom of humility: humility is endless".**

---

* Em tradução livre: "A única sabedoria a que podemos aspirar/ é a sabedoria da humildade: a humildade é infinita".

Como dizia Lacan, o psicanalista sério não se reconhece pelo rosto sisudo nem pela postura rígida, mas pelo fato de que "faz série", isto é, insiste com seu desejo numa determinada direção, retirando dele sua única garantia subjetiva. Sou especialmente agradecido aos membros das Seções e Núcleos do Corpo Freudiano Escola de Psicanálise, que, em vários lugares do Brasil, propiciam o ensino e a transmissão da psicanálise apostando na vertente na qual tenho insistido: o estudo de Freud com Lacan. As trocas efetuadas no Brasil e em outros países no âmbito da Convergência — Movimento Lacaniano para a Psicanálise Freudiana foram bastante frutíferas e marcaram singularmente diversos momentos deste meu percurso na clínica da fantasia.

Sou bastante grato também aos psicanalistas do Corpo Freudiano Seção Rio de Janeiro, do Círculo Psicanalítico de Minas Gerais e aos ex-alunos do Programa de Pós-graduação em Psicanálise do Instituto de Psicologia da Universidade do Estado do Rio de Janeiro (Uerj), que acompanharam de perto, durante alguns anos, o desenvolvimento de muitas elaborações aqui apresentadas. Além desses, outros grupos foram responsáveis por bons momentos de trabalho e trocas animadas. A todos, meu agradecimento pelo engajamento entusiasmado na psicanálise e num diálogo em que o inconsciente sempre encontra espaço para ser ouvido. Agradeço ainda à Uerj pela bolsa de pesquisa da Prociência, que me foi concedida durante os anos de escrita desta obra.

A Kathia Ferreira, um grande obrigado pela leitura rigorosa que teve valor inestimável para a forma final deste livro. A Ana Cristina Zahar, meu agradecimento pelo apoio e meu reconhecimento afetuoso pela aposta vigorosa na transmissão da psicanálise em nosso país. E a meus queridos Cláudio Piccoli e Eliane Maria Soares Gomes, todo meu melhor afeto pelo que me proporcionaram para que este livro encontrasse o caminho que vai da fantasia à realidade.

PARTE I

Fantasia e pulsão sexual

1. A pulsão sexual: Primeira subversão freudiana

EM SEU ARTIGO "MORAL SEXUAL 'CIVILIZADA' e doença nervosa moderna" (1908), Freud faz uma única referência aos "Três ensaios sobre a teoria da sexualidade" (1905) na qual aponta para um dos elementos fundamentais, dentre os repertoriados nos "Três ensaios", que sustentaria a distinção conceitual entre instinto e pulsão. Trata-se da falta de conexão unívoca, na sexualidade humana, entre a pulsão e a atividade reprodutora, que constitui a dimensão essencialmente autoerótica da pulsão.

Se em 1905, ao abordar as fases de desenvolvimento da organização infantil, Freud já ressaltara que a vida sexual da criança "é essencialmente autoerótica (seu objeto se encontra no próprio corpo) e suas pulsões parciais singulares aspiram a conseguir prazer cada uma por sua conta, inteiramente desconectadas entre si",[1] em 1908 — nesse artigo que pode ser considerado o quarto ensaio da teoria da sexualidade — ele sublinha que "perspectivas mais amplas se abrem quando consideramos o fato de que a pulsão sexual do ser humano não está em sua origem a serviço da reprodução, mas sim que tem como meta determinadas variedades de obtenção de prazer".[2]

Ainda que a referência aos "Três ensaios" seja apenas essa, sua importância para a construção de "Moral sexual 'civilizada'" não poderia ser maior. Segundo James Strachey, editor inglês das *Obras completas* de Freud, esse artigo parece ser, em grande parte, uma síntese das descobertas expostas naquela obra. Com efeito, ele é o desdobramento de uma afirmação que se encontra no final dos "Três ensaios": a existência do "vínculo de oposição entre a cultura e o livre desenvolvimento da sexualidade".[3]

Como veremos a seguir, "Três ensaios" é uma obra cuja atualidade é enorme. Nela, Freud estabelece as bases da concepção psicanalítica da sexualidade e produz uma subversão cujo alcance político se estendeu por todo o século xx, e permanece sendo assim.

O corte freudiano

"Três ensaios" é a segunda grande obra de Freud. A primeira, *A interpretação dos sonhos*, fora escrita e publicada alguns anos antes. James Strachey expressa a mesma opinião: "Os 'Três ensaios sobre a teoria da sexualidade', de Freud, juntamente com sua *A interpretação dos sonhos*, constituem, não pode haver dúvida, suas contribuições mais importantes e originais para o conhecimento humano".[4] Conforme podemos ler numa carta de Freud a Abraham, datada de 1908, ele próprio partilhava dessa ideia: "A resistência à sexualidade infantil", diz, "fortalece minha opinião de que os três ensaios são uma realização de valor comparável a *A interpretação dos sonhos*".[5]

Trata-se, de fato, de dois textos que fundam a psicanálise e, se podemos afirmá-lo, isso ocorre porque em ambos são estabelecidas as suas bases conceituais: no livro dos sonhos, Freud apresenta o conceito de inconsciente, ao passo que nos "Três ensaios" introduz o conceito de pulsão. Como já tive oportunidade de demonstrar no primeiro volume da presente obra,[6] inconsciente e pulsão são os dois conceitos fundamentais da teoria psicanalítica. Sem eles não estaria completa aquela articulação entre linguagem e sexualidade que a psicanálise demonstra a partir de sua clínica[7] e que leva Lacan a afirmar, no seminário sobre *Os quatro conceitos fundamentais da psicanálise*, que "a realidade do inconsciente é — verdade insustentável — a realidade sexual".[8] Quando, nesse mesmo seminário, Lacan retoma os fundamentos da psicanálise, afirma que, no meio psicanalítico de sua época, ele se deparava com uma espécie de "recusa do conceito".[9] São os conceitos freudianos que outorgam especificidade à psicanálise, tanto à sua teoria quanto à sua clínica.

No Prefácio à segunda edição, de 1909, de "Três ensaios sobre a teoria da sexualidade", Freud afirma que é seu "desejo ardente que o livro envelheça rapidamente — que o que nele uma vez foi novidade possa se tornar geralmente aceito e que o que nele estiver imperfeito possa ser substituído por algo melhor".[10] É inegável que esse desejo de Freud se encontra apenas parcialmente realizado em nossa cultura.

O grande embate que está em jogo nos bastidores dos "Três ensaios" é o da oposição entre "normal" e "patológico" no que diz respeito à sexualidade, especialmente suscitada pelos trabalhos dos sexólogos pré-freudianos sobre a chamada inversão sexual. Esse era o alvo maior das reflexões da sexologia da época, sustentadas inclusive por sujeitos declaradamente homossexuais, como Magnus Hirschfeld, um dos fundadores da Associação Psicanalítica de Berlim, em 1908. Médico judeu, Hirschfeld, apelidado pela imprensa norte-americana de "Einstein do Sexo",[11] vivia em Berlim, onde criou o Instituto da Ciência Sexual, que prosperou até ser destruído pelos nazistas.[12]

Freud entra nesse debate munido de uma nova e poderosa arma — o conceito de inconsciente — e é com ela que enfrentará, por sua vez, a avalanche de problemas colocados pela sexualidade. Como formula Elisabeth Roudinesco na Apresentação à segunda edição francesa de *Histoire de la découverte de l'inconscient*, de Henri Ellenberger, o que os historiadores não chegaram a evidenciar, nas pesquisas feitas sobre as fontes utilizadas por Freud na sua teoria da sexualidade, foi o corte epistemológico que ele promoveu nos estudos da época. Segundo Roudinesco, Ellenberger imergiu a obra de Freud na longa duração da história da descoberta do inconsciente, mas isso "ao preço de desconhecer a noção de ruptura tal como ela é empregada pela tradição francesa da história das ciências — de Gaston Bachelard a Michel Foucault, passando por Georges Canguilhem".[13] Toda a historiografia norte-americana rejeitou essa noção e desembocou na escola revisionista, cujo principal representante era Frank J. Sulloway, com *Freud, biologiste de l'esprit*, publicado em 1979. Ainda segundo Roudinesco, ao criticar a biografia feita por Ernest Jones, que retrata Freud como um herói solitário e acentua a hostilidade do meio científico em relação a seu trabalho, Sulloway nega que Freud seja um inovador teórico a respeito do inconsciente e da sexualidade e chega a afirmar que ele teria sido apenas "o porta-voz da ciência de sua época".[14]

A novidade inerente à obra freudiana fica assim descartada, e se por um lado os revisionistas criticam duramente os biógrafos que constroem um retrato heroico de Freud, por outro se igualam a eles em inverossimilhança, ao destituírem a sua obra de toda e qualquer genuinidade. Roudinesco resume essa polêmica ao dizer que é necessário opor à argumentação que retira da obra de Freud sua fecunda ruptura

> uma interpretação diferente do mesmo fenômeno: no final do século passado [retrasado], todos os especialistas da subconsciência e das doenças nervosas tinham reconhecido a importância do fator sexual na etiologia das neuroses. Freud não era, portanto, um "herói solitário". Mas ele foi o único a efetuar uma síntese fecunda de todas as correntes para traduzir a evidência biológica numa nova linguagem conceitual.[15]

Trata-se, então, do advento de uma nova concepção de sexualidade na psicanálise. Freud fala de uma "teoria da sexualidade", ao passo que aqueles autores só expunham longamente seus casos clínicos, sem qualquer teorização a respeito. Antes de Freud, não há propriamente um conceito clínico sobre a sexualidade. A degenerescência de Krafft-Ebing e a psicologia associativa de Binet, que se opunha a ela, eram duas concepções extremamente simplistas que apenas aplicavam a antiga dicotomia médica hereditário/adquirido aos problemas levantados pela sexualidade. Mas nenhum conceito emanou dessas discussões empreendidas pelos sexólogos pré-freudianos.

O mérito desses autores foi, em primeiro lugar, ter aberto o diálogo sobre a sexualidade para o campo da ciência, e, em segundo, ter tornado evidente, com seus trabalhos, a enorme frequência das assim chamadas "aberrações sexuais". Não à toa esse é o título do ensaio que abre a obra de Freud, e no qual ele faz referência aos autores mais importantes de sua época que trataram do assunto. É sobre eles que Freud vai instaurar um corte. Esse corte é conceitual e tem um nome: pulsão.

A exceção Lacan

É interessante notar que aquilo que Freud apontara como sendo uma das mais frequentes formas assumidas pela resistência à psicanálise, isto é, a ressalva de que a teoria psicanalítica exagerava quanto à importância do sexo na vida psíquica, retorna viva ainda hoje sob a pena de um psicanalista brasileiro. Num texto consagrado a criticar a "noção" de pulsão (trata-se precisamente da mesma recusa do conceito de que fala Lacan), cuja "fragilidade", "redundância" e caráter "contraditório" ele afirma serem evidentes,[16] Jurandir F. Costa postula que "a causa sexual é uma das causas possíveis de nossa vida mental e de seus conflitos. É muito, mas é só isso". Sem precisar quais seriam essas outras pulsões, ele afirma que "a sexualidade é uma pulsão nem mais nem menos elementar que tantas outras que podemos vir a valorizar na clínica". E conclui dizendo que "a importância dada ao sexo, por Freud, é entendível não por ser ele o representante das qualidades elementares ou originárias do psiquismo, mas por fatores históricos ligados à invenção da psicanálise".[17]

Esse texto, surpreendente por destituir de seu valor um dos conceitos fundamentais da teoria psicanalítica, retoma na íntegra, e com mais de vinte anos de atraso, as mesmas colocações feitas por Jean-Bertrand Pontalis em 1984, no editorial da *Nouvelle Revue de Psychanalyse*,[18] em um número dedicado a *La chose sexuelle*. Nele, afirma que os sucessores de Freud estabeleceram, em sua maioria, uma limitação do campo da sexualidade. Pontalis pondera que não há em Freud uma nítida distinção entre o sentido trivial da palavra "sexualidade", de "comportamento sexual propriamente dito" e o sentido psicanalítico de "psicossexualidade", que se refere a vários elementos, como os sintomas, por exemplo, que aparentemente nada têm a ver com a sexualidade no sentido comum do termo. Acrescenta que a distinção tardia entre repressão (*Unterdrückung*) social e recalque (*Verdrängung*) intrapsíquico da sexualidade está na base da indeterminação entre práticas sexuais propriamente ditas e aqueles elementos que estariam ligados à pulsão sexual pela mediação de representações sem conteúdo sexual manifesto.

Pontalis enumera com desenvoltura a lista dos pós-freudianos que, segundo ele, produziram uma restrição teórica da sexualidade no campo da psicanálise: Melanie Klein, ao falar da predominância das pulsões de destruição; Fairbairn e os teóricos da relação de objeto, que definem o movimento da libido como *object-seeking* e não como *pleasure-seeking*; Winnicott, que diminuiu a importância da sexualidade infantil com a noção de "primeiro, ser" — *first, being*; Kohut, com o estudo do desenvolvimento narcísico independente do desenvolvimento sexual. E conclui: "Sem dúvida, Lacan constitui uma exceção".[19] Não sem acrescentar que Lacan despreza certos dados clínicos e, além disso, subordina a sexualidade à supremacia do significante. Embora Pontalis considere essa subordinação um demérito, vejo nela um gesto freudiano de articular o real da pulsão com o simbólico do inconsciente.[20] Mas é claro que, com sua teoria da "pulsão sem qualidades", Freud aponta, no fundo, para a irredutibilidade do real — inerente à pulsão — ao simbólico.

Quais são os dados clínicos a que Pontalis se refere? Resumidamente: a multiplicação de demandas de análise e de formas patológicas que, aparentemente, pouco devem aos conflitos sexuais, tais como distúrbios do caráter, neuroses narcísicas, casos fronteiriços, afecções psicossomáticas, personalidades "como se". Segundo ele ainda, a neurose obsessiva e a perversão passaram a ser consideradas menos como um conflito entre as pulsões sexuais e o supereu e mais como uma máscara para o "núcleo psicótico", assim como o papel desempenhado pela sexualidade na histeria foi reavaliado e considerado máscara. O último argumento clínico desprezado por Lacan, segundo Pontalis, diz respeito ao fato de que os distúrbios manifestamente sexuais, tais como impotência, ejaculação precoce e frigidez, passaram a escapar à investigação psicanalítica e a se dirigir às terapias funcionais e sexuais com uma abordagem puramente técnica.

Como comentar todas essas observações infiltradas por uma grande negligência do texto freudiano, típica dessas revisões? Como entender que esses autores desprezem tão acentuadamente a insistente observação freudiana, formulada a partir dos "Três ensaios", de que o sexual não é, para a psicanálise, o mesmo que genital, e que só por isso Freud pôde introduzir a noção de sexualidade infantil, tão rejeitada inicialmente? Não é outra coisa o que Freud observa no Prefácio à quarta edição de sua obra, em 1920:

> Muito do que este livro contém — sua insistência sobre a importância da sexualidade em todas as realizações humanas e a tentativa que faz para ampliar o conceito de sexualidade — forneceu, desde o início, os mais fortes pretextos da resistência contra a psicanálise.[21]

Além disso, como fazê-los ver que a dimensão propriamente sexual da pulsão foi a primeira a ser evidenciada por Freud por seu caráter ruidoso, barulhento, até mesmo espalhafatoso?[22] Num segundo momento, a dimensão narcísica inerente ao sexual foi destacada por Freud como um elemento essencial, mas cuja manifestação não é tão evidente quanto aquela ligada às relações de objeto — embora seja de grande importância por evidenciar o quanto o eu é igualmente um objeto passível de ser investido pela libido, como os objetos da fantasia e os objetos externos.

E, por fim, a derradeira apreensão freudiana diz respeito à dimensão mortífera da pulsão, que constitui seu núcleo mais importante e, contudo, o menos perceptível, daí a célebre fórmula de Freud segundo a qual a pulsão de morte opera em silêncio. Essa é a derradeira observação feita por Freud em "Além do princípio de prazer":

> As pulsões de vida [leia-se: pulsões sexuais] têm muito mais contato com nossa percepção interna, surgem rompendo a paz e constantemente produzindo tensões cujo alívio é sentido como prazer, ao passo que as pulsões de morte parecem efetuar seu trabalho discretamente. O princípio de prazer parece, na realidade, servir às pulsões de morte.[23]

Tal formulação se tornará mais precisa quando, em "O problema econômico do masoquismo", Freud formula a oposição entre princípio de constância e princípio de Nirvana.

Logo, não se trata de modo algum, para Freud, de abordar o sexual pelo viés da prática ou do comportamento sexual, mas sim por seu alcance e enraizamento inconscientes. Quando Lacan, no seminário sobre *Os quatro conceitos*, afirma que "toda pulsão é pulsão de morte", tenta nos fazer ver que o sexual está radicalmente ligado à morte, daí o segundo dualismo pulsional freudiano opor vida, Eros, e morte, Tânatos.

É necessário ficar claro que a ampliação do conceito de sexualidade baseou-se na concepção freudiana de sexualidade infantil — objeto de investigação do segundo ensaio —, que, situada como perverso-polimorfa, constituiu a ponte entre a sexualidade dita normal e a patológica ou dita perversa. É com ela que Freud, hábil e certeiro, poderá dizer *não* simultaneamente às teorias que se apoiam nos aspectos congênitos, inatos, como a da degenerescência, e as que se baseiam nos elementos adquiridos, como a relativa ao trauma sexual.

É preciso que recordemos o importante lembrete de Foucault quando afirmou que o grande escândalo promovido pela psicanálise foi não apenas falar de sexo, mas falar de sexo dentro de uma certa lógica, dentro de um certo aparato conceitual consistente. E é esse aparato que, certamente, os detratores da psicanálise pretendem demolir. Lacan, por sua vez, valorizou enormemente os "Três ensaios", que constitui, em seu seminário, a sétima obra mais citada em geral, e a quarta obra freudiana em particular.[24]

A fundação da psicanálise

Segundo Henri Ellenberger, os "Três ensaios" sofreram tantos acréscimos ao longo das sucessivas edições que seria preciso ler a edição de 1905 para poder compreender a teoria original. Freud abre o primeiro ensaio advertindo-nos de que é baseado nas obras de vários autores, hoje inteiramente desconhecidos dos psicanalistas. É impressionante a sinopse que Freud faz dos trabalhos dos autores de sua época, manifestando sua metodologia habitual de retomar criticamente a tradição a respeito de um tema antes de abordá-lo de forma inovadora.

Freud enumera, um após outro, os seguintes nomes: Krafft-Ebing, Albert Moll, Moebius, Havelock Ellis, Schrenck-Notzing, Löwenfeld, Eulenburg, Bloch e Magnus Hirschfeld, além da revista *Anuário das Fases Sexuais Intermediárias*. A ordem de enumeração não é alfabética e talvez revele, por si só, alguma ênfase na escolha feita por Freud. Além disso, nenhum deles fez parte do movimento psicanalítico — eles constituíam o grupo de sexólogos que, ao final do século XIX, investigavam os problemas relativos à sexualidade. Em 1910, Freud acrescenta o nome de Isidor Sadger quanto aos dados referentes à inversão sexual, mas tal autor não figura na bibliografia, ao final do volume. Sabemos que ele frequentou o círculo freudiano reunido na Sociedade das Quartas-Feiras a partir de 1906.

A propósito, a história dessa sociedade é resumidamente a seguinte: no outono de 1902, alguns partidários de Freud começaram a se encontrar sob a simpática rubrica de Círculo Psicológico das Quartas-Feiras à Noite. Com o passar dos anos, o número de participantes foi crescendo. O grupo inicial, que se reunia na sala de espera do consultório de Freud, na Berggasse 19,[25] e compreendia, além de Freud, Stekel, Adler, Reitler e Kahane, foi aumentado, em 1903, com a chegada de outros, entre os quais Paul Federn. Eduard Hitschmann foi apresentado ao grupo em 1905; Otto Rank e Sadger, em 1906. Nesse ano, a organização, que contava com dezessete membros com uma frequência média semanal de onze, intitulava-se Sociedade Psicológica das Quartas-Feiras. Em 1908, Ernest Jones, Sándor Ferenczi e A.A. Brill tiveram seu primeiro contato com Freud.

Além disso, desde 1904 o eminente psiquiatra de Zurique Eugen Bleuler escrevera a Freud para lhe comunicar o interesse que suas teorias despertavam na clínica Burghölzli, na qual Jung, Abraham, Riklin e Eitingon começavam a aplicar os procedimentos terapêuticos freudianos. Em 1906, Jung inicia uma correspondência com Freud que se estende até a ruptura entre eles, em 1913-4.

Quando, em 1908, a Sociedade Psicológica das Quartas-Feiras foi rebatizada oficialmente como Sociedade de Psicanálise de Viena, Freud e sua escola estavam à beira da celebridade mundial. Tal refundação se deu às pressas, a apenas dez dias do Congresso de Psicanálise de Salzburgo da International Psychoanalytical Association (IPA), isto é, quando a psicanálise se fundava como movimento internacional.[26] O que é interessante notar, do meu ponto de vista, é que a psicanálise se funda enquanto verdadeiro movimento de amplo alcance internacional a partir do momento em que suas *bases teóricas conceituais*[27] são construídas: primeiro, em 1900, com o conceito de inconsciente apresentado em *A interpretação dos sonhos*, e, em seguida, com o conceito de pulsão, introduzido pela primeira vez nos "Três ensaios".

A fundação da psicanálise parece se consolidar com o advento da pulsão e sua articulação com o inconsciente. Pode-se dizer, inclusive, que o conceito de pulsão torna o inconsciente uma conquista freudiana definitiva e dá a ele seu verdadeiro alcance. O primeiro ensaio de Freud sobre as chamadas aberrações sexuais se encerra com a introdução desse conceito, que parece ser apresentado como um verdadeiro corolário do que Freud traz sobre a perversão.[28]

A complementaridade mítica

Cabe destacar que o tópico da homossexualidade, ou, como é ali denominada, da "inversão sexual",[29] é central nos "Três ensaios", assim como o era em inúmeros trabalhos de sexólogos do século XIX. Não por acaso o livro de Freud se abre e se encerra com esse tema, e é precisamente ele que parece constituir o móbil principal das elaborações ali contidas.

Dentro da seção dedicada às "Aberrações sexuais", que inicia o primeiro ensaio, a inversão sexual ocupa a quase totalidade das páginas dedicadas aos desvios relativos ao objeto sexual. De um total de catorze páginas e meia, treze são dedicadas à assim chamada na época "inversão sexual" e uma e meia às pessoas sexualmente imaturas que têm animais como objetos sexuais. Já o último tópico do terceiro (e último) ensaio se intitula "A prevenção da inversão". Nele, podemos observar a maneira sub-reptícia pela qual Freud praticamente traz a homossexualidade para o campo da normalidade. Observando que a atração que os caracteres sexuais antagônicos exercem um sobre o outro não é suficiente para excluir a homossexualidade, Freud pondera que a interdição desta pela sociedade é um fator proeminente para realizar essa exclusão. E acrescenta que, "quando a inversão não é considerada um crime, ver-se-á que ela responde amplamente às inclinações sexuais de um número não pequeno de pessoas".[30]

Nesse ponto, cabe retornarmos brevemente ao artigo "Moral sexual 'civilizada' e doença nervosa". Em primeiro lugar, chama a atenção que o termo "civilizada" apareça no título entre aspas, sinal gráfico que pode indicar uma citação ou o uso figurativo do termo. Num primeiro momento, tais aspas parecem se referir ao empréstimo que Freud faz da oposição introduzida por Von Ehrenfels entre moral sexual natural e moral sexual civilizada, por ele citada na abertura do artigo, com aspas nas palavras "natural" e "civilizada". Mas, já que Freud utiliza as aspas novamente três vezes ao longo do texto,[31] será que podemos supor também que elas são utilizadas para designar um uso figurativo do termo "civilizado", no sentido mesmo de questionar ironicamente o que é civilizado ou não? Repare-se que esse tipo de uso das aspas, que remete para algo além de seu significado habitual, é feito por Freud nesse mesmo texto quando ele fala da moral sexual "dupla",[32] válida em nossa sociedade para os homens.

Em segundo lugar, um dos pontos centrais do artigo reside na concepção freudiana segundo a qual, em consequência de a pulsão sexual não estar vinculada à reprodução mas ao prazer, há três estágios de civilização no que diz respeito à

> história do desenvolvimento da pulsão sexual: o primeiro, no qual as metas da reprodução são completamente alheias à atividade da pulsão sexual; o segundo, no qual tudo o que não serve à reprodução é suprimido; e o terceiro, no qual só se admite como meta sexual a reprodução *legítima*.[33]

O terceiro estágio, segundo Freud, seria o de sua época, ou seja, 1908. É preciso sublinhar que ele considera os três estágios como fazendo parte da civilização e que a homossexualidade se inclui no primeiro estágio. Por isso, ele diz que, mesmo nas "exigências culturais do segundo estágio, é preciso ver uma fonte de padecimento para certo setor da humanidade".[34]

Voltando aos "Três ensaios". Todo o livro é pontuado por observações percucientes sobre a homossexualidade. Por exemplo, quando Freud aborda a evolução sexual das meninas, encontra um meio para dizer as coisas de modo que não se defina aquilo que é normal ou não: "Elas assim adquirem uma relação hostil com seu próprio sexo que influencia decisivamente sua escolha de objeto no que é considerado direção normal".[35] A frase de Freud é clara: a direção heterossexual é normal por mera convenção. A mesma maneira de se expressar se repete em outra passagem quando ele fala dos "casos considerados anormais".[36] Uma longa nota de rodapé acrescentada aos "Três ensaios" em 1915, logo, em concomitância com a escrita do artigo metapsicológico sobre "As pulsões e suas vicissitudes", merece ter um de seus trechos citado na íntegra:

> A investigação psicanalítica se opõe terminantemente à tentativa de separar os homossexuais como uma espécie particular de seres humanos. Estudando outras excitações sexuais, além das que se manifestam abertamente, sabe que todos os homens são capazes de escolher um objeto do mesmo sexo e que, na realidade, o fizeram em seu inconsciente. Por outro lado, os sentimentos libidinais vinculados a pessoas do mesmo sexo não desempenham um papel escasso como fatores da vida sexual, e esse papel é maior que o daqueles dirigidos ao sexo oposto enquanto causas de contração de neuroses. A psicanálise considera ainda que o originário a partir do qual se desenvolvem, por restrição em relação a um ou outro lado, tanto o tipo normal quanto o invertido é a independência da escolha de objeto em relação ao seu sexo, a possibilidade aberta de dispor de objetos tanto masculinos quanto femininos, tal como ocorre na infância, em estados primitivos da sociedade e em épocas pré-históricas. Assim, do ponto de vista da psicanálise, o interesse sexual exclusivo de homens por mulheres também constitui um problema que precisa ser elucidado, pois não é fato evidente em si mesmo, baseado em uma atração, supostamente de natureza química.[37]

A não inclusão da homossexualidade no campo da anormalidade é igualmente empreendida por Freud, de modo indireto, quando ele fala das neuroses como "perversões negativas" e das perversões como "perversões positivas".[38] Freud leva muito longe seu *Diktat* de que "a neurose é o negativo da perversão". Aliás, o primeiro dos três aspectos sobre o qual ele se debruça, quando fala da relação entre neurose e perversão e enumera os pontos que as aproximam, é a homossexualidade.[39] Com efeito, é a maneira pela qual Freud vai abordar a categoria novecentista de perversão que retirará a homossexualidade do campo da patologia: além de introduzir a categoria inédita de "perversão polimorfa" para designar a sexualidade infantil, o emprego mesmo do termo "perversão" por Freud é extremamente ponderado — para ele, essa palavra não pode ser usada como censura e sua utilização não é moral. Diz Freud a esse respeito: "Em nenhuma pessoa sadia faltará algum complemento da meta sexual normal que se poderia chamar de perverso, e essa universalidade basta por si só para mostrar quão inadequado é adotar o termo perversão de forma reprobatória".[40]

A classificação freudiana das aberrações sexuais, que no primeiro ensaio ficam divididas entre os "desvios quanto ao objeto" e os "desvios quanto ao objetivo", já é ela própria tributária da conceituação da pulsão aí introduzida. Apresentando quatro elementos — fonte, força, objeto e alvo ou objetivo —, vê-se que a estrutura da pulsão comporta uma relação com o alvo, a satisfação, que reconsidera o saber sexológico em vigor na época: a busca de uma satisfação é inerente à própria pulsão e independe do objeto, este considerado como inteiramente variável.

Chama a atenção que, logo na abertura do primeiro ensaio, Freud cite o mito de Aristófanes, do *Banquete*, de Platão, de forma parcial: "O conceito popular da pulsão sexual é refletido na lenda, cheia de poesia, segundo a qual os primeiros seres humanos foram divididos em duas metades — o homem e a mulher — que estão, eternamente, procurando se unir pelo amor."[41] Não é desse modo simplista que Aristófanes narra seu mito: ao contrário, os seres originários eram esferas compostas de duas porções e de três tipos diferentes: masculinos, femininos e andróginos.[42] Aristófanes descreve minuciosamente que, tendo sido divididos ao meio, tais seres passaram a buscar suas metades e surgiram seres homens que buscavam suas metades masculinas, seres mulheres que buscavam suas metades femininas e seres homens-mulheres que buscavam suas metades opostas. O que talvez deva ser ressaltado é que, no mito de Aristófanes sobre a origem do amor, a heterossexualidade é fruto de uma androginia originária! E se Freud narra o mito amputando-o de um pedaço tão relevante, cabe perguntar por quê. Suponho que o faz para reforçar a ideia de que a complementaridade entre os sexos masculino e feminino é mítica, lendária, e é ela que deve ser, sobretudo, destacada no mito.

A conclusão geral a que Freud é levado ao encerrar sua abordagem sobre os desvios quanto ao objeto diz respeito à variabilidade do objeto sexual: "Sob inúmeras condições e em um número surpreendentemente grande de indivíduos, a natureza e a importância do objeto sexual recuam para um plano secundário. O que é primordial e constante na pulsão sexual é algo diferente".[43]

A mesma quebra de barreira entre normal e patológico é estabelecida por Freud ao insistir na noção de "condição fetichista" inerente a toda e qualquer escolha de objeto.[44] Ou ainda quando afirma, citando Moebius, que, de certa forma, somos todos histéricos... Assim, o primeiro ensaio se dirige para a demolição da barreira entre normal e patológico e se encerra com a argumentação freudiana de crítica à teoria do inatismo para a perversão (Krafft-Ebing) e também do adquirido (Binet). Freud faz todo o seu encaminhamento no sentido de poder vir a afirmar que há algo de inato nas perversões, sim, mas de modo universal: "Há, na verdade, algo inato atrás das perversões, mas que é algo inato em todas as pessoas, embora, como uma disposição, possa variar de intensidade e ser aumentado pelas influências da vida real".[45] Trata-se da bissexualidade, elemento teórico que atravessa todo o diálogo entre Freud e Fliess e que permite a Freud situar a perversão polimorfa como constituinte e evidenciá-la nas manifestações da sexualidade infantil.[46]

Freud consegue produzir uma verdadeira torção no conflito teórico que havia na época. A polêmica parece ter seguido o seguinte fio. Inicialmente, Krafft-Ebing atribui como causa das perversões em geral a degenerescência, noção oriunda de Morel, extremamente vaga e imprecisa. Binet e alguns outros contestam essa visão e sustentam a hipótese do determinismo adquirido. Freud soluciona a questão de um ponto de vista verdadeiramente terceiro: para ele, não significa que não haja algo hereditário, que surge como inato, apenas que esse fator é comum a todos os sujeitos. Essa é a noção de "constituição sexual", que substituiu para Freud a de disposição neuropática geral: ela está presente em todo e qualquer indivíduo sem exceção e se acha na base do possível desencadeamento das chamadas perversões sexuais.[47] Freud inclui em sua abordagem o inconsciente, e essa inclusão subverte radicalmente a oposição normal-patológico, de tal maneira que leva Lacan a afirmar que a verdadeira doença mental do homem é o inconsciente.

Esse episódio ocupa um lugar fundamental na história da psicanálise. Freud chegou a tal posicionamento após inúmeras reviravoltas, narradas por ele no breve, mas luminoso, artigo "Meus pontos de vista sobre o papel desempenhado pela sexualidade na etiologia das neuroses" (1906). Nos "Três ensaios", Freud assevera peremptoriamente que essa "disposição para as perversões de toda espécie é uma característica humana geral e fundamental".[48]

Da bissexualidade ao objeto *a*

A teoria da bissexualidade foi um dos nomes encontrados por Freud na cultura científica do século XIX para expressar aquilo sobre o qual Lacan tanto insistirá no último segmento de seu ensino: a impossibilidade da relação sexual. Se há inversão, isso se dá porque há uma "disposição bissexual".[49] Freud contesta, no entanto, a hipótese de que haveria uma relação entre o hermafroditismo somático e um suposto hermafroditismo psíquico na origem da inversão. Na verdade, a teoria da bissexualidade é um verdadeiro imbróglio teórico do qual Freud custa a se desembaraçar. E é nesse sentido que a criação do conceito de pulsão surge como verdadeiramente tributária do longo diálogo estabelecido entre ele e Fliess sobre a noção de bissexualidade, pois é exatamente após a ruptura entre eles, cuja amizade durou dezessete anos, de 1887 a 1904, que Freud cria o conceito de pulsão:

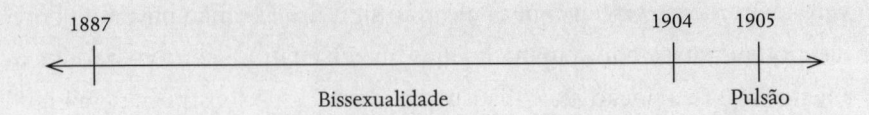

A pulsão é a resposta conceitual concebida por Freud para dar consistência às observações trazidas por diferentes autores da época sobre a bissexualidade. Freud jamais deixaria de falar de bissexualidade até o final de sua obra e a definiu em sua relação com a escolha de objeto, descartando toda e qualquer referência à bissexualidade biológica, tal como Fliess a concebia. A discussão entre eles sobre esse ponto incidia mais precisamente sobre a relação entre a bissexualidade e o recalque: Fliess acreditava que a primeira explicava o segundo, no sentido de que o homem recalcava elementos femininos e a mulher, elementos masculinos. Se Freud se insurge contra essa concepção é porque, desse modo, o sexo biológico seria prevalente e engendraria, como verdadeira palavra final, os processos psíquicos ligados ao recalque.

Para Freud, ao contrário, a bissexualidade é uma disposição psicológica responsável pelas diferentes escolhas de objeto — homossexual e heterossexual — e em todo sujeito haveria ambas as formas de escolha de objeto, só que em quantidades diversas. Em 1908, para citarmos uma das mais importantes passagens freudianas sobre o tema, no artigo "Fantasias histéricas e sua relação com a bissexualidade", Freud enuncia que há uma "disposição bissexual no homem".[50] Voltarei a esse fator quantitativo mais adiante.

Se hoje quase não mais se fala em bissexualidade, isso se dá porque temos o conceito de objeto *a*, introduzido por Lacan.[51] O objeto *a* representa uma espécie de conclusão, nomeadamente almejada por Freud, de sua teoria das pulsões, e com ele pode-se prescindir da tematização imaginária sobre a escolha de objeto. O objeto *a* é um conceito que, digamos assim, vai à raiz do problema e, em vez de abordar a questão pela via do imaginário, o faz pela dimensão do real. Lacan não deixa de apontar indiretamente o avanço obtido com o conceito de objeto *a* em relação à bissexualidade: "A bissexualidade biológica deve ser deixada no legado de Fliess. Ela não tem nada a ver com aquilo de que se trata: a incomensurabilidade do objeto *a* com a unidade implicada pela conjunção de seres de sexo oposto na exigência subjetiva de seu ato".[52]

O objeto *a* é a denominação mínima estabelecida por Lacan, com a primeira letra do alfabeto — dizia ele: "Se fosse tão fácil falar dele, nós lhe daríamos outro nome que não objeto *a*"[53] —, para falar desse objeto que não existe e que, por isso mesmo, não é o objeto do desejo, como afirma no seminário *R.S.I.*, mas sim o objeto *causa* do desejo.[54] Nesse sentido, ele formula no seminário *Mais, ainda*: "Não é a mulher que o homem aborda, mas a causa de seu desejo, o objeto *a*".[55]

As diferentes escolhas imaginárias de objeto, tematizadas por Freud no rigor de sua ocorrência clínica, são reduzidas por Lacan à lógica do real inerente à falta de objeto. Lacan já anunciara tal reviravolta no seminário *A relação de objeto* ao chamar a atenção para aquela passagem situada no final dos "Três ensaios", na seção "O encontro de um objeto", na qual Freud enuncia que "o encontro de um objeto é, na realidade, um reencontro dele".[56] O seio como objeto perdido no desmame é prototípico do objeto *a*.

Ressalte-se que o objeto *a* é prefigurado por Freud de diversos modos, por exemplo, quando afirma que devemos "afrouxar o laço que em nosso pensamento estabelecemos entre a pulsão sexual e o objeto. Parece provável que a pulsão sexual seja, em primeiro lugar, independente de seu objeto; nem é provável que sua origem seja determinada pelos atrativos de seu objeto".[57]

Como uma de suas estratégias para quebrar a barreira entre normal e patológico no âmbito da sexualidade, Freud valoriza nomeadamente o ponto de vista quantitativo em detrimento do qualitativo. "As diferenças de resultados podem ser de natureza qualitativa, porém, a clínica demonstra que as diferenças entre suas determinantes são apenas quantitativas",[58] afirma ele ao tratar do objeto sexual dos homossexuais. A própria pulsão é caracterizada por Freud como não tendo qualidade.[59]

Homossexualidade: inversão, perversão ou subversão?

A todo momento, vê-se na cultura o papel subversivo desempenhado desde sempre pela sexualidade humana e, muito especialmente, pela homossexualidade. No ensaio "Sexo é política", Gore Vidal já postulara que "as atitudes sexuais de qualquer sociedade são resultado de decisões políticas".[60]

Um bom exemplo disso foi a reeleição de George W. Bush para o governo dos Estados Unidos, em 2001. Ela se deu essencialmente, segundo os especialistas, pelo apoio da população conservadora ao candidato contrário à aprovação da lei que autorizava o casamento entre pessoas do mesmo sexo, o *same sex marriage*, como é chamado em inglês. Enquanto se esperava que muitos eleitores que jamais tinham ido às urnas (não obrigatórias) norte-americanas o fizessem, para resguardar o mundo dos malefícios da poderosa capacidade destrutiva do governo republicano, recém-exibida por Bush no Iraque, teve-se a surpresa de ver a questão sexual tomar o primeiro plano na mente dos cidadãos. Eles preferiram optar por exterminar outros povos, e verem morrer seus próprios filhos, a admitir a diferença posta em jogo pelo desejo homossexual. Diferença esta que se resume na formulação lacaniana: "A relação sexual não existe". Repudiar o casamento de homossexuais é uma excelente maneira de sustentar o mito da relação sexual, ou seja, o de que há complementaridade entre os sexos. Nesse sentido, é importante observar como o debate então suscitado nos Estados Unidos por essa questão trouxe à baila expressões como "união natural", "casamento sagrado" etc.

Como já sublinhei, é bastante significativo que Freud, ao abrir os "Três ensaios", cite o mito de Aristófanes, do *Banquete* de Platão, de maneira espantosamente parcial. Ele retira do mito sua face subversiva, a ideia de que há seres homossexuais *e* heterossexuais, e o apresenta exclusivamente no aspecto romântico, difundido na cultura, de busca da complementaridade entre os sexos opostos. Se isso se dá, certamente é por uma estratégia: o livro de Freud é um questionamento dessa mesma ideia. Ele desenvolve precisamente aquilo que Lacan resumirá dizendo: a relação sexual não existe, ou seja, não existe complementaridade entre os sexos. E se na época se falava de "inversão sexual", é porque se acreditava que havia uma "versão" sexual. Tudo indica que Freud retira do mito sua faceta mais aceita pela cultura para poder desenvolver sua crítica em relação a ela.[61]

Outra manifestação política na cultura que comprova a força da sexualidade foi uma tentativa da então governadora do Rio de Janeiro, Rosinha Garotinho (cujo nome é graciosamente bissexual), de instaurar no estado o tratamento gratuito para os homossexuais que "quisessem se curar". Trata-se do Projeto de Lei n.717/2003, proposto pelo deputado estadual evangélico Edino Fonseca. Os maiores de idade poderiam buscar tratamento "voluntariamente", e os menores, pela vontade dos pais! Ao aliar os preconceitos de evangélicos filiados a igrejas retrógradas aos das forças repressivas do estado, tal projeto — que parte do pressuposto de que a homossexualidade é uma doença que pode e, portanto, deve ser tratada — não obteve aceitação, sendo repudiado quando alguns segmentos da cultura manifestaram-se intensamente através de artigos na imprensa e de protestos na Câmara. Nesse caso, os psicanalistas se pronunciaram para sustentar a posição freudiana apresentada nos "Três ensaios" e desenvolvida ao longo de toda a sua obra.[62]

É inacreditável que na França, no debate sobre a adoção de crianças por pais homossexuais, tenha ocorrido forte manifestação contrária por parte de alguns psicanalistas, o que foi considerado por Elisabeth Roudinesco uma verdadeira cruzada contra os homossexuais em nome da psicanálise. Num debate publicado em 2000 na revista *Le Nouvel Observateur*, Jean-Pierre Winter declarou-se contra a adoção e afirmou que os casais homossexuais queriam fabricar "crianças simbolicamente modificadas". Charles Melman acusou os pais homossexuais de serem adeptos de um tipo de narcisismo primário do qual estaria excluída toda relação verdadeira com o outro. Já Pierre Legendre considerou o desejo de normalização dos homossexuais como tributário de um hedonismo ilimitado, herdeiro do nazismo. Roudinesco indaga a esse respeito:

> Por que os homossexuais seriam responsáveis por esse hedonismo, que existe por toda a parte nas sociedades ditas "pós-modernas" e que podemos efeti-

vamente criticar? E por que designar esse hedonismo como uma herança do nazismo, quando essa corrente filosófica existe desde a Grécia arcaica?[63]

Vê-se que estar sob a égide do nome "psicanálise" ou de qualquer de suas instituições não é minimamente suficiente para ser porta-voz de seu discurso, o que é algo muito diferente. Esses psicanalistas sustentaram suas posições ultraconservadoras através de teorias analíticas utilizadas de forma psicologizante, mas foram devidamente bombardeados por uma cultura liberal na qual não há mais lugar para a homofobia travestida de discurso científico. Felizmente, alguns analistas souberam levantar a bandeira da psicanálise na imprensa e junto ao meio intelectual. Não se deve esquecer que, se a cultura hoje adquiriu maior liberdade na matéria sexual, isso se deve em grande parte aos efeitos produzidos, durante todo o século xx e o atual, pela obra do criador da psicanálise.

Ódio à diferença

Na época do surgimento da aids, muitos psicanalistas puderam identificar em sua clínica um sujeito como esse, hipotético: ele vivia apalpando as partes do corpo onde pudesse encontrar nódulos que fossem gânglios linfáticos hipertrofiados. A menor mancha na pele chamava a sua atenção. Meras gripes passaram a ser indícios preocupantes. Cansaço ou diarreia não eram jamais relacionados ao excesso de atividade ou à extravagância alimentar — tudo isso se articulava no intrincado quadro que montava para si mesmo.

Mesmo sofrendo muito, ele não deixava de acompanhar o vasto noticiário sobre a aids, com suas constantes notícias aterrorizantes. Perdeu amigos e soube de amigos que também perderam amigos, no entanto, nunca quis fazer o exame que seria preciso para saber-se "positivo" ou não: suas razões eram conflitantes, não achava necessário. Ao mesmo tempo, temia demais e sentia-se simultaneamente sadio e doente. E por que ele deixava seu cotidiano ser assim corroído por uma angústia que, como o tempo, operava sua tarefa destruidora em silêncio?

Porque, no fundo, desde que surgiram os primeiros diagnósticos, ele nutria, inconscientemente, uma inabalável convicção de que estava doente. Não foi nada difícil incluir-se desde cedo no rol dos atingidos pela má fortuna, já que as informações médicas lhe prestaram uma pérfida ajuda prolongando cada vez mais o prazo de incubação do vírus no organismo: três, cinco, sete anos... Ele se comportava como um doente e essa foi a maneira que arranjou para submeter-se a um pesado sacrifício: sua recusa a fazer os exames e a incerteza daí decorrente permitiam que infligisse a si mesmo, pelo menos em parte, o horror do sofrimento que a certeza de estar enfermo lhe causaria. Pois, de fato, para ele, sua possível doença não era uma síndrome de imunodeficiência adquirida por um vírus, mas sim sua própria vida sexual. Não fazer exames, então, revelava que o que estava em jogo era outra patologia: homossexualidade, bissexualidade, promiscuidade sexual...

Tal tipo de discurso também veio a público quando, por exemplo, determinado artista dirigiu críticas às próprias preferências sexuais após inteirar-se de que estava com aids. No momento da agonia, o pecador se curvava diante da misericórdia divina para, enfim, se arrepender: o marketing da vida eterna é, de fato, imbatível; o interesse no paraíso torna-se o móbil para o exorcismo dos desejos.

Não é preciso ser psicanalista para perceber, como Einstein, que é mais fácil desintegrar um átomo do que um preconceito, mas talvez seja a psicanálise o saber que mais tem a dizer sobre os preconceitos que convergem nessa sigla de quatro letras — aids. Silenciosos até ali sobre assunto tão crucial, nós psicanalistas nos vimos, infelizmente, à nossa maneira, partilhando desses mesmos preconceitos, quando não contribuímos, com inegável poder iniciático, para lhes dar uma aparência de cientificidade.

Nem tudo, no entanto, foi ou tem sido silêncio sobre as relações íntimas mantidas entre a aids e os preconceitos. Prova disso é o livro de Susan Sontag *Aids e suas metáforas*, uma continuidade de *A doença como metáfora*, no qual a autora despe as construções imaginárias com as quais é comum vestir doenças como o câncer e a tuberculose. Sontag mostra que a aids foi logo encarada como "uma espécie de peste, uma condenação moral da sociedade",[64] pois, embora tenha sido transmitida pelas relações heterossexuais nos países em que se manifestou pela primeira vez como epidemia, e ocorra cada vez mais em mulheres e crianças, o mito que é e sempre foi fomentado sobre a aids pretende responsabilizar os homossexuais.

Sontag fala dos "criadores de mitos antiliberais" para designar aqueles cuja "retórica continua a identificar a doença aids com o homossexualismo, especificamente com a prática do coito anal".[65] Nada mais ridículo e menos sustentável que a ideia de que o coito anal seja restrito ou predominante nas relações homossexuais. Mas é o que também se pôde ler, logo no início da deflagração da epidemia, no Brasil, em *Aids: Conhecer para evitar*,[66] publicação governamental que, com o intuito de esclarecer o grande público (edição pequena, barata, esquemática), veiculou preconceitos primários.

O que há de mais pregnante no cerne dos preconceitos contra a homossexualidade é a ideia de que a sexualidade humana pode e deve ser reduzida ao aspecto biológico da reprodução, que, no entanto, é dela dependente. O que Freud mostrou desde seus trabalhos inaugurais, na escuta dos sujeitos que na análise falam sobre amor e sexo, é que a sexualidade humana obedece a uma lógica diversa daquela que rege os períodos de copulação, nos quais, ciclicamente, os diferentes animais dão vazão aos desígnios da perpetuação das espécies. Seu conceito de pulsão é introduzido no sentido de estabelecer uma diferença radical para com aquilo que se conhece como instinto. Contrariamente a este, a pulsão sexual não tem um objeto definido (qualquer um pode ocupar esse lugar); é uma força endógena que não depende de estímulo externo e se manifesta de forma constante e sem perda de energia. A tradução desses fatos teóricos é que não há, para o ser humano, uma norma sexual que possa ser situada como tal: em suma, pode-se dizer que cada sexualidade se autoriza por si mesma.

Desconhecer isso, como afirmou Jacques Lacan em seu rigoroso retorno a Freud, implica "a suposição de uma moral na natureza".[67] Ao contrário, no lugar de uma moral, o que a psicanálise propõe é uma ética centrada no desejo. Essa diferença discursiva entre a postura moral e a ética pode ser traduzida no embate que opõe religião e psicanálise, pois o discurso religioso é aquele que alimenta, como formula Sontag, os "guardiães da moral pública". Assim, para d. José Falcão, à época cardeal arcebispo de Brasília, a aids representou uma "consequência da decadência moral", do mesmo modo que para o então cardeal arcebispo do Rio de Janeiro, d. Eugênio Sales, significou "um castigo de Deus" e uma "vingança da natureza". Sabe-se que o melhor modo de emitir pareceres que não admitem réplica é torná-los porta-vozes da palavra divina — ninguém mais avesso ao diálogo do que Deus.

Freud vislumbrou o confronto que necessariamente seria travado entre psicanálise e religião e proferiu augúrios de que um dia a ciência viesse a deslocar a religião do lugar que ela ocupa. Sua principal tese em *O futuro de uma ilusão* (1927) é a de que a religião constitui uma neurose infantil da humanidade e deve desaparecer com o crescimento desta, o que levaria a substituir, tal como acontece num tratamento analítico, os efeitos do recalcamento pelos resultados da operação racional do intelecto.

É aqui que a psicanálise fornece sua lição maior, ao revelar que o preconceito, seja ele qual for, é um efeito do recalque e nele se trata tão somente de abolir a diferença implicada pelo outro, o que se agrava ainda mais quando o outro presentifica algo que precisamos desconhecer em nós mesmos. No caso da aids, o preconceito e o ódio à diferença deixaram claro que conseguem se furtar a qualquer lógica: foram dirigidos aos negros quando a origem da doença foi suposta se dar na África; aos homossexuais, quando o contágio foi suposto ser favorecido por uma prática sexual que se quer reprimir; aos bissexuais que ousam, estes, serem nossos semelhantes, mas cedem às perversões daqueles outros... ficando a meio caminho entre os normais e os doentes. A rigor, eles são os mais odiados, porquanto representam um elo de transmissão entre normais e pervertidos.

A situação no Brasil não é menos privilegiada que no resto do mundo, onde os preconceitos, frequentemente religiosos, são reafirmados pelo discurso político e passam a predominar na visão dos sujeitos. Gore Vidal já observou que "embora as noções que temos sobre o que constitui um comportamento sexual correto apoiem-se geralmente nos textos religiosos, esses textos são invariavelmente interpretados pelos governantes com o objetivo de manter os governados sob controle".[68] Ocorre que nos

Estados Unidos o ativismo das ditas minorias leva, com frequência, a que as posições neoconservadoras sejam imediatamente submetidas à crítica pública. Exemplo disso foi a tomada de posição em relação à censura que um segmento do governo norte-americano, liderado pelo senador Jesse Helms (o mesmo que afirmou que a aids representava um castigo dirigido exclusivamente aos homossexuais do mundo ocidental), quis na época impor às manifestações artísticas.

O grupo anônimo de criação coletiva Boys with Arms Akimbo formou-se em São Francisco para lutar contra o projeto de lei que pretendia proibir a ajuda estatal às produções artísticas tidas como inaceitáveis, em particular as de temática homossexual. Artistas cancelaram suas exposições programadas na Corcoran Gallery, de Washington, após ela ter suspendido a mostra de fotos de Robert Mapplethorpe, morto de aids em 1989, por considerá-la obscena. Também em Londres, Gilbert & George realizaram uma impactante exposição de trabalhos em torno do tema aids e doaram todo o lucro à associação britânica Crusaids.

Em busca da montanha Brokeback

Baseado no conto homônimo de Annie Proulx,[69] o filme *O segredo de Brokeback Mountain* (2005), de Ang Lee, inovou a abordagem da homossexualidade no cinema ao apresentar a história do amor entre dois homens viris, opostos aos estereótipos das representações corriqueiras do homem gay. Freud já demonstrara que o plano do desejo não se confunde com o plano da identificação, o que faz com que um homem viril possa desejar sexualmente outro homem. Através de personagens másculos pertencentes a um ambiente ultraconservador, o filme ilustra que a homossexualidade não é uma "opção sexual", no sentido em que muitas vezes é considerada, mas uma escolha de objeto que se impõe ao sujeito. Investigando uma dimensão invisível da homossexualidade, mostra como muitos homens mantêm relacionamentos que não são assumidos como tais e que correm paralelamente às suas vidas de pais de família.

Além disso, sendo vivida durante vinte anos apenas através de encontros esporádicos, mas plenos de uma sensualidade arrebatadora, a história do rancheiro Ennis del Mar e do vaqueiro de rodeio Jack Twist delineia com agudeza o plano das repressões sociais e recalques individuais que muitas vezes colocam a homossexualidade à margem da sociedade. O máximo que Ennis e Jack conseguem é viver uma vida dupla. Mantêm família com mulher e filhos para se conformarem ao que a sociedade exige, no entanto seu desejo está em outra parte.

Através de uma contundente metáfora, que alia o poder da manifestação do desejo à beleza da reserva natural inexplorada, a montanha Brokeback permanecerá o único lugar em que o amor deles pode se dar. À margem da cidade, da cultura e da vida cotidiana, só ali seu amor pode se tornar realidade, numa espécie de refúgio intocável que concentra forças pulsionais indomáveis que não podem ser negadas por qualquer preconceito. A montanha Brokeback é a melhor imagem que se poderia obter do desejo indestrutível.

O final da história é trágico. Jack morrerá assassinado pelo sogro tirânico, que descobre que ele pretendia se separar de sua filha. Nem mesmo seu próprio pai respeita o desejo de que suas cinzas sejam espalhadas na montanha Brokeback. O cinturão machista da sociedade se fecha sobre eles até o fim. A derradeira cena mostra Ennis pendurando em seu guarda-roupa, embaixo da foto da montanha Brokeback, a camisa manchada de sangue com a qual Jack foi morto, realizando simbolicamente o desejo dele de dispersar seus restos no único lugar em que sua felicidade foi tornada possível.

Essa metáfora dominante na história — expulso da cultura em que vivem, esse amor só pode ser acolhido pela natureza selvagem — transmite de forma pungente a dor com a qual muitos homossexuais são conduzidos a levar suas vidas, apartados da família, da cidade natal e do círculo de amigos inicial. É comum que se dirijam às cidades grandes, às "selvas de pedra", em busca do anonimato e da tolerância à diversidade que estas favorecem — é comum que busquem, cada um, sua montanha Brokeback.

2. O ciclo da fantasia

ENTRE 1906 E 1911, Freud se debruçou quase exclusivamente sobre o problema da fantasia, abordando-o dos mais diversos ângulos. Proponho que se denomine esse segmento de sua obra de "ciclo da fantasia" e se veja nele um período áureo da reflexão clínica freudiana. Sobretudo porque, como se pode ver na linha do tempo abaixo, tal ciclo não só sucede de imediato a teoria da sexualidade — introduzida em 1905, nos "Três ensaios sobre a teoria da sexualidade", com o conceito de pulsão sexual — como antecede o período que denomino "ciclo da técnica", que vai de 1912 a 1915 e do qual tratarei no próximo volume da presente obra.[1]

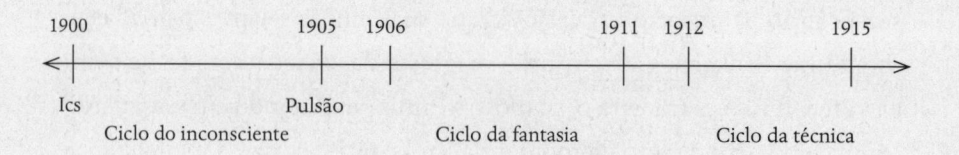

Depreende-se, do fio lógico que une as diversas etapas de sua reflexão, que Freud parte do conceito de inconsciente, exposto em suas três grandes obras inaugurais, consideradas por Lacan verdadeiramente canônicas em matéria de inconsciente: *A interpretação dos sonhos* (1900), *A psicopatologia da vida cotidiana* (1901) e *Chistes e sua relação com o inconsciente* (1905). E, em 1905, introduz pela primeira vez o conceito de pulsão sexual, nos "Três ensaios". O ciclo da fantasia segue logicamente esse encadeamento entre inconsciente e pulsão. E isso ficará ainda mais evidente, sobretudo se pudermos definir a fantasia conforme farei adiante, como a articulação entre inconsciente e pulsão.

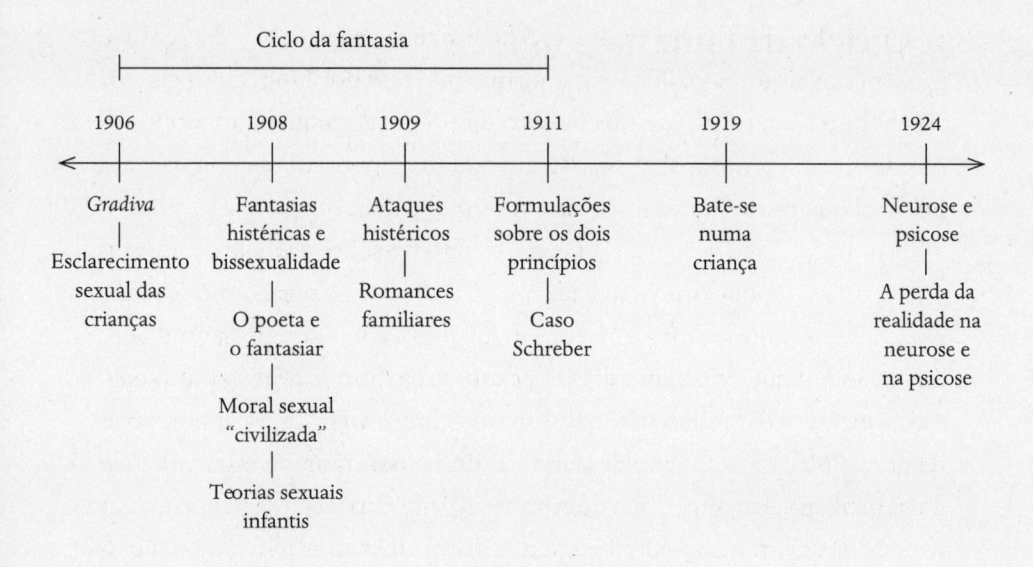

A *Gradiva* de Jensen

Considero que o ciclo da fantasia se inicia com o ensaio sobre a *Gradiva* e se encerra com "Formulações sobre os dois princípios do funcionamento mental", que pode ser considerado o artigo metapsicológico sobre a fantasia. "Delírios e sonhos na *Gradiva* de Jensen" foi redigido no verão de 1906 e publicado em 1907. Foi escrito apenas um ano após a publicação do caso Dora e dos "Três ensaios". Se o caso Dora consagrou a utilização da interpretação dos sonhos na análise de uma paciente histérica, o ensaio sobre a *Gradiva* colocou em cena a interpretação de sonhos criados por um escritor em um texto literário.

O livro de Wilhelm Jensen foi publicado pela primeira vez em 1903 e foi Jung quem chamou a atenção de Freud para ele, no sentido de ser uma obra literária na qual os sonhos ocupam um lugar central. Ernest Jones afirmou que Freud teria escrito "Delírios e sonhos na *Gradiva* de Jensen" com o intuito de agradar a Jung, que o recebeu antes mesmo que se encontrassem pessoalmente. De todo modo, a obra de Jensen foi objeto de conversação entre Freud e Jung algumas vezes em sua correspondência, na qual se aprende que o ensaio, escrito em dias ensolarados, deu grande prazer a seu autor e foi lido com enorme interesse por Jung, cujos elogios receberam o afetuoso agradecimento de Freud. A pequena repercussão obtida por sua própria obra suscita um agudo comentário de Freud: "Será possível que os melhores livros sejam os que não despertam atenção?".[2]

Em Lacan, as referências ao texto freudiano sobre a *Gradiva* são raras e se limitam a poucas ocorrências nas "Conferências norte-americanas", entre as quais destacamos uma: Lacan diz que a *Gradiva* representou uma das vezes em que Freud tentou "ver na arte uma espécie de testemunho do inconsciente",[3] o que não significa de modo algum analisar o artista através da obra: "Nada força o artista a admitir que possui um inconsciente. Isso é psicanálise selvagem. Toda interpretação, mesmo a do Moisés, é apenas uma conjetura. Não podemos estar seguros dela, pois não temos meios para analisar a pessoa que a esculpiu".[4]

Essa passagem de Lacan é exemplar da maneira pela qual ele concebe a relação entre arte e psicanálise: a arte pode servir para o psicanalista colher um testemunho do inconsciente, mas jamais para que analise seu autor. Dito de outro modo, a análise de uma obra permite ter acesso às manifestações do saber inconsciente, mas não analisar o sujeito em questão: a análise de um sujeito não pode prescindir de sua palavra falada e de suas associações, sendo a regra da associação livre aquela que sustenta, sozinha, todo o dispositivo analítico. É precisamente da importância desse testemunho que fala o próprio Freud em diversas passagens da *Gradiva*, por exemplo:

> E os poetas são aliados muito valiosos, cujo testemunho deve ser levado em alta conta, pois costumam conhecer toda uma vasta gama de coisas entre o céu e a terra com as quais a nossa sabedoria acadêmica ainda nem sonhou. Estão bem adiante de nós, gente comum, na ciência da alma, já que se nutrem em fontes que ainda não tornamos acessíveis à ciência.[5]

O psicanalista aprende com o artista sobre o inconsciente, e não o contrário; é a obra literária — a obra de arte em geral — que ensina ao psicanalista. E quanto às possíveis críticas que seu texto suscitou em relação às interpretações feitas da *Gradiva*, Freud antecipou que, não podendo contar com as associações do personagem, foi obrigado a realizar, ele próprio, "com a máxima prudência",[6] tais associações.

É precisamente a esse comentário de Freud, feito como uma advertência ao leitor logo na abertura da *Gradiva*, que faz eco aquele famoso e repetido dito de Lacan: "Os poetas, que não sabem o que dizem, como é bem sabido, sempre dizem, no entanto, as coisas antes dos outros".[7] É surpreendente ver como em diferentes passagens Freud enfatiza essa sua postura, como psicanalista, em relação às contribuições feitas pelos escritores e criadores de um modo geral, pois eles avançam percepções que a ciência muitas vezes demora a poder compreender. Considerando que a descrição da mente humana é, na realidade, o campo mais legítimo do escritor verdadeiramente criativo, Freud observa que "em todos os tempos ele [o escritor] tem sido um precursor da ciência e, portanto, também da psicologia científica".[8]

Ao final do ensaio, Freud fará uma comparação ainda mais estreita entre o escritor e o psicanalista, que vale a pena citar na íntegra:

> Provavelmente bebemos na mesma fonte e trabalhamos com o mesmo objeto, embora cada um com seu próprio método. A concordância entre nossos resultados parece garantir que ambos trabalhamos corretamente. Nosso procedimento consiste na observação consciente de processos anímicos anormais em outras pessoas, com o objetivo de poder deduzir e mostrar suas leis. O poeta procede de forma diversa; dirige sua atenção para o inconsciente de sua própria mente, auscultando suas possíveis manifestações e expressando-as através da arte, em vez de suprimi-las por uma crítica consciente. Desse modo, experimenta a partir de si mesmo o que aprendemos de outros: as leis a que as atividades do inconsciente devem obedecer. Mas ele não precisa formular essas leis, nem sequer discerni-las com clareza: como resultado da tolerância de sua inteligência, elas se incorporam à sua criação. Descobrimos essas leis pela análise de suas criações, da mesma forma que as inferimos em casos de doenças reais. A conclusão evidente é que ambos, tanto o poeta

como o médico, ou incorremos em igual mal-entendido sobre o inconsciente, ou o compreendemos corretamente. Essa conclusão é muito valiosa para nós, e para chegar a ela valeu a pena investigar pelos métodos da psicanálise médica o modo como são representadas a formação e a cura dos delírios, assim como os sonhos, na *Gradiva* de Jensen.[9]

Antes de entrar na questão da fantasia, outros pontos merecem destaque no texto da *Gradiva*, pleno de surpresas e descobertas quanto ao método psicanalítico. Freud sustenta em duas breves, embora densas, passagens uma ideia que surgirá bem explicitada em seus artigos técnicos, a de que na análise a pesquisa e o tratamento coincidem.[10] Veicula explicitamente a noção — hoje tornada lugar-comum pelo ensino de Lacan — de que o inconsciente é um saber que se revela por meio da ambiguidade das palavras: "[O médico] deve aprender a inferir com grande certeza, das comunicações e associações conscientes do paciente, o que neste está recalcado, e *a descobrir o inconsciente dele através de suas palavras* e seus atos conscientes".[11] É disso que Lacan fala ao considerar o inconsciente estruturado como uma linguagem e a insistir que é nas palavras, e apenas nelas, que podemos encontrá-lo.

Por isso, a noção de representação intermediária ou de compromisso, apresentada por Freud em *A interpretação dos sonhos*, é tão bem trabalhada aqui.[12] Essa noção está fortemente ligada à problemática da ambiguidade da linguagem, tal como Freud a desenvolve longamente nas três últimas páginas da terceira seção da *Gradiva*. Freud ressalta a frequência com que frases altamente ambíguas ocorrem nas falas dos dois personagens principais, de tal modo que, quando um fala, o outro capta constantemente um duplo sentido em suas palavras.[13] Tal como os sintomas, Freud considera as falas, com seus jogos de palavras, equívocos e ambiguidades, verdadeiras conciliações entre o consciente e o inconsciente,[14] isto é, representações intermediárias entre ambos.

A difícil diferença entre esquecimento e recalque é igualmente tematizada por Freud,[15] para quem o recalque tem como modelo o soterramento de Pompeia: "Na verdade não existe melhor analogia para o recalque —

que torna algo inacessível e ao mesmo tempo o preserva na mente — do que um sepultamento como o que vitimou Pompeia, e do qual a cidade só pôde ressurgir pelo trabalho das pás".[16] Lacan, por sua vez, trabalhou a diferença entre esquecimento e recalque postulando que o recalque representa uma espécie de duplo esquecimento: o sujeito não só esquece, como também esquece que esqueceu. A distinção entre recalque e esquecimento se impõe como uma verdadeira necessidade teórica e proponho estabelecê-la pelas instâncias psíquicas freudianas do seguinte modo:

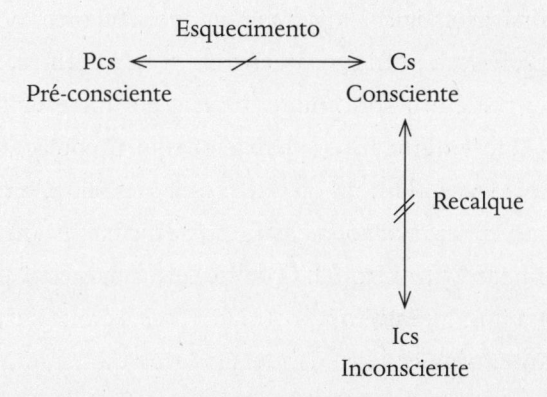

O esquecimento não implica a passagem de uma instância para outra de uma representação, o recalque, sim. No esquecimento, a porta entre consciente e pré-consciente, tal como numa sala ligada a uma antessala, mantém-se aberta e pode ser franqueada a qualquer momento. No recalque, a porta de passagem do consciente para o inconsciente acha-se totalmente fechada e a chave não está na fechadura, devendo ser procurada! Freud desenvolve ainda a dialética entre o inconsciente e o recalque, que será retomada no artigo metapsicológico sobre o inconsciente, no sentido de mostrar que este último é o conceito mais amplo, ao passo que o de recalque é mais restrito: "Tudo o que é recalcado é inconsciente, mas não podemos afirmar que tudo o que é inconsciente é recalcado".[17]

Chegamos, enfim, ao tópico da fantasia, central no ensaio da *Gradiva*. Ainda que nele chame a atenção a ocorrência, não muito frequente, da expressão até certo ponto paradoxal *fantasia delirante*[18] — que implica que Freud considera o delírio do personagem Norbert Hanold um "delírio histérico e não um delírio paranoico"[19] —, Freud esboça uma distinção conceitual psicanalítica entre fantasia e delírio. Ela nos interessa particularmente porque permite que se compreenda melhor a estrutura do aparelho psíquico na neurose e na psicose, o que traz consequências relevantes para a direção do tratamento.[20]

Além disso, tem-se a noção da fantasia como axioma, construída por Lacan no seminário *A lógica da fantasia*, o que, de certo modo, se pode considerar um efeito longínquo do ensino de seu mestre, De Clérambault, para quem o delírio erotomaníaco tinha a característica de possuir um postulado, diferentemente do delírio de interpretação. O axioma da fantasia é aquela frase além da qual não existe nada. Ele não pode ser interpretado, ao contrário: todas as interpretações levam a ele, como todos os caminhos levam a Roma. O delírio erotomaníaco, para Clérambault, apresenta igualmente um postulado de base que sustenta todo o edifício delirante, uma espécie de ideia-mãe da qual partiriam cadeias de ideias: "Suprimam no delírio passional essa única ideia que chamei de postulado, e todo o delírio cai".[21] A famosa fórmula literária com que Clérambault prossegue sua elaboração não pode deixar de ser mencionada: "Esse delírio é semelhante à lágrima batava, que se desvanece se você quebra somente sua ponta".[22]

Duas características principais do delírio são destacadas por Freud: não produzem efeitos diretos sobre o corpo, manifestando-se apenas de forma mental, diferentemente das fantasias histéricas, que se manifestam em sintomas conversivos corporais; e nele as fantasias ganharam a primazia, transformando-se em certeza[23] e passando a influenciar as ações do sujeito. Vê-se que a primeira característica não distingue, por si só, o delírio do pensamento obsessivo, o que demonstra a importância da segunda característica para se configurar um delírio. Freud aproxima o mais possível, portanto, o delírio da fantasia e os distingue por uma espécie de amplitude que, muito aumentada no delírio, leva à certeza delirante e, logo, afasta o sujeito da chamada realidade objetiva. Apressadamente, poderíamos concluir que a fantasia é uma realidade psíquica que não impede o acesso à realidade, ao passo que o delírio impede esse acesso. Contudo, a relação entre a fantasia e o delírio com a realidade não é simples. Ela só é de fato estabelecida por Freud nos dois célebres artigos de 1924 sobre a neurose e a psicose, dos quais trataremos adiante.

O delírio não é exclusivo da psicose, e Freud considera o de Norbert Hanold um delírio histérico e não paranoico, como se poderia acreditar à primeira vista. Isso porque Freud não acha que se deva classificar o delírio exclusivamente por meio de seu tema, o que induz a erros grosseiros.

A questão essencial que se coloca para Freud quanto ao delírio é: de onde vem a convicção que o paciente tem no delírio e que dá a ele a característica, destacada por Karl Jaspers, de ser inabalável?[24] A essa questão, Freud responde que a adesão do sujeito às ideias delirantes provém do fato de que o delírio apresenta uma parcela de verdade que jaz na origem da convicção do paciente. Recalcada, essa verdade inconsciente se desloca para o erro consciente e nele se fixa. Dito de outro modo, a convicção ligada à verdade inconsciente se desloca para o elemento substituto distorcido e nele se fixa, mais intensa ainda do que antes, como uma espécie de compensação, para protegê-lo da crítica. Daí advém a convicção do paciente em seu delírio, a qual levou Freud a afirmar, no caso Schreber, que o delirante ama seu delírio como ama a si mesmo.[25]

O delírio é assim definido por Freud como uma crença profunda ligada a uma parcela de verdade, pois a crença que o paciente tem em seu delírio não se origina de sua incapacidade de juízo nem dos elementos falsos do delírio.

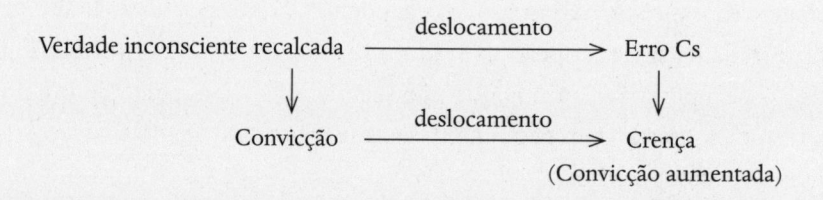

O modelo teórico utilizado por Freud para abordar o delírio histérico de Norbert Hanold é o mesmo da neurose, isto é, o do recalque, que implica o conflito entre a pulsão e o eu: "A cada novo combate travado entre o erotismo e a resistência, o delírio sempre sai vencedor".[26] Para ele, o delírio pode ser aproximado do sonho, que representa o delírio da pessoa normal. Mas, no caso Schreber, Freud manterá o mesmo modelo. É esse raciocínio que Freud desenvolverá na análise de Schreber, sendo que o mecanismo da projeção será o responsável pela produção do deslocamento.

As fantasias, por sua vez, são como ecos das lembranças infantis esquecidas[27] e/ou recalcadas.[28] Elas mantêm igualmente uma relação com a verdade e é essa relação que será tematizada em um artigo de Freud que faz parte do ciclo da fantasia, publicado em dezembro de 1908, "Sobre as teorias sexuais infantis", do qual tratarei adiante.

O poeta e o fantasiar

O fato é que, além de tudo, o ensaio sobre a *Gradiva* abre a via para novas reflexões freudianas sobre a relação entre a fantasia e a criação literária. Em 6 de dezembro de 1907, período em que era convidado para muitas palestras em virtude de sua crescente notoriedade, Freud pronuncia uma conferência intitulada "O poeta e o fantasiar", que seria publicada em março de 1908 e se tornaria um de seus artigos mais estudados e comentados. Freud falou para uma plateia preponderantemente leiga no salão de seu editor, Hugo Heller. Salientando que essa foi a primeira vez em que Freud aplicou ideias psicanalíticas à cultura, Peter Gay pondera que, "apesar de sua leveza, essa palestra é uma contribuição séria à estética psicanalítica".[29]

O termo *Dichter*, encontrado no título do artigo (*Der Dichter und das Phantasieren*), como ressalta Gay, é útil em sua polissemia e significa igualmente o romancista, o dramaturgo e o poeta.[30] Talvez por isso a liberdade encontrada na singela opção da tradução brasileira[31] — "escritores criativos" — seja perdoável, ainda que não seja fiel ao original alemão quanto ao termo "fantasia". Um pequeno parêntese sobre esse termo é necessário antes de prosseguirmos.

O substantivo alemão *Phantasie* designa, sem qualquer ambiguidade, *fantasia*; e o verbo *phantasieren*, a atividade do fantasiar. Freud considera a fantasia que é feita pelo sujeito conscientemente, o devaneio diurno, como tendo a mesma estrutura da fantasia inconsciente e, mais do que isso, desempenhando a mesma função: a de satisfazer algum desejo insatisfeito no passado. Não sabemos por que alguns psicanalistas lacanianos passaram a adotar, no Brasil, o substantivo "fantasma" para traduzir *fantasme*, enquanto o termo, na França, como observa Jairo Gerbase,

> tem uso consagrado e dicionarizado como termo psicanalítico e significa construção imaginária, consciente ou inconsciente, que permite ao sujeito que a encena exprimir e satisfazer um desejo mais ou menos recalcado, dominar uma angústia.[32]

Não poderia haver maior equívoco do que esse, que renega toda a tradição psicanalítica ligada, desde Freud, ao termo "fantasia" e introduz um campo semântico alheio e até mesmo antinômico à expressão: "fantasia" designa, para Freud, a vigência do princípio de prazer, ao passo que "fantasma" inclui no primeiro plano o desprazer. Considerando esse erro como uma verdadeira "violência linguística",[33] concordo com Gerbase quando ele assinala que traduzir *fantasme* e *fantôme* por "fantasma" leva à mais absoluta confusão.

Em "O poeta e o fantasiar", uma pequena joia em sua obra, Freud desenvolve a diferença entre o brincar infantil e a criação literária nos seguintes termos: se em ambas as atividades a criança e o adulto criam um mundo de fantasia que levam a sério e no qual investem uma grande quantidade de emoção, a diferença entre elas reside no fato de que a criança que brinca liga os objetos e as situações imaginadas às coisas visíveis e tangíveis do mundo real, ao passo que o escritor mantém uma separação nítida entre o mundo da fantasia e a realidade. Essa característica da brincadeira infantil foi igualmente destacada por Freud nos sonhos infantis, nos quais a realização de desejos está vinculada diretamente aos desejos que permaneceram não realizados na véspera.[34] A apreensão freudiana de que a fantasia está na base do brincar infantil deu origem à utilização universal dos jogos na análise de crianças e abriu toda uma via de compreensão psicanalítica nessa área.

A linguagem, com sua sabedoria maior, já revela essa relação entre a brincadeira e a criação poética: a palavra alemã *Spiel* designa "uma peça" (em português, fala-se também em "pregar uma peça"), *Lustspiel*, que significa "comédia", é, literalmente, uma brincadeira prazerosa, ao passo que *Trauerspiel*, "tragédia", significa, ao pé da letra, brincadeira lutuosa.

Toda a elaboração freudiana é feita no sentido de nos fazer ver que a fantasia representa, no adulto, o prosseguimento da atividade da brincadeira infantil, embora aquela seja menos fácil de observar do que esta: se a criança brinca ao lado dos adultos sem qualquer constrangimento e no cerne de suas brincadeiras reside o desejo de ser grande, o adulto oculta as suas fantasias intensamente. E o que se observa nesse trajeto que vai do brincar ao fantasiar é a perda do elo com os objetos reais.

Freud parte da significativa ideia de que a pessoa feliz nunca fantasia, somente aquela insatisfeita. Sendo a correção de uma realidade insatisfatória, a fantasia representa, como o sonho, a realização de um desejo. São os desejos insatisfeitos que constituem as forças motivadoras das fantasias, por isso Freud utiliza frequentemente a expressão fantasia de desejo. Sabemos, desde *A interpretação dos sonhos*, que nada a não ser o desejo está em condições de acionar nosso aparelho psíquico. São dois os grandes grupos de desejo: os eróticos, frequentes nas mulheres jovens, e os ambiciosos, nos homens jovens. Claro está que os desejos ambiciosos se unem aos eróticos no caso do homem, daí os termos "possuir" e "conquistar" fazerem parte da retórica masculina para ambos os casos. O que ele observa é que o excesso de autoestima, que fica oculto no homem, e o desejo erótico, oculto na mulher, constituem o material das fantasias.

Há uma relação entre fantasia e tempo, uma vez que a fantasia flutua entre os três momentos abrangidos por nossa ideação do seguinte modo: uma impressão atual que despertou algum dos desejos principais do sujeito aciona o trabalho mental e retrocede a uma experiência anterior, criando uma situação no futuro que representa a realização do desejo. Freud resume essa nodulação temporal com uma frase poética: "O desejo aproveita uma ocasião do presente para construir, segundo moldes do passado, um quadro do futuro".[35] E sua conclusão não será menos bela: "Dessa forma, o passado, o presente e o futuro são como as contas de um colar entrelaçadas pelo fio do desejo".[36] Ao introduzir esse entrelaçamento, a fantasia de algum modo abole o tempo e informa constantemente a consciência do modo de funcionamento inconsciente, regido pelo processo primário, no qual o tempo não existe como mera diacronia.

Na abertura de seu ensaio sobre a *Gradiva*, Freud já havia situado a relação que existe entre o sonho e o futuro. Esse vetor enigmático, que vai do presente até o passado para ser lançado no futuro, constitui uma das bases da experiência psicanalítica, e toda a teoria da transferência está igualmente nele apoiada. Revela também a estrutura atemporal do inconsciente, no qual passado, presente e futuro convivem de forma absolutamente harmônica e respondem pela indestrutibilidade do desejo. Além disso, Freud chama a atenção para o fato de que "os neuróticos estão ancorados em algum ponto de seu passado, [...] um período de seu passado no qual sua libido não se privava de satisfação, no qual eram felizes".[37]

As fantasias estão na base das neuroses e são as precursoras mentais imediatas dos penosos sintomas. Aqui, mais uma vez, Freud assinala que a linha que separa o normal do patológico é muito tênue. A análise de todo sintoma revela a fantasia que está subjacente a ele. Tal ponto é desenvolvido com detalhes em outro artigo do ciclo da fantasia, "Fantasias histéricas e sua relação com a bissexualidade", que abordarei adiante.

Se a fantasia tem uma relação estrutural com o sintoma, com o sonho tal relação é mais evidente, pois este nada mais é do que uma fantasia: "A linguagem com sua inigualável sabedoria há muito lançou luz sobre a natureza básica dos sonhos, denominando de devaneios (*Tagtraum*, 'devaneio', em alemão, significa literalmente *sonho diurno*) as etéreas criações da fantasia".[38]

Os sonhos, tal como os devaneios (fantasias diurnas), são realizações de desejos. Contudo, se o núcleo da fantasia permite a Freud aproximar a estrutura do sintoma da do sonho, há uma diferença entre sonho e sintoma. Como pondera Lacan, o sintoma está sempre inserido num estado econômico global do sujeito, enquanto o sonho é um estado localizado no tempo, em condições extremamente particulares. O sonho é apenas uma parte da atividade do sujeito, enquanto o sintoma se esparrama em diversos setores.[39]

Ao analisar a posição subjetiva dos escritores criativos em sua relação com a fantasia, Freud ressalta alguns aspectos universais ligados à dimensão do poder e da sexualidade inerentes à fantasia: todas as criações literárias possuem um herói, pelo qual todas as personagens femininas se apaixonam; todos os outros personagens se dividem em bons (aliados do eu do herói) e maus (seus inimigos e rivais). Somente um personagem é descrito interiormente.

A obra literária representa para Freud uma continuação ou um substituto do brincar infantil e, desse modo, mantém a mesma relação com o tempo que a evidenciada na fantasia. Há um desejo que enlaça a fantasia aos três períodos do tempo: uma poderosa experiência do presente desperta no escritor a lembrança de uma experiência anterior da infância e dela se origina o desejo que encontra realização na obra. Esta, portanto, irá revelar elementos do presente assim como da antiga lembrança. O mito, forma de construção literária cuja abrangência é muitas vezes universal, representa essa produção humana na qual se concentram os vestígios de fantasias plenas de desejo de nações inteiras, os sonhos seculares da jovem humanidade.

Fantasias histéricas e bissexualidade

Em janeiro de 1908, dando continuidade à sua ampla investigação sobre as várias dimensões da fantasia, Freud publica o artigo "Fantasias histéricas e sua relação com a bissexualidade", cujo início tem um caráter programático, pois traz uma apresentação daquilo que, posteriormente, com Lacan, se denominaria tripartição clínica estrutural: psicose, perversão, neurose.

Freud isola em cada uma das estruturas clínicas sua dimensão mais relevante: na paranoia, o delírio; na perversão, a satisfação sexual direta, em ideia ou na realidade; na neurose, em particular na histeria, a fantasia. Esta tem "importante ligação com a causação dos sintomas neuróticos",[40] e

quem estudar a histeria logo transferirá seu interesse dos sintomas para as fantasias que lhes deram origem. A técnica da psicanálise nos permite em primeiro lugar inferir dos sintomas o que essas fantasias inconscientes são, e então torná-las conscientes para o paciente.[41]

A fonte comum e o protótipo dessas fantasias são os devaneios da juventude, mais frequentemente eróticos nas mulheres e ambiciosos e eróticos nos homens, conforme já dito.

Tais fantasias são satisfações de desejos originários de privações e anseios. Podem ser chamadas também de devaneios ou sonhos diurnos, pois os sonhos noturnos têm como núcleo essas fantasias diurnas, distorcidas pela censura. Esses devaneios são acalentados carinhosamente pelo sujeito e ocultados como sendo seus bens mais íntimos; ele os guarda só para si, não os compartilha, vivencia-os como algo exclusivamente seu e cujo conteúdo, na maioria das vezes sexual, não pode ser revelado. Para ressaltar o paralelo que pode ser estabelecido entre a função da fantasia na neurose e a do delírio na psicose, observo novamente que Freud falará de modo muito parecido sobre o lugar ocupado pelo delírio na psicose, quando assinala que o psicótico ama seu delírio como ama a si mesmo.

As fantasias podem ser conscientes ou inconscientes, e é quando as conscientes se tornam inconscientes que podem se tornar patogênicas e expressar-se através de sintomas e ataques histéricos. Freud faz nesse artigo uma abordagem da genealogia da fantasia como não realizará em nenhum outro estudo. Em *Bate-se numa criança*, como veremos adiante, essa dialética entre fantasia consciente e inconsciente assume um valor paradigmático. As fantasias inconscientes podem ter sido sempre inconscientes e formadas no inconsciente ou, mais frequentemente, foram de início fantasias conscientes — devaneios — que foram recalcadas e se tornaram inconscientes. Além disso, elas podem ter nascido no inconsciente e lá permanecer, assim como se originar no consciente e ali ficar.

Fantasia Cs ───────▶ permanece no Cs

Fantasia Ics ───────▶ permanece no Ics

Fantasia Cs ───────▶ recalcada para o Ics

Fantasia Ics ───────▶ desrecalcada para o Cs

É claro que entre essas quatro possibilidades de gênese e evolução das fantasias, as que mais apresentam interesse clínico são aquelas que, tendo sido recalcadas para o inconsciente ou tendo ali nascido e permanecido, revelam um acentuado poder patogênico e formador de sintomas, frutos do retorno do recalcado.

A fantasia inconsciente possui uma conexão muito íntima com a vida sexual do sujeito e é idêntica à fantasia que lhe serviu para obter satisfação durante o período de masturbação. Nesse período, o ato masturbatório compunha-se de duas partes: a evocação de uma fantasia e o comportamento ativo para obter satisfação. Originalmente, o ato era "um processo puramente autoerótico que visava obter prazer de um determinado lugar do corpo a que chamamos *erógeno*".[42] Mais tarde, o ato se fundiu a uma ideia plena de desejo pertencente à esfera do amor objetal e serviu como a realização parcial da situação em que culminou a fantasia. Três diferentes fases desse processo podem ser esquematizadas a partir do autoerotismo:

1. Autoerotismo ──────▶ Fantasia Cs ──────▶ Satisfação masturbatória
                                    (Ideia plena de desejo)

2. Abandono da satisfação masturbatória ──────▶ Fantasia Cs ──────▶ Fantasia Ics
                                                              Recalque

3. Fantasia Ics ──────▶ Sublimação ou sintoma (ou ataque) histérico

Caso não obtenha outro tipo de satisfação sexual, o sujeito permanece abstinente e possui duas saídas: sublimar sua libido ou produzir um sintoma. Dessa forma, diz Freud, "as fantasias inconscientes são os precursores psíquicos imediatos de toda uma série de sintomas histéricos".[43] Mas podemos ir além e localizar, para além da fantasia, o enraizamento pulsional do sintoma, pois o sintoma — considerado como o efeito de fantasias inconscientes exteriorizadas por meio da conversão histérica — representa a insistência na busca de uma satisfação pulsional que era fornecida pela fantasia. Assim, por trás do sintoma há a fantasia, mas por trás da fantasia há a pulsão e sua radical e imperiosa exigência de satisfação — como enfatiza Freud, "a pulsão sexual se comporta de forma voluntariosa e inflexível".[44]

$$\text{Pulsão} \longrightarrow \text{Fantasia} \longrightarrow \text{Sintoma}$$

Freud assinala que o sintoma anula a renúncia ao ato masturbatório e restabelece a satisfação sexual primária original, daí ele ser, como sublinha Lacan, não só uma fonte de sofrimento como igualmente uma fonte de gozo. Quanto a isso, Freud já apontara no artigo "O poeta e o fantasiar" que

ao crescer as pessoas param de brincar e parecem renunciar ao prazer que obtinham do brincar. Contudo, quem compreende a mente humana sabe que nada é tão difícil para o homem quanto renunciar a um prazer que já experimentou. Na realidade, não podemos renunciar a nada; apenas trocamos uma coisa por outra. O que parece ser uma renúncia é, na verdade, a formação de um substituto ou sub-rogado.[45]

O conteúdo das fantasias inconscientes histéricas corresponde às situações nas quais os perversos obtêm conscientemente satisfação. Há casos em que as fantasias histéricas, ao invés de se expressarem por meio de sintomas, surgem como realizações conscientes que encenam estupros, ataques ou atos de agressão sexual.

Freud observa uma vez mais que "esse método de investigação psicanalítica, que dos sintomas visíveis conduz às fantasias inconscientes ocultas, revela-nos tudo o que é possível conhecer sobre a sexualidade dos psiconeuróticos".[46] A complexidade da relação entre fantasias e sintomas é comparada por Freud àquela da relação entre os pensamentos oníricos latentes e o conteúdo manifesto dos sonhos. Muitas vezes, um sintoma não corresponde a uma única fantasia inconsciente, mas a várias. É interessante ressaltar que Freud menciona a ocorrência de um "padrão regular"[47] na correspondência estabelecida entre um sintoma e diferentes fantasias.

Os sintomas histéricos representam a conciliação entre um impulso libidinal e um impulso recalcante. Freud menciona um caso em que uma paciente, durante um ataque histérico, com uma das mãos pressionava o vestido contra o corpo, como uma mulher que se defende do ataque sexual de um homem, e com a outra tentava arrancá-lo, como um homem que ataca a mulher sexualmente. René Magritte pintou essa cena numa tela de 1928, intitulada *Os dias gigantescos*, que ilustra bem esse duplo movimento

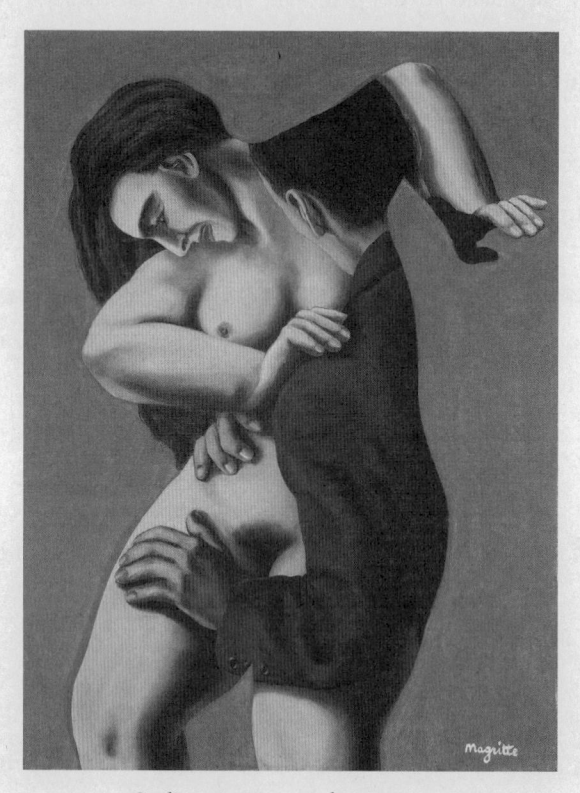

Os dias gigantescos, de Magritte.

do desejo histérico. A mulher nua está se defendendo de um homem que a ataca sexualmente e, ao mesmo tempo, vê-se que a figura masculina faz parte dela mesma: seu desejo e sua resistência aparecem ilustrados num só ato e nela própria.

Os sintomas histéricos representam ainda a união de duas fantasias libidinais de caráter sexual oposto, uma heterossexual e outra homossexual, o que corrobora a teoria da bissexualidade, que Freud nunca abandonou.[48] Ao final de seu artigo, ele faz uma observação essencial, que nos interessa particularmente por tratar da relação entre a fantasia e a pulsão: "Como demonstrei em meus 'Três ensaios sobre a teoria da sexualidade', a conexão entre os sintomas e as fantasias torna fácil chegar da análise dos primeiros a um conhecimento dos componentes das pulsões sexuais que dominam o indivíduo".[49]

A experiência da análise caminha precisamente no caminho inverso do vetor acima indicado: ela começa no sintoma, motivo de sofrimento que leva o sujeito a buscar o tratamento, e do sintoma chega à fantasia. Pode-se conjecturar que toda sessão de análise é, no fundo, o desvelamento de uma fantasia que estava por trás de um sintoma. E assim como a análise caminha do sintoma para a fantasia, o fim da análise, situado por Lacan como a travessia da fantasia, é o percurso que vai da fantasia à pulsão:

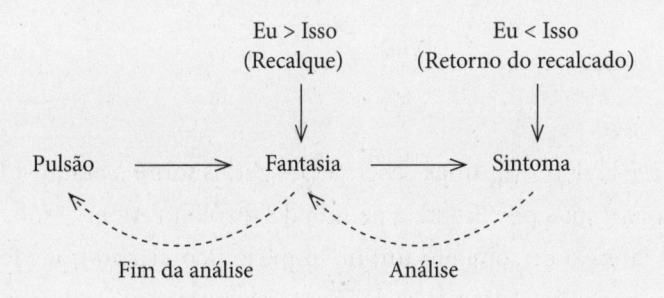

É como um texto que trata dessa relação entre fantasia e pulsão que recomendo que seja lido o artigo de Freud "Fantasias histéricas", pois caso substituamos o termo freudiano "bissexualidade" por aquele introduzido por Lacan, o de objeto *a*, como sugerimos anteriormente,[50] podemos ver que o artigo trata precisamente da relação entre fantasia e pulsão, já que o objeto *a* é o objeto faltoso da pulsão. Com seu rigor metodológico e clínico, Freud permaneceu adscrito às ocorrências clínicas que presentificavam a bissexualidade nas manifestações histéricas. Lacan de algum modo "enxugou" o imaginário ligado a essa concepção e trouxe-a a seu ponto nuclear — o real da falta de objeto.

A ideia freudiana da bissexualidade corresponde ao fato de que, não havendo inscrição da diferença sexual no inconsciente (falta da ordem do real), toda e qualquer escolha de objeto (simbólica e imaginária) será possível — seja a homossexual, seja a heterossexual. A bissexualidade representa a disposição possível em todo sujeito de fazer uma escolha de objeto hétero ou homossexual, uma vez que não há inscrição do Outro sexo.

Ainda que tenha sido escrito em 1908 e, portanto, esteja inserido no quadro do primeiro dualismo pulsional freudiano (pulsões sexuais *versus* pulsões do eu), é com esse texto de Freud que podemos compreender de modo radicalmente fecundo a função primordial da fantasia: a de sexualizar a pulsão de morte. Voltarei a esse ponto detidamente, quando abordar a pulsão de morte.

$$\text{Pulsão} \xrightarrow[\text{Vida}]{\overset{\displaystyle \$\lozenge a}{/\!/\!/}} \text{Morte}$$

O breve artigo "Algumas observações gerais sobre o ataque histérico" — escrito em 1908 por Freud, a pedido do sexólogo Albert Moll, e publicado em janeiro de 1909 em um novo periódico criado por Moll — dá prosseguimento às elaborações de "Fantasias histéricas", sendo que, nele, trata-se de desvelar na base do ataque histérico a ação das mesmas fantasias subjacentes aos sintomas histéricos.

O ataque histérico tem, assim, a mesma estrutura do sintoma histérico, e nele as fantasias se acham traduzidas para a esfera motora, atingindo a motilidade e a mímica. O ataque pode representar várias fantasias condensadas que o tornam ininteligível, ou então atitudes corporais que invertem, tal como no sonho um elemento se transforma em seu oposto, o conteúdo da fantasia, ou até mesmo a ordem cronológica dos elementos que compõem seu enredo. Como Lacan formulará mais tarde, no sintoma nós temos a invasão do real do corpo pelo simbólico, pela linguagem,[51] ao fazê-lo expressar moções pulsionais que retornam do recalque a que foram submetidas. A perda de consciência no ataque histérico corresponde ao lapso de consciência próprio ao clímax da satisfação sexual intensa.

Teorias sexuais infantis e romances familiares

Dando prosseguimento ao estudo do ciclo da fantasia, tomo agora o texto "Sobre as teorias sexuais da criança", publicado igualmente em 1908, no mês de dezembro. Muitas ideias novas são apresentadas nesse artigo de Freud, e grande parte de seu material provém do caso do Pequeno Hans, cujo texto estava então sendo revisado para ser publicado. Surge aqui, pela primeira vez, a noção da crença fantasística na onipresença do pênis nos dois sexos, a mais importante e universal teoria sexual infantil, assim como a expressão "ameaça de castração".

Em 1907, Freud escrevera um artigo sob a forma de carta, a pedido de um médico de Hamburgo, sobre o esclarecimento sexual das crianças, no qual apresentou algumas ideias que seriam retomadas aqui. O conteúdo desse trabalho, que Freud considera uma verdadeira síntese, é oriundo de três fontes diferentes, todas de observações de crianças do sexo masculino: observações diretas do que dizem e fazem; lembranças conscientes da infância relatadas em análise por adultos; lembranças inconscientes traduzidas em material consciente nas análises de adultos.

Ressaltando a importância das lembranças infantis tanto em adultos neuróticos quanto em adultos saudáveis, Freud assinala que a primeira pergunta formulada pela criança diz respeito à origem dos bebês. Tal pergunta, que veicula para Freud o desejo de saber através da intensa curiosidade infantil, ecoa nos inúmeros enigmas dos mitos e lendas infantis e advém de outra interrogação, mais egoísta e autointeressada, que indaga sobre qual a origem desse bebê intrometido que é o irmãozinho! As respostas a essa pergunta constituirão as teorias sexuais infantis que, por serem denominadas por Freud teorias com conceitos, já denotam o quanto a criança se depara com algo enigmático quando é confrontada com a diferença sexual, para a qual ela não possui nenhuma representação.

As diferentes teorias surgem a partir daquela que diz respeito à universalidade do pênis, à qual o menino se apega desde cedo pela importância que, naturalmente, atribui ao órgão peniano como fonte de prazer. A teoria sexual infantil segundo a qual não só homens como também mulheres possuem um pênis tem, para Freud, uma raiz em certa dose de verdade, uma vez que o clitóris desempenha o papel prazeroso de um pequeno pênis para a mulher.

Quando a criança se pergunta de onde vêm os bebês e concebe a existência do pênis no corpo de sua mãe, a resposta que poderá dar será a de que o nascimento da criança ocorre pela via anal. Tal teoria pode ser considerada como igualmente ancorada na existência real da cloaca em muitos animais.

Daí surge a terceira teoria, a da concepção sádica do coito como sendo algo imposto pelo mais forte ao mais fraco e em que se realiza o ato sexual como um ato de violência. De fato, tal teoria recebe uma dupla contribuição: da própria excitação peniana que leva o menino a querer compulsivamente produzir um ato violento, sem conseguir explicá-lo, como se quisesse abrir um buraco ou romper algo; e da percepção infantil da agressividade que entra em jogo no ato sexual. Há ainda a teoria, predominantemente feminina, de que a criança é gerada pela boca, durante o beijo.

A última teoria infantil diz respeito ao casamento, muitas vezes considerado como uma promessa de prazer inerente à mera ausência de pudor imposta à criança pelos processos educativos: os casados urinam um em frente do outro (cuja ideia, no fundo, parece ser a de que o homem urina no urinol da mulher), mostram seu traseiro um ao outro, ou misturam seu sangue. Apenas aos dez ou onze anos as crianças entram em contato com a existência da vagina e do coito vaginal, assim como passam a saber da existência do sêmen.

É interessante observar que, ao longo desse texto, Freud não utiliza uma única vez o termo "fantasia" para designar as teorias sexuais infantis, embora fique patente que é das fantasias que está tratando — mais do que isso, de fantasias onipresentes no universo infantil. Além disso, aquela mesma ideia de que há algo verdadeiro nos delírios também comparece, para Freud, nas teorias sexuais infantis: "Essas teorias sexuais falsas possuem uma característica muito curiosa: embora cometam equívocos grotescos, cada uma delas contém um fragmento da verdade".[52]

A mera existência de teorias sexuais infantis deve ser considerada como paradigmática do não senso do real ligado à relação sexual: a criança inventa teorias porque lhe falta o saber instintivo sobre o sexo. Ademais, cumpre assinalar que tais teorias pretendem preencher o furo, a falta de inscrição do Outro sexo e sustentar, a seu modo, a existência da relação sexual.

O BREVE E ENCANTADOR ARTIGO "Romances familiares", escrito por Freud também em 1908 (para ser publicado no livro de Otto Rank *Mito do nascimento do herói*, em 1909), é igualmente um artigo sobre a fantasia, abordada em especial sob a ótica do "romance familiar do neurótico". Essa é a expressão criada por Freud para designar aqueles devaneios (fantasias conscientes) através dos quais as crianças substituem, em sua imaginação, os próprios pais por outros de melhor linhagem, ricos e poderosos, e retifica as insuficiências dos pais de sua vida real.

Freud pondera aí, uma vez mais, o quanto considera a atividade imaginativa dos neuróticos, estranhamente acentuada, como uma de suas características essenciais. Mas ele destaca que a capacidade de fantasiar não é apanágio da neurose e sim algo universal, emergindo durante a atividade da brincadeira infantil e depois, no período anterior à puberdade, ocupando-se das relações familiares. As fantasias de pais ricos e poderosos constituem, no fundo, a preservação da imagem que a criança tinha, quando pequena, de seus pais reais, quando "o pai lhe parecia o mais nobre e o mais forte dos homens, e a mãe a mais linda e amável das mulheres".[53] Assim, através dessas fantasias, a supervalorização característica dos primeiros anos da infância reaparece, e "a criança dá as costas ao pai, tal como o conhece no presente, para voltar-se para aquele pai em quem confiava nos primeiros anos de sua infância, e sua fantasia é a expressão de um lamento pelos dias felizes que se foram".[54] É nessa mesma medida que, nos sonhos de adultos, os pais são frequentemente representados por nobres e importantes personagens, como reis e rainhas. É de notar que a expressão freudiana "romances familiares" tem o mérito de associar a expressão literária do adulto à fantasia da criança.

Formulações sobre os dois princípios

Em 1911, Freud redige aquele que seria um de seus mais importantes textos, "Formulações sobre os dois princípios do funcionamento mental",[55] escrito simultaneamente ao caso Schreber. Ambos foram publicados no mesmo número do anuário *Jahrbuch*, fato que, como veremos, não é pouco relevante. "Formulações" pode ser considerado como o texto que encerra o ciclo da fantasia[56] — e, mais essencialmente, dela fornece a estrutura metapsicológica. Peter Gay salienta que nele Freud pretende voo mais alto: estabelecer uma relação entre as pulsões e a experiência do desenvolvimento. Não à toa, nesse artigo introduzirá a categoria do princípio de realidade, a qual, conjugada ao princípio de prazer, constituirá doravante a base principal de sua concepção do aparelho psíquico. De fato, é precisamente nesse texto que Freud usa, pela primeira vez, a expressão "princípio de prazer" (antes ele falara de "princípio de desprazer") e a noção de teste de realidade. É preciso nos determos um pouco nesse par de princípios que estrutura o aparelho psíquico e que está na base da grande reviravolta que Freud irá operar em 1920, com o ensaio "Além do princípio de prazer".

A IDEIA DE UM PRINCÍPIO de prazer veio à luz com Gustav Theodor Fechner em 1848. Freud afirmou certa vez que sempre fora muito aberto às suas ideias, tendo inclusive se baseado nelas para formular alguns de seus mais importantes pensamentos. Mas quem foi Fechner? Inicialmente professor de física na Universidade de Leipzig, dedicou-se depois à filosofia. Como disse Lacan, é interessante observar que Fechner tinha duas faces. Para se ter uma ideia de sua efervescente imaginação, publicou — além de seus trabalhos de psicofísica, segundo os quais "só os princípios físicos podem permitir simbolizar as regulações psíquicas"[57] —, sob o pseudônimo de Doutor Mises, vários opúsculos literários, entre os quais *Anatomia comparada dos anjos* (1825). Neste, percorreu a evolução animal da ameba ao homem e imaginou a forma ideal de um ser superior, o anjo: seres esféricos, que percebem a gravidade universal como o homem percebe a luz, e se comunicam por sinais luminosos, como os homens se comunicam por sons. Em 1836, com seu nome verdadeiro, lançou *O pequeno livro da vida após a morte*, no qual a vida é dividida em três períodos: da concepção ao nascimento, do nascimento à morte e depois da morte. A vida embrionária se reduz a um sono contínuo, a atual é uma oscilação perpétua entre sono e vigília, ao passo que, após a morte, a vida é uma vigília perpétua.[58]

Aos 39 anos, Fechner foi acometido por uma depressão grave acompanhada de sintomas hipocondríacos, permanecendo três anos sem trabalhar. Teve também uma lesão retiniana por fixar o sol diretamente. Durante todo o tempo em que ficou doente, viveu absolutamente só, num quarto cujas paredes eram pintadas de preto, e usando uma máscara para se proteger da luz. Recusava alimento sistematicamente e depauperou-se ao extremo. Após três anos de depressão, adveio um breve período de exaltação, com um crescente sentimento de bem-estar em que se sentia eleito de Deus e capaz de resolver todos os enigmas do Universo. Foi nesse momento que lhe ocorreu a ideia de um princípio de prazer, considerado por ele fundamental para o espírito.

Não foram poucos os conceitos metapsicológicos freudianos fundamentais extraídos diretamente da filosofia da natureza elaborada por Fechner: a noção de energia mental, a noção "topográfica" do espírito, o princípio de prazer-desprazer, o princípio de constância e a repetição. Henri Ellenberger assevera que "uma grande parte do quadro teórico da psicanálise não teria jamais surgido sem as especulações daquele que Freud chamava de 'o grande Fechner'".[59]

Freud apresentou as teses inovadoras de "Formulações" inicialmente na Sociedade Psicanalítica de Viena, na sessão de 26 de outubro de 1910, quando proferiu uma conferência chamada "Dois princípios do funcionamento psíquico".[60] Como de costume, levava ao grupo de discípulos mais próximos suas recentes elaborações.[61] Nessa conferência, ele diz, de saída, que se trata de formular a relação existente entre a neurose e a realidade: as neuroses têm como consequência tornar o paciente incapaz de ter acesso à realidade, e o exemplo extremo disso é a confusão alucinatória, na qual o sujeito se desvia da realidade porque não quer reconhecer o evento que está na origem de sua doença — ideia que Griesinger já havia formulado em 1845 e Freud citara diversas vezes.[62] Os processos inconscientes, considerados primários, são dominados pelo princípio de prazer e revelam o funcionamento mental mais arcaico do psiquismo.

Originariamente, o bebê alucina o objeto da necessidade (vivida por ele com mal-estar) que lhe proporcionaria prazer ao satisfazê-la, mas o fato de que a pura alucinação não é jamais capaz de satisfazer a necessidade leva à substituição do princípio de prazer pelo princípio de realidade, que governa as instâncias conscientes. São as exigências da vida que colocam um fim nessa dominância do princípio de prazer. O indivíduo passa a regular seus atos psíquicos segundo sua conformidade com a realidade e, assim, o lugar do princípio de prazer é tomado pelo princípio de realidade. Os órgãos sensoriais adquirem então grande importância devido a seu vínculo com o mundo externo; a atenção é instaurada para explorar periodicamente esse mundo externo e estabelecer uma memória que será sua maior colaboradora.

Um teste de realidade, a partir daí, tem a finalidade de verificar toda a representação que emerge em nós a partir dos fatos do mundo externo apreendidos pela consciência. Surge, em consequência, a necessidade de adiar a ação, o que é obtido por meio de algo que se intercala entre o estímulo e a ação, ou seja, a atividade do pensamento.

É essa substituição do princípio de prazer pelo princípio de realidade que — como toda renúncia ao prazer — produzirá efeitos psíquicos secundários importantes: a substituição do princípio de prazer não ocorre sem que o sujeito reserve uma certa atividade de pensamento, que é expressamente mantida afastada da realidade, portanto, liberada do teste de realidade e subordinada apenas ao princípio de prazer — a *fantasia*. A fantasia expressa "a tenacidade com que nos apegamos às fontes de prazer à nossa disposição e a dificuldade com que a elas renunciamos".[63] Com a introdução do princípio de realidade, o mundo da fantasia se separa do mundo real. A fantasia se inicia já nas brincadeiras infantis e, prosseguindo nos devaneios do adulto, abandona a sua dependência dos objetos reais.

Porém tal substituição do princípio de prazer não se efetua para todas as pulsões ao mesmo tempo. Ela se produz essencialmente, e em primeiro lugar, para as pulsões do eu (ou de autoconservação), ao passo que as pulsões sexuais, que são de início, no período de autoerotismo, independentes do objeto, só renunciam ao princípio de prazer mais tarde. O que faz com que o processo de buscar um objeto, interrompido pelo longo período de latência, as force a entrar em estreito contato com a fantasia. As pulsões sexuais têm, assim, a particularidade de serem em seu desenvolvimento, de início, isoladas da consciência. E na neurose, como vimos, os processos patogênicos se iniciam com o recalcamento das fantasias inconscientes. Dessa forma, Freud acaba por assinalar a estreita vinculação existente entre a pulsão sexual e a fantasia, assim como entre a pulsão do eu e as atividades da consciência.

Ao ser substituído pelo princípio de realidade, o princípio de prazer não é abandonado, pois, ao contrário do que se poderia imaginar de início, o princípio de realidade não possui outra tarefa senão a de assegurar a existência e a proteção do princípio de prazer. Como salienta Freud em "Formulações", um prazer momentâneo, incerto quanto a seus resultados, é abandonado, mas apenas a fim de ganhar mais tarde, ao longo do novo caminho, um prazer seguro. Na exposição inaugural da Sociedade ele acrescentara ainda: "um prazer duradouro e isento de punição".[64]

Freud retira consequências diversas dessa nova compreensão do aparelho psíquico, relacionadas, como não poderia deixar de ser, com a natureza das diferentes atividades do pensamento e da criação humana: a religião, a ciência, a educação e a arte. O alcance desse artigo pode ser mais bem apreciado ao lembrarmos da formulação de Lacan segundo a qual "toda formação humana tem, por essência, e não por acaso, de refrear o gozo. A coisa nos aparece nua — e não mais através desses prismas ou pequenas lentes chamados religião, filosofia... ou até hedonismo, porque o princípio de prazer é o freio do gozo".[65]

As assim chamadas "Formulações" são pontos que Freud faz questão de enumerar, de um a oito, de forma didática. Peter Gay salienta que esse artigo revela que Freud, na época, estava convencido da impossibilidade de separar a psicologia individual da psicologia social e, com efeito, introduzindo as duas dimensões do eu-prazer e do eu-realidade, abordará diferentes áreas da atividade humana sob a perspectiva dessa metapsicologia. Ele dirá que a religião promove a renúncia completa do prazer nessa vida e uma recompensa no "além" — sendo que esse além significa, para Freud, a vida inconsciente anterior.[66]

Quanto à ciência, é a única que supera o princípio de prazer e, mesmo assim, ainda oferece algum prazer direto — o prazer intelectual da pesquisa — e indireto, através de uma promessa — a de melhorar as nossas condições de vida. Já a educação manifesta, em essência, um incentivo ao controle do princípio de prazer pelo princípio de realidade, auxiliando o processo de desenvolvimento. A recompensa para a criança pela renúncia ao pulsional está no ganho do amor dos educadores; a educação falha quando a criança mimada sente que o amor dos pais não é de modo algum passível de ser perdido, pois, numa verdadeira dialética entre amor e gozo, a criança pequena só abre mão do gozo por temor de perder o amor dos pais. Vê-se que há algo na educação conforme ao que se passa na religião, na qual o amor do pai todo-poderoso é igualmente o que é visado pela grande renúncia que a religião pede. A religião falha do mesmo modo quando há a perda da crença no amor divino.

E, por fim, há a arte. Freud vê o artista como aquele que consegue conciliar os dois princípios de modo peculiar. Seus poderosos desejos o desviam da realidade e o incitam à vida fantasística, o que seria o caminho regular do neurótico. Mas, com seu talento, o artista promove um retorno da vida de fantasia para a realidade, pois se por um lado a arte serve fundamentalmente ao princípio de prazer, por outro ela encontra o caminho que retorna à realidade. A arte não superou igualmente o princípio de prazer, mas o fez conciliar-se com o princípio de realidade.

Com "Formulações", Freud encerra o ciclo da fantasia e, ao mesmo tempo, prepara o terreno para produzir seus artigos sobre a técnica da psicanálise — os quais podem ser reunidos sob a rubrica de "ciclo da técnica".[67] Note-se que o ciclo da fantasia se encerra em concomitância ao destaque dado por Freud à lógica do delírio paranoico. O caso Schreber foi publicado paralelamente a "Formulações", e é notável que somente ao concluir seu estudo sobre o lugar da fantasia no aparelho psíquico Freud tenha podido apreender a estrutura do delírio: isso se deu certamente porque fantasia e delírio ocupam lugar análogo no psiquismo. Ambos regulam, cada um a seu modo, a relação do sujeito com a realidade.

Tais elementos se tornarão patentes para Freud muitos anos depois, ao escrever dois breves artigos luminosos: "Neurose e psicose" e "A perda da realidade na neurose e na psicose". Os dois artigos constituem, no fundo, um único texto que reflete sobre uma mesma questão: o lugar da fantasia e do delírio na neurose e na psicose. Vamos abordá-los quando estudarmos, adiante, a travessia da fantasia.

Assinale-se apenas que Freud situa a estrutura da fantasia como sendo similar à do inconsciente. Os processos inconscientes desprezam inteiramente o teste de realidade, equiparam a realidade do pensamento com a realidade externa e os desejos com sua realização e, assim, funcionam regidos pelas matrizes fantasísticas acionadas pelo princípio de prazer. Daí a dificuldade, surgida muitas vezes, para distinguir as fantasias inconscientes das lembranças que se tornaram inconscientes.

Na bela conferência introdutória intitulada "O caminho da formação dos sintomas", Freud retoma amplamente a argumentação apresentada em "Formulações" sobre a criação artística como fonte de uma satisfação fantasística que produz laço social. Pois o desfiladeiro da arte é aquele que conduz da fantasia à realidade e se situa a meio caminho de ambas.

Se no artista a criação se acha simultaneamente a serviço da fantasia e da realidade, ele é aquele que possui a capacidade de dar uma forma tal a seus devaneios que o prazer inerente a eles pode ser compartilhado por outras pessoas. O artista concilia a necessidade de abrandar o material de suas fantasias, para que este seja aceito, com a necessidade de dar a essas a forma mais fiel possível.

O artista será, assim, reconhecido por seus semelhantes pela possibilidade que lhes oferece de entrar, de algum modo, em contato com as próprias fantasias inconscientes e delas retirar intenso prazer. O valor que a arte tem na cultura deriva precisamente dessa fonte de prazer que proporciona aos não artistas, e pelo exemplo que fornece de uma realização que todos almejariam conquistar. Como formula Freud, o artista *"através de sua fantasia conseguiu o que originalmente alcançara apenas em sua fantasia — honras, poder e o amor das mulheres".*[68]

O lugar da fantasia no aparelho psíquico, traduzido pela onipresença da atividade do fantasiar, é formulado por Freud de forma inequívoca: produzir uma satisfação que, negada por um lado pela realidade, continua sendo requisitada pela pulsão. A fantasia é uma saída que, por si só, concilia duas exigências altamente imperiosas: a pulsional, que exige a satisfação a qualquer custo, e a renúncia exigida pela realidade, que coloca obstáculos continuamente para a obtenção dessa mesma satisfação pulsional. A fantasia pode ser, assim, comparada à válvula de uma verdadeira panela de pressão: com a pressão da pulsão aumentando constantemente, a fantasia também entra em jogo para diminuir a pressão interna e preservar o mínimo de equilíbrio psíquico e de homeostase. As palavras de Freud quanto a isso não poderiam ser mais simples e diretas:

> Na atividade da fantasia, os seres humanos continuam a gozar da sensação de serem livres da compulsão externa à qual há muito tempo renunciaram, na realidade. Idearam uma forma de alternar entre permanecer um animal que busca o prazer e ser, igualmente, uma criatura dotada de razão. Na verdade, os homens não podem subsistir com a escassa satisfação que podem obter da realidade.[69]

O ciclo da fantasia constitui um segmento essencial da obra de Freud e opera uma verdadeira revolução em suas descobertas. Sucedendo de imediato o ciclo do inconsciente e a descoberta da importância da sexualidade, dá a Freud, pela primeira vez, condições de elaborar uma teoria da técnica analítica, isto é, conceber uma direção de tratamento analítico compatível com a estrutura do aparelho psíquico por ele desvelada. Por isso mesmo, tal ciclo será sucedido, também de imediato, pelo que denominamos ciclo da técnica.

3. Sintoma e fantasia

Retomo, neste capítulo, os quatro conceitos fundamentais da psicanálise, segundo Lacan (inconsciente, transferência, pulsão, repetição), para
articulá-los com a fantasia e depreender o lugar matricial que esta ocupa no
aparelho psíquico, velando o real da estrutura e dando origem ao sintoma.

Inconsciente e pulsão

Em uma carta dirigida a Georg Groddeck em 5 de junho de 1917, Freud
escreveu: "O inconsciente é decerto o verdadeiro intermediário entre o
somático e o psíquico, talvez seja o *missing link* tão procurado".[1] Tal afirmativa mostra que, para ele, o inconsciente tem a ver com algo que foi
perdido. Mas o que surpreende de imediato nessa postulação é que, ao
definir o inconsciente com esses termos, praticamente o identifica à pulsão,
que, para ele, se situa, precisamente, entre o somático e o psíquico.

Pode-se supor que, talvez por estreitar de modo tão acentuado os conceitos de inconsciente e pulsão, Freud tenha situado em determinado momento
o recalque como o "pilar fundamental sobre o qual repousa todo o edifício
da psicanálise, sua peça mais essencial",[2] e não os próprios conceitos de
inconsciente e pulsão, posto que ambos encontram sua expressão no conceito de recalque. Além disso, não podemos jamais nos esquecer de que a
definição mesma do inconsciente coloca inúmeros problemas. Basta que se
lembre que à questão "o que é o inconsciente?" Lacan respondeu de modo
taxativo que "ninguém sabe o que é isso".[3] Por outro lado, aquela afirmação

de Freud é interessante porque implica, de saída, que o inconsciente não se reduz ao recalcado. Voltaremos a esse ponto mais adiante.

De fato, se acompanharmos atentamente a evolução do conceito de pulsão em Freud, veremos que em 1905, nos "Três ensaios sobre a teoria da sexualidade", ele afirma que a pulsão, no que concerne à vida psíquica, deve ser considerada uma medida de exigência feita à mente. E que, dez anos depois, em 1915, no texto metapsicológico "As pulsões e suas vicissitudes" — no qual a pulsão terá finalmente sua estrutura "desmontada" (como pondera Lacan no seminário *Os quatro conceitos fundamentais da psicanálise*, ao falar da desmontagem da pulsão)[4] —, Freud afirmará que se trata, com efeito, de "uma medida da exigência feita à mente no sentido de trabalhar em consequência de sua ligação com o corpo".[5]

A apreensão dessa aparente homogeneização, feita por Freud, dos conceitos de inconsciente e pulsão pareceu-me revelar a existência de algo essencial e comum entre eles, o que acabou por me levar, posteriormente, movido pelo mesmo "ideal de simplicidade" de que fala Lacan a respeito de seu ensino,[6] a uma retomada do seminário lacaniano dos quatro conceitos fundamentais da psicanálise.

Nunca é demais insistir na importância do lugar ocupado por esse seminário no ensino de Lacan, uma vez que transcorre, precisamente, no período em que seu ensino era considerado anátema e aquele que o proferia, digno da excomunhão. Sozinho, dilacerado pelas forças que visavam calá-lo, prestes a ser expulso da IPA fundada por Freud, Lacan como que colocou para si mesmo a ambiciosa tarefa de retornar aos fundamentos da psicanálise (aliás, era esse o título original do seminário) e sustentar o seu discurso. Mas, antes de chegarmos a esse ponto, cabe perguntar que elemento é esse que permite que o próprio Freud torne quase indistintos, ou pelo menos muito parecidos, inconsciente e pulsão, de outro modo dois conceitos distintos na teoria psicanalítica. A meu ver, tal elemento é precisamente o real, conforme categorizado por Lacan: o impossível de ser simbolizado.

Inconsciente e pulsão apresentam um núcleo comum que é constituído pelo real e que se traduz de duas formas distintas, seja no campo da linguagem, seja no campo da sexualidade. No campo da linguagem (ou seja, do inconsciente), o real pode ser denominado S(Å), ou seja, a falta no simbólico de um significante, falta do significante da diferença sexual no inconsciente; no campo da sexualidade (ou seja, da pulsão), o real tem outro nome: objeto *a*, falta no imaginário do objeto do desejo.

Dito de outro modo, o inconsciente é um saber, um saber articulado em torno de uma falta de saber instintual — este bem poderia ser um dos nomes do objeto *a*, objeto faltoso e, por isso mesmo, causa do desejo —, mas um saber não-todo que, dessa falta, só faz reconstituir a dimensão de seu enigma.

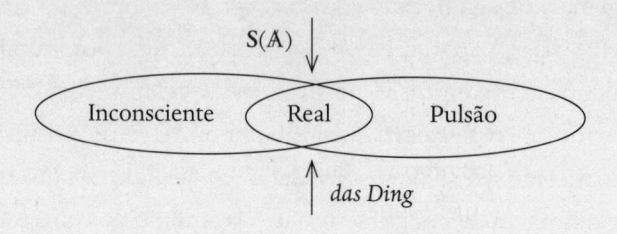

Retomemos as questões de um ponto anterior, para que fiquem mais bem precisadas. O inconsciente é estruturado como uma linguagem, afirma Lacan em seu retorno a Freud, lembrando também, numa conferência nos Estados Unidos (Baltimore, 1966), que falar em termos de "estruturado como uma linguagem" era algo tautológico, posto que a estrutura simplesmente *é* a linguagem: "para ser mais preciso, há aqui uma redundância, pois para mim 'estruturado' e 'como uma linguagem' significam exatamente a mesma coisa. Estruturado significa minha fala, meu léxico etc. etc., que é o mesmo que linguagem".[7]

Acredito, no entanto, que é preciso sublinhar também que o inconsciente não é todo estruturado como uma linguagem; ele é, poderíamos dizer — utilizando a categoria lacaniana do não-todo —, não-todo estruturado como uma linguagem, pois caso contrário o inconsciente seria um equivalente absoluto do recalcado e ele não o é. Sabemos que Freud fez questão de salientar, logo na abertura do texto metapsicológico de 1915 sobre o inconsciente, que este apresenta uma porção que não é da ordem do recalcado. Afirma ele: "Tudo que é recalcado deve permanecer inconsciente; mas, logo de início, declaremos que o recalcado não recobre todo o inconsciente. O alcance do inconsciente é mais amplo: o recalcado é uma parte do inconsciente".[8] Em termos de Lacan, diríamos que o recalcado, essa ideia que representa uma pulsão, é da ordem do simbólico, ao passo que além do simbólico é o que constitui precisamente o real.

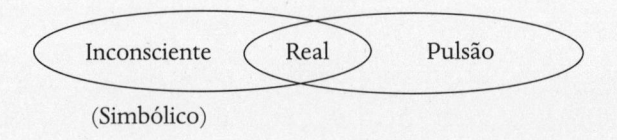

(Simbólico)

É preciso acrescentar que, se Lacan ressalta que o inconsciente é um saber — e esse é um dos pontos que considero dos mais inovadores trazidos por ele —, trata-se de um saber que vem preencher a falta de saber instintual, pois o instinto animal é precisamente uma forma de saber inscrita no organismo vivo.[9] Essa falta é inerente ao sujeito humano desde seu nascimento, por isso Lacan afirma que "o ser humano manifestamente não tem nenhum saber instintual", e, nesse sentido, pode-se dizer que "só há o inconsciente para dar corpo ao instinto".[10]

Ainda em outra passagem de suas "Conferências norte-americanas", Lacan esclarece a questão da relação entre o inconsciente e o instinto faltoso para o sujeito humano nos seguintes termos:

> [...] o saber constitui a substância fundamental daquilo de que se trata no inconsciente. O inconsciente nós imaginamos que é alguma coisa como um instinto, mas isto não é verdade. O instinto nos falta inteiramente, e a maneira pela qual reagimos está ligada não a um instinto, mas a um certo saber veiculado não tanto por palavras quanto pelo que eu chamo de significantes.[11]

Com tal afirmação, Lacan coloca uma pedra sobre os restos mortais da questão — que às vezes ainda se acha surpreendentemente presente nos debates dos próprios psicanalistas — sobre se haveria ou não alguma forma de instinto na espécie humana.

Apenas recordo aqui um tema que já desenvolvi de modo amplo no volume anterior desta obra: segundo a teoria freudiana do recalque orgânico, à qual atribuo grande importância, a adoção da postura ereta, da verticalidade, teve como consequência a perda do olfato como elemento unívoco desencadeador das trocas sexuais. Minha conjectura, a partir das premissas freudianas, é a de que na passagem paulatina da perda do predomínio do olfato ao incremento da visão teria se dado, precisamente, a passagem do instinto à pulsão.[12]

A passagem do instinto para a pulsão é tributária de uma perda sofrida por nossa espécie, a partir da qual se instalou uma falta em todos os seus indivíduos. Trata-se de uma falta que está na origem e, por isso, opera como causa do desejo. Como no filme *Tomates verdes fritos* (1991), de Jon Avnet, no qual toda a densa história dos personagens se desdobra a partir da perda de um lindo jovem, muito amado por sua alegria contagiante — excelente paradigma do objeto perdido do desejo —, toda vida humana se constrói em torno de um vazio central deixado pela perda do objeto.

Contudo, o saber inconsciente — o simbólico —, que vem tentar preencher a falta de saber instintual em nossa espécie, apresenta um ponto de não saber — real — em torno do qual toda a estrutura orbita: trata-se, precisamente, da diferença sexual que se recusa ao saber. Isso significa que, embora o inconsciente seja um saber que vem tentar preencher a falha instintual, não a preenche completamente: em termos freudianos, resta sempre a não inscrição da diferença sexual, o que Lacan traduziu como a falta do significante do Outro sexo e escreveu com o matema S(Ⱥ), considerado por ele uma verdadeira matriz da estrutura. Esse ponto de não saber que é, portanto, evasivo ao simbólico, é o que devemos considerar como sendo o próprio núcleo do inconsciente — o real. Desse modo, tornam-se inteligíveis certas colocações de Lacan que parecem se opor ao axioma do "inconsciente estruturado como uma linguagem", como, por exemplo, sua afirmação no seminário *A topologia e o tempo*: "O real é o inconsciente... O inconsciente é o simbólico".[13]

É possível resumir o que apresentei até agora da seguinte forma:

Inconsciente estruturado como uma linguagem $\longrightarrow$ Saber $\longrightarrow$ Simbólico $\longrightarrow$ A

Núcleo do inconsciente $\longrightarrow$ Não saber instintual $\longrightarrow$ Real $\longrightarrow$ S(A)

Freud menciona, desde seus "Três ensaios", as chamadas teorias sexuais infantis, que são tentativas da criança de produzir um saber sobre o enigma da diferença sexual, aquilo que precisamente não possui saber inscrito e escapa radicalmente à possibilidade de inscrição.[14] Vale repetir que quando Freud dedica, alguns anos depois, um artigo inteiro à exegese dessas teorias sexuais infantis, ele não emprega o termo "fantasia" uma única vez, embora seja dela que trate o tempo todo.[15]

É bastante surpreendente averiguar que a novidade da ideia lacaniana do inconsciente como um saber já se encontra, contudo, enunciada de modo embrionário na obra de Freud, que utiliza essa expressão numa passagem do primoroso livro *Chistes e sua relação com o inconsciente*:

Sabemos de um sonho aquilo que, via de regra, se parece a uma lembrança fragmentária que nos ocorre depois de despertar. Tal lembrança aparece como uma miscelânea de impressões sensoriais, principalmente visuais, mas também de outros tipos, que simula uma experiência e à qual podem ser misturados processos de pensamento (*o "saber" no sonho*) e expressões de afeto.[16]

Ainda em outra passagem de uma das conferências introdutórias sobre os sonhos, Freud apoia sua argumentação sobre a técnica de interpretação dos sonhos baseada nas associações do sonhador, ou seja, na ideia de que o sonhador sabe o que o seu sonho significa, "apenas não sabe que sabe e, por esse motivo, pensa que não sabe".[17] O sujeito sabe sem saber que sabe — e isso constitui o saber mais essencial do psicanalista, o saber de que há sujeito do inconsciente, saber ao qual ele só pode ter tido acesso através de uma experiência de análise pessoal.

Quanto à pulsão, Lacan valorizou enormemente a apreensão freudiana de que há algo no seio mesmo da pulsão que parece fadá-la à insatisfação.[18] Esse impossível de ser satisfeito é o real inerente à própria pulsão, essa característica de sempre obter uma satisfação menor do que aquela almejada. Por isso, pode-se afirmar que Freud só conseguiu dar à pulsão o seu verdadeiro estatuto em 1920, quando introduziu pela primeira vez a categoria de pulsão de morte.[19]

Os quatro conceitos e a fantasia

No seminário sobre *Os quatro conceitos fundamentais da psicanálise*, pode-se verificar que Lacan emparelha tais conceitos, dois a dois, do seguinte modo: inconsciente e repetição, transferência e pulsão. No trabalho que venho desenvolvendo de retomada dos fundamentos da teoria, construí outro emparelhamento, entre inconsciente e pulsão, por um lado — como dois conceitos fundamentais da *teoria* da psicanálise; e entre transferência e repetição, por outro — como dois conceitos fundamentais da *clínica* da psicanálise. O objetivo é destacar dois níveis bastante distintos — um nível teórico (ou metapsicológico),[20] e um nível clínico, ambos apresentando uma região de interseção primordial: entre inconsciente e pulsão, uma região de interseção na qual se situa o real; entre transferência e repetição, uma região de interseção na qual se situa o sintoma. Pode-se representar esses emparelhamentos através do seguinte esquema:

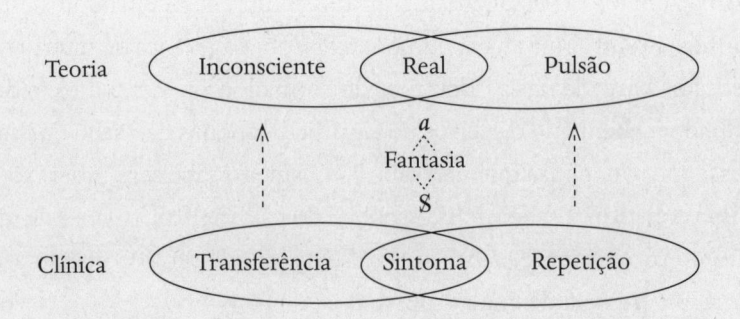

Tais emparelhamentos permitem depreender alguns elementos essenciais desses quatro conceitos, assim como observar, com maior clareza, a inter-relação entre eles; e, ainda, evidenciar a inter-relação entre teoria e clínica, de modo inclusive a poder estabelecer a diferença que está em jogo nas estruturas da neurose e da psicose em suas manifestações clínicas.

Na experiência psicanalítica, não se tem acesso direto ao primeiro nível, isto é, não há acesso imediato ao inconsciente e à pulsão. Ali só se tem acesso indiretamente, através do segundo nível, à transferência e à repetição, que representam a tradução do inconsciente e da pulsão no campo da clínica. Pois a experiência da psicanálise dá acesso contínuo, inegável — até poderíamos dizer palpável — às dimensões da transferência e da repetição.

Transferência e repetição

A transferência, tal como Lacan a tematiza no *Seminário* 11, é precisamente "a atualização da realidade do inconsciente".[21] Isso significa que não se tem acesso ao inconsciente na experiência analítica senão através de sua atualização na transferência. Se o inconsciente é um saber, a transferência é, na verdade, transferência desse saber, transferência do saber inconsciente, o que, aliás, dá ao próprio termo "transferência" todo o seu sentido, pois ela significa, desde o seu primeiro uso por Freud, em *A interpretação dos sonhos*, deslocamento de um lugar para outro.

Foi nessa direção que Lacan nomeou a transferência como o sujeito suposto saber, isto é, a suposição de saber no analista é o que permite a emergência do saber inconsciente, a transferência do saber inconsciente e, portanto, o surgimento dessa forma particular de saber — o saber associado à verdade. Sabe-se que, se a transferência é possível, isso se dá porque o psicanalista não corresponde a essa suposição que é feita pelo analisando e, por conseguinte, não ocupa o lugar do sujeito que sabe e não opera pela sugestão, a qual oblitera o processo da transferência. O acesso ao inconsciente, de fato, só é possível através do desdobramento do saber inconsciente na transferência. Como "a questão do amor é ligada à do saber",[22] a transferência, como amor que se dirige ao saber, não encontra no analista uma correspondência na ignorância (como paixão), através da qual a resistência ao saber inconsciente é sustentada.

A repetição, por sua vez, oferece na experiência clínica o acesso à pulsão, na medida em que é vista, em sua essência, como pulsão de morte. E foi justamente através da análise dos fenômenos clínicos ligados à repetição — os sonhos traumáticos, o brincar infantil etc. — que Freud introduziu a categoria da pulsão de morte. A repetição representa a insistência da pulsão em sua busca, jamais atendida, de uma satisfação absoluta.

A pulsão é uma radical exigência de satisfação exercida pela pressão imperiosa de sua força constante, a libido. E, nesse sentido, pode-se afirmar que a fantasia é uma das formas privilegiadas de satisfação da pulsão. Destacada com insistência por Freud, a onipresença da fantasia em nossa vida psíquica, desde os mais banais devaneios (fantasias conscientes) do cotidiano até o sonho — pois o núcleo do sonho é constituído pela fantasia inconsciente[23] —, dá provas da contínua busca de satisfação a que a pulsão impele nosso aparelho psíquico. A fantasia é o efeito mais imediato do fato de haver insatisfação — constante — da pulsão, é a ela que recorremos continuamente na tentativa de apaziguar um pouco a radical demanda de satisfação da pulsão.

Freud chamou a atenção para tal aspecto inúmeras vezes, sobretudo naquele período que, como vimos no capítulo anterior, qualifico de "ciclo da fantasia", compreendido entre 1906 e 1911.[24] Foi nessa época que ele escreveu como que um único e longo texto sobre a fantasia constituído de inúmeros capítulos: "Delírios e sonhos na *Gradiva* de Jensen", "O poeta e o fantasiar", "Fantasias histéricas e sua relação com a bissexualidade", "O ataque histérico", "Teorias sexuais infantis", "Formulações sobre os dois princípios do funcionamento mental", dentre os mais importantes. O que se depreende desses textos é que a fantasia representa a busca de satisfação da pulsão no que esta se acha submetida ao princípio de prazer. Temos aí a pulsão em sua face de pulsão sexual,[25] ou, dito de outro modo, da pulsão de morte sexualizada.

Como a insatisfação da pulsão é algo que sempre persiste, pois a pulsão não consegue obter o objeto que a satisfaria plenamente — esse objeto é um objeto perdido desde sempre, no dizer de Freud —, a repetição será a forma por excelência de comparecimento da pulsão na experiência clínica. Foi por isso que Freud deu a grande virada de 1920 e introduziu a concepção da pulsão de morte para compreender precisamente os fenômenos clínicos ligados à compulsão e à repetição.

Contrapondo-se a inúmeros pós-freudianos que a consideraram um elemento anódino que não se coaduna com a totalidade do ensino freudiano, e outorgando a ela uma abrangência muito maior do que a dada por Melanie Klein — que a reduziu sumariamente ao aspecto único da agressividade imaginária —, Lacan vai valorizar e radicalizar a concepção freudiana de pulsão de morte, vendo nela a essência de toda e qualquer pulsão. Para ele, toda pulsão é pulsão de morte, pois, ainda que muitas vezes ela se revele pela faceta sedutora e fascinante da pulsão sexual (que é, em última instância, o verdadeiro nome das pulsões de vida), no fundo, o que a pulsão deseja obter através do objeto sexual é o objeto impossível — *das Ding*, a Coisa.

A insistência da pulsão em se satisfazer acaba por produzir o sintoma, uma forma de gozo onipresente na neurose, que representa o retorno da moção pulsional recalcada. Já na perversão, negativo da neurose, o gozo se realiza diretamente pela colocação em ato da fantasia. A fantasia é a matriz perversa da neurose, por isso Freud insiste em nos lembrar que a neurose é o negativo da perversão.

Outro ponto que merece ser destacado é a homogeneização estabelecida pelos analistas pós-freudianos entre transferência e repetição. No *Seminário 11*, Lacan se empenha, precisamente, em demonstrar que transferência e repetição são dois conceitos distintos. Tal distinção fica mais bem explicitada ao se evidenciar, com o esquema anterior (e também com o esquema a seguir), que a repetição é o fenômeno clínico que dá acesso à dimensão da pulsão, do mesmo modo que a transferência é o fenômeno clínico que dá acesso à dimensão do inconsciente.

Os pós-freudianos haviam desconsiderado a repetição como um conceito fundamental e a subsumiram quase inteiramente sob a égide da transferência. Tal homogeneização da repetição e da transferência representou um dos grandes efeitos do fato de os analistas pós-freudianos subestimarem a relação estabelecida por Freud, em "Além do princípio de prazer", entre a repetição e a pulsão de morte. Ao recusarem a pulsão de morte, esses psicanalistas permaneceram fiéis à noção de repetição introduzida por Freud em 1914, em "Recordar, repetir, elaborar", texto em que a repetição é abordada exclusivamente sob o seu aspecto transferencial e em sua relação com a fantasia e a pulsão sexual. Ora, o alcance que Freud dá à repetição em 1920, ao situá-la na dependência da pulsão de morte, é muito mais amplo do que o que podemos encontrar no artigo de 1914.

O sintoma favorece igualmente a homogeneização entre transferência e repetição. Pois o sintoma é o que se repete na transferência. Daí seu valor fundamental na psicanálise, uma vez que ele presentifica, na clínica, o real da estrutura, o que é uma das formas de se entender a afirmação de Lacan de que "a clínica é o real enquanto impossível de suportar".[26]

A entrada na análise se dá pela via do sintoma e a análise do sintoma revela sempre, como nos mostrou Freud, a fantasia a ele subjacente. Se a análise opera, por si mesma, a travessia da fantasia, ela desemboca no real que sustenta a estrutura psíquica, não-toda estruturada como uma linguagem pelo simbólico. Essa é também uma das maneiras de se entender a castração simbólica, a revelação da falta real no Outro.

Psicose, perversão, neurose

Se tornarmos mais complexo o esquema anterior, poderemos visualizar ainda o lugar matricial da fantasia no psiquismo, a qual, na psicose — não se instaurando como fantasia fundamental que mediatiza o encontro com o real e constitui a realidade psíquica —, dá lugar ao delírio, que vem precisamente tentar preencher a falha deixada pela ausência da fantasia.

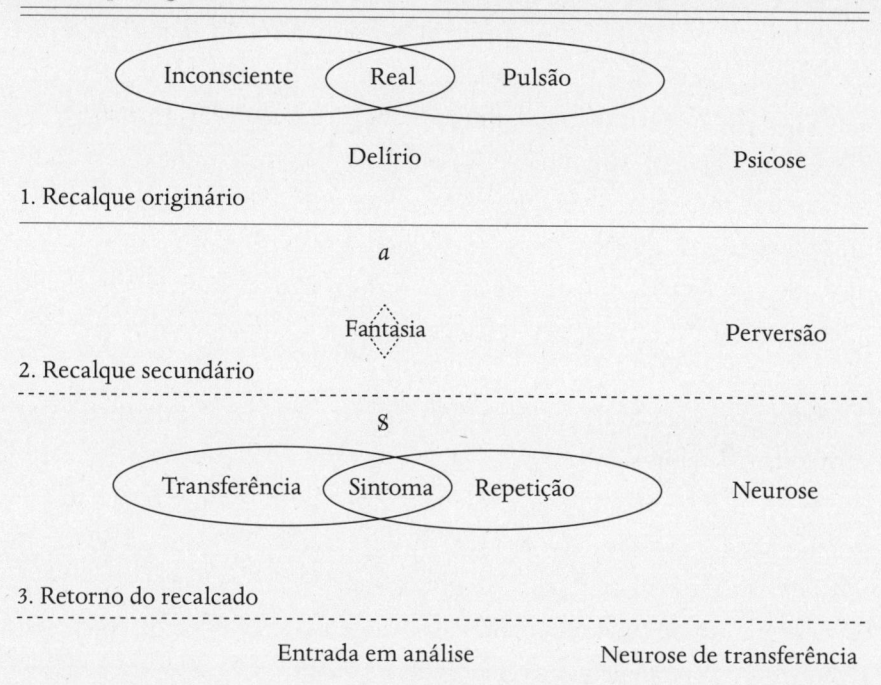

0. Recalque orgânico

Inconsciente — Real — Pulsão

Delírio — Psicose

1. Recalque originário

a

Fantasia — Perversão

2. Recalque secundário

$

Transferência — Sintoma — Repetição — Neurose

3. Retorno do recalcado

Entrada em análise — Neurose de transferência

A grande revolução freudiana sobre a clínica das psicoses foi, de fato, a postulação de que a psicose não consiste no delírio, sendo este, ao contrário, a tentativa de cura da psicose: "O que nós consideramos a produção patológica, a formação delirante, é, na realidade, a tentativa de restabelecimento, a reconstrução".[27] Na psicose, a ausência de entronização da fantasia fundamental — da realidade psíquica — é o que está na base da irrupção avassaladora do real do gozo pulsional sem limites.[28] É essa dimensão do real que constitui essencialmente a psicose, e não o delírio, que já representa uma tentativa de reconstituir a matriz simbólica da fantasia. O real implica, no fundo, uma dimensão de autismo,[29] elemento característico de todo delírio (classicamente denominado de autístico) na esquizofrenia. Já na paranoia, o delírio se constrói pelo imaginário e seus diferentes desdobramentos.

Na perversão, o não recalque da fantasia é o responsável por essa estrutura ser, para Freud, o "positivo" da neurose.[30] A fantasia constitui a matriz perversa da neurose, ela ocupa na perversão o mesmo lugar que o sintoma ocupa na neurose, e o delírio, na psicose. Ao tematizar a distinção entre neurose e perversão, diz Lacan: "O neurótico é alguém que não chega ao que para ele é a miragem onde ele encontraria satisfação, é, a saber, uma perversão; uma neurose é uma perversão falha".[31] Entende-se por que muitos pós-freudianos consideraram a perversão uma espécie de defesa contra a psicose, pois a perversão é, de fato, uma "saída" (e não uma defesa) da psicose, ela implica a constituição da matriz fantasística que sustentará as estruturas neurótica e perversa. Quando Lacan introduz o neologismo *père-version* — que associa a perversão à noção de versão paterna —, ele nos indica a dimensão estruturante, pela via da entrada no simbólico, da fantasia.

A distinção entre fantasia e delírio,[32] que nem sempre é fácil de ser estabelecida — e que tenderíamos a colocar na conta do acesso à realidade que a primeira proporciona e o segundo não —, deve ser introduzida na relação que ambos mantêm com o real. Sabe-se da grande dificuldade que Freud teve, na sequência dos célebres textos de 1924 — "Neurose e psicose" e "A perda da realidade na neurose e na psicose" —, em tentar distinguir neurose e psicose a partir da referência à realidade. Se, num primeiro momento, ele as distingue afirmando que na psicose há a perda da realidade e na neurose não, logo em seguida se corrige e passa a falar da perda da realidade em ambas as estruturas.

A fantasia e o delírio constituem, ambos, modos de defesa em relação ao não senso do real. Ocorre que a fantasia, sendo efeito da operação simbólica do recalque originário, preserva a capacidade de dialetização própria ao simbólico: na fantasia, o sentido se manterá em sua dimensão eminentemente simbólica de duplo sentido. Já o delírio apresenta um simbólico amputado desse poder de dialetização, o que o torna altamente imaginarizado na paranoia — o sentido, no delírio paranoico, será rígido e sem brechas[33] —, e altamente "realizado" (no sentido próprio do real em Lacan) na esquizofrenia — o não senso radical do delírio esquizofrênico. La Rochefoucauld, uma das mais importantes referências literárias de Lacan em seu ensino, em especial pelo clarão que oferece do eu como miragem imaginária, expressou isso em suas *Máximas e reflexões*: "Os loucos e os tolos veem tudo através do próprio humor",[34] isto é, eu diria, através da própria fantasia. E acrescentaria, ainda com Lacan: e os não tolos (*les non dupes*) também!

Para concluir, tomando-se sinoticamente as diferentes fases do recalque estabelecidas por Freud em 1911, no caso Schreber[35] — e acrescentando a elas uma dimensão zero do recalque que pode ser depreendida das formulações freudianas sobre o recalque orgânico—,[36] pode-se afirmar que, para ele, o recalque orgânico fundou o real inerente ao inconsciente e à pulsão e, portanto, inaugurou o advento da espécie humana.

Já o recalque primário ou originário implica precisamente o recalque do real e, ao fundar o simbólico do inconsciente e da pulsão, instaura a fantasia fundamental. O recalque originário funda o advento do sujeito (o indivíduo da espécie). Quanto ao recalque secundário, que está na base dos sintomas neuróticos, ele é, em última instância, o recalcamento da fantasia que foi instaurada pelo recalque primário. E, por fim, o retorno do recalcado implica o retorno da fantasia através do seu derivado mais ilustre, o sintoma. Se há retorno do recalcado após essa série de recalques, isso se dá porque a pulsão insiste em sua exigência imperiosa de satisfação. Tal satisfação ela a obtém na neurose através do sintoma, ainda que a custo de sofrimento para o sujeito, e é nessa medida que o sintoma é, simultaneamente, satisfação (gozo) e sofrimento. Por isso Lacan pôde chamar a atenção para o fato de que o recalcado sempre retorna.

Vê-se aqui o lugar do psicanalista na direção do tratamento: enquanto objeto *a*, ele conduz a análise do sintoma na direção da travessia da fantasia que o sustenta para dar acesso ao real que esta vem recobrir.[37] Pois, como disse Lacan, "o sintoma é o que muitas pessoas têm de mais real; para certas pessoas poderíamos dizer: o simbólico, o imaginário e o sintoma".[38]

4. Os dois polos da fantasia

> O gozo de meu próximo, seu gozo nocivo, seu gozo maligno, é
> ele que se propõe como o verdadeiro problema para o meu amor.
>
> LACAN

TRATAREI AQUI DA RIVALIDADE fundamental e estrutural que existe entre
o amor e o gozo. Essa rivalidade permite que se entenda algo que, em geral, permanece oculto para nós — a estrutura interna da fantasia. Começo
com a seguinte citação de Lacan, à qual retornarei ao final para tentar
lançar luz sobre ela: "Só o amor permite ao gozo condescender ao desejo".[1]

Como vimos, a descoberta da psicanálise é a descoberta do inconsciente, e Freud a apresenta em três grandes livros inaugurais: *A interpretação dos sonhos* (1900), *A psicopatologia da vida cotidiana* (1901) e *Chistes e
sua relação com o inconsciente* (1905). Esses três livros — segundo Lacan,
obras "canônicas em matéria de inconsciente"[2] — expõem a estrutura do
inconsciente tal como ela é: articulada com a linguagem. É o inconsciente
que aparece no início da descoberta da psicanálise.

Em 1905, mesmo ano da escrita do livro dos chistes, Freud escreve
outra de suas obras fundamentais: "Três ensaios sobre a teoria da sexualidade". Octave Mannoni chama a atenção para o fato de que, segundo
os historiadores narram, Freud tinha duas mesas de trabalho, uma para
cada obra, e descansava de uma escrevendo a outra. Essa é uma observação extremamente interessante, porque nos "Três ensaios" Freud
introduz o conceito de pulsão, ou seja, é um livro que trata da questão
da sexualidade e do gozo. Para Mannoni, tudo se passa como se Freud

descansasse desse livro escrevendo outro, mais prazeroso, que é o livro dos chistes, em que apresenta especialmente a estrutura do simbólico, ou seja, da linguagem. Inconsciente e pulsão, então, são os dois conceitos fundamentais da psicanálise que são trazidos nos primeiros anos da descoberta freudiana.

Logo em seguida, de 1906 a 1911, podemos isolar um período que parece ser quase inteiramente dedicado à fantasia. Por isso, chamei-o de ciclo da fantasia.[3] "Delírios e sonhos na *Gradiva* de Jensen" (1906) inicia uma série de artigos dedicados ao tema sob inúmeros aspectos e prismas: a fantasia na sua relação com o sintoma, com a criação literária, com o romance familiar, com as teorias sexuais infantis etc. Durante esses anos, Freud parece ter se debruçado exclusivamente sobre essa questão. Esse ciclo se encerra em 1911, com "Formulações sobre os dois princípios do funcionamento mental", que, embora não se encontre incluído no grupo dos artigos metapsicológicos, fornece, evidentemente, a metapsicologia da fantasia.

É importante rememorar esse percurso — Freud caminha do inconsciente, chega até a pulsão e, muito rapidamente, vai trabalhar a fantasia —, cuja percepção traz algo novo: a concepção da fantasia como a articulação entre o inconsciente e a pulsão. Essa parece ser uma forma nova de definir a fantasia, que permite que se veja uma série de aspectos. Conforme assinalado no capítulo anterior, a fantasia é a articulação entre inconsciente e pulsão; ou, nos termos de Lacan, é a articulação entre o simbólico e o real.

É preciso chamar a atenção igualmente para o fato de que, em 1911, Freud não escreve somente o artigo das "Formulações" com a metapsicologia da fantasia, mas também outro, magistral, sobre o caso Schreber — ambos, aliás, publicados no mesmo número do *Jahrbuch*. É nesse caso que Freud, pela primeira vez, consegue estabelecer a lógica do delírio paranoico. Somente depois de um longo período de elaboração sobre a questão da fantasia na neurose é que Freud pôde, então, se debruçar sobre o delírio na psicose e extrair a lógica inerente a ele.

Neurose e psicose

O percurso dessa tematização da fantasia e do delírio em Freud parece denunciar uma nítida distinção estrutural entre neurose e psicose. Tal distinção, que então aparece de forma conceitual, relacionada aos conceitos fundamentais, será trabalhada, após o advento da segunda tópica, na década de 1920, diretamente ligada à clínica nos dois importantíssimos artigos "Neurose e psicose" e "A perda da realidade na neurose e na psicose", ambos de 1924.

Em "Neurose e psicose", Freud conclui que a diferença entre ambas as estruturas clínicas se daria pelo fato de que na segunda haveria uma perda da realidade. Dois ou três meses depois, porém, ele escreve "A perda da realidade na neurose e na psicose", e inicia o ensaio corrigindo sua afirmação:

> Recentemente indiquei como uma das características que diferenciam uma neurose de uma psicose o fato de que em uma neurose o eu, em sua dependência da realidade, sufoca um fragmento do isso (da vida pulsional), ao passo que, em uma psicose, esse mesmo eu, a serviço do isso, se retira de um fragmento da realidade. Assim, para uma neurose o fator decisivo seria a hiperpotência da influência da realidade, enquanto para uma psicose esse fator seria a hiperpotência do isso. Na psicose a perda de realidade estaria dada de antemão, ao passo que na neurose, segundo pareceria, essa perda seria evitada.
>
> Isso, porém, não concorda em absoluto com a observação que todos nós podemos fazer, de que toda neurose perturba de algum modo a relação do paciente com a realidade, servindo-lhe de meio de se afastar da realidade, e que, em suas formas graves, significa concretamente uma fuga da vida real.[4]

A abordagem desses dois artigos, que parecem ser um único, apresenta um raciocínio que implica a distinção entre fantasia e delírio. Não é à toa que o segundo artigo desemboca exatamente nessa distinção. Nos últimos parágrafos, Freud assinala, explicitamente, que a perda da realidade na neurose é diferente da perda da realidade na psicose: na primeira, há ainda certa manutenção de um vínculo com a realidade, ao passo que na segunda há uma perda radical desse vínculo. Trabalhando esses artigos, ocorre-me um pensamento curioso: a ideia de que, ao escrevê-los, é Freud quem, aos poucos, vai perdendo a noção de realidade! Isso aparece nitidamente nesses escritos. Quando digo que Freud a perdeu, é porque ele acaba concluindo que a realidade está sempre perdida.

É interessante notar também que, três anos depois dessa distinção estrutural entre neurose e psicose a partir da fantasia e do delírio, Freud vai, pela primeira vez, escrever um artigo que traz uma teoria consistente do fetichismo — talvez, para ele, o paradigma da perversão. Ele já havia, em 1909, trabalhado a questão do fetichismo numa conferência na Sociedade das Quartas-Feiras,[5] mas, nesse momento, ele não tinha alguns elementos que só desenvolveria bem depois.

Parece haver certo fio inconsciente no trabalho de Freud: ele, como todos nós, também estava mergulhado no inconsciente. E isso se traduz, entre outras coisas, pelo fato de que, quando estava produzindo algo sobre um assunto, não havia como saber da articulação inconsciente que se produzia nele nem para onde ela o estava levando. Isso ocorre com todos nós, e não haveria como não ocorrer com Freud. Acredito que, hoje, após a leitura realizada por Lacan, podemos detectar, ou pelo menos tentar, esses diferentes fios invisíveis que sustentaram certas articulações maiores ao longo da obra freudiana. É o que trago com as minhas ponderações sobre o chamado "ciclo da fantasia".

Quando Freud extrai a lógica do delírio psicótico em 1911, faz uma afirmação verdadeiramente espantosa, polêmica na época e polêmica até hoje na psiquiatria: o delírio não é a psicose, o delírio é a tentativa de cura da psicose. Lacan faz referência a isso em várias passagens, por exemplo, no *Seminário 3* (1956-7), quando diz que em todo delírio vemos a mesma força estruturante, ou seja, a tentativa que o psicótico faz de se estruturar pela linguagem, pelo simbólico.

Fantasia e delírio, então, parecem corresponder a dois elementos muito parecidos e, ao mesmo tempo, muito diferentes. No ensaio sobre a *Gra-*

diva, Freud chega a utilizar a expressão fantasia delirante para se referir ao delírio, expressão interessante porque associa, de algum modo, neurose e psicose. A consequência direta disso é a grande dificuldade em distinguir os dois termos com precisão.

Prisão domiciliar

Não é sem motivo que Lacan conceberá o fim da análise como ligado à questão da fantasia, mencionando a sua travessia. A fantasia é uma espécie de matriz psíquica que funciona mediatizando o encontro do sujeito com o real — o impossível de haver relação sexual: "Na medida em que o objeto *a* faz em alguma parte — e com um ponto de partida, um só, o do macho — o papel do que vem em lugar do parceiro que falta é que se constitui o que costumamos ver surgir também no lugar do real, isto é, a fantasia".[6] Ela é uma matriz simbólico-imaginária que permite ao sujeito fazer face ao real do gozo. Assim como em Freud, para Lacan a fantasia constitui o próprio princípio de realidade para o sujeito: "essa fantasia, em que o sujeito é preso, é, como tal, o suporte do que se chama expressamente, na teoria freudiana, o princípio de realidade".[7]

Nunca é demais insistir que Lacan considera que "tudo o que nos é permitido abordar de realidade resta enraizado na fantasia".[8] E se o homem tem a ver com o objeto *a* é "porque toda a sua realização quanto à relação sexual termina em fantasia".[9] Levando ainda mais longe sua argumentação, Lacan pondera que toda busca de conhecimento deriva da sexualidade e da célebre questão formulada por Freud como sendo a questão mais importante que subjaz no fundo de todas as perguntas da criança e que é "de onde vêm os bebês?": "Até agora, nada do conhecimento se concebeu que não participasse da fantasia de uma inscrição do liame sexual".[10]

Se tomarmos a noção de pulsão de morte[11] na obra de Freud — que foi, na verdade, valorizada por Lacan —, veremos que o que ele chama de morte é exatamente o que Lacan vai nomear de gozo. Há um vetor que rege nosso psiquismo. Esse vetor único, fundamental, se chama, em Freud, pulsão de morte. Lacan chega a afirmar que toda pulsão é pulsão de morte, na leitura que faz de *Além do princípio de prazer* (1920). Não que Freud não tenha dito exatamente a mesma coisa com outras palavras.

Felizmente, a maioria de nós não vive submetida a esse vetor, que, por definição, é mortífero. Alguma coisa acontece que nos permite lidar de uma forma diferente com esse alvo da pulsão de morte: o gozo. Essa alguma coisa é a fantasia. Ela surge a partir de uma operação chamada recalque originário, operação agenciada por um significante: o Nome-do-Pai. O recalque originário resulta, para o psiquismo da criança, na instauração dessa matriz psíquica: a fantasia. Esta, por sua vez, vai fazer com que aquilo que era empuxo-ao-gozo, como diz Lacan — pulsão de morte, empuxo na direção da morte —, seja freado e passe a ser uma região na qual a pulsão de morte é sexualizada. Nessa região, a fantasia passa a dominar pelo menos um segmento dessa pulsão de morte. É isso que Freud chama de pulsão de vida, ou seja, pulsão sexual. Do lado da pulsão sexual temos o princípio de prazer, dominado pela fantasia; e, do lado da pulsão de morte, há a região do além do princípio de prazer.

Tudo isso ocorre no caso da neurose e no da perversão. Em ambos, há ação do Nome-do-Pai, há recalque originário e, por conseguinte, instauração no inconsciente da matriz psíquica chamada fantasia fundamental, importante por consistir numa forma fixa e repetitiva de o sujeito se relacionar com a causa do desejo e localizar nela seu gozo sexual. O desejo não possui objeto, mas a fantasia é o suporte do desejo na medida em que o fixa numa certa relação estável com determinado objeto.

Na psicose essa constelação não ocorre, porque a foraclusão do significante Nome-do-Pai produz uma falha no recalque originário, de tal modo que essa fantasia não se instaura e, porque não se instaura, o psicótico tende a produzir um delírio que preencherá essa lacuna, esse vazio, essa fenda. Esse vazio é a própria psicose, e Freud o formula nos seguintes termos: "Com referência à gênese das formações delirantes, algumas análises nos ensinaram que o delírio se encontra aplicado como um remendo no lugar em que originalmente uma fenda apareceu na relação do eu com o mundo externo".[12] Na esquizofrenia, na qual a atividade delirante é bastante fragmentária e malsucedida em produzir um delírio sistematizado, o destino do sujeito será a hebetude afetiva e a limitação, maior ou menor, da participação no mundo externo.

Como afirmei anteriormente, a fantasia fundamental é uma espécie de denominador comum de todas as fantasias subjacentes aos sintomas que foram destacadas na análise. Mas, nesse sentido, ela "não pode ser resgatada pela análise tal como se dá com as fantasias subjacentes aos sintomas, sendo, em vez disso, fruto de uma verdadeira construção por parte do psicanalista e do analisando ao término da experiência".[13] Como observa Bruce Fink, a noção lacaniana de fantasia fundamental embica não tanto em algo que

> existe em si, antes da análise, quanto em algo que é construído e reconstruído no curso da análise. Em certo sentido, ela é destilada de toda a rede de fantasias que vêm à luz no decorrer da análise. Pode-se ver, depois que a análise avança o suficiente, que *essa* é a posição ou postura adotada pelo sujeito com respeito à causa que foi responsável por tantas de suas escolhas e seus atos.[14]

A fantasia fundamental, concebida por Lacan como "o que instaura o lugar onde o sujeito pode se fixar como desejo",[15] pode ser considerada uma espécie de prisão domiciliar do sujeito: nela ele se encontra confortavelmente instalado, rodeado pelos objetos investidos por sua libido e pelos objetos que lhe são familiares, desfrutando de uma tranquilidade que beira a inércia — mas está preso! Em seu interior, segue uma vida regida pelo princípio de prazer, mas, sem se dar conta disso, encontra-se radicalmente limitado por tudo aquilo que é prazeroso. O sujeito só perceberá que se trata efetivamente de uma prisão ao fim da análise. Também é bastante comum ouvir-se no cotidiano alguém dizer: "Tudo o que eu quero é paz!". Analiticamente, é possível ouvir nesse pedido de paz o eco de outro pedido: "Não me tirem de meu conforto fantasístico".

Cabe aqui relatar o sonho de um analisando que ilustra com simplicidade essa dimensão de prisão, tão prazerosa que faz o sujeito esquecer tratar-se de uma prisão. O analisando sonha que está preso e que, no entanto, o portão da prisão permanece aberto, totalmente aberto, como se ali não fosse uma prisão, mas sim um local em que as pessoas ficam naturalmente, sem se sentirem constrangidas de forma alguma. O sujeito só se dá conta de que se trata de uma prisão quando, ao caminhar na direção do portão — que ficava escancarado —, este se fecha devagarzinho à medida que o sujeito dele se aproxima. Sua chegada junto ao portão coincide precisamente com o fechamento deste. Às vezes, o sujeito corre na direção da saída — e o portão se fecha depressa! Ele percebe então — e faz alguns testes para comprová-lo — que o guarda que fica junto ao portão é quem aciona o seu fechamento quando necessário, isto é, quando alguém deseja fugir. Decide então conversar com o guarda e se aproxima do portão sem demonstrar intenção de fuga. Estando o guarda desprevenido, depois de terem travado uma amizade que não o leva mais a supor qualquer desejo de evasão, a apenas um passo da liberdade, o sujeito dá esse passo e o guarda não pode fazer mais nada. E assim ele fica longe do território prisional. Com a travessia da fantasia, o sujeito passa a ter um domicílio que não é mais uma prisão domiciliar: isso significa que a estrutura da fantasia inconsciente permanece um lugar de referência privilegiado para o sujeito no qual ele pode, doravante, entrar e sair quando quiser, já que não se acha mais encerrado em seu interior.

A metáfora da prisão domiciliar é fecunda para tratar da fantasia: a prisão limita os movimentos do sujeito, dá um enquadramento restrito a eles, torna suas explorações no mundo pequenas e confinadas a determinadas regiões já conhecidas. Trata-se de uma redução brutal de sentido, constituído pela articulação simbólico-imaginária, para fazer face à falta de sentido do real. Como formula Lacan nessa mesma direção, "o próprio sujeito se reconhece ali como detido, ou, para lembrar-lhes uma noção mais familiar, fixado".[16] A noção de fantasia fundamental aparece em outras concepções teóricas da psicanálise nomeada de outro modo, mas designando aspectos similares dessa fixação do desejo. Morton e Estelle Shane, por exemplo, chamam de "fantasias globais" aquelas que não só "envolvem todo o *self* em relação ao seu meio-objeto", como também "definem, talvez até determinem, o curso da vida de um paciente".[17] Conforme resume Ethel Person, a edição final da fantasia global é um todo superestruturado que "integra uma variedade de desejos e impulsos, defesas contra eles, proibições da consciência e considerações sobre a realidade".[18]

Na neurose, o sujeito tem acesso ao real através de determinadas figuras clínicas repertoriadas por Freud — os sintomas e a angústia. Os sintomas representam e, ao mesmo tempo, elidem o real na vida cotidiana do sujeito, ao passo que a angústia implica a emergência, ainda que pontual, do real. Ela é sinal, alarme de que algo da ordem do não senso está prestes a esburacar a homeostase psíquica constituída pela massa consistente de fantasias. Ela pode ser igualmente da ordem de uma invasão súbita, abrupta e devastadora — como nos violentos ataques de angústia que ocorrem em algumas histerias de angústia, hoje travestidas pela nova denominação de síndrome ou ataque de pânico.

Sintoma e angústia se alternam, nos diferentes quadros de neurose, nessa possibilidade (sintoma) e impossibilidade (angústia) de tamponar o real. Conseguem mais êxito na neurose obsessiva, menos na histeria de conversão e quase nenhum na histeria de angústia. Assim como o sintoma, a inibição traduz a consistência da fantasia e, portanto, pode ser uma poderosa aliada da fantasia fundamental.

O filme *Lanternas vermelhas* (1991), de Zhang Yimou, coloca em cena magistralmente o quão mais além dos limites simbólicos e imaginários da fantasia se encontra o não senso do real e o terrível aceno da loucura. Songlian é enviada pela família desprovida de recursos para ser mais uma das esposas — a quarta — de Chen Zuoqian, senhor feudal que vive no imenso castelo de sua poderosa família, uma verdadeira prisão familiar. É significativo que não se veja o rosto do homem em nenhum momento, ouve-se apenas sua voz de mando e comando.

A cada noite, ele dorme com uma de suas quatro mulheres. O ritual da tradição familiar implica acender as lanternas vermelhas no pátio da casa da eleita daquela noite. Todas são chamadas para ver o anúncio da escolhida do dia e vivem, assim, em torno da pergunta sobre qual é a preferida, a mais desejada, a mais amada. O ódio, a rivalidade e a crueldade criados por essa situação entre as quatro mulheres — que nunca são chamadas pelo nome, mas pelo número de ordem: Primeira Esposa, Segunda Esposa, e assim por diante — desencadeiam constantes e terríveis intrigas, que crescem a ponto de Songlian não suportar. Ela sucumbe à loucura, que, como afirma Lacan, é muitas vezes, paradoxalmente, o único caminho possível para o sujeito na tentativa de obter sua liberdade: "O ser do homem não apenas não pode ser compreendido sem a loucura como não seria o ser do homem, se não trouxesse em si a loucura como limite de sua liberdade".[19]

Tratada como um objeto de gozo, sem nome, sem poder exercer sua escolha nas mínimas coisas do dia a dia, por exemplo, o que desejava comer, sendo alvo constante da crueldade das rivais, Songlian — como de resto todas as esposas — é prisioneira da fantasia de seu marido de mortificação das mulheres. Ela vive numa prisão domiciliar, só que, nesse caso, o domicílio é do outro e ela termina sem lugar, deambulando de um lado para o outro no pátio central do castelo, como uma folha de papel ao vento. Não podendo ser sujeito, ela se furta com a loucura ao lugar de objeto. Esse pátio é uma excelente metáfora do real em torno do qual a fantasia — o sinistro castelo — se edificou, tal como o vazio do vaso que é preenchido pelas flores. O único lugar que resta à verdadeira flor mortificada em que se tornou Songlian é aquele vazio central e ali ela permanece, com todas as lanternas vermelhas mantidas por ela sempre acesas.

Dois polos: amor e gozo

Tomemos, agora, o matema da fantasia para ler nele a diferença que há entre neurose e perversão: $\$ \Diamond a$. Podemos situar aí dois polos: se a fantasia é a articulação entre o inconsciente e a pulsão, nós podemos situar, no lado do sujeito, S, o polo inconsciente e, no lado do objeto, a, o polo pulsional. No primeiro polo temos o sujeito, que é constituído pela linguagem (e por ela mesma barrado em sua completude), pelo significante, entre S_1 e S_2; e, no segundo, o elemento que se inscreve na fantasia como mais-gozar, como a inscrição do gozo, que, conforme vimos, era um gozo absoluto, um gozo mortífero, mas que, na fantasia, se transforma num gozo limitado, denominado por Lacan de gozo fálico. Gozo fálico é o gozo submetido à linguagem, à regência do significante falo. Podemos dizer igualmente que o polo inconsciente é o polo simbólico, e o polo pulsional é o polo real da fantasia.

Do lado do primeiro — do S, do inconsciente, do simbólico — podemos situar o amor e, do outro lado — do objeto a, da pulsão, do real —, podemos situar o gozo. Como assinala Lacan, "no amor, o que se visa é o sujeito, o sujeito como tal, enquanto suposto a uma frase articulada, a algo que se ordena ou pode se ordenar por uma vida inteira".[20] Lacan acrescenta que "um sujeito, como tal, não tem grande coisa a fazer com o gozo. Mas, por outro lado, seu signo é suscetível de provocar o desejo. Aí está a mola do amor".[21] A diferença fundamental entre amor e gozo reside na produção de sentido inerente ao amor, oposta à falta de sentido intrínseca ao gozo. Quando o discurso amoroso enuncia "de dois fazer um só", ponto de onde ele parte, temos aí "verdadeiramente a maneira mais grosseira de dar à relação sexual, a esse termo que manifestamente escapa, o seu significado".[22]

Desse modo, pode-se postular que a fantasia é, em essência, uma fantasia de desejo de completude, construída em torno de dois polos diversos: o amor e o gozo. A fantasia de amor é extremamente consistente para atingir o objetivo de dar sentido ao sem sentido da relação sexual, por isso ela é aquela fantasia que está na base do discurso religioso, que consegue polarizar fiéis em torno da questão do amor do pai divino. Lacan assevera, por isso, que "o que vem em suplência à relação sexual é precisamente o amor".[23]

$$S \qquad \Diamond \qquad a$$

Polo inconsciente		Polo pulsional
Simbólico		Real
Amor	Desejo	Gozo
Neurose		Perversão

Uma história proveniente da observação cotidiana[24] é extremamente esclarecedora em relação à questão da perda de gozo inerente à entrada do sujeito no campo da linguagem, sobre a qual Lacan tanto insiste. Um menino de cinco anos olhava atentamente o irmãozinho de leite mamando, cena de inveja e ciúme primitivos que já inspirou tantas observações famosas, de santo Agostinho a Lacan. Ao ver essa cena, ele se vira para a mãe e diz: "Mamãe, eu também quero mamar!". E a mãe, surpresa com sua súbita manifestação, exclama afetuosamente: "Mas você já mamou!". E ele diz, na bucha: "Mas eu não sabia!".

Assim, um menino de apenas cinco anos é capaz de nos ensinar, em pouquíssimas palavras, o que é o gozo no sentido lacaniano: enquanto tal, o gozo é algo perdido para sempre, é a perda que se inscreve na medida em que houve a entrada no mundo simbólico. O menino, olhando o irmãozinho mamando, percebeu o gozo inerente à cena da mamada e, esperto, quis ter acesso a isso. Mas é impossível para ele: enquanto sujeito falante, não tem mais acesso a um gozo perdido precisamente no ato de sua constituição como falante.

Lacan formula essa impossibilidade em torno da oposição entre saber e gozo: onde há gozo, não há saber; onde há saber, não há gozo. Por isso a análise, que dá acesso ao saber inconsciente, implica necessariamente uma perda de gozo. Mas o que o esperto menino queria era gozar sabendo — como se diz na linguagem coloquial, "sabendo das coisas" —, e o que Lacan afirma é que há um corte radical entre saber e gozo. A constituição do sujeito do inconsciente, que é o sujeito do significante, se dá precisamente a partir do corte efetuado pela linguagem no sujeito do gozo, expressão através da qual Lacan chega a designar o sujeito na psicose.[25] O sujeito do significante é o efeito de sujeito produzido pela operação da linguagem sobre o sujeito do gozo. A neurose, configurada por Lacan como um "não querer saber de nada disso"[26] que opera no recalque, é, no fundo, uma recusa da perda de gozo, daí o apego do sujeito aos sintomas, ao mesmo tempo fonte de gozo e de desconhecimento.

Se a fantasia é um elemento que se instaura para a criança como uma verdadeira contrapartida ao gozo que ela perdeu, a fantasia se constrói, essencialmente, como uma fantasia de completude, conforme se pode ler nas fórmulas quânticas da sexuação de Lacan, fantasia de relação sexual possível. O quadro das fórmulas quânticas mostra do lado do masculino o $\mathcal{S}$, e do lado do feminino o objeto *a*. O vetor que parte de $\mathcal{S}$ na direção de *a* não é outra coisa senão a fórmula da fantasia: $\mathcal{S} \Diamond a$. Diz Lacan que, ao sujeito, que "só tem a ver, enquanto parceiro, com o objeto *a* inscrito do outro lado da barra, só lhe é dado atingir seu parceiro sexual, que é o Outro, por intermédio disto, de ele ser a causa de seu desejo".[27] Indicando que a relação sexual não passa, no fundo, de uma fantasia, acrescenta ainda que "o que se viu, mas apenas do lado do homem, foi que aquilo com o que ele tem a ver é com o objeto *a*, e que toda a sua realização quanto à relação sexual termina em fantasia".[28]

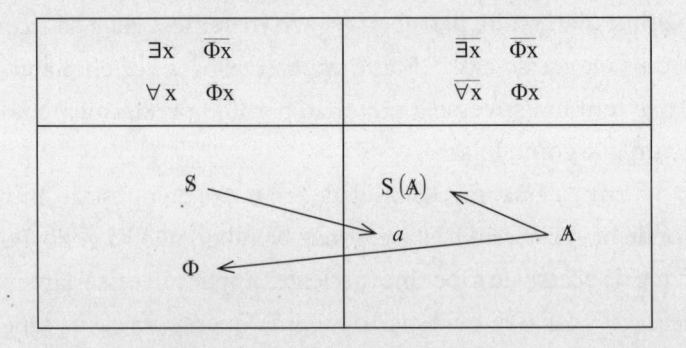

Assim, a fantasia é, essencialmente, fantasia de completude. Ela é a tentativa de resgate da completude perdida, ou, melhor dizendo, supostamente perdida — sim, supostamente, porque suposta de dentro de uma estrutura na qual a perda já se deu e a falta já comparece —, uma tentativa de elisão da falta inerente à estrutura do falante. Na constituição do sujeito enquanto falante, na entrada no universo simbólico, no mundo da linguagem, houve perda de gozo; e a fantasia, no que se instaura, é uma tentativa de recuperação precisamente daquilo que foi perdido. A operação da castração produz a perda e, ato contínuo, a fantasia fundamental se coagula como aspiração à reconquista do que foi perdido. É nesse sentido que Lacan salienta que, na fórmula da fantasia, $\$ \Diamond a$, a punção entre sujeito e objeto designa todas as relações possíveis entre eles, exceto a igualdade.

Faço a hipótese de que, na neurose, a fantasia de completude é, em essência, uma fantasia de completude amorosa. O neurótico quer resgatar a completude perdida pelo viés do amor, por isso ele se fixa no amor. Dito de outro modo, ele se fixa no polo inconsciente da fantasia e elide o polo do gozo.

Um jovem analisando, com uma estrutura obsessiva, certa vez chegou à sessão dizendo que concluiu que iria terminar seu namoro, porque compreendera uma coisa muito importante. Se ele continuava sentindo atração física por outras meninas era porque sua namorada não era a mulher da vida dele e, assim, não prosseguiria com esse namoro. A expressão "mulher da minha vida", como outras tão comumente observáveis na vida cotidiana, mostra que na neurose existe a tentativa de, através do amor, preencher o vazio e resgatar a completude perdida, elidindo a dimensão do gozo. O que esse jovem almeja é uma mulher cujo amor obstrua de tal modo a dimensão do pulsional que impeça que ele sinta atração por outras mulheres. Ou seja, ele opõe frontalmente o amor, como inimigo do gozo, à pulsão e ao desejo. Se a clínica analítica é uma clínica sob transferência, então ela é em essência uma clínica da neurose.

Na perversão, houve a mesma entrada da fantasia, mas, por motivos históricos absolutamente singulares, nesse caso a entrada do sujeito no mundo do simbólico se deu através de uma fixação estabelecida no outro polo da fantasia, o polo pulsional, o polo de gozo — polo do objeto *a*. O perverso tem uma fantasia de completude de gozo, ele almeja resgatar a completude (supostamente) perdida pelo viés do gozo, através do ancoramento fixo num determinado objeto *a*, pois o objeto *a*, precisa Lacan, "é aquilo que, quaisquer que sejam as ditas perversões, está lá como causa delas".[29]

Mas a fantasia tem dois lados: ela é uma salvação, mas também é patogênica. Pelo próprio fato de ter salvado o sujeito da derrelição absoluta à qual estava fadado pela pulsão de morte, ele vai agarrar-se a ela com unhas e dentes — isso mantém uma relação com o que Freud chamava de fixação. Agarramo-nos à fantasia com tanta intensidade que a tornamos o reduto mais importante de nossa vida e passamos a produzir uma série de "sintomas", que consistem na perpetuação constante da nossa relação com a fantasia. Por isso mesmo, a análise propõe a travessia da fantasia, através da qual o sujeito tenha acesso a algo mais além desse reduto restrito no qual se acha confinado.

Travessia da fantasia

A fantasia é sempre fantasia de relação sexual possível, e atravessar a fantasia é deparar-se com o impossível em jogo na relação sexual. Poderíamos, então, pensar que o fim da análise, enquanto travessia da fantasia, é uma travessia da fantasia amorosa, para o neurótico, e uma travessia da fantasia de gozo, para o perverso. O fim da análise implicaria dar acesso ao neurótico ao polo do gozo do qual ele tanto se defende, e, no caso do perverso, implicaria o acesso à dimensão do amor, da qual ele também se defende. Mas o que mais importa nessa travessia não é apenas o fato de o sujeito ter acesso ao outro polo da fantasia, e sim que, ao fazê-lo, tenha acesso à dimensão que está escrita, no matema da fantasia, entre o $\$$ e o *a*, que é a dimensão do desejo, inscrita no signo da punção: $\lozenge$. O desejo, aqui, está escrito enquanto falta, e essa falta é a presentificação daquela perda de gozo que esteve na origem da entrada do sujeito no mundo humano, no mundo do simbólico.

Ao ter acesso ao pulsional e ao gozo, e deixando de se fixar no polo do amor, o neurótico terá acesso ao desejo. No perverso, não é difícil constatar que se trata do contrário: tendo acesso ao polo do amor, e deixando de se fixar no polo pulsional, terá acesso igualmente ao desejo. Isso se dá porque, quando se tem acesso ao amor e ao gozo, sem elidir qualquer uma dessas duas dimensões fantasísticas estruturais, tem-se, ao mesmo tempo, uma perda de amor e uma perda de gozo. E é essa a definição que proponho de desejo: o desejo é uma perda de amor e uma perda de gozo, ou seja, a dimensão da falta de que fala Lacan ao tratar do desejo se traduz aqui numa falta de amor e numa falta de gozo.

A frase de Lacan "só o amor permite ao gozo condescender ao desejo"[30] resume essa elaboração, na medida em que há uma espécie de báscula entre amor e gozo. É importante perceber que essa báscula ocorre no sujeito através das alterações que sua dinâmica psíquica sofre ao longo de diferentes momentos da vida, por exemplo, uma violenta decepção amorosa que desencadeia uma posição perversa nas relações eróticas de um sujeito. Tradicionalmente, fala-se nesses casos de perversão transitória. Mas creio que é possível ver a perversão na clínica com muito mais frequência do que comumente se presume, pois a fixação no polo de gozo não é nada rara.

Um dos mais graves equívocos ligados ao conceito de perversão é que, classicamente, ela se tornou na clínica psicanalítica um perfeito sinônimo de homossexualidade,[31] o que é um grande equívoco, revelando a pouca compreensão teórica das bases da teoria freudiana por esses analistas. Não é difícil detectar uma posição perversa em homens heterossexuais que lidam com a mulher de uma forma sádica. Mas, em geral, isso não é mencionado pelos analistas, porque o mito da heterossexualidade como ideal de "saúde erótica", presente, por exemplo, na teoria do "amor genital",[32] parece impedir que se perceba a perversão onde há uma relação entre homem e mulher. Está claro que, nessas concepções analíticas, o mito da existência da relação sexual se manteve inabalável e os preconceitos relativos à homossexualidade permanecem travestidos de concepções pseudoteóricas, às vezes bastante sofisticadas. É espantoso que esses preconceitos sejam uma das poucas coisas que, na psicanálise, conseguem unir pós-freudianos e lacanianos, conforme demonstra Elisabeth Roudinesco.[33]

Diz-se comumente que o perverso não busca análise, mas essa ideia é incompatível com as contribuições clínicas freudianas. De fato, Freud pondera que "os perversos que conseguem obter satisfação raramente têm ocasião de procurar analista".[34] Mas ele acrescenta também que há masoquistas que podem ter "fortes motivos para induzi-los a ir a um analista"[35] e enumera três categorias de pacientes masoquistas: os que obtinham satisfação sexual exclusivamente pela masturbação acompanhada de fantasias masoquistas; os que conseguiam combinar o masoquismo com a atividade genital "de tal modo que, paralelamente às experiências masoquistas e sob condições semelhantes, conseguia[m] chegar à ereção e ejaculação, ou levar a cabo uma relação normal";[36] e, ainda, o caso mais raro, em que "um masoquista é perturbado nas suas atividades perversas pelo aparecimento de ideias obsessivas de intensidade insuportável".[37] Esses pacientes podem buscar tratamento quando se descobrem impotentes e sem conseguir a antiga ereção a partir dos estímulos masoquistas antes eficientes para esse fim. Freud, aliás, chama a atenção para o fato de que inúmeros casos de impotência sexual estão ancorados numa atitude tipicamente masoquista arraigada desde a infância do sujeito.

Talvez seja mais correto dizer que o perverso não procura análise pela perversão, já que esta pode ou não constituir um sintoma para ele, ou seja, provocar nele qualquer espécie de questionamento ou sofrimento. Como o próprio Freud pondera na abertura de seu artigo sobre o fetichismo,

> não é preciso esperar que essas pessoas venham à análise necessariamente por causa de seu fetiche, pois, embora, sem dúvida, ele seja reconhecido por seus adeptos como uma anormalidade, raramente é sentido por elas como um sintoma que provoca sofrimento. Via de regra, mostram-se inteiramente satisfeitos com ele, ou até mesmo louvam o modo pelo qual lhes facilita a vida erótica. Via de regra, portanto, o fetiche desempenhou o papel de um diagnóstico subsidiário.[38]

Que outras questões, no entanto, levariam um perverso à análise? Provavelmente algum tipo de sofrimento ligado ao polo amoroso da fantasia.

Na perversão, podemos não raro escutar o sujeito queixar-se da solidão na qual é lançado pela postura que adota. Ele chega a questionar isso, na medida em que, eventualmente, se sente muito só. Cito um exemplo de um dito dessa ordem: o sujeito que diz "eu não me ligo a ninguém, não tenho nenhuma relação com ninguém, porque eu sei que não vou conseguir manter essa relação. Depois de algum tempo, sei que vou começar a transar com outras pessoas". Ao contrário do sujeito obsessivo a que me referi anteriormente, nesse caso a busca de gozo ocupa o lugar de uma poderosa defesa em relação ao vínculo amoroso.

Fato é que o vínculo amoroso, na medida mesma em que inclui o sujeito, implica a alteridade, a diferença, implica certa castração do gozo e isso nos menores detalhes da vida cotidiana, nas escolhas diárias que cada um quer fazer e precisa levar em conta o outro, o parceiro amoroso: a escolha do lugar para viajar, do filme para ver, do rumo das economias etc. Pode-se conciliar a descrição que Freud faz do fetichismo (como um gozo ao alcance das mãos do sujeito que o satisfaz a qualquer momento) com uma definição simples, embora precisa, da perversão: ela é a abolição da diferença, a abolição do desejo do Outro, da alteridade que este presentifica continuamente para cada sujeito.

A perversão é, assim, a abolição daquilo que entra com toda a força na relação intersubjetiva amorosa, já que o amor, como salienta Lacan, se dirige ao sujeito. Tal definição da perversão pode se estender ao sadismo, que transforma o outro no objeto de gozo (às vezes de um gozo mortífero) à sua própria revelia, e também ao masoquismo, no qual o sujeito se anula como tal e se entrega ao Outro como objeto de seu gozo.

A completude buscada pelo fetichista no corpo materno através de um substituto do pênis faltoso se traduz, no masoquismo e no sadismo, como uma onipotência imbatível que faz o sujeito afirmar ser capaz de suportar ou causar uma dor cada vez maior no outro. Nesse sentido, a necrofilia parece ser o paradigma extremo de todas as perversões: nela o outro é tornado objeto de gozo apenas enquanto morto, ou seja, com a sua diferença de sujeito desejante inteiramente anulada.

Talvez o que opere na perversão seja um ato ainda mais radical, o desejo de aniquilar o outro enquanto sujeito, sendo necessário para isso obrigá-lo a suplicar. Pode-se ver isso nas vítimas sadianas, que, submetidas às mais terríveis torturas, são sempre levadas a suplicar: é só quando isso se dá, quando o sujeito se erige numa posição de desamparo tão radical quanto a da súplica — que se pode considerar como a posição discursiva mais limítrofe entre o simbólico e o real —, que o sádico o extermina. O que me faz pensar que o sádico não deseja apenas exterminar o corpo do outro, e sim exterminar o outro enquanto sujeito. Dir-se-ia que o sádico convoca o outro enquanto sujeito na sua dimensão mais radical para poder, em seguida, exterminá-lo como tal, dando vazão ao seu ódio à diferença. Talvez por isso mesmo, Robert Stoller tenha centrado seus estudos sobre a perversão na questão do ódio.[39]

Fantasia e cultura

E assim, como há uma báscula entre amor e gozo nas estruturas clínicas e num mesmo sujeito, ela também aparece na cultura. A cultura traduz essas fixações das formas mais diversas. A história da música popular recente pode fornecer um bom exemplo disso.

Por volta de 1962, na Inglaterra, foram criadas duas bandas de rock, as maiores que já existiram: os Beatles e os Rolling Stones. Ambas ultrapassaram as fronteiras de suas cidades e se imortalizaram na história da música popular. Mais do que isso, marcaram a história da cultura do século xx e representaram na música o que nos costumes significou uma verdadeira revolução.[40]

Enquanto conviviam, foram rivais, e o que uma fazia, a outra seguia — ou criticava. Exemplo: o lançamento, em 1967, de *Sargent Pepper's Lonely Hearts Club Band*, dos Beatles, disco considerado por crítica e público como uma ambiciosa e salutar reviravolta na história da música, foi seguido de perto pelo dos Stones *Their Satanic Majesties Request*. Ambos eram conceituais e psicodélicos. Ambos inovavam por sua ousadia e estrutura quase operística. Ambos traziam o inaudito.

A história dessas duas bandas pode ilustrar com simplicidade a oposição que há em cada sujeito entre amor e gozo: o sujeito está dividido por duas poderosas forças, o amor e o gozo, as quais ele tenta fazer com que sejam idealmente unidas nos relacionamentos, mas que frequentemente se dissociam e levam em duas ou mais direções diferentes, se não contraditórias, e o dilaceram. O gozo sexual representa o maior prazer que um ser humano pode conhecer, afirmou Freud, ressaltando que a sua força revelava, naturalmente, uma sabedoria da natureza, uma vez que a reprodução da espécie dele depende. Mas o sexo e o gozo sexual são angustiantes, porque nos levam a uma deriva infinita e a uma busca de satisfação irrefreável.[41]

Essa oposição se acha ilustrada também nos dois discos citados: se o dos Beatles era uma romântica história de amor, atravessada pela adorável figura do Sargento Pimenta, o dos Stones, com a sua conhecida "simpatia pelo demônio", significava a própria emergência do diabólico.

O cancioneiro dos Beatles e dos Stones pode ilustrar mais ainda a oposição mencionada. As letras das canções dos Beatles falam do amor, não só das relações amorosas como do amor no sentido mais amplo. Uma rápida pesquisa atesta isso com facilidade,[42] o que pode se resumir, por exemplo, na letra da emblemática "All you need is love" ("Tudo de que você precisa é amor"). Além disso, suas letras são amplamente conhecidas por toda uma geração que cresceu ouvindo essas canções. Já as letras dos Stones que sabemos de cor parecem se resumir àquela primeira canção paradigmática da banda, "Satisfaction", que não disfarça a adesão dos músicos à busca incessante do gozo sexual: *"I can't get no — satisfaction! But I'll try, but I'll try, but I'll try — I can't get no — satisfaction!"* ("Eu não consigo — satisfação! Mas eu tento, eu tento, eu tento — eu não consigo — satisfação!"). A letra de "Satisfaction" pode ser utilizada com proveito para definir com precisão o que é a pulsão, base do funcionamento da sexualidade humana, que está sempre em busca de uma satisfação impossível de ser atingida e, como não a encontra, repete continuamente esse pedido, essa tentativa de satisfação em renovados objetos sexuais. E a letra da canção dos Beatles é bom exemplo do amor, aquilo que vem em suplência à inexistência da relação sexual.

Se, por um lado, os Beatles tiveram uma existência efêmera, como um cometa que atravessou a história da música deixando rastros em várias gerações, é impressionante ver que os Stones existem até hoje, dando shows no mundo inteiro e gravando discos. Tudo indica que Mick Jagger vai continuar dançando até depois dos oitenta anos — e nós com ele, o que é surpreendente! Mas vamos também prosseguir cantando com os Beatles, porque muitos chegaram a aprender inglês para poder acompanhar e decorar suas letras. Talvez esses grupos — e a presença deles, uma tão efêmera e outra tão persistente em nossa vida e em nossa cultura — signifiquem que o amor é mais frágil que o gozo; que o gozo é essa busca de satisfação absoluta que se repete com uma intensidade realmente espantosa, na medida em que há esse vetor pulsional operando de forma insistente em nós.

A música não é, porém, o único exemplo cultural que temos das fixações nos diferentes polos da fantasia. O polo do amor parece que se traduz também, na cultura, pela religião. Parece que há mesmo uma fixação no polo do amor através da religião. E o polo do gozo se traduz pela pujança do capitalismo. É possível perceber, inclusive, certa rivalidade entre religião e capitalismo que se expressa até na arquitetura das cidades brasileiras. Em Salvador, em Belo Horizonte, no Rio de Janeiro, é possível ver templos religiosos de novas seitas evangélicas construídos bem em frente aos grandes shopping centers. Um espelha o outro, como que brigando por primazia. Passamos, ali, no meio desses desfiladeiros de fixações de amor, na religião — porque a religião é uma fixação no amor: "Amai-vos uns aos outros" —, e de gozo, no capitalismo, com aqueles objetos todos que nos são oferecidos e vendidos de uma maneira tão excessiva.

Não é só a neurose e a perversão, no entanto, que se traduzem na nossa cultura com uma presença relevante, a psicose também o faz. E parece que ela o faz pela ciência. É preciso que nós, analistas, possamos dizer, com todas as letras, que a ciência está louca. A ciência enlouqueceu, perdeu os limites. Hoje, ela mistura espécies, clona os animais a bel-prazer e ainda quer fazer isso com o ser humano. O ápice dessa loucura, desconfio, é seu intento de transformar a reprodução sexuada em reprodução assexuada. Isso é a própria loucura. Não é à toa que, na cultura, existe a figura do cientista maluco. O cientista maluco é um traço da linguagem no inconsciente que denuncia que a ciência tem uma forte tendência à loucura. Loucura essa que se torna patente hoje em dia. Evidentemente que fomos adverti-dos quanto a isso desde a época em que o homem foi à Lua. Ali, começava uma grande loucura, porque ir à Lua, é claro, é coisa de lunático, coisa que o destino de alguns astronautas, ao retornarem dessa estranha aventura, parece corroborar.

| cultura | religião | arte
psicanálise | capitalismo | ciência |
| sujeito | amor | desejo | gozo (fálico) | gozo (do Outro) |

O advento da psicanálise significa a proposição, na cultura, de um quarto lugar da fantasia, diferente daqueles traduzidos pela religião (neu-rose), pelo capitalismo (perversão) e pela ciência (psicose). O que a psica-nálise propõe, portanto, não é nem a fixação no amor, nem a fixação no gozo fálico, nem a fixação no gozo absoluto. Ela propõe o lugar do desejo, que é aquele lugar, no matema da fantasia, entre $ e *a* pequeno: ◇ é o núcleo da fantasia, é a falta a partir da qual a fantasia se originou preten-dendo tamponá-la. E acredito que há na cultura, hoje, dois discursos que sustentam esse lugar da falta e do desejo: um é milenar, a arte, discurso extremamente poderoso que tenta sustentar continuamente esse lugar do vazio e da falta. O outro é recente, tem pouco mais de um século de existência: é a psicanálise.

Amor *versus* gozo

Para o teatrólogo Jerzy Grotowsky, a força de uma grande obra reside em poder abrir portas que nos permitam "transcender a nós mesmos, para descobrir o que está oculto em nós e consumar o ato de ir ao encontro dos outros".[43] Em seu livro *Amor, ódio e separação*, Maud Mannoni cita Grotowsky e pode-se ler em sua citação palavras que se aplicam a ela mesma. Com uma obra personalíssima, cuja influência cresceu entre nós cada vez mais desde a década de 1970, Maud Mannoni ocupa um lugar singular na psicanálise. Uma das discípulas de Lacan mais atuantes, sempre buscou traduzir a teoria em sua prática com crianças e adolescentes severamente perturbados, fazendo com que seu texto não fosse lido como um manual de receitas clínicas ou dogmas teóricos, mas incidências e reflexos da teorização rigorosa na prática clínica.

Sua escrita assume, assim, um tom diferente das produções psicanalíticas corriqueiras, e eu diria até mesmo que se aproxima do de Freud nesse aspecto, já que a preocupação não é citar ou recitar, e sim passar alguma experiência ao leitor. Assim sendo, trata-se de um texto que apresenta uma grande força discursiva e consegue nos evocar aquilo que em nós está, paradoxalmente, mais atuante e mais oculto — a nossa própria infância. Também aqui a concepção teatral de Grotowsky poderia resumir a perspectiva psicanalítica de Mannoni: "Para mim, como criador teatral, o importante não são as palavras, mas o que fazemos com essas palavras, aquilo que empresta vida às palavras inanimadas do texto, que o transforma em 'Verbo'".[44]

Poder fazer o sujeito deparar-se com o novo é uma das funções mais primordiais de um psicanalista em sua prática. Alain Didier-Weill contou que Freud, em uma de suas reuniões com o grupo de psicanalistas que o cercava inicialmente, pôde certo dia ouvir Otto Rank falar sobre sua concepção do trauma do nascimento. Ao terminar sua exposição, os discípulos de Freud alvejaram-no de críticas, considerando suas ideias contrárias às teorias freudianas. Como Freud tivesse permanecido todo o tempo silencioso, os mesmos discípulos pediram a ele que também se pronunciasse sobre o que acabara de ouvir. Freud disse, então, que precisaria de certo tempo para refletir, pois se achara surpreso diante de algo tão novo. Alain Didier-Weill comenta a esse respeito que os discípulos de Freud responderam a Rank a partir de Freud, mas que Freud, ele mesmo, estava envolvido no processo da experiência: digamos que Freud não tinha Freud para responder a partir dele, mas sim a experiência psicanalítica como referência maior. É nesse sentido que Didier-Weill postula que o único mestre para o psicanalista é o real de sua própria experiência.

Para finalizar, evoco aqui o poder terapêutico que a criança pode muitas vezes apresentar para um adulto e o ilustro por meio de *Central do Brasil* (1998), de Walter Salles, um filme realizado, como os textos de Maud Mannoni, com os sentimentos e as palavras absolutamente articulados. Em *Amor, ódio e separação*, Mannoni pondera que há dois tipos de educação que se opõem:

> uma, fundamentada na aparência e no sucesso a qualquer preço, levando em conta unicamente a realidade, e a outra, deixando ao indivíduo o tempo de se buscar, de descobrir seu caminho, segundo um trajeto em que o importante é conseguir garantir a qualidade das relações humanas. Nesse espaço, há lugar para a alegria e a fantasia.[45]

Com essa assertiva, Mannoni parece estar comentando o filme *Central do Brasil*. Aliás, falar da infância é necessário no mundo de hoje, que, com seus ideais imediatistas, recalca a criança, com a sua gratuidade afetiva e o seu prazer no mais simples brincar. O efeito mais terrível disso é o crescente envolvimento de crianças com armas e crimes, drogas e até mesmo assassinatos, unindo-se aos adultos no que estes têm de pior; ou, então, sendo seu alvo, nos casos de estupro, pedofilia, trabalho escravo e toda forma de exploração infantil.

O filme traz a história de Dora e do menino Josué e mostra a transformação operada na mulher pelo menino: a história do menino consegue fazer a busca de gozo de Dora ceder a um novo amor que surge nela e a transforma radicalmente. Dora, a personagem feminina principal, é uma mulher sem escrúpulos que vive de escrever cartas para nordestinos analfabetos que moram no Rio de Janeiro e desejam manter contato com entes queridos no Nordeste. Mas Dora não envia as cartas que escreve a seus destinatários, ela as guarda numa gaveta ou simplesmente as rasga e embolsa o dinheiro do correio. Ela representa, assim, a falsa possibilidade de comunicação daquelas pessoas pobres e solitárias vivendo num mundo inóspito e muito diferente daquele de onde vieram. Assim agindo, Dora iludia os pobres coitados que acreditavam ter enviado sua mensagem para familiares e amigos. Ela era a personificação da farsa, da mentira; sua vida, a encarnação da maldade na sobrevivência cotidiana. Como o menino Josué lhe diria várias vezes, "ela não valia nada".

Josué perde a mãe, atropelada por um ônibus — atropelamento que é um símbolo do atropelo urbano e da violência da cidade grande, que mata todo o tempo e em poucos segundos. Josué fica só na gare da Central do Brasil, no Centro do Rio de Janeiro, e Dora se aproveita disso para vendê-lo a um policial que trafica crianças com o objetivo de comprar uma televisão nova, com controle remoto! Vende-se uma criança para ter acesso ao prazer medíocre da TV, outro signo de uma cultura que, interessada no prazer imediato e no consumo, é capaz de vender qualquer um de seus mais importantes valores.

Dora tem uma amiga, Irene, que, ao saber do ocorrido, repudia sua ação, adverte-a de que deve se tratar de tráfico de órgãos de crianças e termina sua repreensão com uma única e arrebatadora frase: "Tudo tem limite!". Dora se arrepende de seu ato, consegue recuperar o menino e decide levá-lo até o Nordeste para que reencontre o pai. Dora ainda não sabia, mas era a si mesma que ela reencontraria ao ajudar Josué a buscar o pai. Esse pai, motivo de toda a trama da história, é precisamente quem não aparece em nenhum momento. Embora ausente, ele move os personagens em sua direção. Por implicar a Lei, a busca desse pai é o que vai produzir as mudanças subjetivas.

A viagem de Dora e Josué ao Nordeste é cheia de percalços e contratempos. Na verdade, Dora tenta várias vezes desistir dessa função, ela ainda oscila entre abandonar o menino ao seu destino cruel e levá-lo até o pai. Mas a interrogação profunda de Josué sobre o próprio pai vai, aos poucos, se impondo a Dora como algo necessário, vital. No ônibus, Josué pergunta a Dora qual daqueles homens ali tinha cara de ser pai; em cada rosto masculino, Josué vislumbra a possibilidade do pai.

Quando Dora e Josué ficam totalmente sem dinheiro, é do menino que parte a ideia de Dora escrever cartas, só que dessa vez do outro lado:

cartas daqueles que, estando no Nordeste, querem se comunicar com os que partiram para o Rio. Apenas que, agora, tendo ido até o outro lado, para o qual se endereçavam as cartas que eram redigidas no Rio, Dora não deixa de colocá-las no correio, restaurando o vínculo entre os seres que ela própria havia ajudado a romper.

Pois Dora, por meio dessa travessia pela qual o menino a conduziu, passou a considerar os sujeitos não mais como presas que ela podia enganar para satisfazer seu gozo, fingindo enviar suas cartas. Não, agora Dora dá valor às histórias narradas nas cartas por aqueles homens e mulheres tão sofridos e sozinhos, ela se sensibiliza com as histórias humanas de todos os que buscam seu auxílio para escrever. Pois tudo se passa como se, de fato, no convívio com Josué, Dora tenha se humanizado. A história do menino é também um pouco sua história, a de sua infância, que ela pôde rememorar com Josué. Dora se redime com Josué e volta a ter algo da leveza e da alegria gratuita da criança, anterior ao brutal endurecimento imposto pela vida.

Nesse sentido, a cena mais emblemática do filme é aquela em que — em contraponto à imagem de Nossa Senhora com o menino Jesus no colo, e invertendo-a de forma dilacerante — Dora se deita no colo de Josué. O conforto humano não vem aí da mulher adulta (mãe), mas da criança, que mostra toda a sua força criativa e redentora. A criança dando ao adulto o amor de que ele necessita, a criança paliando a sua dor de existir.

Dora já estava amando aquele menino, ela já pensava em levá-lo consigo de volta para o Rio quando, por acaso, eles encontram seus meios-irmãos. Estes revelam ter uma vida organizada, com trabalho e algum bem-estar material, e, acolhedores, recebem Josué. Josué fica com eles e Dora parte de noite depois de ter sentido que cumpriu sua missão. A separação de Dora e Josué é sofrida para ambos, mas assim como Josué foi devolvido à sua história, com seus irmãos, Dora, nesse momento, é igualmente devolvida a si mesma, a seus sentimentos, a seu passado, à própria infância. Exercendo uma verdadeira função analítica, o menino ajuda a mulher a fazer a travessia do percurso que leva do gozo até o amor.

Já no ônibus de volta, sozinha, ela escreve uma carta — mas agora, surpreendentemente, ela escreve para Josué, a criança que lhe deu condições de reescrever a sua história. Ela chora e ri ao mesmo tempo, e o que é mais notável é que então, pela primeira vez, ela não está mais escrevendo as palavras que os outros ditam para ela, agora são as suas palavras que ela põe no papel, dirigidas ao menino de quem acaba de se separar. E o que ela diz é muito simples, eloquente e profundo: "No dia que você quiser lembrar de mim, dá uma olhada na 'fotinha' que a gente tirou junto. Eu digo isso porque tenho medo que um dia você também me esqueça. Tenho saudades do meu pai. Tenho saudades de tudo... Dora". A história de Dora e Josué pode ser resumida na postulação de Lacan sobre amor, desejo e gozo mencionada acima: só o amor de Josué pôde fazer o gozo de Dora ceder ao desejo — Josué devolveu Dora a si mesma e, ato contínuo, separou-se dela. Ela teve que perdê-lo para encontrar a si mesma enquanto sujeito desejante.

Numa entrevista sobre o filme, Walter Salles falou da "redenção trazida pela presença significativa do outro".[46] O que chama a atenção é que esse outro pode ser, para cada um de nós, a palavra salutar da criança alegre e criativa que cada um traz dentro de si. Era nesse sentido que Freud sempre se espantara com o fato de que, diante de um adulto, não podia ver qualquer traço daquela vivacidade criativa que vira na criança e se embrutecera com a idade adulta.

Numa crônica de jornal escrita em 1973, "Um ser livre", Clarice Lispector tematiza a semelhança entre a criança e o artista. Se ambos têm algo em comum em sua essência é na medida em que a criança simplesmente é aquilo que o artista almeja tornar-se: a criança é pura, a arte é purificação; a criança é livre, a arte é libertação; a criança é inocente, a arte é tornar-se inocente. Assim, para Clarice Lispector, o que o artista obtém com seu trabalho criativo é o resgate de um estado subjetivo originalmente presente na criança, estado esse que lhe permite criar e, de algum modo, como dizia Nietzsche, tornar-se criança:

> Talvez seja por isso que as exposições de desenhos de crianças, por mais belas, não são propriamente exposições de arte. E é por isso que se as crianças pintam como Picasso, talvez seja mais justo louvar Picasso que as crianças. A criança é inocente, Picasso tornou-se inocente.[47]

5. Do amor ao gozo: Uma leitura de "Bate-se numa criança"

Escrito em 1919, no mesmo ano em que "O estranho", "Bate-se numa criança" é um estudo que revela profunda e renovada investigação sobre a estrutura da fantasia. Tal investigação retira sua força do fato de que se dá num período posterior àquele que denomino ciclo da fantasia, entre 1906 e 1911,[1] no qual Freud aborda a fantasia em sua relação privilegiada com a pulsão sexual e com o princípio de prazer.

Nesse ensaio, que está no limiar das inovações que seriam introduzidas um ano depois, com "Além do princípio de prazer", Freud já se aproxima de forma inequívoca da pulsão de morte. Sua abordagem da fantasia se dará através dessa nova lente, como atesta a seguinte passagem do artigo, que trata do masoquismo com uma visão antecipatória das interrogações que seriam colocadas em seguida pela pulsão de morte: "A passividade não corresponde ao masoquismo em sua inteira dimensão: falta-lhe a característica de desprazer, tão estranho na satisfação de uma pulsão".[2] A fantasia aqui não surge mais, como no ciclo da fantasia, regendo o princípio de prazer, mas sim articulada a seu mais além, qual seja, o vínculo entre o gozo e a dor.

Nem todos atribuem grande importância a esse trabalho. Peter Gay, por exemplo, não o menciona em sua biografia de Freud. Ernest Jones, por sua vez, se refere ao artigo como "um estudo analítico magistral", "um estudo nitidamente clínico que nos lembra os primeiros momentos de sua obra".[3] Conforme nos informam os Novick, o contexto no qual Freud escreve esse trabalho é penoso: três de seus filhos e um sobrinho estavam na guerra, sendo que o filho Martin, feito prisioneiro pelos italianos até o final do conflito, ficou sem mandar notícias à família durante meses. Muito só, já que a maioria de seus colegas jovens também estava no front, Freud ficou sem pacientes e, de 1916 a 1920, ou seja, até dois anos após o término da Primeira Guerra Mundial, manteve a família com extrema dificuldade. Para se ter uma ideia, várias vezes interrompia o trabalho por mera falta de papel. E quando sua mulher adoeceu com gripe e pneumonia, só muito lentamente pôde se recuperar, devido a seu estado de má nutrição.

Fato igualmente relevante é que um dos casos clínicos abordados em "Bate-se numa criança" é o da própria filha, Anna, analisada por ele duas vezes: entre 1918 e 1920, e entre 1922 e 1924.[4] Anna escreveria também um artigo — aliás, sua primeira produção teórica — sobre o tema. Intitulado "Fantasias de surras e devaneios",[5] foi apresentado em 31 de maio de 1922 e permitiu sua aceitação como membro na Sociedade Psicanalítica de Viena. Voltarei a esse importante artigo de Anna Freud mais adiante.

Um artigo sobre o masoquismo

Freud se refere a "Bate-se numa criança" numa carta a Ferenczi, escrita em 24 de janeiro de 1919, como sendo um ensaio sobre o masoquismo. É bastante surpreendente detectar no cerne desse artigo a dialética entre amor e gozo representando a estrutura interna da fantasia, que desenvolvi no capítulo anterior.[6] De fato, pode-se perceber nesse texto freudiano a presença de uma articulação entre amor e gozo, inerente a toda fantasia de desejo (essa é a expressão preferencial de Freud ao falar da fantasia), considerada por mim como fantasia de completude amorosa na neurose e de completude de gozo na perversão. É disso que tratarei aqui.

Ainda que Freud relate a recorrência da fantasia "bate-se numa criança" nos histéricos e obsessivos que procuram análise, é de notar que o subtítulo do artigo é: "Contribuição ao conhecimento da origem das perversões sexuais". A esse respeito, na sexta e última parte do texto, ele faz uma importante e esclarecedora exposição sobre a ocorrência dessas fantasias na perversão propriamente dita. Afirma que, dos pacientes homens, a maioria era de "pessoas que tiveram de ser descritas como verdadeiros masoquistas no sentido de uma perversão sexual" e apenas "poucos casos com fantasias infantis de surra sem danos maiores à atividade sexual".[7] Ele salienta que em suas fantasias e mises-en-scène, a atitude do masoquista masculino coincide com uma atitude feminina, e que as pessoas que aplicam os castigos, tanto nas fantasias quanto nas mises-en-scène, são sempre mulheres.

Entre esses masoquistas, Freud enumera três tipos: os que obtêm satisfação sexual exclusivamente na masturbação acompanhada de fantasias masoquistas; aqueles que combinam masoquismo e atividade genital por meio de construções de cenas (mises-en-scène) masoquistas; e aqueles, mais raros, que têm suas atividades masoquistas perturbadas pelo surgimento de ideias obsessivas de intensidade insuportável. Sublinhando que "perversos satisfeitos, no entanto, raramente têm motivos de buscar uma análise",[8] Freud observa, contudo, que nos três casos mencionados isso pode acontecer: no primeiro, quando o homem se revela absolutamente impotente ao tentar manter uma relação sexual com uma mulher; no segundo, quando a construção da cena masoquista falha na tentativa de produzir um estímulo para a ereção. Nada é dito por Freud sobre o terceiro, talvez porque as ideias obsessivas, "insuportavelmente intensas",[9] constituam sabidamente um sintoma bastante forte para levar o sujeito a buscar tratamento.[10]

Freud adverte para o fato de que a cura da "impotência meramente psíquica", que muitas vezes acreditamos poder oferecer aos pacientes, se revela difícil ou mesmo impossível quando se acha profundamente enraizada numa atitude masoquista extremada.

Voltemos ao início do texto. Freud situa o surgimento de tais fantasias muito cedo, antes da vida escolar, e nunca depois do quinto ou sexto ano de idade. A fantasia suscita sentimentos de prazer e está ligada à masturbação, inicialmente voluntária e depois com características de obsessão, ou seja, contra a vontade do próprio paciente.

O sujeito hesita em confessar essa fantasia, sente vergonha e culpa por ela, fato que, como vimos, Freud já sublinhara anteriormente em relação às fantasias de uma maneira geral, quando indicou, no artigo "O poeta e o fantasiar", que as fantasias do adulto são menos fáceis de observar do que o brincar infantil. Lembre-se que Freud coloca isso nesses termos na medida em que situa a fantasia como realizando o prosseguimento, no adulto, do papel que a brincadeira desempenha na vida da criança. Além disso, ele sublinha que vergonha e culpa são maiores em relação a essa fantasia do que em relação às próprias lembranças do início da vida sexual.

Essa observação é fundamental porque marca que tal fantasia não se inscreve no registro sexual, há algo nela diverso do sexual propriamente dito, algo que podemos nomear, com Lacan, como sendo da ordem do real. Voltarei a isso adiante, mas assinalo aqui que o sexual é uma proteção em relação ao real, o que significa dizer, em outros termos, que a pulsão sexual é uma proteção em relação à pulsão de morte.[11] A título de ilustração, refiro-me a uma cena de um filme que pode ilustrar a diferença entre real e sexual de forma arrebatadora. Trata-se de *O céu que nos protege* (1990), de Bernardo Bertolucci, baseado na obra homônima de Paul Bowles. No período imediato à Segunda Guerra Mundial, um casal, Port e Kit, viaja de Nova York para o Marrocos acompanhado de um amigo, Tunner. Desde a chegada ao porto, é anunciada a aventura que eles terão pela frente, quando Port distingue o viajante do turista dizendo a Tunner: "O turista pensa em voltar para casa assim que chega". O turista sabe aonde vai, o viajante não. E Kit acrescenta: "E o viajante pode nem voltar". Há uma incógnita que paira no ar o tempo todo. Quando o funcionário da alfândega pergunta quanto tempo ficarão ali, a resposta que ouve de Port é: "Um ano ou dois". A relação dos três é intensa, ambígua e esboça com sutileza um *ménage à trois*. Em suma, também nas suas relações eles são viajantes: não sabem até onde vão.

Há algo lúgubre na maneira como eles penetram cada vez mais no interior do país, nos lugarejos mais distantes, pobres e sem nenhum conforto, dominados por epidemias. Embora pareçam sem destino e usufruam a liberdade de uma viagem sem roteiros preestabelecidos, uma força estranha parece atraí-los para a morte. Tudo leva a crer que querem alcançar o ponto imaginado por Kafka e citado por Bowles em sua obra: "Além de certo ponto não existe retorno. Esse é o ponto que precisa ser alcançado".[12] Port acabará morrendo de febre tifoide; Kit se abandonará aos cuidados sexuais de um árabe do deserto e ficará durante muito tempo totalmente isolada. Ao voltar à cidade, mostrará ter enlouquecido.

Antes da sequência de eventos que conduzem a esse desfecho trágico, contudo, uma cena ilustra um esforço último feito pelos personagens para se agarrarem à vida. Em face de uma angústia avassaladora, erigem a fantasia. No topo de um precipício diante de um imenso deserto, num lugar onde o único abrigo é o céu, Port e Kit mantêm sofregamente uma relação sexual.[13] Ali, no pôr do sol, "hora tão triste que dá a impressão de ser o final de toda uma época"[14] — dizem as personagens no romance —, diante do vazio do deserto, à beira do abismo e da morte, ao se amarem de forma apaixonada, como num impulso incoercível, eles erigem Eros como o único que pode fazer frente à destruição. Retornemos ao texto de Freud.

Alguns pacientes acreditavam poder atribuir o surgimento dessas fantasias às experiências escolares, posteriores ao sexto ano de idade, em que crianças eram vistas apanhando do professor. Mas Freud destaca que as fantasias já existiam antes disso, o que significa claramente que há uma autonomia do fantasiar em relação à realidade vivida pelo sujeito. Freud repertoria seis casos, quatro mulheres e dois homens, mas baseia seu estudo nos casos femininos.

Algumas questões surgem imediatamente sobre tal fantasia: quem era a criança que estava sendo surrada, aquela que fantasia ou outra? Quem batia? Um adulto ou a própria criança? Se um adulto, quem era ele? Freud considera tal fantasia um "traço primário de perversão"[15] e postula que ela pode ter depois três destinos diferentes: ser recalcada (no caso da neurose), ser substituída por uma formação reativa, ou ser sublimada.

Ponderando que se restringirá em sua análise aos quatro casos femininos, considera que há três fases distintas nas fantasias de surra, fases cuja inter-relação e peculiaridades são consideradas por ele como sendo, numa primeira abordagem, ininteligíveis. Com o intuito de visualizar as modificações produzidas em cada uma das três fases descritas por Freud, resumo no seguinte quadro comparativo seus aspectos essenciais:

FREUD		
1ª fase: consciente	2ª fase: inconsciente	3ª fase: consciente
• período muito primitivo da infância; fantasia do período de amor incestuoso;	• fase mais importante e significativa;	• assemelha-se à 1ª fase;
• apresenta aspectos indefinidos: escassa informação fornecida;	• jamais é lembrada nem torna-se consciente; é uma construção da análise;	
• a criança surrada nunca é a que cria a fantasia, é sempre outra, frequentemente um irmão ou irmã;	• a criança surrada é a mesma que produz a fantasia;	• a criança que fantasia é quase como um espectador; são várias crianças sendo surradas (meninos nas fantasias de meninas), mas nenhuma é conhecida;
• não é masoquista nem é sádica;	• é inequivocamente masoquista;	• é sádica;
• a pessoa que bate é inicialmente obscura, depois um adulto indeterminado e, então, é reconhecida como o pai;	• a pessoa que bate continua a ser o pai;	• quem bate nunca é o pai; ou é indeterminado, como na 1ª fase, ou um substituto do pai (professor);
• frase: "Meu pai bate na criança": "O pai bate na criança que eu odeio";	• frase: "Sou surrada pelo pai";	• frase: "Bate-se numa criança";
• não está a serviço de uma excitação que envolva os genitais e o ato masturbatório;	• é acompanhada por um alto grau de prazer;	• forte excitação sexual, meio para satisfação masturbatória (característica essencial);
• ser surrado é uma privação de amor e uma humilhação: "O meu pai não ama essa outra criança, ama apenas a mim" (triunfo histérico);	• "ser surrado" é uma convergência do sentimento de culpa (que converteu o sadismo em masoquismo) e do amor sexual;	• a surra originalmente simples e monótona pode ser substituída por castigos e humilhações;
• "não claramente sexual nem sádica em si, mas ainda assim a natureza da qual ambos os impulsos surgirão depois";	• sentimento de culpa: inversão do triunfo: "Não, ele não ama você, pois está batendo em você";	
• não foi possível encontrar no menino.	• no menino: "Sou surrado pelo pai" significa "Sou amado pelo pai"; a fantasia de surra no menino é passiva desde o começo e deriva de uma atitude feminina em relação ao pai.	• no menino: "Sou surrado pela mãe". Obs.: em ambos os sexos, a fantasia de surra se origina em uma ligação incestuosa com o pai.

LACAN		
1ª fase	2ª fase	3ª fase
• situação intersubjetiva ternária (referência intersubjetiva tríplice); • "comunicação de amor" — não é sexual nem especialmente sádica.	• relação dual: ou... ou...; relação recíproca e exclusiva com o outro: é ele ou o outro que apanha; • precipita-se rapidamente na 3ª fase, é fugaz.	• não é uma criança, são várias — dessubjetivação essencial que se produz nessa relação; • o sujeito aparece numa posição terceira como observador, como na 1ª fase.

As três fases da fantasia

A primeira fase diz respeito a um período muito primitivo da infância e, por isso mesmo, escassas informações são fornecidas pela menina. A criança que apanha nunca é aquela que cria a fantasia, é sempre outra, podendo ser menino ou menina, e com frequência um irmão ou irmã, se houver. Não sendo, portanto, masoquista, tal fase da fantasia de surra não é igualmente sádica, pois descobre-se que a pessoa que bate não é a criança que faz a fantasia. Trata-se sempre de um adulto que bate, e se verá que se trata de um adulto muito especial — o pai da menina que faz a fantasia.

A frase que, para Freud, representa essa fase da fantasia de surra é: "Meu pai bate na criança". Frase que deve ser compreendida, no fundo, como: "Meu pai bate na criança *que eu odeio*". Essa fase está intensamente conectada com o complexo de intrusão,[16] na medida em que o irmão caçula atrai a afeição dos pais e, por conseguinte, o ódio da criança: "Portanto, fantasiar o pai batendo naquela criança odiada é uma ideia agradável, independentemente de ter sido uma cena testemunhada ou não".[17] Pode-se considerar, logo, que essa primeira fase da fantasia é construída em torno de uma demanda de amor dirigida ao pai: apanhar significa uma privação do amor do pai e uma humilhação. Significa, no fundo, que "o pai não ama essa outra criança, *ama apenas a mim*", numa espécie de triunfo histérico ligado ao amor incestuoso.

Além disso, essa fantasia não está a serviço de uma excitação que envolva os genitais e o ato masturbatório. Portanto, conclui Freud, aludindo à profecia da terceira feiticeira a Banquo, na abertura de *Macbeth*, essa fantasia não é "necessariamente sexual, nem mesmo sádica, mas certamente a matéria da qual depois resultarão as duas coisas".[18] Entenda-se que ele está se referindo aqui ao fato de que os impulsos infantis estão dominados, nesse momento, pela linguagem do amor e da ternura e não se manifestam ainda como propriamente sexuais.

Na passagem da primeira para a segunda fase, ocorrem profundas transformações na fantasia: acompanhada agora de um elevado prazer, a fantasia continua tendo como pessoa que bate o pai, mas nesse momento quem apanha é a própria criança que fantasia. Esta pode ser resumida em outra frase: "Sou surrada pelo pai", e, logo, possui um caráter inequivocamente masoquista. Essa segunda fase[19] é uma construção da análise, pois — Freud o frisa mais de uma vez — é inconsciente e jamais se torna consciente, devido à intensidade do recalque. Para Freud, a atividade masturbatória deve estar ligada essencialmente a essa segunda fase, ou seja, estar "sob o domínio de fantasias inconscientes".[20]

A segunda fase revela que ocorreu uma espécie de inversão do triunfo anterior, impulsionado pela culpa sentida pela menina devido ao amor pelo pai. A frase anterior — "O meu pai só ama a mim, e não a outra criança, pois está batendo nela" — se inverte, de fato, na seguinte: "Não, ele não ama você, pois está batendo em você". Aqui, a fantasia se tornou masoquista e Freud ressalta que o sentimento de culpa é sempre o responsável pela transformação do sadismo em masoquismo.[21]

A terceira fase assemelha-se à primeira, pois ela é igualmente consciente e, como um substituto da fantasia inconsciente, é sua configuração definitiva. A pessoa que bate *nunca* é o pai, pode ser um adulto indeterminado, como na primeira fase, e pode ser um substituto do pai, como um professor ou qualquer outra autoridade. Freud assinala que a fantasia, na terceira fase, volta novamente ao sadismo da primeira,[22] mas, de todo modo, a terceira fase é, para ele, sádica apenas na forma, pois a satisfação que produz é masoquista.

É preciso fazer um parêntese nesse ponto particular. Surge algo bastante contraditório aqui: Freud fala de voltar ao sadismo da primeira fase e parece, assim, mudar de ponto de vista sobre tal questão ao longo do texto. Como vimos, ele havia deixado claro anteriormente que, na primeira fase, não se tratava nem de algo francamente sexual, nem de algo propriamente sádico, mas uma espécie de embrião dessas duas coisas. Contudo, tal contradição é reforçada na sexta e última seção do texto, quando, a título de recapitular as contribuições anteriores, menciona novamente que "as duas fases conscientes [a primeira e a terceira] parecem ser de natureza sádica".[23]

Voltando às características da terceira fase. A criança que fantasia não aparece na terceira fase, ou só o faz como espectadora. A criança que apanha agora não é mais apenas uma, como nas duas fases anteriores, mas muitas, sendo que nenhuma delas é conhecida da criança que fantasia: essas crianças indeterminadas, que são agora surradas por um adulto (por exemplo, pelo professor), são, todas elas, substitutos da criança que fantasia, por isso trata-se, no fundo, de uma fantasia masoquista. Em geral, tanto nas fantasias de meninas quanto nas de meninos, trata-se de meninos que apanham, pois nas fantasias das meninas os meninos representam as meninas, fato que parece estar inteiramente ligado à teoria sexual infantil que considera o pênis um órgão universal.

A surra, antes simples e monótona, passa por complexificações e pode agora ser substituída por castigos e humilhações. Mas a "característica essencial"[24] dessa fase é que a fantasia acha-se ligada a uma forte excitação sexual e é um meio para a satisfação masturbatória. E é precisamente esse aspecto que Freud considera bastante enigmático: "Por que caminhos a fantasia — agora sádica — de meninos estranhos e desconhecidos apanhando foi absorvida de forma permanente pela tendência libidinal da menina?".[25] Freud argumenta que tudo se passa como se nesse momento da frase (da primeira fase) "O pai bate em outra criança, ele só ama a mim" a ênfase tenha se deslocado e se concentrado na primeira parte, após o recalque da segunda.[26] O recalque do aposto "ele só ama a mim" que complementa a frase "o pai bate em outra criança" é o índice, como veremos, do processo de dessubjetivação em jogo na terceira fase da fantasia, e, da primeira frase, que articulava a surra à demonstração de amor, resta apenas a surra. Se não se trata mais de uma demonstração de amor do pai pela criança que fantasia, então o sujeito que bate pode ser indeterminado, assim como a criança que apanha.

Amor e gozo: os dois polos da fantasia de desejo

O que acredito que deva ser assinalado nessa estrutura de três tempos que Freud esboça quanto à fantasia de desejo[27] é a dialética entre amor e gozo que opera nela. Retomando a nossa concepção, introduzida anteriormente,[28] segundo a qual há dois polos distintos na fantasia, o polo do amor, dominante na neurose, e o polo do gozo, dominante na perversão, e sendo ambos os polos situáveis no matema da fantasia $\$ \Diamond a$, respectivamente em $\$$ (amor) e em a (gozo), veremos que a evolução das três fases e o surgimento da fantasia propriamente perversa implicam, no fundo, uma passagem do polo do amor ao polo do gozo.

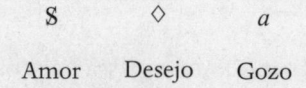

$$\$ \qquad \Diamond \qquad a$$

Amor   Desejo   Gozo

Assinalo que há em Lacan uma indicação desses dois polos da fantasia. No seminário *O desejo e sua interpretação*, nas sete lições dedicadas a *Hamlet*, vemos Lacan assinalar que a fantasia é precisamente aquilo que outorga a condição de ser ao sujeito, fixando-o e localizando-o numa certa relação essencial com seu ser. Ele pontua que a verdadeira oposição entre neurose e perversão pode ser indicada pela ênfase posta em um dos dois termos da fantasia: na neurose, a ênfase recai sobre o $\$$; na perversão, incide sobre o a. Além disso, Lacan situa a fantasia da perversão numa relação com o espaço, ao passo que a da neurose se situa numa relação particular com o tempo. Na neurose, a relação do sujeito com o tempo é "a própria base das relações do sujeito com seu objeto no nível da fantasia":²⁹ se na histeria trata-se de um cedo demais, de uma imaturidade fundamental que faz com que o histérico repita sempre o que há de inicial em seu trauma, na neurose obsessiva trata-se de um tarde demais que se evidencia em sintomas típicos como a postergação e a anulação retroativa, ambas relacionadas diretamente ao tempo.

Proponho que a dialética das três fases desenvolvidas por Freud em "Bate-se numa criança" seja entendida precisamente como o deslocamento que se passa na estrutura da fantasia da ênfase no polo do amor para a ênfase no polo do gozo. A leitura que Lacan fez desse texto pode nos ajudar a precisar essas diferentes posições do sujeito na fantasia e essa famosa oposição clínica freudiana entre neurose e perversão.

Apenas acrescento aqui a ideia, a ser desenvolvida posteriormente, de que os dois polos da fantasia podem ser situados do seguinte modo: o polo do amor, $, pode ser considerado o polo paterno da fantasia, enquanto o polo do gozo, *a*, pode ser referido como o seu polo materno. A clínica da neurose é essencialmente reveladora do polo paterno da fantasia, enquanto a clínica da perversão, por sua vez, desde sempre revela o polo materno da estrutura da fantasia. A forma de entrada do sujeito no mundo da linguagem é tributária dos diferentes modos através dos quais ele se fixa em determinado polo da estrutura da fantasia e elide o outro polo. As diferentes fixações — ou sua falta — respondem pelas diferentes estruturas: neurótica, perversa ou psicótica.

A dessubjetivação

Lacan se refere a esse texto como sendo um "estudo que deveria ser célebre",³⁰ assinalando que há nele "o resumo de uma massa considerável de experiências e a tentativa de organizá-la".³¹ Ele parte da famosa afirmação de Freud de que a perversão é o negativo da neurose para indagar qual o seu sentido. Sustenta que não se trata, como muitos analistas creem, de a perversão representar "uma entidade na qual a pulsão não se elaborou".[32] Ela seria, nesse caso, apenas a persistência de uma fixação numa determinada pulsão parcial, o que seria uma espécie de acidente na evolução das pulsões que não se unificariam na pulsão genital, a "pulsão ideal unificadora".[33] Salienta ainda que não podemos nos contentar "com uma oposição sumária como a que consistiria em dizer que, na neurose, a pulsão é evitada, ao passo que, na perversão, ela se declara em sua nudez. A pulsão aparece nela, mas nunca aparece senão parcialmente".[34]

Lacan considera essa visão não apenas simplista demais como monopolizada por uma concepção normativizante e idealista da sexualidade, na qual a chamada pulsão genital ocuparia o lugar de etapa final a ser atingida. Mais radicalmente, para Lacan não há primazia da pulsão genital, pois a pulsão sexual é, por definição, parcial e não pode atingir nenhuma totalização nem ser dominada por uma finalidade biológica.[35]

Para Lacan, há uma certa transformação que se opera na fantasia de modo a produzir a fantasia perversa, cuja propriedade essencial é o que ele denomina de uma "redução simbólica que elimina progressivamente toda a estrutura subjetiva da situação para deixar subsistir apenas um resíduo inteiramente dessubjetivado".[36] Dito de outro modo, a relação intersubjetiva — e, logo, tudo o que é significação — está perdida. Mantidos sem a relação intersubjetiva, e esvaziados de seu sujeito, os significantes da situação são objetivados, por exemplo, no fetiche. Tal objetivação dos significantes será responsável pela prevalência, na perversão, da imagem e da dimensão imaginária.

Essa transformação operada nas três fases da fantasia revela que, da primeira fase, na qual há uma relação intersubjetiva ternária (pois se trata de três sujeitos especificados, precisados pela fantasia:[37] a criança que fantasia, o pai que bate e a criança que apanha), a fantasia passa, na segunda fase, para uma relação intersubjetiva dual (ou... ou...), em que surge uma relação recíproca e exclusiva com o outro (é ele ou o outro que apanha). Finalmente, se precipita, rapidamente, na terceira fase (a segunda é bem fugaz), numa fantasia em que surge uma situação inteiramente dessubjetivada.

É precisamente essa operação de dessubjetivação essencial que Lacan considera como o ponto nuclear da fantasia perversa em sua apresentação final: a frase "Bate-se numa criança" significa que alguém — não importa quem — bate numa criança, que também é qualquer uma. Trata-se de uma ação que não só não contém um sujeito determinado — ele é indeterminado —, como designa um objeto inespecífico de um modo tal que a relação intersubjetiva encontra-se absolutamente esvaziada e só existe em jogo uma ação, o verbo *bater*.

Tanto na primeira quanto na terceira fase, o sujeito aparece numa posição terceira, isto é, como observador, espectador. O "se" do "bate-se" representa a função paterna dessubjetivada, e o sujeito só aparece como tal na segunda fase.

Percebe-se aqui uma nova angulação que Lacan produziu em sua abordagem anterior da perversão. Desde o *Seminário 1*, ele se interessava em discernir o papel da intersubjetividade na perversão e afirmava: "Não há uma única forma de manifestação perversa cuja estrutura mesma, a cada instante do seu vivido, não se sustente na relação intersubjetiva".[38] Nesse momento, ele postula que qualquer manifestação perversa se dá na relação intersubjetiva, ao dizer, quanto à relação sádica, que ela "só se sustenta na medida em que o outro está no justo limite em que continua ainda sendo um sujeito". A relação sádica implica, com efeito, que o consentimento do parceiro seja aprisionado. Sua liberdade, sua confissão, sua humilhação e, em suas formas leves, as manifestações sádicas, "em vez de serem levadas até o extremo, permanecem antes na porta da execução, jogando com a espera, o medo do outro, a pressão, a ameaça, observando as formas mais ou menos secretas da participação do parceiro".[39] E o que está, assim, na base da relação intersubjetiva que alimenta a perversão é a "anulação, ou do desejo do outro ou do desejo do sujeito".[40] Ou seja, na perversão ocorre um curto-circuito da relação intersubjetiva. É essa onipresença de uma certa intersubjetividade — mas para ser curto-circuitada — na perversão que permite que ela seja distinta da perversão polimorfa situada por Freud na criança de forma universal.

Se o amor é o que vem em suplência à inexistência da relação sexual, de algum modo a sua função é homóloga à do estádio do espelho, que fornece uma unidade ao corpo, despedaçado pela pulsão, do bebê. A sensação vivida pela criança no estádio do espelho com júbilo, ao assegurar-se da imagem do próprio corpo pela primeira vez, é revivida pelo sujeito na relação amorosa, em que o despedaçamento corporal, produzido pela pulsão sexual, fica encoberto pelo sentido imaginário oferecido pelo amor. Logo, o amor reassegura o eu de sua unidade configurada no estádio do espelho. Os dizeres do sujeito que ama são inequívocos quanto a isso.

Na primeira fase da fantasia, há nitidamente uma prevalência do amor e da afeição parental em detrimento do gozo. Como não ver isso, posto que Freud assinala que "a menina tem uma fixação terna no pai, que provavelmente fez de tudo para ganhar o seu amor"?[41] Além disso, a fantasia de surra da outra criança significa, diz Freud, uma "destituição do amor",[42] e é porque "é preciso dividir o amor dos pais" com a outra criança que esta é "além de odiad[a] [...] desprezad[a]".[43]

Assim, a menina no primeiro tempo da fantasia analisada por Freud está na posição de quem é amada com exclusividade pelo pai ("Ele só ama a mim e não a outra criança, pois está batendo nela"). Freud chama a isso amor genital. Tal amor suscita a culpa da criança e uma regressão, na segunda fase, à organização pré-genital, anal-sádica, da vida sexual, transformando com facilidade o apanhar nas nádegas em algo prazeroso e de cunho sexual. Essa regressão ocupa um lugar preponderante na argumentação freudiana, sobretudo porque a teoria do coito anal é comum a toda criança como simples decorrência da teoria sexual infantil, igualmente universal, da existência do pênis em ambos os sexos.

A sensação de exclusividade traz a culpa nesse período que Freud denomina de "fase do amor incestuoso", e a culpa é responsável por converter o sadismo em masoquismo, passando da primeira fase para a segunda. Se a primeira fase é um momento triunfante de escolha de objeto edípica ("os outros apanham, eu não"), a segunda desloca a criança que apanha: não é mais a outra criança da rivalidade edípica (irmão ou irmã) que apanha, mas sim a própria criança que fantasia. Freud chama a atenção — e eu sublinho igualmente — que essa fantasia, no segundo tempo, é acompanhada por alto grau de prazer. É preciso incluir aqui o gozo e, mais precisamente, o gozo masoquista. Nela, a frase é "Estou sendo surrada pelo pai", na qual o gozo masoquista está finalmente expresso.

Cumpre notar que, no menino, a frase "sou surrado pelo pai" significa diretamente "sou amado pelo pai". Além disso, Freud observa que, no menino, a fantasia não apresenta a primeira fase em que se trata mais essencialmente de uma posição amorosa que é representada pela fantasia em que a criança vê seu rival apanhar. A primeira fase não aparece e o menino desloca, portanto, com facilidade, o "ser amado" para "ser surrado". Freud assinala que a fantasia de surra no menino é passiva desde o começo e deriva de uma atitude feminina em relação ao pai, cabendo perguntar se isso não se dá porque o amor pelo pai, no menino, parece significar diretamente estar numa posição passiva e masoquista diante dele. Pois Freud sublinha que, tanto no menino quanto na menina, a fantasia de surra "deriva da ligação incestuosa com o pai".[44] Tudo indica que, para a menina, a relação incestuosa é inicialmente amorosa, porque se produz sem qualquer espécie de excitação sexual, enquanto no menino ela deriva desde o início para a excitação sexual masoquista e sádico-anal.[45]

Nessa comparação entre os dois sexos, o que é mais relevante é que, para ele, o "ser surrado" é equivalente a "ser amado", ao passo que, para ela, "ser surrada" significa "não ser amada". Tal fator está, talvez, diretamente ligado à acentuada tendência sádico-anal[46] no homem e, além disso, pode reforçar a inclinação homossexual masculina,[47] já presente pela disposição bissexual universal postulada por Freud. Talvez tenha sido nessa direção, fazendo um contraponto com a posição da criança indicada por Freud como essencialmente perverso-polimorfa, que Lacan falou de "perversão polimorfa do macho".[48]

A frequência na clínica da posição masoquista — seja hétero ou homossexual — nos homens confirma esses dados. Tais observações são relevantes se acrescentarmos à nossa reflexão o fato de que, na mulher, o amor parece vir com mais facilidade em suplência à inexistência da relação sexual do que no homem. O feminino, para Lacan, nas fórmulas quânticas da sexuação, se relaciona com o amor, enquanto o masculino com o gozo fálico.

Os três tempos da fantasia "Bate-se numa criança" parecem, assim, caminhar precisamente na seguinte direção: do amor ao gozo. Da posição de sujeito, $, que a criança ocupa no primeiro tempo, para a posição de objeto, *a*, que se delineia no segundo tempo e se configura rapidamente no terceiro. Isso pode ser depreendido com o que Freud enuncia sobre esse terceiro tempo: ele é acompanhado de "uma forte excitação, inequivocamente sexual, e, como tal, opera como mediação para a satisfação masturbatória".[49] Sublinho com Freud que é esse aspecto do terceiro tempo que liga essa fantasia ao segundo tempo e a diferencia do primeiro: essa é "a característica essencial [...] que diferencia até mesmo as fantasias mais simples daquelas da primeira, e que estabelece a relação com a fase intermediária".[50]

Nesse sentido, Freud pontua que "não existe motivo para supor que essa primeira fase da fantasia já esteja a serviço de uma excitação que aprende a se descarregar em um ato de masturbação utilizando os órgãos genitais".[51] Por isso mesmo, Lacan fala do primeiro tempo como sendo uma verdadeira "comunicação de amor".[52]

Anna Freud: do gozo ao amor

Tomemos aqui o artigo mencionado no início, "Fantasias de surra e devaneios", escrito por Anna Freud em 1922, no qual ela aborda a mesma temática do texto de seu pai. Como resume P. Mahony, nesse trabalho "veladamente autobiográfico", fruto de sua análise com Freud, Anna

> descreveu como suas fantasias edípicas incestuosas regrediram à etapa anal e logo apareceram como fantasias de surra acompanhadas de masturbação; eventualmente, tais fantasias mudaram para converter-se em "histórias agradáveis"[53] punitivas, nas quais existia a possibilidade de excitação anal.[54]

O trabalho de Anna Freud desperta grande interesse quando se percebe que se coaduna amplamente com a hipótese desenvolvida por mim de que a fantasia apresenta um polo de amor e um polo de gozo, os quais se acham, ambos, presentes e em proporções diversas, nas três fases da fantasia "bate-se numa criança". Anna Freud nos dá subsídios para tais conclusões a partir de sua análise. Vejamos como.

Sem mencionar que se trata de sua própria análise, ela narra a evolução apresentada por essas fantasias numa menina de cinco, seis anos de idade. Relata que elas se alternavam com certos devaneios, surgidos posteriormente, que ela denomina de "histórias agradáveis" por contrastarem com as fantasias de surra.[55] Se estas eram abordadas em análise de forma altamente reticente e por meio de alusões breves e obscuras,[56] aqueles eram longa e vividamente comentados. Anna Freud demonstra com precisão o quanto se pode considerar tais devaneios "como uma superestrutura erigida sobre uma fantasia masoquista de surra",[57] ou seja, mostra as amplas relações entre ambas as formações.

As histórias agradáveis, presentes desde os oito, nove anos de idade, contrastavam com as fantasias de surra. Nelas as figuras tinham nomes, rostos individualizados, aparências externas com detalhes precisos e histórias pessoais muito antigas, com relações familiares e de amizades definidas, assim como uma vida diária moldada o mais próximo possível da realidade. As histórias variavam de acordo com as mudanças na vida da menina e incorporavam também pequenos elementos de suas leituras. Cada episódio se concluía com um forte sentimento de felicidade, sem qualquer traço de culpa e sem qualquer atividade autoerótica conectada a ele.

A conexão entre as fantasias de surra e as histórias agradáveis não era percebida pela jovem, que as considerava inteiramente separadas: para ela, "a fantasia de surra representava tudo que era feio, repreensível e proibido, enquanto as histórias agradáveis eram a expressão de tudo que trazia beleza e felicidade".[58] Mas, com a progressão da análise, surgiram surpreendentes similaridades na estrutura de ambas as formações. Além disso, as histórias agradáveis tinham um verdadeiro encadeamento de "histórias seriadas", como novelas com capítulos, personagens e situações constantes.

O conteúdo do mais breve dos devaneios, por sua clareza e amplitude, é trazido por Anna Freud como exemplo. Aos catorze, quinze anos, a jovem leu um livro para meninos que continha uma narrativa passada na Idade Média cujo conteúdo a análise não conseguiu restituir e que passou a ser utilizada como se fosse um devaneio pessoal dela mesma.[59] Um cavaleiro medieval estava em conflito contra alguns nobres e, durante uma batalha, um jovem nobre de quinze anos (a idade da analisanda) é capturado pelos homens do cavaleiro e levado para o seu castelo, onde permanece preso durante muito tempo e afinal é solto. Essa era a moldura de seus devaneios, que inseriam aí uma variedade de outros episódios, maiores ou menores, que construíam novas histórias independentes entre si, todas com a mesma estrutura de um romance, uma introdução, uma trama que culminava em tensão elevada e, finalmente, um clímax.

Apenas dois personagens eram importantes nesses devaneios, os outros eram secundários: o jovem nobre, que possuía todas as características boas e atraentes, e o cavaleiro, descrito como sinistro e violento. Tudo se passa como se houvesse um antagonismo irreconciliável entre o que é forte e poderoso, e o que é fraco e está subjugado pelo primeiro. As situações criadas são sempre no sentido de que o cavaleiro, após uma série de ameaças terríveis, desiste de matar ou torturar o jovem no último instante. E toda a sequência se repete, com o cavaleiro poupando o jovem nobre ao invés de realizar as ameaças. Anna Freud assinala que "no momento em que a ira e a fúria do torturador se transformam em piedade e benevolência — ou seja, no clímax de cada cena — a excitação se desfaz num sentimento de felicidade".[60] A repetição desses finais felizes não impedia que, a cada vez, a ameaça de perigo enfrentada pelo jovem fosse sentida como verdadeira e possível de se realizar. Acontecia igualmente que cenas com final feliz ocorressem antecipando e pulverizando o clímax do devaneio em pequenas situações, o que fazia com que a história precisasse ser substituída por outra.

A inteligência da jovem, tão crítica em relação ao material de leitura que escolhia, destoava, contudo, da monotonia dos devaneios que, com pequenas variações, tinham a mesma estrutura: antagonismo entre uma pessoa forte e uma fraca ou passiva;[61] uma má ação, na maioria das vezes não intencional da parte do fraco, que o coloca à mercê do outro; ameaças deste com as consequentes apreensões; uma angústia crescente até atingir uma tensão insuportável; e, finalmente, como clímax prazeroso, a solução do conflito, o perdão do pecador, reconciliação e, por um momento, completa harmonia entre os antagonistas.

Anna Freud estabelece uma comparação entre a estrutura das histórias agradáveis e a das fantasias de surra, revelada ao longo da análise: nas fantasias de surra os protagonistas eram igualmente uma pessoa forte e uma fraca, fato claramente presente na oposição entre adultos e crianças; há ainda, embora muitas vezes de modo indefinido, uma má ação; as figuras, aliás, são também indefinidas nas fantasias de surra; nestas surge, do mesmo modo, um período de medo e tensão. A maior diferença entre as duas estruturas reside no fato de que uma é encerrada com a surra e a outra com o perdão e a reconciliação.

Se ambas as estruturas se revelam muito próximas, após a análise o conteúdo delas se mostra parecido, pois surgem traços da antiga fantasia de surra em vários momentos das histórias agradáveis. Um exemplo disso é a tortura, que, surgindo como uma constante ameaça nos devaneios, é uma reminiscência da fantasia de surra, embora com sua execução proibida. Em alguns devaneios, a pessoa fraca era representada por duas, uma que era punida e outra, perdoada. O prazer provinha não da punição em si, mas do contraste criado pelas duas situações opostas. Noutro devaneio, a pessoa era levada a relembrar todas as punições sofridas no passado, enquanto no presente era tratada com afeto. O contraste serve aqui igualmente para acentuar o prazer. Ainda numa diferente versão, a pessoa forte e ativa relembrava um ato passado de punição ou surra que ela, tendo cometido o mesmo crime, suportara, ao passo que agora vivia o clímax da situação conciliatória.

Tais exemplos mostram quanto os devaneios e as fantasias de surra estão relacionados, e que a maior prova disso era que, embora não com muita frequência, histórias agradáveis podiam reverter em fantasias de surra. Anna Freud relata que

durante períodos difíceis, isto é, em ocasiões de maior demanda externa ou de capacidade interna reduzida, as histórias agradáveis já não conseguiam cumprir sua tarefa; e então acontecera com frequência, na conclusão e clímax de uma bela cena fantasiada, de *a cena prazerosa e agradável de amor ser subitamente substituída pela antiga situação de espancamento, junto com a grati-*

ficação sexual associada a ela, a qual levava então a uma descarga completa da excitação acumulada. Mas tais incidentes eram prontamente esquecidos, excluídos da memória e, por conseguinte, tratados como se nunca houvessem acontecido.[62]

Três aspectos foram destacados por Anna Freud como sendo elos importantes entre as fantasias de surra e as histórias agradáveis: uma surpreendente similaridade na construção das histórias individuais; um certo paralelismo em seu conteúdo; a possibilidade da reversão direta de uma história agradável em uma fantasia de surra. Uma diferença era evidente entre elas: "As histórias agradáveis admitem a ocorrência de cenas inesperadas de afeição, exatamente no ponto em que a fantasia de surra retrata o ato de punição".[63]

Ela resume a dialética entre amor e gozo que afirmo existir no interior de toda e qualquer fantasia ao ponderar que, para Freud,

> não conhecemos essa fantasia em sua forma original, e sim um substituto de uma cena de amor incestuoso que, distorcida pelo recalcamento e pela regressão à fase sádico-anal, encontra expressão como uma cena de espancamento.[64]

E sua conclusão, ao deslindar a diferença entre fantasia de surra e devaneio, bastante relevante para o meu ponto de vista, é a de que

> o que parece ser uma progressão da fantasia de surra para uma história agradável nada mais é do que um retorno a um estágio anterior. Sendo manifestamente removidas da cena de espancamento, as histórias agradáveis recuperam o sentido latente da fantasia de surra: *a situação amorosa que se oculta nela*.[65]

Vê-se que Anna Freud traz à baila essa dialética inerente às diferentes fases da fantasia de surra. Para ela, a situação de amor é a mais arcaica e significativa, e a fantasia de surra em sua fase final é, no fundo, uma transformação, produzida pela dessubjetivação da situação amorosa triangular e edipiana. Considerando a transformação das fantasias de surra nas histórias agradáveis um retorno ao sentimento amoroso anterior, Anna Freud comprova — pela via oposta — minha hipótese de que a dialética entre amor e gozo é o núcleo incandescente que nutre as fantasias de surra. Mais do que isso, sugere que a fantasia se organiza sempre em torno de uma falta — que sustenta o desejo — a ser preenchida pelo amor ou pelo gozo.

Uma observação para concluir: a percepção de que no núcleo das fantasias de surra há uma demanda de amor permite que se conceba melhor a proximidade estrutural entre neurose e perversão, evocada reiteradamente por Freud ao situar uma como o negativo da outra, diferentemente do que acreditavam alguns pós-freudianos, que concebiam a perversão como mais próxima da psicose, sendo dela, no fundo, uma verdadeira defesa. Assim, enquanto na psicose, como Lacan ponderou de maneira precisa, há "uma espécie de falha"[66] no que concerne à realização do amor, na neurose esta surge de forma direta, e, na perversão, de modo encoberto pelas fantasias de surra em que o gozo é a dominante.

PARTE II

Fantasia e pulsão de morte

1. A pulsão de morte:
Segunda subversão freudiana

> O arco tem por nome a vida, por obra, a morte.
>
> HERÁCLITO

> Em meu princípio está meu fim.
>
> T.S. ELIOT

A PULSÃO DE MORTE DESPERTOU um interesse crescente ao longo da história da psicanálise. No entanto, esse conceito freudiano gerou polêmicas e nunca chegou a ser aceito por todos os analistas.[1] O próprio Freud chamou a atenção, ironicamente, para o fato de que a popularidade da pulsão de morte "não é de modo algum igual à sua importância".[2] Contudo, trata-se de um conceito que está no âmago da psicanálise e revela uma dimensão que reside no cerne do aparelho psíquico. Foi uma mulher, Sabina Spielrein, discípula de Freud, quem falou pela primeira vez na existência de uma pulsão de destruição,[3] no artigo "A destruição como causa do devir",[4] apresentado em 29 de novembro de 1911 na Sociedade Psicanalítica de Viena e publicado no ano seguinte. Ainda que Freud tenha considerado esse ensaio confuso, certamente ele o inspiraria, muito depois, na criação do conceito de pulsão de morte, em "Além do princípio de prazer", no qual é citado.[5]

Para abordar a pulsão de morte, é necessário refazer um breve percurso em torno do conceito de pulsão. Para começar, relembro o que Freud escreveu numa carta ao discípulo Georg Groddeck, que se interessava pelas questões da psicossomática: "O inconsciente é decerto o verdadeiro intermediário entre o somático e o psíquico. Talvez seja o *missing link*, o elo perdido, tão procurado".[6] O que sobressai nessa declaração é que Freud define o inconsciente com os mesmos termos com os quais definirá a pulsão, na parte de sua obra denominada "Metapsicologia". Evidentemente, Freud não cometeu um equívoco ao escrever isso a Groddeck, ao contrário. Devemos, pois, tomar essa aparente troca conceitual como uma chave para a compreensão do que é inconsciente e do que é pulsão.

Evidentemente, inconsciente e pulsão são conceitos diversos, não designam a mesma coisa. Mas se Freud, ao definir o inconsciente, parece, com muita propriedade, falar de pulsão, talvez isso nos aponte algo importante. Tudo indica que há alguma coisa ligando esses dois conceitos de modo indissociável.[7]

Freud e a bissexualidade

Relembro a famosa correspondência entre Freud e Fliess. Temos acesso a uma parte dela — as cartas de Freud a Fliess — graças à princesa Marie Bonaparte, que fez todos os esforços para obtê-las e preservá-las, não só das bombas da guerra como de sua destruição por Freud, pois era esse o destino que ele parecia querer dar a elas.

A princesa comprou a correspondência a peso de ouro quando esta foi posta à venda por um antiquário especialista em manuscritos. Por sua vez, ele comprara as cartas da viúva de Fliess, que não gostava de Freud e as vendeu assim que o marido morreu. Marie Bonaparte resistiu, inclusive, às invectivas de Freud — o que, certamente, não deve ter sido nada fácil —, que tentou reavê-las, chegando mesmo a propor-lhe pagar a metade do preço por ela pago e alternar com ela a sua guarda. Marie Bonaparte sabia o enorme valor dessa correspondência, e é graças à sua firme atitude que, hoje, ela se encontra publicada na íntegra, após uma primeira edição expurgada feita por ela mesma, em 1950, em conjunto com Ernest Kris e sob a chancela de Anna Freud. Quanto às cartas de Fliess, Freud provavelmente as destruiu.

Se estudarmos essa correspondência, como o fez Erik Porge no livro *Freud/Fliess*,[8] podemos observar que a singular amizade entre Freud e Fliess girava em torno da conversa sobre alguns temas principais, entre os quais um era absolutamente nuclear: a bissexualidade.

Os estudos sobre a bissexualidade estavam muito em voga no século XIX, e pesquisas mais recentes deixaram claro que, na verdade, não foi Fliess quem criou essa noção, nem mesmo era o único que a sustentava. Na verdade, havia toda uma gama de autores e de pesquisadores que trabalhava com a ideia da bissexualidade nessa época. E na correspondência entre Fliess e o criador da psicanálise, que se estendeu por dezessete anos, vamos ver esse tema aparecer de forma recorrente.[9]

A linha do tempo na página seguinte sugere, de forma evidente, que somente após esse longo diálogo, ou seja, somente após se desembaraçar de uma série de questões aí levantadas — especialmente a distinção entre a noção de bissexualidade biológica, defendida por Fliess, e a de bissexualidade psicológica, introduzida por Freud —, foi possível, para Freud, criar o conceito de pulsão. Esse conceito é francamente tributário dessa discussão sobre a noção novecentista de bissexualidade.

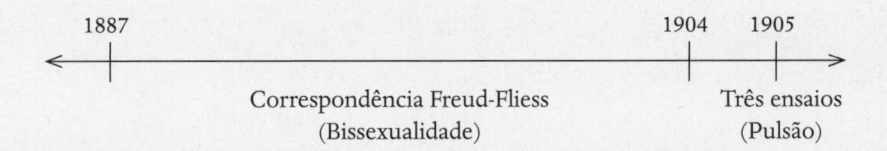

| 1887 | | 1904 | 1905 |
| Correspondência Freud-Fliess (Bissexualidade) | | Três ensaios (Pulsão) | |

Considero que a pouca utilização na teoria psicanalítica contemporânea da noção de bissexualidade, onipresente na obra de Freud, se deve ao fato de dispormos hoje do conceito lacaniano de objeto *a*. O próprio Lacan relaciona ambas as noções e postula que "a bissexualidade biológica deve ser deixada no legado de Fliess. Ela não tem nada a ver com aquilo de que se trata: a incomensurabilidade do objeto *a* com a unidade implicada pela conjunção de seres de sexo oposto na exigência subjetiva de seu ato".[10] Podemos dizer, com Lacan, que a noção de bissexualidade — claro, a bissexualidade psicológica de Freud — se baseia no imaginário da diferença sexual, ao passo que o objeto *a* reduz esse imaginário à dimensão real que está em seu cerne.

Mais ou menos do seguinte modo: quando se corta — se secciona, ou seja, se sexualiza, pois haver sexo significa haver secção, corte — uma maçã em duas metades, nós vemos as duas metades, mas não o corte. As duas metades representam o imaginário dos dois sexos — os dois cortados —, enquanto o próprio corte, que não pode ser visto, embora esteja na origem do advento dos dois cortados, é o real em jogo na diferença sexual. O mito de Aristófanes, narrado no *Banquete* de Platão, tem o mérito de permitir redimensionar o imaginário da diferença sexual na medida em que, nele, três tipos de seres foram "cortados" pelos deuses e passam a vida a buscar a sua outra metade: seres compostos de uma metade masculina e outra feminina; seres compostos de duas metades masculinas; e seres compostos de duas metades femininas. O que significa que, nessa busca à qual os seres foram lançados pelos deuses furiosos, o que é decisivo é o corte efetuado — e a falta que ele engendra —, e não o cortado, que pode ser tanto masculino quanto feminino, produzindo igualmente uma falta para seres masculinos e seres femininos.

Lacan e a desmontagem da pulsão

O conceito de pulsão, verdadeiro corolário dessa longa discussão, tem uma característica central: toda, absolutamente toda, a teoria da sexualidade de Freud vai girar em torno desse conceito. Trata-se de um conceito novo que ele precisou criar para poder abordar a sexualidade humana de modo radicalmente diferente do que havia sido feito até então. É nesse sentido do novo embutido aí que Lacan, no *Seminário* 11, vai falar da pulsão, do inconsciente, da transferência e da repetição como sendo os quatro conceitos fundamentais da psicanálise.

Conforme relatei, os historiadores contam que, ao escrever os "Três ensaios", Freud trabalhava em dois livros ao mesmo tempo. Ele tinha duas mesas de trabalho: em uma escrevia os "Três ensaios"; em outra, o livro sobre os *Chistes* — que, aliás, foi publicado no mesmo ano, em 1905. É interessante pensar, como Octave Mannoni sugere,[11] que Freud descansava do trabalho penoso sobre o real da pulsão sexual debruçando-se sobre essa outra obra, eminentemente prazerosa, que é o livro dos chistes e que trata do simbólico. Além disso, é relevante para a minha perspectiva, voltada para a relação profunda que há entre inconsciente e pulsão, observar que Freud escrevia nesse momento duas obras que, basicamente, tratavam da pulsão e do inconsciente.

Pois é de notar que o único livro de Freud que tem em seu título o termo "inconsciente" é precisamente o que trata dos chistes: *Chistes e sua relação com o inconsciente* — à parte o artigo metapsicológico de 1915 dedicado a esse conceito e um ou outro breve artigo menos importante. Sobre essa obra, para a qual não cansava de chamar a atenção dos analistas, Lacan disse que nela "tudo é substância, tudo é pérola".[12] Para ele, o livro sobre os chistes expõe como nenhum outro texto de Freud a relação entre inconsciente e linguagem, a estrutura linguageira (não há outra estrutura senão a da linguagem, pondera Lacan diversas vezes) do inconsciente. É surpreendente ver que tudo se passa como se Freud tivesse delimitado com essas duas obras, já em 1905, os dois grandes caminhos da psicanálise ressaltados posteriormente pelo ensino de Lacan: a via do significante, da linguagem; e a via do objeto, do gozo. A primeira trata do inconsciente; a segunda, da pulsão.

Retorno ao conceito de pulsão: ele é, na verdade, construído ao longo de toda a obra de Freud, que pode, de fato, ser estudada como uma longa elaboração não só desse conceito como das derivações que ele aportou em cada momento da evolução da teoria freudiana. Em 1905, o conceito de pulsão aparece por meio de algumas de suas características, mas não aparece, evidentemente, construído em sua totalidade. Conforme costuma acontecer no campo da criação científica, ele será objeto de um verdadeiro *work in progress* por parte de Freud.

É preciso ressaltar que tal conceito só adquire com precisão seu verdadeiro estatuto — o que podemos depreender da leitura que Lacan fez da obra freudiana — com a noção de pulsão de morte, introduzida por Freud em 1920. Tudo se passa como se o conceito de pulsão fosse sendo construído na direção desse ponto de conclusão que é a pulsão de morte. Por outro lado, cabe também sublinhar que esse ponto teórico terminal é o que permitirá a Freud produzir uma virada no sentido de investigar doravante, a partir da psicanálise, o campo do social. Com exceção de "Reflexões para os tempos de guerra e morte" (1915) e *Totem e tabu* (1917), todas as grandes obras freudianas que tratam do vínculo social e da cultura são posteriores a 1920: "Psicologia de grupo e a análise do ego" (1921), imediatamente posterior; *O futuro de uma ilusão* (1927); *O mal-estar na cultura* (1930); "Por que a guerra?" (1933); *Moisés e o monoteísmo* (1939).

Freud começa distinguindo "instinto" de "pulsão", *Instinkt* de *Trieb*. Há toda uma controvérsia sobre esse erro de tradução que se deu na psicanálise. Não fosse a operação de distinção conceitual efetuada por Lacan — que lia Freud em alemão e, assim, discernia elementos relevantes em sua nomenclatura conceitual —, talvez estivéssemos, ainda hoje, traduzindo *Trieb*, "pulsão", por "instinto", como nas versões correntes de sua obra feitas na língua inglesa e, por derivação direta desta, também no Brasil. Existem muitos artigos publicados sobre o tema, textos inteiros que tratam dessa problemática terminológica mostrando o despropósito de traduzir *Trieb* por "instinto".[13]

Lacan vai resumir essa questão dizendo que nessa tradução trata-se de uma biologização da psicanálise, decorrente de sua histórica monopolização pelo discurso médico. Lacan defende que *Trieb*, em Freud, é um termo empregado de uma forma muito específica que não tem nada de natural:

> O termo *Trieb* tem certamente uma longa história, não somente na psicologia, mas na própria física e, seguramente, não é por puro acaso que Freud escolheu esse termo. Mas ele deu ao *Trieb* um emprego tão especificado, e o *Trieb* está de tal modo integrado na própria prática analítica, que seu passado é verdadeiramente ocultado.[14]

E quando, na lição XIII do *Seminário 11*, Lacan aborda o que chama de desmontagem da pulsão, afirma que faz essa desmontagem para, justamente, mostrar que a pulsão não possui nada de natural, pois ela é uma montagem. Mais do que isso, é uma montagem que, como uma colagem surrealista, não tem nem pé nem cabeça, uma montagem cuja característica principal é não possuir finalidade: "[...] a imagem que nos vem mostraria a marcha de um dínamo acoplado na tomada de gás, de onde sai uma pena de pavão que vem fazer cócegas no ventre de uma bela mulher que lá está incluída para a beleza da coisa".[15]

Em 1905, ao introduzir a pulsão, Freud repertoria três de seus elementos: a fonte, o objeto e o alvo (ou meta). Só em 1915, num texto metapsicológico chamado "As pulsões e suas vicissitudes", introduz o quarto elemento, um dos mais importantes, que é *Drang*, a força, ou pressão, da pulsão, e "reúne esses quatro elementos — força, fonte, objeto, alvo — e apresenta uma definição de conjunto da pulsão".[16] Lacan salienta, por sua vez, que na desmontagem da pulsão trata-se de quatro termos disjuntos.

Em primeiro lugar, *Drang*, termo que já comportou diversas traduções em nossa língua — força, pressão, impulso —, é "pura e simples tendência à descarga".[17] A *Drang* da pulsão não é a pressão de uma necessidade, tal como a fome ou a sede, ainda que se origine de uma *Reiz*, excitação, interna e não externa. Além disso, a *Drang* da pulsão é uma força constante, uma *konstante Kraft*; e essa constância da força, da pressão, impede que se assimile a pulsão a uma função biológica, que sempre possui um ritmo e um caráter cíclicos. Chamo a atenção para essa ideia de que a pulsão é uma força constante porque considero necessário que se possa deparar com o verdadeiro enigma em jogo aí.

Como a força da pulsão pode ser constante? Trata-se de algo sumamente enigmático. Por isso salientei, no início, aquela aparente confusão de Freud sobre a distinção do inconsciente e da pulsão, e também que, no núcleo do inconsciente e no núcleo da pulsão, existe alguma coisa que é extremamente difícil de compreender e sem a qual não podemos avançar muito na nossa concepção da psicanálise.

Repito a questão: como é possível uma força ser constante? Uma força que está lá, dada, que é utilizada todos os dias e que continua sempre lá; ela decresce e, com muita rapidez, quase imediatamente, retorna ao patamar anterior. Esse aspecto da força constante da pulsão Lacan vai chamar de tensão estacionária, belíssima expressão que emprega no *Seminário 11*: "Devemos considerar a pulsão sob a rubrica da *konstante Kraft* que a sustenta como uma tensão estacionária".[18] Ele diz ainda: "A constância do impulso proíbe qualquer assimilação da pulsão a uma função biológica, a qual tem sempre um ritmo. A primeira coisa que diz Freud da pulsão é, se posso me exprimir assim, que ela não tem dia nem noite, não tem primavera nem outono, não tem subida nem descida. É uma força constante."[19] Essa força da pulsão age através de uma energia que Freud chamou de libido. É uma energia que jamais decresce; está sempre no mesmo patamar de quantidade, de intensidade. Voltarei a isso mais à frente.

O outro elemento é o alvo, *Ziel*, da pulsão, que não deve ser confundido com o objeto, *Objekt*. O alvo da pulsão está ligado à satisfação da pulsão, que é, também, outro elemento extremamente importante. Quanto ao alvo-satisfação, entra em jogo a categoria do impossível de ser satisfeito: "Esta satisfação é paradoxal. Quando olhamos de perto para ela, apercebemo-nos de que entra em jogo algo de novo — a categoria do impossível. Ela é, no fundamento das concepções freudianas, absolutamente radical".[20]

A função do impossível,[21] na medida em que se apresenta sob a forma negativa, diz Lacan, deve ser abordada com prudência. Ela não significa o simples obstáculo ao princípio de prazer — o que se opõe à mão que se estende para os objetos externos —, pois o impossível está igualmente presente no campo do princípio de prazer: "O princípio de prazer se caracteriza mesmo por isso, que o impossível está ali tão presente que ele jamais é reconhecido como tal. A ideia de que a função do princípio de prazer é de se satisfazer pela alucinação está aí para ilustrar isto".[22] E Lacan prossegue:

> A pulsão, apreendendo seu objeto, aprende de algum modo que não é justamente por aí que ela se satisfaz. Pois se se distinguem, no começo da dialética da pulsão, o *Not* e o *Bedürfnis*, a necessidade e a exigência pulsional — é justamente porque nenhum objeto de nenhum *Not*, necessidade, pode satisfazer a pulsão.[23]

A respeito dessa impossível satisfação da pulsão, Lacan valoriza em especial uma breve passagem do segundo artigo freudiano da série "Contribuições à psicologia do amor". Escrito em 1912 e intitulado "Sobre a tendência universal à depreciação na esfera do amor", contém uma frase que Lacan pinçou e destacou como sendo um verdadeiro axioma da teoria da pulsão para a psicanálise: "Creio que, por mais estranho que pareça, devemos levar em consideração a possibilidade de que haja algo na natureza da própria pulsão sexual que seja desfavorável à obtenção da satisfação plena".[24] Lacan traduz essa passagem do seguinte modo: existe um impossível de ser satisfeito inerente à própria pulsão.

Tal declaração de Freud, retomada no ensaio *O mal-estar na cultura*, representa para Lacan uma advertência de que há um real em jogo na pulsão: um impossível de ser satisfeito. É na mesma passagem em que comenta isso no *Seminário 11* que ele vai definir o real como impossível.[25]

Chegamos ao objeto, *Objekt*, outro elemento da pulsão. O objeto da pulsão, diz Freud, é o que há de mais variável nela — ele pode, de fato, ser qualquer um, o que significa dizer que é contingente. Lacan vai dizer que é um objeto "totalmente indiferente".[26] Se todo e qualquer objeto pode funcionar como objeto da pulsão, diz Lacan, isso se dá porque o objeto da pulsão é um objeto que não existe. Para tentar entender que objeto é esse, nomeado por Lacan de objeto *pequeno a (petit a)*, ou simplesmente objeto *a*, podemos recorrer ao espelho: qual é a imagem do espelho? Ele não tem imagem. Se quisermos forçar o espelho a nos fornecer a sua imagem e colocarmos um espelho diante de outro espelho, o que vamos obter não é a imagem do espelho e sim a infinitização do processo mesmo de reflexão. Por outro lado, todo e qualquer objeto que coloquemos diante do espelho vai apresentar, através de uma correspondência biunívoca, uma imagem especular.

O objeto *a* é um des-objeto, um objeto que não há, pura falta. Como conclui Lacan, trata-se de um

> objeto que, de fato, é apenas a presença de um cavo, de um vazio, passível de ser ocupado, nos diz Freud, por qualquer objeto, e cuja instância só conhece-

mos na forma de objeto perdido, *a* minúsculo. O objeto *a* minúsculo não é a origem da pulsão oral. Ele não é introduzido a título de alimento primitivo, é introduzido pelo fato de que nenhum alimento jamais satisfará a pulsão oral, senão contornando-se o objeto eternamente faltoso.[27]

E ele diz algo extremamente curioso: quanto à pulsão oral, por exemplo, ela se satisfaz no próprio momento em que o sujeito encomenda o menu... Essa é a satisfação da pulsão oral. A boca está no princípio da satisfação, o prazer de boca, como se diz. O circuito da pulsão, conforme introduzido por Lacan, contorna o objeto *a* enquanto objeto perdido, um cavo, um vazio.

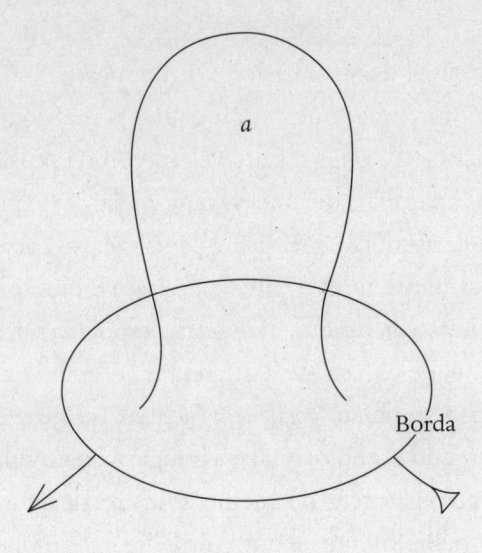

A fonte, *Quelle*, é o quarto elemento que faltava comentar. Lacan vai mostrar que ela tem uma estrutura de borda e vai dizer, inclusive, que se fala em uma zona erógena oral, ligada à boca, mas não ao esôfago e ao estômago. O que está em jogo na fonte é essa estrutura de borda orificial, de furo.[28] Essa estrutura de borda orificial define a fonte e é nela que se dá a partida de uma pulsão. Lacan vai dizer que isso se dá porque "a pulsão é precisamente essa montagem pela qual a sexualidade participa da vida psíquica, de uma maneira que deve se conformar com a estrutura de hiância que é a do inconsciente".[29] Nessa passagem do *Seminário 11*, vê-se que Lacan, assim como Freud, aproxima muito fortemente o inconsciente da pulsão: a estrutura de hiância que está no cerne da pulsão se conforma com a estrutura de falta que constitui o núcleo do inconsciente. Podemos escrever isso de outra forma, utilizando o esquema da interseção:

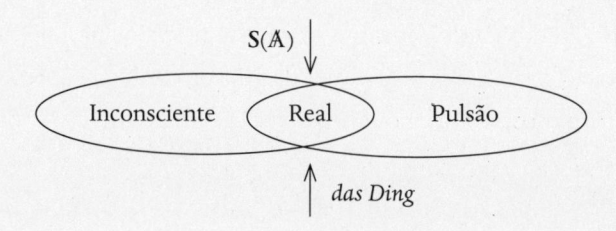

Haveria, então, uma região de interseção comum ao inconsciente e à pulsão. Daí aquela aparente confusão feita por Freud na carta a Groddeck. Que região é essa de interseção entre inconsciente e pulsão? É o que Lacan chama de real. Esse real, quando surge sob a égide do inconsciente, adquire um nome, que é $S(\mathbb{A})$, ou seja, a falta de pelo menos um significante no campo do Outro, e, quando ele surge sob a égide da pulsão, é chamado de objeto *a*, objeto faltoso da pulsão. A rigor, veremos que esse objeto da pulsão — considerando esta em seu estatuto mais radical de pulsão de morte — deverá ser chamado de *das Ding*. Ou seja, uma distinção entre objeto *a* e *das Ding* se fará necessária.

Podemos ler o que essa interseção apresenta de forma muito simples: o núcleo real do inconsciente é constituído pelo objeto faltoso da pulsão, o objeto *a*. O inconsciente é um conceito, e a pulsão, outro, mas ambos têm uma região de interseção, comum a ambos, que diz respeito a esse núcleo de real. Isso se tornará ainda mais importante quando abordarmos a estrutura da pulsão de morte.

Retomo brevemente as quatro vicissitudes da pulsão: a reversão no oposto e o retorno ao próprio eu são dois avatares da pulsão que operam essencialmente no período pré-recalque, eles representam modos de funcionamento arcaico da pulsão. As duas vicissitudes mais importantes da pulsão são o recalque e a sublimação, que constituem dois polos extremos de possibilidades de transformação para o processo pulsional: quando há recalque não há sublimação, quando há sublimação não há recalque. São dois polos extremos e opostos que se excluem. Freud introduz essa estrutura das vicissitudes da pulsão apenas em 1915, e não antes disso.

Os dois dualismos

Vamos tomar, agora, os dois dualismos pulsionais, para caminhar até a pulsão de morte. Quais são eles? No primeiro dualismo pulsional,[30] que Freud apresenta pela primeira vez no artigo "A perturbação psicogênica da visão segundo a psicanálise" (1910), ele opõe as pulsões sexuais às chamadas pulsões do eu ou de autoconservação. Esse dualismo não poderá ser sustentado até o fim por vários fatores. Dando continuidade ao que apresentou em 1911, no caso Schreber, o elemento mais importante para a futura dialetização desse dualismo surgirá em 1914, no ensaio "Introdução ao narcisismo", no qual Freud estabelece um avanço extremamente relevante, ao distinguir a libido de objeto e a libido do eu.

Essa passagem de Freud é muito importante para Lacan, uma vez que traz à baila a concepção do eu como objeto. Lacan faz todo um ano de seminário, o *Seminário 2*, sobre o eu na teoria de Freud e na técnica da psicanálise, para demonstrar que o eu, na verdade, é um objeto, e que, portanto, todas as teorias e práticas psicanalíticas centradas no eu podem ser criticadas com veemência. Lacan mostra no eu o valor de sintoma e o valor de objeto. Então, quando Freud introduz, no texto sobre o narcisismo, a oposição entre libido de objeto e libido do eu, o que ele fez? Simplesmente colocou a pulsão do eu ou de autoconservação no mesmo campo da pulsão sexual. Se existe uma libido do objeto e uma libido do eu, este último campo, do eu, foi incorporado ao das pulsões sexuais: o eu é igualmente um objeto que, como tal, pode ser investido pela libido.

É por isso que, em 1920, no segundo dualismo pulsional, Freud colocará as pulsões sexuais e as pulsões do eu ou de autoconservação no mesmo saco, digamos assim, e dará um nome a elas; que pulsões são essas? Ele as denomina de pulsões de vida. Assim, quando fala de pulsões de vida, devemos entender, simplesmente, pulsões sexuais. A pulsão de vida é a pulsão sexual. É pulsão sexual, pura e simplesmente, porque a chamada pulsão do eu ou de autoconservação — devido às próprias características do objeto na autoconservação, na fome e na sede —, ao possuir um objeto específico, escapa ao rol das pulsões propriamente ditas. O objeto da pulsão é um objeto absolutamente inespecífico — como vimos, variável, totalmente indiferente e, logo, contingencial —, o que vai fazer com que aquilo que Freud chamava de pulsão, nesse campo do eu, de autoconservação, no fundo perca o estatuto de pulsão. Do primeiro dualismo, portanto, restam apenas as pulsões sexuais ou de vida, que abrangem tanto as sexuais quanto aquelas do eu.

E é aí que Freud introduz um elemento radicalmente novo: a pulsão de morte, em "Além do princípio de prazer", ensaio a que Lacan dá extrema importância — o *Seminário 2* é um seminário de leitura desse texto. Na terceira parte de seu artigo — são sete partes longas e densas —, Freud formula algo que Lacan valoriza imensamente na clínica, e talvez se possa dizer que a concepção clínica lacaniana é baseada mesmo nessa postulação de Freud de que o inconsciente não resiste, o inconsciente insiste. No dizer de Freud,

> o inconsciente, ou seja, o recalcado, não oferece resistência alguma aos esforços do tratamento. Na verdade, ele próprio não se esforça por outra coisa que não seja irromper através da pressão que sobre ele pesa, e abrir seu caminho à consciência ou a uma descarga por meio de alguma ação real.[31]

Além disso, Freud aí formula claramente que quem resiste é o eu: pois se o eu foi a instância responsável pelo recalque, a resistência é, de algum modo, a continuação dessa ação do recalque. É nessa terceira parte que Freud reavalia toda a sua concepção de direção da análise, retraça a sua evolução e propõe uma virada na técnica.

Voltando ao rico período entre os dois dualismos pulsionais. Do texto sobre o narcisismo, de 1914, surgirá uma série de articulações clínicas extremamente importantes. "Luto e melancolia" (1917) é, talvez, a mais importante delas. Em 1917, Freud fala de luto e melancolia porque, uma vez que ele distinguiu a libido do objeto da libido do eu, agora terá condições para poder trabalhar a percepção clínica que tem da melancolia, diferenciando-a do luto. Desde seus estudos iniciais sobre os sonhos e a psicopatologia da vida cotidiana, Freud esteve sempre tentando isolar, na estrutura daquilo que é considerado patológico, alguns pontos que são denominadores comuns ao que é considerado campo da normalidade. Ele vai, então, mostrar que os elementos que operam no luto e na melancolia são os mesmos, com algumas pequenas diferenças, ainda que fundamentais. Mas em ambos a estrutura é a mesma.

Essa é a sequência de trabalhos de Freud que caminham da concepção da pulsão sexual à da pulsão de morte:

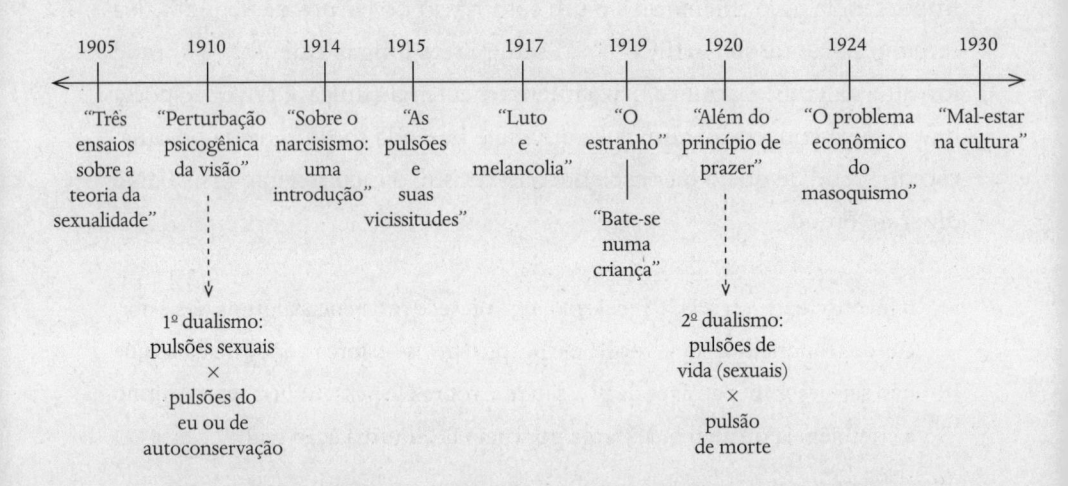

Em 1919, Freud escreve o belíssimo "O estranho". A importância desse ensaio reside no fato de, além de mostrar a relação entre inconsciente e linguagem (a estrutura binária do significante é exposta nesse texto, do mesmo modo que no breve artigo de 1911 intitulado "A significação antitética das palavras primitivas"), ele destacar a questão da compulsão à repetição. A compulsão à repetição já fora tematizada por Freud em 1914, no artigo sobre técnica "Recordar, repetir e elaborar", mas, em 1919, ele ainda não afirma o que está na base dessa compulsão à repetição. Isso ele só fará pouco depois, em 1920, quando postula que o que está subjacente à compulsão à repetição é uma pulsão, e dá a essa pulsão o nome de pulsão de morte.

Freud assevera que a dificuldade para isolar as duas espécies de pulsão foi o que impediu durante tanto tempo de reconhecê-las, já que elas surgem sempre amalgamadas. Mas, em 1920, Freud afirma ter se deparado com certos fenômenos clínicos que constituem uma espécie de exceção para o princípio de prazer, princípio que até então, para ele, regia, soberano, o aparelho psíquico. Esses fenômenos são as neuroses traumáticas com sonhos que se caracterizam por trazer o paciente repetidamente de volta à situação que causou o trauma.[32] O brincar infantil, com sua repetição incessante, também evidencia, para Freud, a questão sobre como é possível harmonizar a brincadeira infantil angustiante com o princípio de prazer. Freud reúne todos esses fenômenos sob a égide de uma compulsão à repetição "mais originária, mais elementar e mais pulsional do que o princípio de prazer que ela domina".[33] Como sublinha Patrick Valas, na elaboração que Freud faz da pulsão de morte há, sem dúvida, uma aproximação do gozo. Freud não conceitua o gozo, mas mapeia seu campo, traçando a fronteira que o situa mais além do princípio de prazer, e é isso que constituirá o ponto de partida de Lacan para definir o gozo.[34]

Cabe sublinhar que, em diferentes passagens de sua obra, a pulsão de morte é designada por Freud através de uma nomenclatura plural: pulsão de destruição ou destrutiva; pulsão agressiva; pulsão de apoderamento ou dominação; sendo que ele já havia mencionado avant la lettre a expressão "pulsão de destruição" no texto "As pulsões e suas vicissitudes". Além disso, a ênfase posta por Freud, desde o início de suas formulações sobre a pulsão sexual, na dimensão da crueldade a ela inerente, parece traduzir uma percepção precoce da pulsão de morte enquanto verdadeira pulsão de crueldade.[35]

Essa variedade de nomeações reflete apenas a necessidade de situar em diferentes dimensões clínicas e teóricas as manifestações da pulsão de morte. Embora já se tenha questionado se essa diversidade de nomenclatura traduziria distintas significações da pulsão, não temos dúvida de que Freud está sempre se referindo a uma única pulsão — a pulsão de morte — em suas diversas ocorrências. Por exemplo, em "Análise terminável e interminável", ele pondera:

> Sei perfeitamente bem que a teoria dualista que pretende pôr uma *pulsão de morte, de destruição ou de agressão* como copartícipe com iguais direitos junto a Eros, que se dá a conhecer na libido, encontrou em geral pouco eco e, na verdade, não abriu caminho nem mesmo entre os psicanalistas.[36]

As pulsões de destruição e de agressão são aqui mencionadas inequivocamente como nomeações alternativas referidas à pulsão de morte. O mesmo ocorre em "O problema econômico do masoquismo", no qual estabelece uma sinonímia entre pulsão de destruição e pulsão de morte: "No ser vivo (pluricelular), a libido se enfrenta com a pulsão de destruição ou de morte".[37] Além disso, no mesmo artigo, ele estabelece uma sinonímia entre pulsão de destruição e de apoderamento ou dominação.

O argumento de alguns autores de que a pulsão de morte estaria relacionada exclusivamente com a especulação biológica construída por Freud em "Além do princípio de prazer" não nos parece pertinente, sobretudo porque o campo da biologia é referido por ele no que diz respeito a toda a teoria da pulsão, inclusive as sexuais. Em "Dois artigos de enciclopédia", por exemplo, Freud assinala que o recurso à biologia foi necessário para a teoria geral da pulsão: "Se bem que o trabalho psicanalítico se caracterize em geral por desenvolver suas doutrinas com a máxima independência possível das outras ciências, vê-se necessitado a, com relação à doutrina das pulsões, buscar apontamento na biologia".[38] Entende-se que tal relação entre o biológico e o psíquico se torna onipresente quando se trata, na própria definição da pulsão, de um conceito verdadeiramente "fronteiriço entre o anímico e o somático", "um representante psíquico dos estímulos que provêm do interior do corpo e alcançam a alma, como uma medida da exigência de trabalho que é imposta ao anímico em consequência de sua ligação com o corporal".[39]

Há uma discussão teórica interessante em torno da oposição dualismo *versus* monismo na concepção freudiana das pulsões. Ana Maria Rudge assinala o relevante aspecto de que Freud jamais nomeou uma energia específica da pulsão de morte, o que foi feito por dois discípulos dele: Federn, com a noção de mortido, e Edoardo Weiss, com a de destrudo.[40] Chama a nossa atenção que as duas nomeações da energia da pulsão de morte se valham, cada uma delas, das especificações freudianas: pulsão de morte e pulsão de destruição. Há também outros autores, como Arlow e Brenner, que falam de dois tipos de energia nomeados segundo a característica de cada uma das pulsões: "De acordo com a teoria da dualidade dos instintos (sic), supõe-se que a energia do id seja de dois tipos: energia agressiva, decorrente do instinto agressivo, e libido, proveniente do instinto erótico."[41]

O fato de que o próprio Freud não tenha nomeado uma energia específica da pulsão de morte tem uma consequência teórica fundamental. Permite sustentar algo que se depreende em muitas passagens de sua obra: o pretenso dualismo pulsional freudiano é, no fundo, um monismo. Assinalo que minhas principais elaborações neste capítulo e, mais essencialmente, nesta obra em geral, são no fundo uma tentativa de dar a essa posição uma consistência maior, na medida em que situo na pulsão de morte duas regiões distintas segmentadas pela intervenção decisiva da fantasia.

Essa polêmica suscita diferentes posições por parte dos teóricos. De fato, aparentemente há uma divergência fundamental entre Freud e Lacan a respeito da teoria das pulsões: se o primeiro sempre falou na existência de um dualismo pulsional, o segundo formulou uma espécie de monismo pulsional ao afirmar, mais de uma vez, que "toda pulsão é virtualmente pulsão de morte".[42] Mas o dualismo freudiano pode ser compreendido, de modo paradoxal, como um dualismo monista, e acreditamos que essa é a compreensão de Lacan. Além disso, como observa Gerard Raulet,[43]

Freud parece muitas vezes se referir a uma única pulsão com diferentes qualidades, por exemplo, numa passagem ao final de *O mal-estar na cultura*: "Quando uma moção pulsional sucumbe ao recalcamento, seus elementos libidinais se transformam em sintomas, seus elementos agressivos em sentimento de culpa".[44]

Segundo minha concepção, a característica fundamental que permite estabelecer um denominador comum entre ambas as pulsões — pulsões sexuais (de vida) e pulsão de morte — é precisamente um traço que Freud salientou desde o início da construção do conceito de pulsão: seu caráter conservador. Toda pulsão é conservadora e visa manter um estado anterior de coisas. Sendo assim, tanto a pulsão de morte visa conservar o não--ser do qual o ser adveio quanto a pulsão sexual (de vida) visa conservar o ser que se criou e que deverá, portanto, ser preservado em sua existência. A pulsão sexual é tão conservadora quanto a pulsão de morte — se esta almeja o retorno ao estado inanimado, aquela preserva a própria vida por um longo período.

Freud menciona então duas tendências que, embora aparentemente se oponham, são fruto dessa mesma característica comum: tendências conservadoras que incitam à repetição e tendências cuja ação se manifesta através de formação nova e evolução progressiva. Trata-se, para ele, de levar às últimas consequências a hipótese segundo a qual todas as pulsões se manifestam através da tendência a reproduzir o que já existe. Como já disse o poeta, "Lar é de onde se vem".[45]

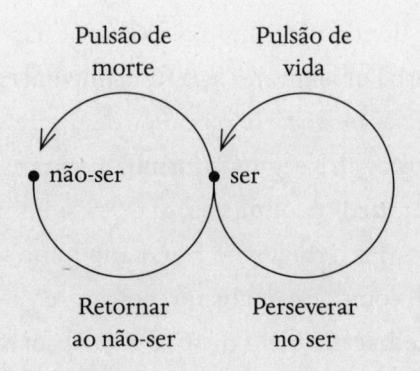

No seminário *A ética da psicanálise*, Lacan postula a respeito da pulsão de morte uma dimensão que ainda não fora notada — na pulsão de morte, além da dimensão de vontade de destruição que lhe é inerente e que põe em causa tudo o que existe, há também outra dimensão, a vontade de recomeço: "vontade de criação a partir de nada, vontade de recomeçar".[46] O raciocínio de Lacan implica que, para haver criação, é preciso ser atingido o ponto de nada a partir do qual toda verdadeira criação é possível: *ex-nihilo*. Então, trata-se de indicar na pulsão de morte seu caráter ambíguo, destruidor, mas igualmente criador.

Pulsão de morte e gozo

Para abordar a pulsão de morte, parto das indicações feitas por Lacan, no *Seminário 11*, de que toda pulsão é pulsão de morte. Na verdade, essa afirmação possui algo assustador. É uma afirmação espantosa, cujas implicações devemos tentar entender. O que significa dizer que toda pulsão é pulsão de morte? Lacan não afirma apenas que "a pulsão, a pulsão parcial, é fundamentalmente pulsão de morte, e representa em si mesma a parte da morte no vivo sexuado".[47] Também acrescenta algo que utilizaremos adiante para a nossa compreensão da dialética entre pulsões de vida e pulsão de morte: "a distinção entre pulsão de vida e pulsão de morte é verdadeira na medida em que manifesta dois aspectos da pulsão".[48]

Mas, antes disso, é preciso assinalar que o próprio Freud, na sétima parte de "Além do princípio de prazer", afirma que, no fundo, toda pulsão é pulsão de morte (estranhamente, essa sétima parte é composta apenas de duas páginas e meia: traz uma conclusão extremamente rápida e, de repente, o texto acaba). Distinguindo a função da tendência, Freud pondera que o princípio de prazer é uma tendência que opera a serviço de uma função cuja missão é liberar inteiramente o aparelho mental de excitações, conservar a quantidade de excitação constante nele, ou mantê-la tão baixa quanto possível. Tal função estaria assim relacionada com o esforço mais fundamental de toda substância viva: o retorno à quiescência do mundo inorgânico.

Isso significa que a função estaria relacionada ao além do princípio de prazer com sua finalidade de diminuir a tensão interna ao nível mais baixo possível, o que significa, no fundo, zerá-la. Ao passo que a tendência visaria manter o sentido do abaixamento da tensão, sem, contudo, atingir o zero e detendo-se bem antes que isso ocorra. Se a função seria a expressão do princípio de Nirvana, a tendência expressaria o vigor do princípio de constância. Ambos estão conectados e na mesma direção: o Nirvana levando ao ponto zero de tensão e a constância diminuindo a tensão, mas se detendo muito antes de atingir o ponto zero de tensão. Assim, o ato sexual, "maior prazer por nós atingível",[49] se encontra associado à extinção momentânea de uma excitação altamente intensificada. Esse zero é reportado por Lacan ao real: "De onde vem o fogo? O fogo é o real. Isso põe fogo em tudo, o real. Mas é um fogo frio. O fogo que queima é uma máscara, se posso dizer, do real. O real deve ser procurado do outro lado, do lado do zero absoluto".[50]

O esquema a seguir objetiva mostrar que toda pulsão é pulsão de morte. A pulsão de vida é um segmento da pulsão que expressa a ação do princípio de constância, ao passo que a pulsão de morte revela a ação do princípio de Nirvana. Mostrarei adiante a função da fantasia — princípio de realidade — nessa segmentação da pulsão em duas dimensões aparentemente opostas, embora no fundo interligadas.

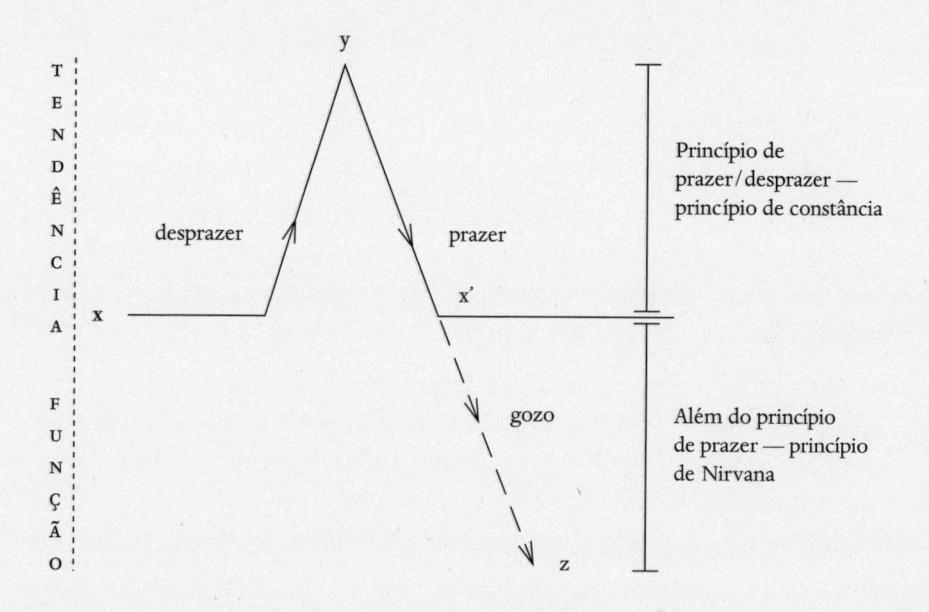

"Essa descida em direção à morte é o que chamamos de gozo." (Lacan)

Onde:

x — força constante da pulsão (Freud), tensão estacionária (Lacan)

xy — excitação sexual

yx' — prazer sexual

x' — pequena morte (gozo sexual)

xyx' — pulsão sexual (vida)

x'z — pulsão de morte

z — morte (Freud), gozo mortífero (Lacan)

xyz — "Toda pulsão é pulsão de morte."

A partir dessas formulações de Freud e Lacan, apresento um esquema que resume os achados de ambos de modo simplificado. Parto da postulação de que existe um único vetor da pulsão, que podemos escrever assim:

 *das Ding*

Trata-se de um único vetor. Em todas as elaborações de Freud sobre a pulsão, o que fica mais evidente é o fato de que a pulsão é imperiosa, voluntariosa, inflexível, de uma exigência radical. Ela exige, a todo custo, satisfação, jamais renunciando a obter toda a satisfação que almeja. É a isso que Freud chama de força constante: uma força constante rumo a um alvo, a satisfação. Satisfação que, no entanto, é impossível de ser obtida, diz Freud. Por quê? Porque o objeto que daria satisfação plena à pulsão, esse objeto a que Freud chama *das Ding* — a Coisa —, ele não existe, é um objeto suposto por nosso aparelho psíquico.

No *Seminário* 7 Lacan retoma o termo *das Ding*, introduzido por Freud em "Projeto para uma psicologia científica" (1895). *Das Ding* significa "a Coisa". Quer dizer, não é "uma" coisa, mas "a" Coisa, que nem mesmo é uma coisa sexual, mas "a" Coisa, que simplesmente não existe. E é porque a Coisa não existe que a pulsão é uma força constante, que insiste o tempo todo em tentar obter essa Coisa, que jamais aparece para ela.

O que acontece com a pulsão? Oferecemos a ela pequenos objetos e ela se satisfaz, ainda que parcialmente. Mas, então, ela joga esses objetos fora e nós lhe damos outro, e ela se satisfaz de novo de modo parcial com esse objeto, mas joga-o fora novamente e diz: "Quero outro, quero outra coisa". O que a pulsão quer é *das Ding*, mas o que ela recebe é o objeto *a*. E a nossa vida cotidiana é feita disso, a vida humana é regida por esse vetor, na tentativa de obter a absoluta satisfação, impossível de ser obtida. Esse é o dramático, se não o trágico, da existência humana.

Assinalo que o esquema que será desenvolvido aqui sobre a pulsão de morte tem como origem o esquema apresentado no primeiro volume desta obra sobre os fundamentos da psicanálise:[51]

Pulsão sexual (-- ⇒ pulsão de morte) ⟶ objeto i (*a*) (-- ⇒ *das Ding*)

O esquema foi modificado a partir da seguinte reconfiguração, que está, na verdade, implícita nele:

Pulsão sexual (vida) ⟶ i (*a*)

Pulsão de morte ------------------------------⇢ *das Ding*

Tal esquema se articula com outro, apresentado a seguir, exposto por Jacques-Alain Miller no seminário "O que fazer com o gozo?". Nele, Miller opõe prazer e gozo, ressaltando que o prazer tem a ver com a homeostase, ao passo que o gozo supõe um extremo de tensão, uma excitação, "e também é compatível com o contrário do prazer, ou seja, a dor".[52]

É nesse sentido que, de algum modo, "o desejo se opõe ao prazer, uma vez que participa igualmente de um excesso, de uma perturbação no que diz respeito à homeostase que governa o prazer".[53] É ainda nesse mesmo sentido que Lacan postula que a felicidade "se recusa a quem não renuncia à via do desejo".[54] O que faz a mediação entre prazer e desejo — ou, na medida em que o desejo implica excesso, entre prazer e gozo — é a fantasia, com sua função mediadora entre o prazer e seu além. Veremos que a fantasia, ao suportar o desejo e localizar o gozo, constitui uma barreira em relação ao gozo absoluto da pulsão de morte e, ato contínuo, proporciona o acesso ao gozo fálico, gozo sexual, limitado pela castração operada com a entrada do sujeito na linguagem.

Prazer ⟶◇⟶ Além
Fantasia

A série de quatro filmes, escrita e dirigida por James Cameron, que se iniciou com *O exterminador do futuro* (1984)[55] exibe, com uma exuberância jamais vista, uma das melhores imagens que se poderia fornecer da pulsão de morte. A história, que revela, em diferentes facetas, o núcleo mortífero e autodestrutivo existente no homem, se passa em tempos diferentes e vai do futuro ao passado numa trama relacionada à constante ameaça de extermínio da humanidade. Nesse sentido, o título é preciso em sua ambiguidade: trata-se de um exterminador que vem do futuro, mas trata-se também de exterminar o futuro.

O filme começa no ano 2029, em Los Angeles, após uma terrível guerra nuclear entre Estados Unidos e Rússia, desencadeada maquiavelicamente em 1997. Nessa hecatombe foram eliminados três bilhões de seres humanos e os sobreviventes estão sendo perseguidos por máquinas mortíferas da Skynet, empresa que constrói robôs e é dirigida por um supercomputador inteligente cujo objetivo é o extermínio da espécie humana. O enredo, por si só, não poderia ser mais eloquente e reflete essa necessidade de destruição humana numa parábola jamais imaginada: as próprias máquinas criadas pelo homem, ao se tornarem "inteligentes" como ele, e consequentemente autônomas, apresentam essa disposição cabal para a destruição da nossa espécie! Como se algo tivesse sido transmitido do homem para as máquinas, por ele criadas, que fosse a sua verdade mais profunda: o autoextermínio!

Tais robôs são máquinas exterminadoras, seres predatórios cujo foco único é matar. Seus nomes atestam isso sem rodeios: Hunter Killer (Caçador Assassino); motoexterminadores; T-600, T-700, T-800, siglas que revelam a evolução do Terminator (Exterminador). Nada os detém em sua sede de morte: mesmo esquartejados, seus pedaços ainda se mexem pateticamente e tentam atingir seu objetivo. Seu interior é feito de uma complexa rede de fios, engrenagens e mecanismos hiperdesenvolvidos capazes de produzir sua autorregeneração; suas mãos são metralhadoras giratórias superpoderosas; seus olhos computadorizados percebem à distância a presa humana, mas sua aparência, à medida que a concepção dos robôs foi evoluindo, vai se tornando humana. Bela analogia presente nessa construção: aparência humana, interior de besta destruidora! Mas, curiosamente, eles têm um "endoesqueleto" semelhante ao humano, que tradicionalmente configura para o homem a imagem da morte. Claro está que vai ficando cada vez mais difícil distinguir o homem da máquina, e um dos personagens humanos vai ponderar essa diferença precisamente na relação com a morte: "A diferença entre os homens e as máquinas é que nós enterramos os humanos". Logo, a diferença entre o homem e o robô assassino é bem pequena: ambos matam, mas o homem enterra seus semelhantes.

No segundo filme da série, *O julgamento final* (1991), há um personagem imbatível, um robô exterminador T-1000 com uma aparência humana irretocável, feito de uma liga mimética que é um metal líquido. Isso o torna capaz de imitar qualquer coisa por mero contato físico e, além disso, ao ser fuzilado, se despedaça em milhares de fragmentos, mas rapidamente se reconstitui e retoma sua tentativa irascível de atingir o alvo. Outra metáfora inigualável surge com esse temível personagem: o mortífero não morre, ressurge sempre! O T-1000 foi enviado do futuro para exterminar John Connors ainda criança, e outro robô, Tio Bob (personagem de Arnold Schwarzenegger batizado assim pelo menino), foi igualmente enviado de lá para protegê-lo.

A briga se passa entre os dois robôs, que figuram as duas pulsões — de vida e de morte: Tio Bob passa o filme inteiro tentando eliminar o T-1000, mas cada vez que este é atingido e explode em pedaços rapidamente se recompõe e se ergue novamente, readquirindo a mesma força anterior. Essa é a melhor figuração que conheço para ilustrar a pulsão de morte: essa Fênix lúgubre cuja força não se esgota jamais, esse ser mórbido, indestrutível, que está em nosso encalço o tempo todo e jamais desiste — isso é a própria pulsão de morte. O máximo que Tio Bob, o robô-pulsão de vida, consegue é afastar o T-1000, adiando assim a morte... da humanidade! "É da natureza de vocês se destruírem" é a resposta do cyborg para o menino John Connors, que, ao ver duas crianças brincando com duas armas, lhe indaga: "Nós...", ele para um momento e acrescenta: "... as pessoas, não vamos sobreviver, não é?".

Mas a história, altamente imaginativa, possui um sublime pano de fundo de amor: Sarah Connors é perseguida em 1984 por uma cyborg enviada do futuro (2029) para matá-la, pois ela terá um filho, John Connors, que

liderará, no futuro, a rebelião contra o domínio das máquinas exterminadoras e salvará a humanidade do desaparecimento. Mas é digno de nota que,
mesmo Sarah, mulher cheia de vida, apresenta alguma ligação insuspeita
com o desejo de morte. Ao chegar a um motel depois de uma extenuante
aventura, exclama: "Estou morrendo de vontade de tomar uma ducha!".[56]
E ela parece possuir também uma terrível lucidez sobre tudo o que está
acontecendo, ao perguntar: "Isso não vai terminar nunca, não é?". Ou
seja, esse exterminador — *Terminator*, em inglês, alude mais diretamente
a término — não termina nunca seus desígnios... Além disso, quando ela
teve condições de matar Dyson, o engenheiro da Cyberdyne Systems, responsável pela criação das criaturas cibernéticas monstruosas, recua — mas
por quê?, se o que estava em jogo era o futuro da humanidade? Sarah é
igualmente um ser humano, e o desejo de morte se presentifica nela nos
momentos mais cruciais.

Tentamos que nosso cotidiano seja sempre feito de prazeres, e o prazer
se caracteriza essencialmente por ser parcial: vai-se ao cinema, janta-se
fora, estuda-se, namora-se, enfim, faz-se uma série de coisas... Então, todas
as coisas que fazemos são tentativas de dar a essa pulsão certa satisfação,
mas nós não podemos proporcionar a satisfação absoluta que ela nos pede.
Oferecemos à pulsão alguns substitutos dessa Coisa, através dos quais ela
vai se satisfazendo parcialmente, sempre insistindo em pedir mais. Damos
mais a ela, porém ela, como um cyborg T-1000, nos diz continuamente:
"Está tudo bem, está ótimo, mas amanhã quero tudo isso de novo e mais,
ainda". A ligação da repetição com a pulsão de morte se explicita melhor
quando percebemos, conforme assinala com agudeza Colette Soler, que a
repetição é uma re-petição, um pedido que se renova com insistência, mas
jamais é atendido. Trata-se de uma demanda que é reiterada.[57]

O aspecto da ligação da pulsão de morte com a criação foi salientado
por Lacan no *Seminário 7, A ética da psicanálise*, quando ele fala da criação
ex-nihilo, a criação oriunda do nada. A pulsão de morte é concebida por ele
como "criacionista", na medida mesma em que, em sua tendência rumo ao
zero absoluto de tensão, é igualmente promovedora da busca e da criação
de algo radicalmente novo. A pulsão de morte exprime assim também,
para Lacan, a busca de uma criação radical que parte do zero e daí extrai

toda a sua força. Ao mesmo tempo em que é "vontade de destruição", é "vontade de recomeçar com novos custos, vontade de Outra-coisa", e, mais essencialmente, "vontade de recomeçar a partir de nada".[58]

ENTÃO, VAMOS RETOMAR esse vetor. *Das Ding*, a Coisa, isso que a pulsão pede, é o lugar para onde esse vetor se dirige. Freud chamou a isso de morte, isso que a pulsão, em última análise, demanda. A pulsão, a pulsão de morte, pede a Coisa, o objeto da pulsão de morte é *das Ding*. Lacan deu um outro nome à morte, que nós incorporamos ao vocabulário psicanalítico: gozo.[59] Gozo é, precisamente, o nome que Lacan deu à morte, tal como ela é introduzida por Freud em "Além do princípio de prazer".

Raoul Vaneigem descreve uma breve e interessante história social do gozo ao longo dos séculos mostrando que, no século xx, o termo "gozo" designa duas acepções muito diferentes: a satisfação de um desejo sexual e a fruição de um bem, o que Lacan considera como sendo o fundamento do direito, que se destina, em última análise, a repartir o gozo, que "é aquilo que não serve para nada".[60] Lacan salienta que a figura jurídica do usufruto marca a diferença entre o útil e o gozo:

> O usufruto quer dizer que podemos gozar de nossos meios, mas que não devemos enxovalhá-los. Quando temos usufruto de uma herança, podemos gozar dela, com a condição de não gastá-la demais. É nisso mesmo que está a essência do direito — repartir, distribuir, retribuir o que diz respeito ao gozo.[61]

Lacan pondera ainda que o direito ao gozo "não é o dever. Nada força ninguém a gozar, senão o supereu. O supereu é o imperativo do gozo — *Goza!*".[62]

Segundo Vaneigem, o gozo encontrou uma versão "desencarnada" no século xiii, através da fruição da alma e de Deus e do amor dirigido a Cristo: "sua vontade de absoluto parece responder exatamente às insatisfações que as proibições e o desprezo do corpo impõem aos amores terrestres".[63] No campo da filosofia, Georges Bataille sustentou o caráter indissolúvel entre gozo e morte e, além disso, forneceu uma hipótese a respeito da proibição em relação ao gozo, resumida por Vaneigem do seguinte modo:

> a economia, com sua dupla exploração do homem e da natureza, introduz em cada um a separação entre a necessidade de trabalhar e a inclinação para gozar. Há uma incompatibilidade entre a obrigação de produzir segundo um sistema lucrativo e a gratuidade natural das pulsões.[64]

Ainda que Freud utilize a palavra *Genuss* para designar o gozo na acepção sexual, esse vocábulo não chega a ser formulado como conceito. No ensaio sobre o Homem dos Ratos, ele utiliza o termo *Genuss* quando seu paciente fala, na análise, do suplício chinês que consistia na penetração de um rato no ânus. Notando uma estranha expressão no rosto do paciente, Freud afirma que não pode interpretá-la senão como "o horror de um gozo por ele mesmo ignorado". Ao narrar a brincadeira de seu netinho com o carretel, exemplo que ficou conhecido como *fort-da*, Freud menciona igualmente um gozo mórbido no rosto da criança de dezenove meses, como se ela sentisse uma espécie de prazer na dor desse jogo que simbolizava a ausência e a presença da mãe. A criança, com efeito, segundo a minuciosa observação de Freud, se estendia mais longamente na referência à ausência desprazerosa da mãe (*fort*) do que em seu retorno (*da*). Freud vai longe em sua indagação sobre a pulsão de morte e estabelece uma inequívoca relação entre o gozo sexual e a morte: "[…] semelhança do estado que se segue à satisfação sexual completa com o ato de morrer, e o fato de a morte coincidir com o ato da cópula em alguns dos animais inferiores".[65]

Há uma certa evolução da categoria do gozo em Lacan, a qual vai adquirindo maior importância à medida que seu ensino avança.[66] Para ele, há uma antinomia entre prazer e gozo, explicitada do seguinte modo: o gozo está interditado a quem fala, só pode ser dito nas entrelinhas por quem está sujeito à Lei, que se funda justamente nessa interdição. Tendo ressaltado aqui a relação estrutural entre a proibição, interdição, e o dizer nas entrelinhas, inter-dicção, Lacan sublinha que "não é a Lei em si que barra o acesso do sujeito ao gozo; ela apenas faz de uma barreira quase natural um sujeito barrado. Pois é o prazer que introduz no gozo seus limites, o prazer como ligação da vida...".[67]

Como assinala Patrick Valas, Lacan redefiniu a pulsão de morte como sendo uma pulsação de gozo que insiste na repetição da cadeia significante inconsciente. Prazer e gozo não são do mesmo registro, uma vez que o prazer "constitui uma barreira contra o gozo, que se manifesta sempre como excesso em relação ao prazer, confinando com a dor".[68]

O que predestina o falo — imagem negativizada do pênis — a ser o símbolo do gozo, a dar corpo ao gozo na dialética do desejo, é o fato de que "o órgão erétil vem a simbolizar o lugar do gozo, não como ele mesmo nem tampouco como imagem, mas como parte faltante na imagem desejada".[69]

Primeiramente, o gozo é, para Lacan, aquilo que Freud situa como sendo a satisfação da pulsão: "O gozo se apresenta não pura e simplesmente como a satisfação de uma necessidade (*besoin*), mas como a satisfação de uma pulsão, no sentido em que esse termo necessita a elaboração complexa que tento aqui articular para vocês".[70] Mais tarde, o gozo será relacionado categoricamente à pulsão de morte e, por isso, surgirão gradativamente, para ele, diferentes formas de gozo: gozo fálico (gozo sexual, parcial, limitado); gozo do Outro (gozo não sexual, ilimitado); gozo do sentido (*joui-sens*). Quanto à relação entre o gozo e a pulsão de morte basta ver que, no seminário *O avesso da psicanálise*, Lacan postula claramente que "o caminho para a morte nada mais é do que aquilo que se chama gozo".[71]

Se tanto a morte como o gozo (absoluto) não se inscrevem na estrutura psíquica, o que significa que ambos não possuem representação possível, o gozo sexual (fálico, limitado) é uma espécie de presentificação da morte em vida. Ele como que oferece ao sujeito, pontualmente, um brevíssimo acesso à morte, conforme se pode apreender em diversas produções literárias nas quais o poeta fala em morrer nos braços da amada, referindo-se ao extremo gozo que ela lhe oferece. O gozo tem a ver com uma perda dos sentidos, uma ausência súbita, momentânea do sujeito, um desvanecimento pontual que se assemelha à morte. O sono que o gozo sexual desencadeia[72] — assim como o sentimento que já foi denominado por alguns de vazio pós-coito — fala igualmente a favor de seu parentesco com a morte.

Além disso, o uso inteiramente banalizado de expressões que implicam o sentido de "morrer de algo" — "morrer de fome, de rir, de vontade, de sono, de tesão..." etc. — parece falar a favor de uma certa necessidade cotidiana de incluir o gozo da morte no seio da vida: morre-se de tudo um pouco! O carnavalesco que afirma "nesse carnaval vou me acabar" parece dar igualmente testemunho da relação íntima entre a busca de um excessivo e ilimitado gozo e a experiência da morte.

Morte (Freud)

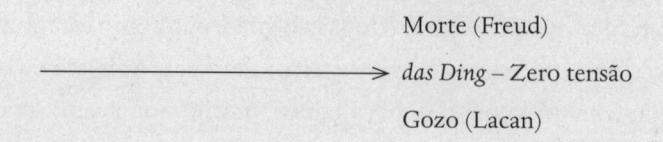 *das Ding* – Zero tensão

Gozo (Lacan)

Assim, todo sujeito é movido, no fundo, por esse vetor mortífero. O empuxo-ao-gozo é precisamente o sentido desse vetor na direção da morte, concebida por Freud como a anulação radical das tensões internas experimentadas pelo organismo vivo e pelo aparelho psíquico. Esse empuxo-ao--gozo é um empuxo à morte, aquela tendência do princípio de Nirvana de zerar as tensões internas de forma absoluta. As relações íntimas mantidas entre morte e gozo sexual podem ser bem evidenciadas, por exemplo, na expressão da língua francesa *petite mort* (pequena morte), que serve para designar o gozo sexual. Outro exemplo, extraído da clínica: uma analisanda relata que, quando era adolescente, ela e o namorado tinham uma brincadeira que chamavam de "brincar de morrer", isto é, obter o gozo sexual.

Baseado em fato ocorrido no Japão na década de 1930, o filme *O império dos sentidos* (1976), de Nagisa Oshima, mostra de que modo a quebra das barreiras do prazer em relação ao gozo sexual também pode levar o sujeito à sua própria aniquilação. A história da paixão fatal que se desenvolve entre a empregada Sada Abe e seu patrão, Kichizo Ishida, e o isolamento a que ambos são conduzidos, levando-o a abandonar a mulher e todo o resto de sua vida para se dedicar apenas a lhe dar prazer, revela a ultrapassagem de todos os limites que barram o caráter mortífero inerente ao gozo.

Como Freud afirmou mais de uma vez, repetindo Sêneca, todo excesso traz em si a semente de sua própria destruição.

O freio da fantasia

Felizmente, no entanto, esse vetor não funciona de maneira autônoma, de forma devastadora, isolada, automática. O que ocorre é que esse vetor da pulsão de morte apresenta duas regiões muito diferentes que passam a ser definidas a partir do advento da fantasia: $\$ \Diamond a$.[73] A pulsão, que é essencial-mente pulsão de morte, passa a possuir dois segmentos diversos a partir da entrada da fantasia inconsciente: um que é o da pulsão sexual, dominado pela fantasia e regido pelo princípio de prazer; outro que não é dominado pela fantasia, e que, portanto, representa a pulsão de morte propriamente dita, constituindo aquela região que Freud intitula de "além do princípio de prazer". Lacan resume essa dialética entre prazer e gozo ao ponderar: "Prazer, barreira ao gozo (mas não o inverso)".[74]

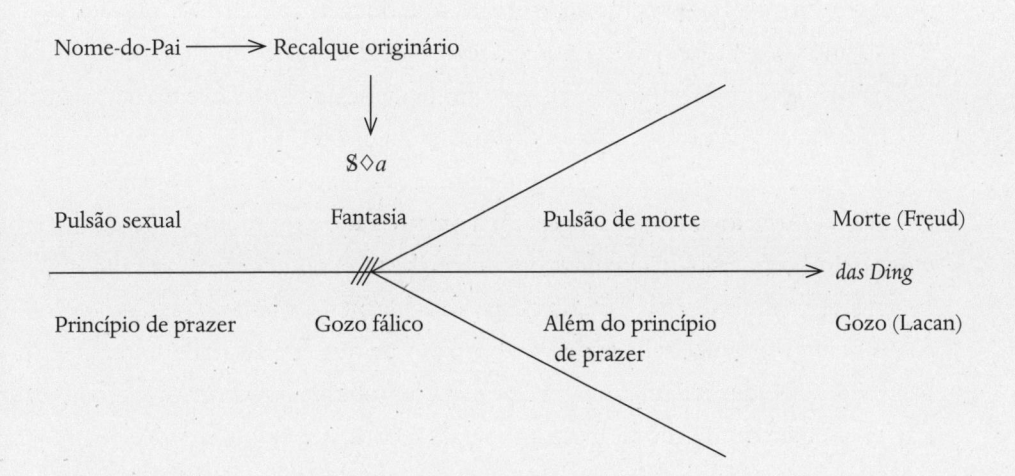

"O Nome-do-Pai é o significante que, no Outro como lugar do significante, é o significante do Outro como lugar da lei." (Lacan)

Como se dá a entrada da fantasia? O que ela significa? A fantasia é aquilo que nos é outorgado pelo Outro para que possamos fazer face ao real (a chamada realidade objetiva recebe, para Lacan, o nome de real e é para sempre inatingível) munidos de alguma realidade psíquica. E a fantasia inconsciente constitui a realidade psíquica na medida em que é o efeito mais imediato da ação do recalque originário (ou recalque primário). Na castração simbólica, o que acontece com o sujeito? Com a entrada em ação da fantasia, tributária da operação do recalque originário, o que ocorre é o afunilamento desse gozo ilimitado que invadia todo o corpo com a consequente redução de seu gradiente mortífero, o gozo passando a se produzir em regiões privilegiadas do corpo, os orifícios corporais. O que era gozo ilimitado se torna gozo limitado, denominado por Lacan de gozo fálico, gozo articulado à estrutura da linguagem. Ou seja, a fantasia desempenha o papel de uma espécie de filtro que passa a indicar pontualmente aquilo que falta: $\mathcal{S} \Diamond a$, sujeito barrado (barrado porque atravessado por uma falta) numa relação de desejo com o objeto *a*, objeto faltoso. Como precisa Lucien Israël,

> a fantasia não transporta consigo um mais de excitação, um mais de prazer, um mais de gozo, um mais de desejo. Ela constitui o passo fundador do sujeito pois, na fantasia, esse sujeito, de uma maneira ou de outra, se encontra ligado não mais à Coisa, mas ao objeto.[75]

O que surge aqui é uma distinção, necessária de ser feita, entre objeto *a* e *das Ding*, a Coisa. Porque o objeto *a*, objeto causa do desejo, é, simultaneamente, real, simbólico e imaginário, o que Lacan formula no *Seminário R.S.I.*, de 1974-5. O objeto *a* participa ao mesmo tempo dos registros do real, do simbólico e do imaginário, por isso Lacan o situa, no nó borromeano, naquela região central de interseção dos três registros. O que é *das Ding*? A Coisa — objeto da pulsão de morte, objeto que propiciaria o gozo absoluto, caso fosse passível de ser atingido — é precisamente o nome de uma das faces do objeto *a*, a sua face real, impossível, para a qual faltam palavras e imagens.

Não temos acesso ao objeto *a* enquanto pura falta, mas sim enquanto palavra (simbólico) e imagem (imaginário). As faces simbólica e imaginária do objeto *a* são as faces constituídas pela articulação de palavras e imagens pelo sujeito em sua fantasia inconsciente. Nesse sentido, Lacan salienta que "não é senão da vestimenta da imagem de si, que vem envolver o objeto causa do desejo, que se sustenta mais frequentemente — é mesmo a articulação da análise — a relação objetal".[76]

Traduzindo: quando o sujeito tem seu desejo acionado, na fantasia, em relação ao objeto, ele se liga a esse objeto através de palavras e de imagens. Mas aquilo que está na base dessas palavras e dessas imagens é a falta de palavra, assim como também a falta de imagem, que é *das Ding*. Não há palavra ou imagem que possa representar *das Ding*. Assinalando que a operação do recalque originário implica a entrada do sujeito no mundo significante e a morte da Coisa, Lucien Israël formula com precisão a diferença entre Coisa e objeto: "O significante não vai substituir a Coisa, mas ele permite evocá-la e fazê-la passar à condição de objeto. A Coisa — *das Ding* — torna-se *Sache*, que em alemão tem a mesma etimologia que *sagen*, dizer".[77] Israël conclui desse modo: "A Coisa dita é o objeto".[78] Assim, através da entrada no mundo da linguagem, determinados elementos simbólicos e imaginários assumem um valor primordial para o sujeito, mas, além disso, existe a falta — de palavra e de imagem.

Repito: a entrada em ação da fantasia é o que freia o empuxo-ao-gozo inerente à exigência imperiosa e inflexível da pulsão de morte de obter a satisfação absoluta a qualquer preço. E que, por não ser obtida, se repete indefinidamente, o que se traduz nos fenômenos clínicos tributários da compulsão à repetição. Dito de outro modo, a fantasia sexualiza a pulsão de morte e oferece a ela, através dessa sexualização, a erogeneização dos orifícios corporais, que são precisamente regiões eróticas privilegiadas de troca com o Outro e sobre as quais a demanda do Outro incide. Conforme assinala Lacan, "o fator comum do pequeno *a* é de ser ligado aos orifícios do corpo".[79] As bordas orificiais passam, assim, a ser regiões privilegiadas, mas não as únicas, porque todo o corpo é erogeneizado e o importante é que aquilo que anteriormente era apenas furo no real do corpo passa a ser borda constituída por linguagem e ligada a alguma imagem.

O gozo, que antes invadia todo o corpo, passa a ser escoado — poder-se-ia dizer filtrado — exclusivamente pelos furos desse corpo, tornando-se gozo fálico, isto é, gozo atravessado e limitado pela linguagem. Desse modo, a pulsão de morte originária se torna pulsão sexual, isto é, pulsão parcial, ligada aos orifícios corporais, tal como Freud a apresentou pela primeira vez em "Três ensaios". Os orifícios corporais constituem-se então como zonas erógenas, orifícios corporais por meio dos quais o sujeito tem acesso ao gozo: um gozo pontual, limitado, chamado por Lacan de gozo fálico, por ser um gozo articulado à linguagem.

O gozo sexual, fálico, é sempre parcial. Pode-se ver isso em algumas expressões populares que falam do objeto sexual como sendo parcial: "essa moça é um pedaço de mau caminho", "que pedaço de mulher" etc. Apenas assinalo aqui que o gozo fálico, sexual, é para Lacan a dimensão propriamente masculina da sexualidade, da qual participam tanto homens quanto mulheres. Mas estas participam ainda de um gozo suplementar, além do gozo fálico, nomeado por Lacan de gozo Outro, gozo indizível, feminino, que pode ser situado de forma excelente na experiência dos grandes místicos, sejam homens, como são João da Cruz, ou mulheres, como santa Teresa.[80]

É de suma importância perceber — como já assinalei anteriormente ao abordar o que denomino de "ciclo da fantasia" — que Freud se debruçou durante um longo período, de 1906 até 1911, sobre o estudo da fantasia e escreveu vários artigos dedicados à sua estrutura e à sua função no aparelho psíquico. É interessante igualmente perceber, na linha do tempo abaixo, o que antecede e o que sucede, na produção freudiana, esse período áureo:

Em primeiro lugar, lembremos que a fantasia é tematizada por Freud num período imediatamente posterior à formulação do conceito de pulsão, através do qual se pode destacar a relação intrínseca mantida entre a fantasia e a pulsão sexual. Em segundo lugar, vê-se que o período de estudo da fantasia desemboca precisamente no estudo da psicose. Tudo indica que foi necessário que Freud se debruçasse longamente, durante o ciclo da fantasia, sobre o seu estudo para poder em seguida, como verdadeira consequência disso, extrair a lógica que está em jogo no delírio da psicose.

A psicose reside na não entronização da fantasia fundamental a partir da falha da ação do recalque originário. E a falta da instauração da fantasia o psicótico tenta suprir por meio da produção do delírio. Na psicose, é exatamente essa capacidade de frear o empuxo-ao-gozo, que a fantasia presentifica a todo instante para o sujeito neurótico, que não aparece. Por isso o psicótico tenta construir alguma coisa para fazer frente ao gozo. Nesse sentido, a grande revolução da concepção freudiana sobre a psicose foi a de mostrar que o delírio não é a psicose. Ao contrário, para Freud, o psicótico delira porque está tentando *se* curar da psicose, sair da psicose. Na psicose propriamente dita o que existe é uma posição autoerótica de base. Não há nenhuma espécie de elaboração de um discurso que vise centrar e articular o gozo na relação fantasiosa do sujeito com o objeto. Como pondera Lucien Israël a propósito do recalque originário:

> O que acontece se não se dá o afastamento daquilo que constitui o modelo da fantasia, ou seja, a relação, o vínculo, o binômio arcaico entre a mãe e a criança, se nada vier separá-los? Assistiremos simplesmente ao engendrar de uma psicose, isto é, àquilo que, um dia, chamei de produção de um objeto. Pois um vínculo assim não produz um sujeito, mas um objeto, um objeto aprisionado pela mãe na própria fantasia dela.[81]

Os dois grandes grupos de psicoses, esquizofrenias e paranoias, podem ser situados em relação à capacidade apresentada pelo psicótico de produzir o delírio, compreendido freudianamente como tentativa de cura. A paranoia é a psicose que exibe, conforme as descrições já feitas pela psiquiatria clássica, o delírio mais bem construído, com uma riqueza e uma complexidade enormes, sendo por isso mesmo chamado de delírio sistematizado. O próprio Freud a denomina, no "Esboço H", de "psicose intelectual". Vê-se que não foi por acaso que tanto Freud, com o caso Schreber, quanto Lacan, com o caso Aimée, abordaram a psicose inicialmente pela via da paranoia.

A paranoia, devido à sua apresentação delirante rica, torna-se muito mais acessível à análise do que a esquizofrenia, cujo delírio é fragmentário e não consegue maior sistematização. O paranoico e o esquizofrênico, ambos psicóticos, manifestam uma falha no recalque originário, mas o paranoico chegou até o estádio do espelho, no qual se fixou e do qual derivam todas as suas produções delirantes altamente imaginarizadas e, portanto, ligadas à imagem especular e ao duplo, ao outro imaginário: perseguição, ciúmes, erotomania e formas princeps do delírio paranoico são tributários da dimensão do olhar. Já o esquizofrênico não chegou a atravessar a etapa do estádio do espelho e permanece numa posição infinitamente mais fragmentária — aquela do real do corpo pulsional — do que o paranoico. Os fenômenos, as vivências de despedaçamento corporal, tão presentes na esquizofrenia, atestam os efeitos da não obtenção da unidade imaginária, egoica, conquistada originalmente no estádio do espelho.

O fato de o psicótico paranoico conseguir constituir um delírio, e assim estruturar minimamente sua relação com o mundo e seus semelhantes, mostra quanto o narcisismo colabora, como etapa necessária, embora insuficiente, na constituição do sujeito, estabelecendo um laço com o outro — laço imaginário, mas, ainda assim, laço. Por isso tudo cabe ressaltar, como Lacan o faz, que "é sempre a mesma força estruturante, se é possível assim nos exprimirmos, que está trabalhando no delírio, quer o consideremos em uma de suas partes ou em sua totalidade".[82]

	Estádio do espelho	Castração simbólica	
Real	Imaginário	Simbólico	R.S.I.
autoerotismo	narcisismo	relação de objeto	Investimento
autoerótica	narcísica	objetal	Libido
corpo espedaçado (furos)	corpo próprio (uno)	corpo erógeno (uno com furos)	Corpo
não-sentido	sentido uno	duplo sentido	Linguagem
delírio não sistematizado	delírio sistematizado	fantasia	"Realidade"
melancolia p s i c o s e paranoia e s q u i z o f r e n i a		perversão/neurose	Estrutura

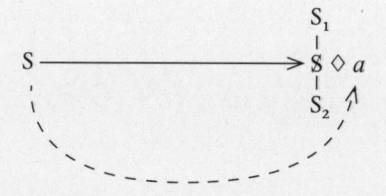

Do sujeito do gozo (S) ao sujeito do significante ($).

A transição entre esquizofrenia e paranoia muitas vezes não é tão nítida, e o que se observa, clinicamente, são psicoses que podem oscilar de uma região para a outra. O próprio Schreber, conhecido como um caso de psicose paranoica, apresentou episódios de surtos esquizofrênicos. Talvez por isso Freud o tenha descrito através de uma nomenclatura *sui generis*, como *dementia paranoides*, nomenclatura criada por ele e por meio da qual associou, a um só tempo, a esquizofrenia (demência precoce de Kraepelin) à paranoia. Em psiquiatria, fala-se igualmente em esquizofrenia paranoide para designar um tipo de esquizofrenia no qual ocorre uma produção delirante mais intensa, com "ideias delirantes mais ou menos extravagantes e emaranhadas".[83]

Nas psicoses, não há o freio da fantasia, mas há a produção do delírio no sentido de tentar restabelecer, restituir o plano faltoso da fantasia. E o que é a fantasia? É a realidade, realidade no sentido de que só há a realidade psíquica para o sujeito falante, já que a realidade dita objetiva ficou perdida para sempre. Só temos acesso ao real através de uma janela, como diz Lacan ao falar da fantasia como aquilo do qual o sujeito extrai segurança, fantasia que constitui para o sujeito "sua janela para o real",[84] uma janela que emoldura o real e faz pontualmente referência ao gozo também perdido pela entrada no mundo da linguagem.

Georges Bataille, em uma obra póstuma, *Théorie de la religion*, afirma que "o animal está no mundo como a água na água".[85] E com essa afirmação de Bataille podemos perceber melhor o que é o real para Lacan, enquanto algo para sempre perdido: para o sujeito falante, não há a menor possibilidade de se dizer a mesma coisa, pois entre ele e o mundo há um abismo, constituído pela linguagem, que impede o acesso direto a ele. Lacan chega a falar do *i-monde*, i-mundo, para falar desse real inacessível. O acesso do falante ao mundo se dá sempre por meio da linguagem, ou seja, mediatizado pela linguagem, o que significa que, no fundo, não saímos jamais da dimensão mesma da linguagem.

Mas é preciso ver que Lacan introduz diferentes dimensões do gozo. Há um gozo absoluto, almejado por nossa estrutura psíquica regida pela pulsão de morte: trata-se do gozo mortífero, por isso mesmo relacionado por Freud a uma pulsão de morte. Trata-se de um gozo que aniquilaria de forma radical todas as tensões internas do nosso psiquismo (e, para Freud, todas as tensões internas também do organismo biológico). Mas há igualmente o gozo fálico, regido pela fantasia, que é parcial e sexual, ligado às zonas erógenas. Gozo que significa uma parcialização, uma limitação pela linguagem, do gozo mortífero; uma parcialização da pulsão de morte em diferentes pulsões sexuais. Dito de outro modo: gozo fálico é aquele em que o real é filtrado pelo simbólico e pelo imaginário constituído pela fantasia.

As bordas orificiais vão ser privilegiadas porque representam as regiões do corpo que estão desde sempre submetidas às trocas linguageiras com o Outro. Se na esquizofrenia o corpo todo é invadido por sensações corporais terríveis, que remetem ao corpo real, despedaçado, pré-estádio do espelho, na paranoia ele se torna um corpo imaginário e o sujeito permanece fixado no estádio do espelho, uma vez que a operação da castração simbólica não se instaurou como tal. Essa operação, com a consequente entronização da fantasia, será efetuada na neurose e na perversão, embora de formas diversas. Trataremos desse aspecto adiante.

Uma palavra sobre a distinção entre pulsão e desejo. Às vezes, encontramos dificuldade para distinguir a pulsão do desejo e falamos de desejo e de pulsão como se ambos fossem a mesma coisa, como se fossem quase indistinguíveis. E, de fato, ambos são muito parecidos, muito próximos. Cabe perguntar, agora que já percorremos o conceito de pulsão: o que é o desejo? Creio que a melhor forma de distingui-lo é por meio da formulação de que o desejo é a pulsão que foi enquadrada, emoldurada por uma determinada fantasia. Por isso Lacan insiste em dizer, das mais diferentes formas, que a fantasia é o suporte do desejo — todo desejo é fundado na fantasia. É o que afirma, por exemplo, na frase: "é como causa que [o objeto *a*] aparece na fantasia, causa em relação ao desejo do qual a fantasia é a montagem".[86]

O desejo indestrutível de que fala Freud é, no fundo, o desejo de morte, que é, paradoxalmente, suportado pela fantasia. Através do sexual, cada um tem um acesso singular e extremamente pontual à morte, pois, como dizia Freud, "o organismo deseja morrer apenas do seu próprio modo".[87] O desejo de morte não é, assim, uma busca do aniquilamento; não é a expressão pura da pulsão de morte, mas da pulsão de morte associada a Eros. Portanto, implica a morte conectada ao sexual, isto é, ao gozo fálico, forma máxima de aproximação da morte em vida.[88]

O único desejo que não se sustenta na fantasia é o desejo do psicanalista, que é o desejo surgido após o atravessamento da fantasia, o desejo de saber. Trata-se de um desejo inédito, desatrelado do saber fantasístico, cuja emergência é correlativa ao surgimento do psicanalista,[89] uma vez que, no final da análise, a experiência de destituição subjetiva implica o "decair de sua fantasia".[90]

Melancolia e toxicomania

Abordo, em seguida, dois aspectos clínicos que ajudam a entender melhor a relação entre pulsão de vida (sexual) e pulsão de morte. O primeiro é a diferença entre luto e melancolia. Vamos partir da questão do trauma, trauma que com Lacan podemos definir como sendo a própria emergência do real no imaginário do sujeito. O que é um trauma? Vivemos a nossa vida cotidiana dentro de certa homeostase mais ou menos estabelecida (às vezes mais, às vezes menos). E, de repente, alguma coisa terrível acontece: a doença grave ou a morte de uma pessoa querida, ou, ainda, uma separação amorosa; trata-se de coisas traumáticas. O que acontece nesse momento? Perdemos a homeostase psíquica, pois o parceiro amoroso, as pessoas amadas, todas elas são representantes dos objetos da fantasia. No momento em que alguma coisa traumática acontece em nossa relação com elas o que ocorre? A fantasia sofre um abalo, é arrebentada, estraçalhada. "Estraçalhar" é um verbo que se ouve na fala de sujeitos traumatizados, um verbo que ouvi ser enunciado diversas vezes por uma mãe cujo filho de oito anos adoecera de leucemia.

O que o sujeito precisa fazer quando a sua homeostase psíquica é estraçalhada? Ele precisa reconquistá-la. No caso da neurose, o que ele vai fazer é todo um trabalho que Freud chamou de trabalho de luto. O que é o trabalho de luto? É simplesmente a tentativa de recompor a homeostase psíquica através da rearticulação do simbólico e do imaginário, das palavras e imagens, para o que ficou completamente despedaçado — e sem sentido — pelo real. É um trabalho longo, penoso, que, segundo Freud, afasta o sujeito do meio social, porque a libido, a força da pulsão, é uma só, e o sujeito não tem energia psíquica para investir outros objetos durante o trabalho de luto.

Podemos distribuir o investimento da libido em diferentes objetos, mas quando ela está investida em um objeto não podemos, ao mesmo tempo, investir aquela mesma energia em outro objeto. Freud formula que o sujeito se afasta do convívio social porque ele vai ficar concentrado naquele trabalho de desinvestir o objeto que foi perdido de sua libido, para poder refazer a tela da fantasia dilacerada pela perda. Na melancolia, o sujeito fica sem condições de refazer essa janela de defesa que consiste na fantasia, a fantasia como uma proteção contra o real. Devido à insuficiência do simbólico, o trabalho do luto não pode ser realizado.

Florbela Espanca ilustra, na literatura, a impossibilidade do luto e o mergulho na melancolia. Tendo perdido em junho de 1927 seu irmão amado, Apeles, que se suicidou após a morte da noiva Maria Augusta, ocorrida em 1925, Florbela se empenha desesperadamente na escrita como forma de elaborar esse luto. Escreve nessa época o livro de contos *A máscara do destino*, dedicado "a meu irmão, ao meu querido Morto", e os poemas que constituirão a obra póstuma *Reliquiae*; e realiza traduções de romances franceses, mas "se declara quase permanentemente deprimida, doente dos nervos, fumando em demasia e emagrecendo sensivelmente".[91] Ela se mataria três anos depois, após escrever uma última frase em seu *Diário*: "e não haver gestos novos nem palavras novas!".[92] As palavras — nas quais ela se concentrou ferreamente numa tentativa de sobreviver a essa perda — faltaram, e isso retrata a essência do processo melancólico: a falta de freio simbólico ao real do gozo mortífero. Aquele que é considerado seu último poema, "À morte",[93] é uma declaração pungente de seu desejo de morte:

> Morte, minha Senhora Dona Morte
> Tão bom que deve ser o teu abraço!
> Lânguido e doce como um doce laço
> E como uma raiz, sereno e forte.
>
> Não há mal que não sare ou não conforte
> Tua mão que nos guia passo a passo,
> Em ti, dentro de ti, no teu regaço
> Não há triste destino nem má sorte.

Dona Morte dos dedos de veludo,
Fecha-me os olhos que já viram tudo!
Prende-me as asas que voaram tanto!

Vim da Moraima, sou filha de rei,
Má fada me encantou e aqui fiquei
À tua espera,... quebra-me o encanto!

O outro aspecto para o qual chamo a atenção é o caso das toxicomanias. Há que se entender uma coisa muito importante: não há diferença nenhuma entre o nosso psiquismo e o do chamado toxicômano. Na toxicomania, o sujeito acaba colocando nesse lugar da satisfação um objeto que, para ele, dá uma ilusão de gozo muito intenso, ou até mesmo de algo que ele vivencia como próximo do gozo absoluto. Nas toxicomanias graves (uso acentuado de cocaína, morfina, heroína), a droga tem um enorme poder anestésico, abolindo todo o mal-estar do corpo, só que na evolução do uso da droga esta vai acabar aumentando o mal-estar e, consequentemente, vai aumentando a necessidade da droga. O que aconteceu nesse caso? Aconteceu que o campo da fantasia do toxicômano foi se rarefazendo. Tudo o que se oferece a ele como elemento de prazer e de gozo fálico, gozo parcial, ele rejeita, porque está apegado à ilusão de vivência de um gozo pleno, absoluto — até certo ponto ilusório, até certo ponto não, e é aí que reside o poder da droga. Então, se oferecemos a ele qualquer forma de gozo parcial, ele vai rejeitar.

O grande drama do toxicômano é que ele chega a entregar tudo ao Outro, contanto que este lhe entregue a droga. E a grande dificuldade na clínica da toxicomania consiste exatamente em fazer com que o analista — que na direção do tratamento ocupa o lugar de objeto *a* para o analisando — possa entrar nessa série de objetos que podem ser investidos pelo sujeito e reconstituir um mínimo de fantasia, a fim de que ele comece a frear o empuxo-ao-gozo. Trata-se, para o analista, de competir com um objeto às vezes muito poderoso, como certas drogas. Pois tudo se passa como se a droga matasse o objeto sexual e amoroso. O toxicômano é aquele que responderia da seguinte forma à pergunta "Morrer dói?", feita pela criança a seu analista: "Não, viver dói".

A compulsão à repetição da busca de um gozo é patente na toxico-mania. Para Lacan, a repetição é valorizada precisamente por ser "uma função fundamental cujo padrão se encontra no gozo".[94] Um analisando certa vez falou que, durante um longo período de sua vida, cheirava co-caína para virar as noites estudando durante praticamente todos os fins de semana. Tratava-se de um sujeito bastante dedicado à profissão, que requeria muita leitura. Isso começou pelo convívio com pessoas amigas que também consumiam cocaína (fator social e socializante da droga), só que elas consumiam por consumir, passavam a noite em claro, jogando conversa fora e bebendo até a droga acabar. Ele não. Ele ficava sozinho com seus livros, estudando até o amanhecer, quando — exausto — ia se deitar. E para conseguir dormir, precisava beber muito uísque.

Certo dia, ele se deu conta de que algo havia se invertido e parou subitamente de usar cocaína. Foi quando percebeu que tinha deixado de "cheirar para estudar" e, sem sentir, tinha passado a "estudar para cheirar". O gozo da droga havia tomado a dianteira de seu desejo: o estudo agora se tornara um pretexto para a droga. A fala desse paciente mostra quanto esta pode ser poderosa e inverter o jogo: ao invés de ser tomada, ela passa a "tomar" o sujeito e impulsioná-lo a uma busca acéfala de gozo.

Alguns filmes conseguem mostrar aspectos essenciais das drogas, líci-tas ou ilícitas, e denunciam a compulsividade inerente ao seu uso.[95] O filme *Traffic* (2000), de Steven Soderbergh, desenvolve uma trama sobre a droga em diferentes níveis: a guerra bárbara entre quadrilhas, o poder bilionário desse comércio, que as torna mais poderosas que o próprio Estado, a impo-tência deste diante do fluxo contínuo da droga entre fronteiras. A música hiperminimalista de Cliff Martinez ressalta a iminência da violência e pontua com angústia o desenrolar da história. A menina Caroline já está viciada em heroína aos dezesseis anos. Internada numa clínica de reabili-tação pelo pai, ironicamente um juiz responsável pela caça aos traficantes na rota México-Estados Unidos, ela foge e vai ao encontro de um traficante para obter heroína. O traficante quer ter uma relação sexual com ela e a leva para a cama. E a cena mostra isso que acabo de narrar com muita precisão: a menina é possuída pelo homem, mas com o olhar voltado para a droga numa maleta. Ela não obtém no ato sexual nenhuma espécie de prazer erótico ou gozo fálico, sexual. Ela se entrega a ele apenas para que ele lhe dê a droga. E não tem, naquele momento, qualquer fantasia sexual, só gozo mortífero. Ao entender isso, o traficante injeta nela uma dose da droga, ela "se apaga" e ele a possui — ela "morre", e ele goza sexualmente.

Um analisando ponderou certa vez: "A droga é a senhora de todos os desejos". É o que é sobejamente ilustrado no filme escocês *Trainspotting — Sem limites* (1996), de Danny Boyle, no qual a comparação entre o gozo sexual, parcial, e o gozo da droga, ilimitado, sem freio, é enunciada sem rodeios. Renton, um dos personagens viciados, no momento da aplicação da heroína na amiga, diz a ela, na bucha: "Imagine a melhor gozada que você já deu. Multiplique por mil e não conseguirá comparar". Ela replica: "É melhor que uma trepada, é melhor que qualquer pinto do mundo". No filme, o tesão sexual só surge quando os jovens viciados estão num período de abstinência. Fica bem claro que a droga mata o objeto amoroso, ela compete com ele de forma desleal: ela oferece ao sujeito, no lugar de um mero objeto, a Coisa.

Mais do que isso, a droga anula todos os objetos e, desse modo, rarefaz o campo da fantasia. Como diz Renton: "Preferi não ter uma vida. Preferi outra coisa. E os motivos? Não há motivos. Para que motivos quando se tem heroína?". Outro personagem, Sick Boy, desenvolve a mesma filosofia com detalhes e ironia:

> As pessoas acham que tem a ver com desespero, morte, miséria, o que não se pode negar. Mas elas esquecem que há prazer nisso. Caso contrário, não faríamos. Afinal, não somos idiotas, pelo menos nem tanto. Quando se é viciado, só se pensa nisso. E quando não se é, se é obrigado a pensar num monte de outras coisas. Se não tem grana, não se pode fazer nada. Se tem, bebe-se demais. Tem-se de se preocupar com comida, contas, com seu time que nunca vence, com relações humanas. Todas essas coisas que não interessam quando se é viciado.

Os ditos de uma analisanda ao entrar em tratamento corroboram igualmente a hipótese de que a droga ocupa o lugar da Coisa, que é capaz de substituir o objeto sexual. Saindo de uma posição melancólica na qual permaneceu durante anos, mergulhada numa experiência de grave alcoolismo, ela diz: "Fiquei oito anos sem fazer nada, só bebendo. Eu tinha dito para você que eu fiquei esse tempo todo sem ter nenhuma relação sexual — mas agora eu me dou conta de que a bebida era esse tempo todo um companheiro".

Essa mesma paciente relatou, nessa sessão, algo que nos leva a pensar sobre a função estruturante (no sentido de sexualizar, isto é, oferecer um objeto para a pulsão que substitua *das Ding*, no caso o álcool, e ocupe o lugar de empuxo-ao-gozo exercido pela Coisa) da fantasia, que se revela, nesse caso, num detalhe cotidiano aparentemente banal. Ela desenvolve nessa sessão a oposição entre se sentir cobrada (pagamentos, obrigações etc.) e poder brincar: passou o fim de semana "bem gostoso" e brincou muito com a gatinha dela, jogando bola de gude. "Como foi bom!" Pode-se ler aí a oposição entre a imposição superegoica de gozo e o prazer inerente à brincadeira, que Freud comparou, como vimos, à atividade do fantasiar do adulto. Brincar talvez seja uma primeira saída possível para o sujeito no sentido de reconstituir a trama esburacada de sua fantasia.

É preciso assinalar que a utilização da droga não é sinônimo perfeito de império do gozo mortífero. Ao contrário, a droga sempre foi e é frequentemente utilizada a favor da pulsão sexual e, logo, do gozo fálico, gozo sexual, gozo parcial limitado pelo significante. A esse respeito, Freud cita Shakespeare — considerado por ele "o grande psicólogo" —, que, em *Macbeth*, mostra, com a precisão da qual era capaz, que a droga pode ser utilizada em duas direções opostas: a favor ou contra o sexual. Assim, pergunta Macduff na Cena III do Ato II: "Quais são as três coisas que o beber provoca especialmente?". O porteiro responde:

Ora, senhor, nariz vermelho, sono e urina. A lascívia, senhor, ela provoca e deixa sem efeito; provoca o desejo, mas impede a execução. Por isso pode-se dizer que a bebida usa de subterfúgios com a lascívia: ela a cria e a destrói;

anima-a e desencoraja-a; fá-la ficar de pé e depois a obriga a não ficar de pé. Em resumo: leva-a a dormir com muita lábia e, lançando-lhe o desmentido, abandona-a a si mesma.[96]

Quando perguntaram a Marilyn Monroe sobre do que ela mais gostava na vida, ela respondeu: "Um uísque antes e um cigarro depois". Sua resposta mostra que o álcool — não o "muito beber" de Shakespeare, mas *"um* uísque" — pode ser e é frequentemente utilizado como desinibidor e, logo, francamente favorecedor do sexual. Sua descrição do sexual, aliás, é nítida: este é emoldurado pela droga, que não se opõe a ele, ao contrário, dá-lhe um contorno. A droga, nesse caso, está a serviço da pulsão sexual e da fantasia, ou seja, aciona, como toda fantasia, um freio no empuxo-ao- -gozo da pulsão de morte.

O que a psicanálise chama de toxicomania é a utilização da droga sob a égide do gozo e da pulsão de morte, e não em benefício do sexual, no mais amplo sentido do termo — uso que faz parte da história da humanidade. Além disso, a droga sempre foi e ainda é utilizada como forma de expandir as capacidades criativas e possibilitar a ultrapassagem dos limites de si mesmo.[97] A questão que se coloca hoje seria: por que na contemporaneidade a droga está acentuadamente cooptada pelo gozo mortífero? O que em nossa cultura o favorece? O que fez com que ela tenha se tornado, como indaga Max Milner, muito mais uma prótese que preenche o vazio da existência do que uma abertura para o desconhecido, forma pela qual sempre foi usada por artistas de todas as épocas? A degradação do poder do simbólico nas sociedades capitalistas contemporâneas, com a manutenção das massas crescentes cada vez mais carentes e situadas à margem das conquistas empreendidas pela cultura, parece reservar a estas uma única possibilidade de gozo: o destrutivo, se não mortífero. A explosão do uso do crack nas últimas décadas, internacionalmente, revela a face mais letal da droga: a rápida degradação física e psíquica por ela produzida ilustra com precisão o seu próprio nome — a quebra, a ruptura, o trauma, a destruição, o crack.

As expressões utilizadas pelos toxicômanos oferecem, como sempre, condições para se avaliar a relação entre o gozo ligado à droga e a morte:

"dar um teco", em português, para a cocaína, significando "dar um tiro", se relaciona com o inglês *shot*, tiro; "dar um tapa, um tapinha", para a maconha, abrange igualmente o campo semântico da agressividade, embora moderada; "a bala não bateu" significa, por sua vez, com forte ambiguidade no campo da agressividade, que o comprimido de ecstasy não fez efeito. Que, de uma forma geral, o sexual pode se associar sub-repticiamente ao agressivo vê-se de várias formas, por exemplo, na expressão que denota enviar uma mensagem de texto por celular: "mandar um torpedo".

Entre vida e morte

O filme *As invasões bárbaras* (2003), do diretor canadense Denys Arcand, é a continuação da história dos mesmos personagens apresentados, dezessete anos antes, em *O declínio do império americano* (1986). Dois tempos das mesmas vidas que retratam dois tempos de nossa cultura.

No primeiro tempo, na década de 1980, as pessoas parecem estar inteiramente tomadas por sua busca de realização sexual e amorosa.[98] Uma delas afirma que "o desejo exacerbado de felicidade individual está na base do declínio do império". E é somente essa busca de satisfação que elas manifestam, sobretudo no aspecto sexual. Os personagens proliferam falas sobre amor e sexo: "O amor é um sentimento que dura dois anos", pontifica um deles. "É só quando saio à caça que me sinto vivo", confessa o outro. Se um argumenta que "o tamanho do pênis é fundamental", outra replica que "o amor é que é fundamental". Quanto à traição, única forma de conciliação da manutenção do ideal amoroso com a exigência imperiosa de satisfação sexual, um deles ironiza: "A mentira é a base da vida amorosa e o cimento da vida social". Mas quando uma personagem revela ter traído a amiga com o marido dela, promove um violento curto-circuito entre o amor (sublimado da amizade) e a busca de gozo, desencadeando intenso mal-estar no grupo.

Os homens se queixam do trabalho que as mulheres lhes dão: para ter sexo com elas é preciso flertar, dançar e até fazê-las gozar... Uma mulher tem um caso com um jovem rapaz; outra, com um jovem sadomasoquista que lhe bate com cinto e sobre o qual ela exclama: "Nunca gozei tanto na minha vida!". Um dos personagens pretende resumir o drama de todos dizendo: "Vivemos um processo geral de dissolução de toda existência". Mas essa dissolução é, ainda assim, prazerosa, está a serviço de Eros — Freud diria que ela serve ao princípio de prazer — e implica o sexo e o gozo sexual.

Os mesmos personagens que sintetizam a liberação sexual dos anos 1980 fornecem um excelente perfil do mundo em 2003: *As invasões bárbaras* é o retrato da cultura e do sujeito — ambos entre a vida e a morte. Se *O declínio* ocorre sob a ameaça do fantasma da aids, que apenas se insinuava — um dos personagens apresenta sintomas que levam a pensar no início da doença —, a história do segundo filme se desdobra a partir do atentado de 11 de setembro de 2001 às Torres Gêmeas, em Nova York.

O desdobramento implícito de *O declínio* para *As invasões* é o deslocamento da pulsão sexual para a pulsão de morte, o que se acha primorosamente ilustrado pela trilha sonora de ambos: do Haendel voluptuoso e sensual, do primeiro, ao minimalismo angustiante e sinistro de Philip Glass, do segundo.

A história de Rémy, o pai que morre — e isso por si só já não seria emblemático da contemporaneidade, na qual Lacan diagnosticou muito cedo um declínio social da imago paterna? — e recebe todos os cuidados do filho, Sébastien, que vem de Londres, onde trabalha, para vê-lo, compõe uma narrativa que se desenvolve em diferentes níveis e nos faz ver, com constante densidade, as diversas dimensões da contemporaneidade. Em vários aspectos, trata-se de uma bela lição de psicanálise.

Em determinado nível, puramente subjetivo, pode-se dizer que é um filme sobre o olhar: o sujeito entre a vida e a morte constrói certo olhar para o mundo, e este surge de modo novo. Prestes a ser deixado, o mundo surge em sua riqueza; a natureza, em sua simplicidade e perfeição; a memória, em sua atribuição privilegiada da condição humana da representação.

Ao ir para o hospital realizar exames, Rémy pede ao filho que pare na casa do lago para contemplá-lo: a morte iminente vivifica a vida e a transforma num bem maravilhoso. É ao ser tocada pela morte que a vida parece adquirir mais sentido, como Freud desenvolve no sublime "Sobre a transitoriedade". Fazendo uma caminhada num belo dia de verão com dois amigos, que lastimam com tristeza que toda aquela beleza estaria fadada ao fim, Freud comenta:

> A ideia de que toda essa beleza era transitória comunicou a esses dois espíritos sensíveis uma antecipação de luto pela morte dessa mesma beleza; e, como a mente instintivamente recua diante de algo que é penoso, sentiram que em sua fruição de beleza interfeririam pensamentos sobre sua transitoriedade.[99]

Mas para Freud, ao contrário do que eles se queixam no passeio, é da efemeridade[100] que as coisas retiram sua magnificência: "Uma flor que dura apenas uma noite nem por isso nos parece menos bela".[101] Como observa Peter Gay comentando essa passagem, "o que importa é a emoção despertada pela beleza e pela perfeição no próprio momento em que surgem".[102]

O desejo do pai de ter escrito uma obra importante que ficasse para a posteridade é o desejo de deixar algo seu inscrito no mundo para sempre: ele não consegue "aceitar a morte, se resignar". Mas Nathalie, a viciada em heroína que obtém a droga para que Rémy suporte melhor as dores de seu estado terminal, observa-lhe com percuciente lucidez: "Não é a vida de hoje [a de doente] que você não quer deixar, é a vida passada, e esta já está morta". Uma reversão de valores se opera em Nathalie: a drogada, aquela que afirma que não se deve confiar em viciados porque eles têm o hábito de mentir, é a mesma que é chamada para aliviar o sofrimento do agonizante.

O amor filial de Sébastien é desvelado diante da doença mortal do pai. Ele reúne os grandes amigos em torno de Rémy e providencia tudo o que é necessário para que não sofra e se sinta melhor. Consegue lhe proporcionar uma morte indolor e na casa da qual ele tanto gostava, à beira do lago. Uma morte que não fica reduzida, como é tão comum atualmente, ao espaço do hospital, mas, ao contrário, é incluída na vida. Uma morte que tem profunda relação com a vida e, paradoxalmente, dá sentido a ela, não é afastada do olhar e da vida cotidiana — tal como o pai de Sidharta, se opondo ao destino de Buda de seu filho, quis desviar os seus olhos da velhice, da doença e da morte.

Na busca de dar ao pai o melhor possível para enfrentar a doença terminal, Sébastien revela o poder absoluto do dinheiro que tudo compra:[103] a diretora do hospital; os membros do sindicato; o porteiro do prédio; e até o afeto teatral dos alunos. Não há qualquer limite para esse poder do dinheiro, ganho aos borbotões por Sébastien na bolsa de valores através de telefonemas e mensagens eletrônicas. Os obstáculos que surgem sempre se resumem a dinheiro, e encontram o mesmíssimo comentário do personagem: "Dinheiro não é problema". O dinheiro vence qualquer lei e se impõe com facilidade: a droga é obtida com uma escolta policial e a eutanásia é conseguida, uma vez admitida pela ética do grupo. O dinheiro surge no filme sem números, mas em maços; não é contado, mas pesado na balança. Ele revela a sua face feroz de gozo absoluto e mostra que não é apenas no Terceiro Mundo (mencionado no filme duas vezes), que, manipulando a corrupção, opera milagres e faz tudo acontecer.

Noutro nível, o da cultura, trata-se de um filme sobre o real do gozo sem limites: o dinheiro, a droga, a queda do simbólico, a falência do amor, o vazio ético e político. Tudo se passa como se a mudança ocorrida nos dezessete anos entre os dois filmes evidenciasse primordialmente a falência dos ideais e das sublimações sociais, e a emergência daquilo que se esconde por trás de todas elas: a voracidade de um gozo mortífero, do qual a droga é um dos símbolos mais fortes. Em *O declínio*, a droga utilizada é a maconha, ao passo que em *As invasões* é a heroína. Cheirada, injetada e fumada, ela opera uma grande invasão no corpo do gozo bárbaro e sem limites, do gozo não refreado pelas construções da cultura. "Toda formação humana tem, por essência, e não por acaso, de refrear o gozo",[104] diz Lacan.

"Concentre-se", diz Nathalie a Rémy antes da primeira aplicação de heroína, "é a primeira vez que é a melhor, depois é a essa que se tenta retornar. Ela é a cavalgada do dragão — *the riding of the dragon*." É a droga que a cultura encontra em seu limiar. Se "encontrar um sentido é o que temos que buscar", a morte é a introdução da perda de sentido, e, para fazer face a ela, a droga é brandida: ela evita a dor, causa prazer extático e permite que a morte venha sem sofrimento.

O gozo do capitalismo se revela aqui mais forte do que o amor da religião, numa guerra por ambos travada para conquistar o sujeito: no filme, o padre põe imagens sacras à venda no mercado de arte com o intuito de obter capital. Ele situa em determinado mês de 1966 um fato sumamente enigmático: as igrejas se esvaziaram de repente. O que significa isso?, ele se pergunta.

Os aparelhos — celulares, laptops — fazem parte dessas invasões bárbaras do capitalismo, e uma das cenas mais emblemáticas é aquela em que, destruindo a virtualidade da comunicação com a chama real, Nathalie joga o celular de Sébastien ao fogo, primeira grande conquista "tecnológica" do homem. Freud escreveu um texto sobre "A aquisição e controle do fogo", em 1931, no qual faz uma belíssima análise do mito de Prometeu: punido por ter roubado o fogo dos deuses, ele foi acorrentado numa montanha onde uma ave vem todos os dias devorar seu fígado, que se regenera constantemente. Considerando o fogo como análogo à paixão do amor e da libido, Freud interpreta esse mito como o da renovação constante do desejo indestrutível, desse pênis que, falo alado, qual uma Fênix, sempre surge revivescido das cinzas após ter relaxado.[105] O mito trata, assim, do fogo eterno da paixão, e é nele que Nathalie lança a frieza da tecnologia que está sempre afastando-a de Sébastien. Nathalie chama o amor de Sébastien através do ato, aparentemente paradoxal, de queimar seu instrumento de comunicação.

O que seria de nós se não fosse o amor? Ficaríamos à mercê de nossas pulsões destrutivas? É o que se pode depreender, em resumo, das afirmações que Freud faz em uma de suas cartas.[106] Se "a história da humanidade é uma história de horror", como diz um dos personagens do filme, uma história em que o gozo desenfreado acaba destruindo as produções e conquistas da cultura, como a invasão do império romano pelos bárbaros, a promessa de amor resta como uma possibilidade de salvação para Nathalie. Ela entra no programa de abandono da heroína no momento em que a droga está a serviço do alívio da dor de Rémy e ajudando-o a morrer: confrontando-se com a droga que ajuda a morrer, ela é, de algum modo, despertada para a vida. Relembrando uma vez mais o dito de Lacan: "Só o amor permite ao gozo condescender ao desejo".[107]

Sébastien aloja Nathalie na casa do pai, gesto simbólico de transmissão do amor que protege. O pai já dissera a ele: "Desejo que você tenha um filho como você", num reconhecimento do quanto se sentia amado por ele. Por sua vez, sua filha, velejando e se comunicando por imagens no laptop, lhe diz: "Pai, você conseguiu me transmitir o seu apetite pela vida". A filiação simbólica é dignificada.

Já na casa do pai de Sébastien, Nathalie se detém nas obras da biblioteca dele. Seu olhar se encanta com as palavras nas lombadas e capas dos livros, grandes obras de construção da cultura humana. Nathalie respira fundo. Num impulso, beija rapidamente a boca de Sébastien. Sua cura se anuncia, uma fantasia amorosa se instaura para ela a fim de refrear o gozo mortífero da droga.

E a cultura humana, quando ela poderá ter a sua chance de cura? Como ela deverá ser amada para que deseje retribuir esse amor? Quando conseguirá refrear minimamente as invasões bárbaras? A ostentação de uma enorme potência de gozo através das Torres Gêmeas — que, como dois falos gigantescos, parecem gozar sem cessar desprezando a alteridade —, ao suscitar o profundo ódio e a inveja do Outro, demonstrou não ser a melhor saída.

2. Amor e morte

É muito — esperar uma Hora
Se o Amor está logo ali perto —
E é pouco — a Eternidade —
Se ao fim o Amor é o prêmio certo.

EMILY DICKINSON

NESTE CAPÍTULO, parto da postulação princeps de Lacan sobre a relação entre sexo e amor ("O amor é o que vem precisamente em suplência à inexistência da relação sexual")[1] para, em seguida, tematizar a relação — antitética — entre amor e morte.

No seminário *Mais, ainda*, na lição sobre "O amor e o significante", ele pondera:

> *Nós dois somos um só.* Todo mundo sabe, com certeza, que jamais aconteceu, entre dois, que eles sejam só um, mas, enfim, *nós dois somos um só.* É daí que parte a ideia do amor. É verdadeiramente a maneira mais grosseira de dar à relação sexual, a esse termo que manifestamente escapa, o seu significado.[2]

Freud já tematizara a relação entre o amor e a sexualidade salientando que, embora seja uma expressão dela, o amor não pode ser inserido na dimensão exclusiva do pulsional:

> O caso do amor e do ódio adquire um interesse particular pela circunstância de que é refratário a se ordenar em nossa exposição das pulsões. O vínculo

mais íntimo une esses dois sentimentos opostos com a vida sexual; não podemos duvidar disso, mas naturalmente relutamos conceber o amar como se fosse uma pulsão parcial da sexualidade, entre outras. Preferiríamos discernir no amar a expressão da aspiração sexual como um todo [...].[3]

O amor expressa a aspiração sexual como um todo — em outras palavras, é a esse "todo" que Lacan está se referindo ao dizer que o amor tenta preencher a falha, esse "não-todo" que o sexo não consegue colmatar.

Por isso, o amor rivaliza continuamente com o gozo sexual e é com o gozo que ele se defronta de modo radical. Amor e gozo são, de algum modo, antinômicos, pois, se por um lado o que é visado no amor é o sujeito, por outro esse sujeito não tem grande coisa a fazer com o gozo.[4]

Assim, tratarei do amor em uma vertente particular, aquela colocada pela relação entre o amor e a morte. Essa relação entre amor e morte parece universal. Na paixão, ela pode exibir francamente sua face destrutiva, embora de modo diverso para o homem e para a mulher. Conforme observa Eugénie Lemoine-Luccioni, se o homem apaixonado diz para a amada: "Se você me deixar eu te mato!", a mulher apaixonada, por sua vez, ao contrário, costuma dizer ao homem amado: "Se você me deixar eu me mato!".[5] O vetor da pulsão de morte pode manifestar aqui suas duas diferentes direções: o próprio eu (vertente masoquista) ou o outro (vertente sádica). Pois o verdadeiro embate entre amor e morte depende da radical rivalidade que aí se opera entre o real e o imaginário. E como o vetor masoquista da pulsão de morte é o mais originário, e o sádico uma defesa contra ele, não é incomum que o sujeito mate e, em seguida, cumprindo o ciclo do vetor da pulsão de morte até o fim, se mate.

Clínica da separação

De fato, o que se observa na clínica da separação amorosa é que a perda do amor desencadeia muitas vezes aquilo que parece estar sempre ali, à espreita: a morte. Como vimos ao estudar a pulsão de morte, por trás da pulsão sexual (primeiro e mais relevante nome dado por Freud à pulsão de vida) surge sempre a pulsão de morte, uma vez que toda pulsão é, no fundo, pulsão de morte. A pulsão sexual representa o segmento da pulsão de morte que foi sexualizado pela linguagem, e doravante freado pela ação onipresente da fantasia inconsciente, desde o momento em que se produziu o recalque originário. Isso é o que se produz (de formas particulares) na neurose e na perversão, e é isso o que fracassa na psicose.[6]

Sobre isso nos fala Ferenczi de maneira especialmente esclarecedora em seu breve e luminoso texto "A criança mal-acolhida e sua pulsão de morte". Nove anos após a publicação do ensaio freudiano "Além do princípio de prazer", ele escreveu esse artigo em que tematiza a pulsão de morte a partir de sua experiência clínica e nos ajuda a compreender o que Freud trouxera em 1920: a ideia aparentemente paradoxal de que a primeira pulsão é a pulsão de morte, uma pulsão que visa retornar ao estado inanimado.[7]

Abordando a complexa relação entre pulsões de vida e pulsão de morte, Ferenczi menciona que considera "todos os fenômenos vitais, mesmo os da vida psíquica, em última instância, como um emaranhado de formas de manifestação de duas pulsões básicas: a pulsão de vida e a pulsão de morte".[8] Relata ter podido observar, a partir das indicações freudianas sobre o assunto, o quanto as crises epiléticas seguem-se a experiências de desprazer, "as quais davam ao paciente a impressão de que a vida não valia a pena ser vivida".[9] Outras patologias orgânicas, como distúrbios circulatórios e respiratórios de origem nervosa, em particular a asma brônquica, assim como casos de espasmo da glote infantil, foram igualmente estudados por ele com o intuito de examinar mais a fundo a gênese das tendências inconscientes de autodestruição.

Tal gênese é situada por Ferenczi no âmbito da má recepção dada a esses sujeitos, em seu nascimento, por seus familiares. Por diferentes motivos, eles não foram "hóspedes bem-vindos na família": seja porque chegaram num momento em que o pai estava muito doente e prestes a morrer, seja porque se somaram a uma prole já numerosa, seja por outros fatores contingenciais de cada caso em particular, tais sujeitos têm como denominador comum o fato de terem sido acolhidos "de maneira muito pouco amorosa".[10]

Ferenczi repertoria toda uma gama de problemas para os quais a explicação orgânica falta: disposição para resfriados, pronunciada queda de temperatura, frigidez, distúrbios da potência etc. E sugere a probabilidade de que "crianças acolhidas com rudeza e sem carinho morrem facilmente e de bom grado. Ou utilizam um dos numerosos meios orgânicos para desaparecer rapidamente ou, se escapam a esse destino, conservarão um certo pessimismo e aversão à vida".[11]

Com essa argumentação baseada em observações clínicas, Ferenczi — lido com Lacan — acrescenta um elemento precioso à elaboração freudiana sobre a pulsão de morte: o fato de que o amor e o desejo do Outro são responsáveis pelo desejo de viver e pelo florescimento, na criança, da pulsão de vida. Assim, aparentemente de modo paradoxal, é da pulsão de morte que, por ação do amor e do desejo do Outro, nasce a pulsão de vida. Pois, ao nascer, a criança está muito mais próxima do não-ser do que do ser para o qual ela acaba de advir. Ela está mergulhada na pulsão de morte, da qual, sob a incidência do amor e do desejo de vida proveniente do Outro, nascerão pouco a pouco pulsões de vida. A criança adquire assim, gradativamente, bons motivos para querer viver e sua pulsão de vida cresce e amplia seu domínio de ação. Cabe recordar aqui como Lacan, ressaltando precisamente a dimensão inarredável do desejo do Outro na vida de todo sujeito, resumiu a polêmica sobre a teoria do trauma do nascimento desenvolvida por Otto Rank[12] ao enunciar: "Não existe outro trauma do nascimento senão o de nascer enquanto desejado. Desejado ou não — dá tudo na mesma, posto que é pelo *falasser*".[13]

A argumentação de Ferenczi parte justamente desse "ou não" de que fala Lacan, isto é, da preponderância da pulsão de morte sobre a pulsão de vida, que só entra em ação posteriormente e em condições favoráveis para sua ocorrência, quais sejam, os cuidados dispensados ao bebê de forma amorosa e desejante:

> A criança deve ser levada, por um prodigioso dispêndio de amor, de ternura e de cuidados, a perdoar aos pais por terem-na posto no mundo sem lhe perguntar qual era a sua intenção, pois, em caso contrário, as pulsões de destruição logo entram em ação.[14]

A proximidade da criança do não-ser, muito maior do que a do adulto, favorece que a criança deslize e retorne para ele muito facilmente. A "experiência da vida" afasta o bebê do não-ser do qual ele adveio, desde que se lhe apresentem bons motivos para se apegar a ela. Assim, o bebê adquire uma espécie de "imunização progressiva contra os atentados físicos e psíquicos".[15]

Creio que dificilmente poderíamos encontrar palavras mais eloquentes para retratar o desconforto pela vinda ao mundo, a recepção insatisfatória, a lancinante decepção com a vida e o desejo de morte a eles inerentes do que o poema de Florbela Espanca chamado "Deixai entrar a morte":[16]

Deixai entrar a Morte, a Iluminada,
A que vem para mim, pra me levar.
Abri todas as portas par em par
Como asas a bater em revoada.

Que sou eu neste mundo? A deserdada,
A que prendeu nas mãos todo o luar,
A vida inteira, o sonho, a terra, o mar
E que, ao abri-las, não encontrou nada!

Ó Mãe! Ó minha Mãe, pra que nasceste?
Entre agonias e dores tamanhas
Pra que foi, dize lá, que me trouxeste

Dentro de ti?... Pra que eu tivesse sido
Somente o fruto amargo das entranhas
Dum lírio que em má hora foi nascido!

Tendo chegado à psicanálise através de Ferenczi, que o encaminhou a Freud para se analisar, René Spitz mostrou igualmente em suas precursoras observações sobre o "hospitalismo"[17] o quanto o tratamento meramente técnico, asséptico, sem calor humano e contato afetivo, pode ser fatal para a vida do recém-nascido. Os frequentes casos de morte súbita em neonatologia, na maioria das vezes inexplicáveis pelo discurso médico, adquirem assim, para nós, um contorno palpável: trata-se de um não acolhimento pelo amor e pelo desejo do Outro.

Spitz investigou o desenvolvimento infantil fazendo um estudo comparativo entre o desenvolvimento de crianças de um excelente orfanato e o de crianças do berçário de uma prisão. Se, por um lado, no orfanato, apesar de organizado e limpo, elas demonstraram um sensível atraso mental e debilidade física acentuada, na prisão, onde mantinham contato (ainda que não permanente) com as mães, além de serem o objeto privilegiado da atenção das outras prisioneiras, seu desenvolvimento era não só sadio como até acelerado. Spitz concluiu que a privação afetiva completa no primeiro ano de vida era a responsável pelo "hospitalismo", cujo prognóstico é bastante grave; quando a privação era parcial, respondia por estados de depressão. Em seu trabalho, cita como epígrafe uma antiga observação, feita em um diário de 1760 por um bispo espanhol: "Na Casa das Crianças Expostas, a criança vai ficando triste e muitas morrem de tristeza".[18]

Ainda que Spitz, surpreendentemente, não mencione o trabalho de Ferenczi sobre "A criança mal-acolhida e sua pulsão de morte", nem a própria teoria freudiana da pulsão de morte, ele fala em destrutividade e pondera que "cuidados institucionais são destrutivos para as crianças durante seu primeiro ano de vida; mas no berçário prisional os fatores destrutivos foram compensados pelo aumento da intensidade da relação mãe-criança".[19] Ao formular ainda que a criança na casa dos expostos deve compartilhar sua "mãe" com muitas outras crianças, mostrando que o fator quantitativo nesse caso é evidente, Spitz formula uma visão bastante próxima da de Winnicott, que assinalou, em seus estudos sobre a psicose, que a constância dos cuidados maternos no início da vida do bebê é responsável por sua saúde psíquica.

Winnicott resume suas formulações salientando que a mãe "fornece continuidade"[20] e acrescenta que, aos poucos, ela poderá se tornar cada vez menos atenta às necessidades do bebê — isso de acordo com a evolução da criança e sua condição cada vez maior de poder prescindir desse cuidado. Segundo ele, no curso normal dos acontecimentos, a mãe tenta não permitir que o bebê seja alcançado por complicações maiores que as que se encontram dentro da sua capacidade de tolerar, e trata especialmente de isolá-lo das coincidências e de outros fenômenos que estarão forçosamente fora das suas possibilidades de compreender. De um modo geral, ela tenta manter o mundo do bebê tão simples quanto possível.[21]

Observando ainda que a criança, no caso das mulheres presas, "se torna um evidente substituto fálico",[22] Spitz nos ajuda a compreender o quanto a fantasia dos progenitores em relação ao bebê pode ser decisiva, na medida em que, investindo narcisicamente o corpo do bebê, protege-o da tendência à autodestruição que parece espreitá-lo desde sempre. É preciso supor que a fantasia amorosa dos pais é, assim, o primeiro escudo protetor em relação à pulsão de morte originária do bebê; ela constitui a primeira forma de erotismo da qual este participa, no caso, na condição de objeto do amor e do desejo do Outro. Pois é na posição de objeto parcial que o ser do homem "se oferece ao chegar ao mundo, a um mundo em que o desejo do Outro constitui a lei".[23] Posteriormente, será a sua fantasia de sujeito que irá preservá-lo dos ataques destrutivos da pulsão de morte, mas então ele estará na condição de sujeito do desejo, numa relação com o objeto causa do desejo.

Colette Soler assinala a referência feita por Lacan à síndrome do hospitalismo, ao final de sua "Nota sobre a criança" endereçada a Jenny Aubry, chamando a atenção para o fato de que

as necessidades vitais podem ser satisfeitas por cuidados relativamente anônimos, mas, na falta desse "interesse particularizado" evocado por Lacan, a criança fica carente do Outro intérprete, bem como do Outro a ser interpretado, através do que ela mesma poderia vir a sê-lo num desejo não anônimo.[24]

Pode-se esquematizar a travessia em jogo na constituição do sujeito no que diz respeito à fantasia da seguinte forma, mostrando que o essencial é a passagem do lugar de objeto (do desejo do Outro) para o lugar de sujeito (numa relação desejante com o objeto perdido):

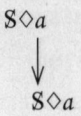

$$S \lozenge a$$
$$\downarrow$$
$$S \lozenge a$$

Constituição do sujeito: passagem de a para S[25]

Como vimos, se a característica mais básica das pulsões desvendada por Freud desde o início é seu caráter conservador, esse traço é aquele que mostra a continuidade, invisível, entre pulsão de vida e pulsão de morte. A pulsão de morte é responsável pela tendência ao retorno a um estado anterior de quietude absoluta e de ausência das tensões que constituem um sinônimo mesmo da vida. Freud chamou essa tendência de retorno ao inorgânico, e pode-se traduzi-la pela tendência de retorno ao não-ser do qual o ser adveio. A vida tende a retornar à morte, formulou Freud, de forma direta, ao dizer que "o objetivo de toda a vida é a morte".[26] Mas, no interior da vida já constituída, surge igualmente uma tendência — também conservadora — de manter e preservar a vida, isto é, uma tendência de perseverar no ser.

Doravante, as duas tendências conservadoras conviverão, e a resultante dessas duas forças atuará a cada momento da vida dos sujeitos, produzindo um empuxo maior numa ou noutra direção, da vida ou da morte. O sujeito deseja morrer, mas morrer significa aqui esgotar dentro do interior da vida todas as suas capacidades de perseveração no ser das quais ela é capaz, para poder, enfim, se entregar à tendência de retorno ao não-ser. Por isso Freud acrescentou que "o organismo deseja morrer apenas do seu próprio modo".[27] A expressão coloquial "morte natural" parece implicar a percepção de que há algo na vida que aspira a essa morte que brota dela mesma sem nenhuma outra interferência externa.

Sob a nova ótica introduzida pela pulsão de morte, Freud relativizará enormemente a importância das chamadas pulsões do eu ou de autoconservação. Dirá que elas são "pulsões componentes, cuja função é garantir que o organismo seguirá seu próprio caminho para a morte, e afastar todos os modos possíveis de retornar à existência inorgânica que não sejam os imanentes ao próprio organismo".[28] As pulsões de autoconservação, portanto, apenas preservam a manutenção da genuinidade das vias para a morte traçadas no interior do próprio organismo vivo.

Vê-se quanto a exposição de Ferenczi se coaduna com a ideia de que é da fantasia do Outro parental que provêm os elementos que vão desencadear, no sujeito em constituição, tendências que serão marcantes para o decorrer de sua vida. A fantasia amorosa do Outro parental e o desejo que ela sustenta, ao erogeneizar o corpo do bebê e nele investir maciçamente sua libido — o que foi denominado por Freud narcisismo primário — produzem um aplacamento da pulsão de morte e trazem uma grande porção desta para o âmbito do princípio de prazer. Complementando seu estudo, Ferenczi menciona ainda os casos, por ele nomeados de "casos de diminuição do prazer de viver", isto é, crianças que foram tratadas com entusiasmo no início, até mesmo com amor apaixonado, mas que depois foram "postas de lado".[29]

Confrontado com a própria finitude e tendo recebido um acolhimento francamente mortífero por parte de seus progenitores, Édipo formula um radical lamento pelo não-ser em sua impressionante e terrível invocação: "[...] A Morte, epílogo de tudo./ Melhor seria não haver nascido;/ como segunda escolha bom seria/ voltar logo depois de ver a luz/ à mesma região de onde se veio".[30] Para Édipo, filho rejeitado pelo amor e pelo desejo do Outro, destinado a não nascer, não há saída possível. De dentro da vida, ele enuncia o lamento impossível que esteve na base de sua existência: sua primeira escolha é a morte — e a segunda também.[31] Voltaremos à tragédia de Édipo adiante.

Fetichismo: sexo + morte

Antes de falar sobre a complexa conexão entre amor e morte, cabe uma palavra sobre a relação entre sexualidade e morte. Talvez se possa ver no fetichismo uma outra espécie de aliança entre sexo e morte, instaurada por meio da paixão pelo objeto inanimado.[32] A pulsão sádica, com seu objetivo de destruir o outro como sujeito e objetificá-lo, parece estar na base do fetichismo. Como, por exemplo, no conto de Guy de Maupassant "La chevelure", no qual um sujeito, colecionador de móveis, compra um móvel italiano raro do século XVII e descobre escondida nele uma cabeleira feminina, de "cabelos louros, quase ruivos", que passa a obcecá-lo. Ele não cessa de imaginar em que circunstâncias aquela mecha teria sido deixada na gaveta secreta; quem teria sido aquela mulher; quem teria cortado a mecha. Para ele, a mecha era "a única coisa que ele pôde conservar dela, a única parte viva de sua carne que não deve jamais morrer, a única que ele ainda podia amar e acariciar, e beijar em seus acessos de dor".[33] Em outro conto do mesmo autor, "La tombe", o personagem desenterra a mulher pela qual era apaixonado para cortar-lhe uma mecha de cabelos e poder conservar assim, para sempre, o seu perfume. E num terceiro conto ainda, "L'apparition", o fantasma de uma mulher morta aparece pedindo que o homem penteie seus cabelos e ele passa toda a vida se lembrando dessa cena considerada por ele mesmo como impossível.[34] Tudo leva a crer que o fetichismo parece aliar de modo sutil a pulsão de vida à pulsão de morte, introduzindo no campo do gozo fálico, sexual, uma porção do gozo ilimitado da pulsão de morte.

"O amor é a saudade de casa" é um provérbio que Freud cita em "O estranho", ao se referir à ligação que o objeto sexual mantém, para todo sujeito, com o objeto incestuoso primordial. Tal ligação adquire, no caso do fetichismo, um valor particular no qual a sexualidade retira a sua força precisamente do empuxo mortífero da pulsão. O retorno ao inanimado, na metáfora utilizada por Freud para falar do além do princípio de prazer e da vocação inerente à pulsão de retornar a um estado anterior de absoluta quietude, se traduz aqui em outra espécie de retorno, o retorno ao objeto primordial.

Nesse sentido, a perversão fetichista seria muitas vezes uma forma intensamente transfigurada de necrofilia, uma paixão sensual pelo objeto enquanto morto, enquanto separado do corpo vivo — sapato, peça íntima, mecha de cabelos etc. O objeto fetiche retiraria, assim, a sua condição pré-

-fetichista de sua conexão íntima com a morte, através de uma relação com o inanimado. O fetichismo dos pés e dos cabelos, atribuído por Freud à sua conexão com o odor e a pulsão olfativa, não estaria igualmente relacionado ao fétido, ao pútrido e, assim, indireta e remotamente, à morte?[35] Pode-se ver, ainda, embutida na paixão fetichista, uma forma poderosa de renega-ção (*Verleugnung*) da morte, ao vir a afirmar nela algo que desperte a paixão sensual e, logo, algo inerente à vida.

As perversões sádicas e masoquistas revelam, igualmente, uma forte conexão entre as pulsões sexuais e de morte. Nelas, o gozo sexual, gozo fálico, parcial, é arrebatado, com maior ou menor intensidade, pelo gozo mortífero da pulsão de morte. Fica uma pergunta pontual: não esta-ríamos vendo na cultura contemporânea um desvelamento crescente dessa conexão íntima entre erotismo e morte através das práticas sado-masoquistas que se tornaram bastante frequentes, se não universais? No fundo, tais práticas ostentam o quanto a pulsão sexual é tributária da pulsão de morte.

Lembre-se que a relação entre sexo e morte foi tratada por Jacques Ruffié como a de duas necessidades inerentes à evolução das espécies. Primeiro, a "necessidade de sexo", que permite um modo de reprodução que mantém sem cessar uma grande variedade nos patrimônios genéticos dos indivíduos:

cada sujeito é o fruto de uma mistura: a metade de seu patrimônio lhe vem de seu pai, a outra metade de sua mãe. Ele é um misto de seus pais. Conse-quentemente, ele jamais se parece com eles exatamente; ele não será idêntico a nenhum de seus dois progenitores; ele será *outro*.[36]

E também "necessidade da morte", que permite à evolução seguir o seu caminho ao "substituir antigas gerações pelas novas".[37] A sexualidade e a morte constituem, assim, "os dois polos de um *ciclo vital* que forma, de gerações em gerações, uma longa cadeia cuja origem se perde na noite dos tempos".[38]

Mas não tratarei mais aqui da relação geral entre o sexual e a morte, e sim daquela entre o amor e a morte. Se sexo e amor estão relacionados com a morte, o amor revela, contudo, um embate violento com a morte. Se o sexo admite a morte e mesmo parece se nutrir dela, já que, sem ela, ele não haveria, como afirma Lacan no *Seminário 11*,[39] o amor quer aboli-la, vencê-la e, no fundo, mostrar-se mais forte que ela.

Fantasia: amor, desejo e gozo

Para a psicanálise, as manifestações da sexualidade, que abarcam toda a vida do sujeito, podem ser divididas entre três grandes vertentes distintas: o desejo, o gozo e o amor. Para Lacan, "o amor nada tem a ver com a relação sexual".[40] Diz ele ainda, em outra passagem: "quando a gente ama, não se trata de sexo".[41] Se o amor parece ser uma das faces do sexo, a sua face imaginária, ele, na verdade, é mais do que isso, pois, segundo Lacan, ele é o que vem em suplência à inexistência da relação sexual.[42] A intrincada relação que une amor e sexo pode ser constatada, por exemplo, na observação feita por um personagem de *Sexo, mentiras e videoteipe* (1989), de Steven Soderbergh, de que o homem parece chegar ao amor através do sexo, e a mulher, ao contrário, parece chegar ao sexo através do amor. Lacan afirma algo semelhante, quando nos brinda com uma distinção chistosa entre amor e desejo:

> O que no sexual importa é o cômico. É quando um homem é mulher que ele ama, quer dizer, no momento em que ele aspira por alguma coisa que é seu objeto. Em compensação, é a título de homem que ele deseja, quer dizer, que ele se suporta em alguma coisa que se chama propriamente "ficar de pau duro".[43]

Como se vê na letra da música "Amor e sexo" (2003), de Arnaldo Jabor, cantada por Rita Lee, existe uma oposição entre amor e sexo. Acrescente-se apenas que *amor é sexo*, por isso, após tantas distinções estabelecidas entre amor e sexo,[44] conclui Jabor: "Amor é para sempre, sexo também".

Como vimos, situei no matema lacaniano da fantasia as três dimensões inerentes à sexualidade: amor, desejo e gozo. Toda fantasia é fantasia de desejo (expressão que Freud utiliza com frequência para se referir à fantasia), e o desejo se suporta sempre na fantasia, Lacan o sublinha repetidamente. Se o desejo requer a fantasia para suportá-lo, isso se dá porque o desejo é, enquanto tal, irrepresentável e inominável. Ao ser nomeado, o desejo já se deslocou e não está mais naquele mesmo lugar da nomeação estabelecida.

Uma menina de seis anos de idade, ao ser perguntada pela mãe sobre o que queria comer, respondia: "Eu quero maçã, se não tiver".[45] Claro que essa menina parece ter compreendido precocemente um segmento fundamental da teoria lacaniana, aquele que diz respeito à relação entre o desejo e a falta: pois, por que ela iria desejar comer determinada coisa se tivesse? Isso significa que o desejo tem uma relação estrita com a falta, ele pode até mesmo ser identificado com a falta: só há desejo se houver falta. Bruce Fink argumentou, nesse mesmo sentido, que o desejo "não sabe muito bem o que fazer com os objetos. Quando você consegue o que quer, não pode mais *querê-lo* porque já o possui".[46] Foi também nesse sentido, da preservação do desejo enquanto não realizado para mantê-lo vivo, que a artista plástica norte-americana Jenny Holzer expôs num boné preto da *Survival series* (1986) a inscrição em dourado da frase: *Protect me from what I want* (Proteja-me do que eu quero).[47]

Querer e desejar é manter-se vivo, e talvez seja mais importante do que realizar o desejo. Por isso se observa na clínica, muitas vezes, o sujeito recuar diante da realização de uma conquista pela qual tanto aspirou: recuar diante dela é preservar o irrealizado como fonte do desejo vivo. Como lembra Betty Milan, há o adágio de que "o melhor da festa é esperar por ela", que é ilustrado de forma primorosa pela história do mandarim apaixonado pela cortesã: ela diz que só se entrega a ele se ele passar cem noites sentado no jardim embaixo de sua janela. "O homem consente nisso e ali comparece, religiosamente. No nonagésimo nono dia, entretanto, se levanta e vai embora." Agindo assim, o mandarim preserva seu desejo e "insiste na fantasia".[48]

Com frequência, o neurótico recua excessivamente diante da realização do desejo. Esse recuo tem diferentes formas e Freud as repertoriou sob as três famosas rubricas clínicas: inibição, sintoma e angústia. A inibição é a parada diante da possibilidade de avançar na direção da realização do desejo: o inibido recua muito antes, evita qualquer perigo de que o desejo se realize. O sintoma é uma realização fantasiosa do desejo, mas uma realização deslocada e que, além de prazer, causa sofrimento. E a angústia é o sinal de alarme de que o objeto *a*, causa do desejo, que deve ser mantido sempre a certa distância, está se aproximando excessivamente. Se o obsessivo mantém a realização do desejo no campo do impossível, desejando algo que não pode ser atingido, a histérica, por sua vez, trabalha no sentido de manter o desejo insatisfeito. Mas será que esse estado de coisas é específico da neurose ou diz respeito ao desejo enquanto tal? Tudo indica que o desejo almeja sua preservação, ele é desejo de desejo e, assim, mantém distância de sua própria realização.

A fantasia é essencialmente fantasia de desejo porque ela como que recorta aquilo que, do campo do inominável do desejo, adquire alguma forma de nominação. Se o desejo entroniza continuamente a falta, a fantasia, por sua vez, inventa, imagina e, em suma, fantasia o que falta. Por isso a fantasia é prolífica e se reconstitui continuamente.

Como já vimos, propus que a fantasia fosse definida como sendo a articulação entre o inconsciente e a pulsão, ou seja, em termos lacanianos, uma articulação entre o simbólico (linguagem) e o real (a sexualidade). Além disso, a partir de algumas indicações de Lacan na série de lições sobre *Hamlet* do seminário *O desejo e sua interpretação*, situei no matema da fantasia dois polos distintos. Tais polos correspondem precisamente aos dois elementos que se articulam na fantasia, o inconsciente e a pulsão, e neles podemos situar duas zonas de fixação correspondentes às estruturas clínicas nas quais a fantasia se inscreve como tal: a neurose e a perversão.

	S ◇ a
Sujeito	Objeto
Linguagem	Sexualidade
Inconsciente	Pulsão
Amor	Gozo
Transferência	Repetição
Neurose	Perversão

No polo do sujeito, a fantasia é essencialmente fantasia de amor, e, portanto, na neurose, a fantasia apresenta uma acentuada fixação nesse polo do sujeito. A fantasia neurótica é uma fantasia de completude amorosa, o neurótico almeja resgatar a completude supostamente perdida através do amor. Por isso, a clínica analítica, uma clínica que opera pela transferência, é fundamentalmente uma clínica da neurose.

No polo do objeto, a fantasia é essencialmente fantasia de gozo, e, portanto, na perversão a fantasia apresenta uma acentuada fixação nesse polo do objeto. A fantasia perversa é uma fantasia de completude de gozo, o perverso almeja resgatar a completude supostamente perdida através do gozo, por isso a perversão pode se colocar muitas vezes — mas não sempre — evasiva à análise. Ela se coloca do lado da repetição vinculada ao polo de gozo da fantasia, ao passo que a neurose se coloca do lado da transferência vinculada ao polo de amor da fantasia. Acrescente-se que podemos supor que esses dois polos refletem na fantasia a incidência do Outro paterno (polo do amor) e do Outro materno (polo do gozo). A entrada do sujeito na ordem simbólica, no mundo humano da linguagem, se daria, assim, com a incidência mais ou menos intensa em um desses dois polos da fantasia: a ênfase no polo paterno responderia pelos casos de neurose, e no polo materno, pelos de perversão. Os moldes da inserção e da travessia edípicas seriam assim decisivos e responderiam pela polarização da fantasia num ou noutro aspecto.

Sujeito e objeto: amor e gozo

A questão que surge é: qual a relação entre amor e morte? Uma das figuras máximas da sedução na literatura, narrada nas primeiras páginas das *1001 noites*, a história de Scherazade é uma das mais belas histórias já contadas sobre amor e morte. Tendo sido traído pela esposa e após ter presenciado a traição de sua cunhada em relação a seu irmão, o sultão Schariar conclui que a traição feminina é inevitável. Assim, estabelece que em seus domínios, a cada noite, uma nova virgem será possuída por ele e, na manhã seguinte, decapitada. Ele será doravante, simultaneamente, o primeiro e o último homem de cada uma das lindas donzelas do sultanato. Por uma estranha combinação por ele arquitetada entre Eros e Tânatos, a jovem por ele possuída está condenada a desaparecer. Com esse ato, Schariar faz de todas as mulheres "objeto exclusivo de gozo".[49]

Após inúmeras mortes de jovens que trazem enorme consternação e desespero à população, Scherazade, filha do grão-vizir, decide se candidatar — à revelia do pai, que temia o pior — a passar uma noite com Schariar, pois ela tem um plano para tentar deter sua paixão assassina. Após a fúnebre noite de núpcias, antes do alvorecer, Scherazade pede que o sultão lhe conceda uma última alegria, despedir-se de sua irmã, Dinarzade. Chegando à alcova do casal e passados alguns minutos, Dinarzade pede à sua bela e inteligente irmã que lhe conte uma de suas histórias maravilhosas. Tendo recebido a magnânima permissão do sultão para fazê-lo, Scherazade inicia o relato de uma de suas belas narrativas e suspende sua conclusão imediatamente antes do final, alegando que os primeiros raios de sol já surgiam, o que significava que, infelizmente, chegara a hora de sua execução.

Scherazade suspende, assim, o desejo do sultão em relação a essa conclusão não realizada. Ela o captura numa incompletude e numa falta que desmontam sua arrogância fálica e tirânica; em suma, lhe suscita o desejo. Ele "permite", então, como sempre usando de sua grandiosa "generosidade", que Scherazade continue a narrativa no dia seguinte. E, assim, a cada noite, o mesmo procedimento permite a Scherazade, através das histórias — que, de fato, dizem respeito ao mundo simbólico do sultão e constituem seu Outro —, introduzir o desejo naquilo que se presentificava como puro gozo. A sedução de Scherazade é refinada: "não deixa transparecer a existência de um plano; não se oferece para contar, só o faz a pedidos — para atender à irmã".[50] Seu maior refinamento é o de dissimular seu poder, pois Dinarzade se encarrega sempre de solicitar ao sultão, não sem manifestar grande interesse, a continuação, e Scherazade, humildemente, apela para a sua condescendência, "reconfirmando-o no desejo de tudo poder".[51] No fundo, Dinarzade lança a isca que fisga o sultão e confirma que o desejo é o desejo do Outro.

"Só o amor permite ao gozo condescender ao desejo",[52] afirma Lacan no seminário *A angústia*, e tal observação pode ser magnificamente ilustrada com as *1001 noites*. O amor chega até Schariar por meio das palavras de Scherazade, que o reconcilia com seu próprio passado através da narrativa da história de seus antepassados — verdadeiro conteúdo de todos aqueles contos maravilhosos. Scherazade reitera a relação entre o amor e o simbólico: suas palavras humanizam Schariar, tornam-no castrado, aspirando a algo que falta, seu complemento ou finalização. Através da dialética entre amor e gozo, as *1001 noites* são, no fundo, uma alegoria da relação paradoxal entre o feminino e o masculino: o amor próprio ao campo do feminino barra o gozo sexual inerente ao campo do masculino. Nessa tensão entre ambos, se situa o desejo e a castração.

Além disso, a história de Scherazade põe em cena a questão sobre o que é a virgindade para a psicanálise: há uma porção da mulher que não pode ser possuída pelo homem, que permanece sempre virgem, intocada. O homem possui a mulher falicamente, mas não-toda. O não-todo que a especifica enquanto mulher — aquilo que Lacan introduziu de radicalmente novo a respeito da sexualidade feminina[53] — impede que ela seja *toda* possuída.

Não é raro que a morte sobrevenha "naturalmente" após a perda do amor: sem o amor, Tânatos toma conta de todo o território que antes pertencia a Eros, como no filme *Ligações perigosas* (1988), de Stephen Frears. O sedutor visconde de Valmont se associa à pérfida marquesa de Merteuil no plano para conquistar a linda e casta Mme. de Tourvel, e em seguida abandoná-la. Esta adoece gravemente ao ser largada, logo após ter cedido — não sem muita resistência — às investidas de Valmont. Pouco antes de morrer, contudo, ela ouve uma mensagem que foi enviada por ele, igualmente antes de morrer em um duelo no qual, de fato, provocou a própria morte. Arrependido e atingido pelo mal que ocasionou a ela, ele lhe declara seu amor e ela morre em seguida. O amálgama entre amor e morte surge aqui como em poucas histórias: ele só consegue declarar o amor verdadeiro antes de morrer; e ela, exatamente antes de morrer, ouve sua mensagem.

No conto "As garças", Guimarães Rosa narra a história do casal inseparável de aves que, tendo uma morrido, a outra vai imediatamente encontrá-la na morte. Com a morte do parceiro amoroso, a vida perde seu sentido, torna-se um voo inútil:

> Ouviu-se, à vez, que inutilmente chamasse o companheiro: como gloela, rouca, o gragraiado gazinar. Sim, se. Fazia frio, o ventinho, ao entardecer. Daí, logo, levantava voo outramente, desencontrado e quebrado, de busca — triste e triste. O voo da garça sozinha não era a metade do das duas garças juntas: mas só o pairar de ausência, a espiral de uma alta saudade — com fundo no céu.[54]

Freud parece se perguntar em diversas passagens de sua obra: o que seria de nós se não fosse o amor, estaríamos entregues às nossas pulsões destrutivas? Veja-se o fenômeno de drogas como o ecstasy ou o MD, utilizadas em festas, que parecem destinadas a esse fim, por jovens em todo o mundo. O depoimento de um analisando faz supor que os que frequentam essas festas estão, no fundo, desesperados, desejando que alguém os "resgate" dali. Por isso o efeito tão frequente de, após um encontro sexual intenso — impulsionado pela força da droga, que faz com que "o toque seja melhor, o beijo seja melhor e que se penetre muito mais no outro" — seguido de afastamento por parte de um dos parceiros, aquele que foi preterido reagir com raiva e cortar radicalmente as relações com aquela pessoa. Pois o que ele desejava, na verdade, era que, "com aquele novo relacionamento, ele pudesse deixar de sair à noite e de se drogar".

Em resumo, a pessoa aspirava a que o amor a resgatasse do êxtase — por vezes mortífero — da droga. Tudo se passa como se o sujeito, no fundo, depositasse no amor a esperança de alguma salvação da pulsão de morte. No filme *As invasões bárbaras*, como vimos, surge a mesma tematização da relação entre amor e morte — ou, mais precisamente, entre amor e pulsão de morte — através da droga. A mulher drogada que ajuda um amigo na sedação de seu pai doente termina, ao fim da história, com a perspectiva de um novo amor. O amor talvez a salve do gozo mortífero da heroína.[55]

Amor: palavra final de Eros diante de Tânatos

O terrível ataque terrorista que abalou o mundo em 11 de setembro de 2001 e anunciou, de modo desesperançoso, o século XXI, foi reconstituído por dois jornalistas norte-americanos de forma magistral, acompanhando os 102 minutos que transcorreram entre o instante em que a primeira das duas torres do World Trade Center, em Nova York, foi penetrada pelo avião e a queda de ambas.[56] É comovente nesse relato o fato de que diante da percepção da iminência da morte, as pessoas telefonavam, ou deixavam mensagens para seus familiares e amigos. O livro mostra centenas de registros verídicos, desde os mais diversos depoimentos de sobreviventes e parentes das vítimas até e-mails e mensagens deixadas nas secretárias eletrônicas e caixas postais de celulares de amigos e parentes pelas pessoas que se encontravam no interior dos prédios. Objetivo: dizer o quanto as amavam. Surge a questão sobre o porquê dessa necessidade imperiosa que o sujeito vivencia, diante da morte, de declarar o seu amor.

Recorrendo à tragédia *Hamlet*, de Shakespeare, Lacan chamou a atenção para algo próximo a isso: o fato de que Hamlet só consegue exercer o seu desejo quando se vê mortal, após ter sido envenenado, como ocorre no desfecho da peça. Lacan aponta aí um traço paradigmático da neurose obsessiva, na qual o exercício do desejo se encontra postergado indefinidamente, na medida em que se trata, para o obsessivo, de evitar o confronto com a morte, com a finitude. O adiamento do desejo pode ser indefinido, uma vez que, para ele, o tempo não se esgota jamais: adiar o ato significa para o obsessivo negar a morte. Postergar o ato significa infinitizar o tempo.

Cito um exemplo clínico que toca nesse aspecto de modo surpreendente: um analisando se deu conta de que, mesmo tendo condições, há muito tempo, de adquirir um apartamento próprio, continuava pagando aluguel e adiava sempre a sua compra. O que se evidenciou para esse sujeito na análise foi que ele fizera uma conexão simbólica entre comprar a sua "casa própria" e morrer. O elo que estabeleceu a conexão teria sido, entre outros elementos, a expressão "a última morada", com a qual vinculou a ideia da residência própria e, segundo essa lógica, definitiva.

Mas afirmar o amor diante da iminência da morte é algo diverso de exercer o desejo. Pois se o exercício do desejo supõe sempre a entronização da morte e sua aceitação, isto é, a experiência da castração, o amor afirmado diante da perspectiva do desaparecimento é a aspiração a um além da morte, à perpetuação da vida além da morte. Trata-se, nesse caso, de afirmar o simbólico em toda a sua potência e, com isso, produzir um anteparo para o real.

Ao afirmar seu amor imediatamente antes de morrer, o sujeito parece estar envelopando a si mesmo e à pessoa amada com uma espécie de proteção narcísica, que lhe permita morrer sem perder a sua unidade e o sentido de sua vida. Afirmar o amor, nesse caso, seria quase como nascer de novo e dar a vida ao outro igualmente, uma vez que a vida depende — como vimos — do desejo e do amor do Outro. Trata-se, então, de afirmar radicalmente a vida diante da morte. Pois, como afirma Lacan, "no amor, o que se visa, é o sujeito, o sujeito como tal, enquanto suposto a uma frase articulada, a algo que se ordena ou pode se ordenar por uma vida inteira".[57] Parafraseando Ferenczi, trata-se aqui, paradoxalmente, da morte bem acolhida e sua pulsão de vida. Pode-se acrescentar, ainda, que declarar o amor antes de morrer é simplesmente a expressão do desejo de não morrer só. Pois morrer sozinho retira da vida todo o sentido que apenas o amor consegue lhe conferir.

"Je suis obstiné. ... Je disparais." Elisabeth Roudinesco conta que, segundo o médico que acompanhava Lacan, teriam sido essas as suas últimas pala-

vras, imediatamente antes de morrer no leito do hospital. Diante da certeza da morte, Lacan teria dela afirmado, simultaneamente, sua recusa e sua aceitação: obstinado em viver, contudo desapareço. Diante da morte, ainda assim, uma palavra final: não se pode ver isso como o que é próprio a um gesto de amor? Se no início está o verbo, e o verbo é amor, não é necessariamente o amor que vem no momento da morte para dar a sua palavra final?

Antes da vida e após a morte, o amor afirma algo que se quer tão forte quanto o real da morte, tão poderoso que faz face a essa figura suprema da castração que é a morte, como no *Cântico dos cânticos*, em que o rei Salomão canta: "O amor é forte, é como a morte". Por isso Lacan ponderou que "o que vem em suplência à relação sexual é precisamente o amor".[58] Poderíamos parafraseá-lo, então, e dizer que o amor é, também — e talvez sobretudo —, aquilo que vem em suplência à inexistência.

Faces do amor

Citado algumas vezes por Lacan, o poeta Antoine Tudal diz em *Paris en l'an 2000*: "Entre o homem e o amor,/ Há a mulher./ Entre o homem e a mulher,/ Há um mundo./ Entre o homem e o mundo,/ Há um muro". O discurso poético é um discurso sobre o amor, mas, do mesmo modo que ele ousa definir como um abismo intransponível aquilo que separa o homem da mulher, o cinema se impõe como uma linguagem privilegiada, que se utiliza da condensação inerente à poesia, para a veiculação de um saber sobre o amor e o sexo. Seja pela duração média de um filme, cujo tempo imprime um ritmo preciso que exige que, tal como uma fantasia onírica, uma história seja contada com rapidez do princípio ao fim; seja pela estrutura envolvente da narrativa cinematográfica, com seu poderoso apelo simultâneo à imagem, à palavra, à música e a tantos outros recursos cênicos; seja por tudo isso, no cinema trata-se quase sempre de elaborar um saber sobre o amor e a diferença dos sexos.

Assim, no filme *Homens* (1985), de Doris Dörrie, um personagem afirma: "Os homens valem pelo que fazem, as mulheres valem pelo que são". Já em *Sexo, mentiras e videoteipe* (1989), de Steven Soderbergh, depois de ter ponderado que "o amor é como o alcoolismo e você vive se recuperando", o personagem Graham pontifica:

> As mulheres querem sexo, mas não como os homens, é besteira elas o desejarem como os homens. Lembro de ter lido em algum lugar que os homens aprendem a amar quem lhes é atraente, e as mulheres se sentem cada vez mais atraídas pelas pessoas que amam.

A rigor, falar de sexo é feminizá-lo, torná-lo amor, amar o sexo em vez de praticá-lo. O jovem Graham, que se diz um "impotente na prática", pois não consegue ter uma ereção na frente de outra pessoa, personifica um homem feminilizado (sem que isso implique necessariamente homossexualidade); ele goza masturbando-se com filmes de mulheres falando sobre suas experiências sexuais. Graham goza com a fala feminina sobre o sexo.

Embora muitas vezes se considere erroneamente que Lacan deixou de lado a questão do afeto, ele foi um dos psicanalistas que mais teorizaram sobre o amor e a diferença sexual. Seu seminário de 1972-3, *Mais, ainda*, é um belíssimo ensaio psicanalítico sobre o amor. Nele, Lacan introduz uma elaboração lógica sobre a diferença sexual com a qual resume uma série de achados psicanalíticos. Definindo dois campos diversos, masculino e feminino, embora independentes do sexo biológico dos indivíduos, ele formaliza duas regiões distintas da subjetividade e do gozo sexual. O masculino é o campo do desejo sexual, o feminino, o do amor, ambos podendo ser frequentados por qualquer sujeito. E Lacan chega a afirmar, chistoso, que é quando um homem é mulher que ele ama.

É nesse sentido que, em *Ligações perigosas*, ao se empenhar na conquista da angelical Mme. de Tourvel, o perverso visconde de Valmont diz-lhe que até então só conhecera o desejo e não o amor. O requinte máximo de sua perversidade consiste no fato de ele saber — e valer-se disso — que jamais arrebatará uma mulher sem apelar aos mais nobres sentimentos. O fato de se tratar da adaptação de uma obra literária só aumenta nossa convicção quanto ao papel desempenhado pelo cinema na disseminação das ideias amorosas: poucos leem Pierre Choderlos de Laclos, mas muitos veem os filmes de Stephen Frears.

Alguns filmes chegam a ser didáticos e — talvez porque às vezes nada é mais intolerável do que a verdade — severamente censurados, como foi *O império dos sentidos* (1976), de Nagisa Oshima, no qual a aventura erótica de Sada e Kichizo nos mostra que a morte se apresenta como único limite do gozo sexual: não é outra coisa o que Freud concebeu em sua derradeira e incompreendida teoria das pulsões, ou seja, a ideia de que a tendência subjetiva mais vigorosa é aquela que empuxa a existência no sentido da mais radical aniquilação. Freud chamou a isso pulsão de morte.

Outros filmes são exemplares, como *Esse obscuro objeto do desejo* (1977), de Luis Buñuel, cujo título e enredo têm inspiração francamente psicanalítica: furtando-se insistentemente a entregar-se a Mathieu, seu amante, Conchita figura aí a íntima relação existente entre o desejo e a insatisfação. Ela se insinua para ele de todas as formas, beija-o, senta em seu colo, mas não faz sexo com ele. Dizendo-se *mozita*, isto é, virgem, ela argumenta docemente: "Se eu desse o que você quer, você não me amaria".

Conforme a abstinência vai tornando Mathieu cada vez mais irascível, ela diz: "Sei que é cruel, mas eu também não gosto disso". Conchita adia sempre entregar-se a Mathieu, mas não deixa de lhe acenar com uma promessa que jamais se realiza: "O que você quer e eu recuso, na verdade não sou eu. Vai ter que esperar um pouco, só isso". O estratagema é o mesmo do amor cortês, o qual, para Lacan, "é uma maneira inteiramente refinada de suprir a ausência da relação sexual, fingindo que somos nós que lhe pomos obstáculos".[59] Conchita recusa-se a ocupar o lugar de objeto do desejo e permanece no lugar de objeto *a*, objeto *causa* do desejo[60] — impalpável, inapreensível, intocada e, por isso mesmo, intensamente desejada. No filme, inclusive, ela é representada surrealisticamente por duas atrizes diferentes que se alternam em cena.

Numa entrevista à revista *Time* por ocasião do lançamento de seu filme *Os palhaços*, Federico Fellini afirmou que as pessoas poderiam ser divididas em dois tipos: aquelas que dividem as pessoas em dois tipos e aquelas que não o fazem. Fellini se incluía no primeiro caso, pois tratava-se para ele, então, dos pierrôs e arlequins entre os quais repartia os palhaços. Podemos igualmente dizer, parafraseando-o, que há dois tipos de filmes sobre o amor: os que situam a relação sexual como impossível e os que a consideram possível. Os primeiros são as verdadeiras obras de arte, preocupados em mostrar o que falta à completude desejada, mas jamais obtida pelos sujeitos: seu protótipo é, e talvez sempre será, *Casablanca* (1942), de Michael Curtiz, história do verdadeiro amor — o amor impossível entre Ilsa e Rick, o amor que traz essa marca poderosa e indelével do primeiro amor, incestuoso, e, como tal, implica a dor da perda, a separação. Os segundos são formas de narrativa *kitsch* que, ao modo das novelas de televisão, só concebem o *happy end*. O final de toda e qualquer telenovela não é outro senão uma sucessão de casamentos, uniões e nascimentos que supõem o ápice de uma imperturbável harmonia paradisíaca.

Nesse sentido, quando do lançamento de *Eu sei que vou te amar* (1986), Arnaldo Jabor declarou:

> É mentira que no amor exista felicidade. É por isso que os filmes americanos terminam com um final feliz. Ninguém tem coragem de filmar o que vem depois. E o que vem depois é o meu filme. O meu filme começa com um *happy end*, começa com a cena de um casamento feliz.

Fazendo o casal, que se encontra depois de dois anos de casamento e três meses de separação, oscilar continuamente entre o sublime e o ridículo (entre os dois há só um passo), Jabor ironiza a própria ideia do amor como construção ficcional, da qual dificilmente conseguimos nos libertar — daí o próprio título do filme. Mas indica, também, que o amor é um saber inconsciente.

Todos os filmes nos transmitem algo sobre o amor. "Aventuras acontecem, mas não com pontualidade. A vida nunca nos dá o que queremos no momento em que achamos apropriado", ensina-nos uma deliciosa velhinha em *Passagem para a Índia* (1984), de David Lean. Poucos, contudo, vão tão longe como Wim Wenders na tarefa de perscrutar a alma humana em suas paixões e desejos, de outro modo para sempre fadados a permanecerem enigmáticos. Em *Asas do desejo* (1987), Wenders resume a aventura dos poetas e dos cineastas fazendo o anjo Damiel dizer à amada Marion:

> Não há história maior que a nossa, a do homem e da mulher. Será uma história de gigantes, invisíveis, transmissíveis, uma história de novos ancestrais. [...] Foi somente o espanto diante de nós dois, o espanto diante do homem e da mulher, que fez de mim um ser humano.

Romeu e Julieta, de Shakespeare, é a história do amor maior, aquele que não tolera a vida sem o ser amado — o amor que leva cada um dos amantes a preferir a morte à vida sem o outro. Numa estranha alquimia fusional da ambivalência fundadora, separados desde sempre pelo ódio mortífero de suas famílias rivais, os jovens protagonistas da peça se amam e se matam, cada um a si próprio, por acharem que o outro se matara por ele. A morte de ambos se deveu a uma palavra que não chegou ao destinatário: Romeu não recebeu a carta que o avisaria de que Julieta se fingiria de morta. Romeu se mata primeiro, não aguentando a morte suposta. Julieta se suicida em seguida, diante do amado realmente morto. Ambos preferem a morte a viver atravessados pela insuportável dor da perda do ser amado.

A morte consagra esse amor absoluto, ela fornece seu último termo: ela representa, no fundo, o único lugar onde se pode realizar um amor tão grande. Mas sobre *Romeu e Julieta* não diremos mais nada senão repetir a psicanalista Maria Anita Carneiro Ribeiro, em um belo texto sobre a tragédia: "Nunca houve história mais bela do que esta",[61] parafraseando a última fala da peça, enunciada pelo Príncipe Escalo, "Nunca houve uma história mais triste do que esta de *Romeu e Julieta*".[62]

Quando Lacan inventa o neologismo "amódio"[63] e afirma que "o verdadeiro amor desemboca no ódio", e, ainda, que "não conhecer de modo algum o ódio é não conhecer de modo algum o amor também",[64] é para frisar que se o amor colmata uma falha, o ódio a escancara: ao perder o objeto amado, o sujeito sofre não tanto pela perda do objeto, mas pelo fato de ter que vir a se defrontar — novamente — com a falta originária de objeto, que era tão prazerosamente escamoteada pelo objeto amoroso. O ódio advém como a revelação fulminante de uma falta que não pode ser preenchida e que, ilusoriamente, o objeto amoroso parecia tamponar — logo, o ódio advém pela percepção violenta, intrusiva, da ilusão inerente ao objeto amoroso. "Como um amor como esse pode ter fim?", pergunta-se o sujeito, boquiaberto, defrontando-se com a impotência daquilo que significa para ele sua arma mais poderosa — seu amor. O objeto é odiado por ter forçado o sujeito a se deparar, através de sua ausência, com algo do qual precisamente ele mais se afasta — o não-sentido inerente à relação sexual, isto é, sua impossibilidade.

3. Nijinski, um deus enlouquecido

Também é preciso lembrar que muita gente sucumbiu à enfermidade justamente por causa do esforço que lhe custou a sublimação de suas pulsões, que foi maior do que a sua capacidade.

Sigmund Freud

No cemitério de Montmartre, em Paris, há um túmulo de pedra cinza com letras vermelhas que indicam: "Sepultura de Nijinsky, nascido em Kiev a 12 de março de 1889, morto em Londres a 8 de abril de 1950". Entre essas datas se deu a vida do maior dançarino de todos os tempos, chamado em sua época e pela posteridade de deus da dança, embora sua carreira tenha durado apenas dez anos.

Considerado esquizofrênico a partir de uma primeira consulta com Eugen Bleuler, em 1919 — Bleuler disse à mulher de Nijinski que ele era um esquizofrênico incurável, com uma mania subjacente, e a aconselhou a se divorciar dele para proteger sua filha, Kyra —, Vaclav Fomic Nižinskij encarnou em sua vida o enigma sobre o significado da loucura. Sua história, como poucas outras,[1] serve de material para interrogarmos a legitimidade da articulação entre os saberes psiquiátrico e psicanalítico. A diferença entre loucura e psicose está no cerne dessa indagação, e a questão que proponho diz respeito, essencialmente, a se Nijinski pode ser considerado de fato um sujeito psicótico, como o é por alguns autores,[2] ou se foi enlouquecido por eventos e contingências, internos e externos, que o levaram a se afastar cada vez mais dele próprio — de sua sexualidade e de sua sublimação, a dança.

A primeira vez que ouvi falar algo sobre a loucura de Nijinski foi ao entrevistar, com um grupo de colegas, na década de 1980, o dr. Gastão Pereira da Silva, um dos primeiros psicanalistas do Brasil. Ele comentou, bem ao final das entrevistas, realizadas quando já estava muito doente e próximo da morte: "Na minha opinião ele [Nijinski] ficou louco justamente por haver a Romola [sua mulher] atuado de tal forma no espírito dele que o afastou da homossexualidade. A homossexualidade é que mantinha a vida dele".[3]

Sua observação foi enunciada de modo enfático, mas somente muito tempo depois, ao me interessar pela vida de Nijinski e sua carreira meteórica, pude avaliar a importância do que o dr. Gastão ponderou naquela noite, na sala de seu apartamento em Laranjeiras, na qual um porta-retratos emoldurava uma fotografia de Freud com uma dedicatória: "A fotografia autenticada entrego-lhe com prazer. Não sei, entretanto, que proveito poderá ter com a imagem de uma fisionomia feia de um velho de 78 anos. [...] Meu nome ainda é desconhecido no Brasil, e somente o seu esforço o tornará conhecido".[4]

Dançarino, coreógrafo, místico

É preciso se colocar no lugar do gênio para entender a sua mente. Isso não se consegue com os valores medianos da vida comum. Mas como fazer, se a excepcionalidade torna essa tarefa, em princípio, impossível? Nenhum analista experiente duvidaria de que é preciso se alçar minimamente à densidade da obra de um artista para poder falar sobre ele. Caso contrário, melhor calar-se, pois o leitor logo sentirá que seria mais produtivo desfrutar diretamente da obra desse artista.

De todo modo, é preciso se orientar por algumas formulações psicanalíticas essenciais: a afirmação de Freud, em seu estudo sobre Leonardo da Vinci, segundo a qual não se diminui o valor de um grande homem ao submetê-lo à análise,[5] é bem acompanhada pela aguda observação de Marie-Magdeleine Lessana de que, quando se trata de arte, nossas categorias patológicas devem ser postas de lado.[6] A patografia, ou a história da doença, pode revelar a pequenez do biógrafo, representar a compactação do ilimitado presente na genialidade artística, refletindo a mesquinhez daquele que vê o mundo com limites estreitos.

Nijinski era o filho do meio de uma prole de três crianças, sendo ambos os pais dançarinos. Seu pai abandonou a família quando ele tinha oito anos, obrigando sua mãe a criar os filhos com muita dificuldade. O talento extraordinário de Nijinski apareceu aos olhos de seus professores desde os nove anos de idade, e ele logo recebeu uma bolsa de estudos da Escola Imperial de Balé, de Moscou. Tinha memória e ouvido musical admiráveis, e tocava vários instrumentos: piano, clarinete, flauta e acordeão. Na dança, possuía qualidades excepcionais no salto e no *balloné*. Sua carreira de dançarino e coreógrafo é considerada precursora da dança moderna. Em 1907 se apresentou com Anna Pavlova e conheceu Serguei Diaghilev, produtor artístico que os leva a Paris.

Com apenas quatro criações coreográficas realizadas sucessivamente, culminando com *A sagração da primavera*, em 1913 — cuja estreia, ao evocar a pujança do ritual do plantio usando uma explosiva alegoria sensual, produziu enorme escândalo em Paris —, Nijinski convulsionou de modo irreversível o mundo da dança e representou um real para o imaginário da época, um real proveniente do caráter pulsional e erótico de suas coreografias (*A tarde de um fauno* conclui-se com a encenação da masturbação do fauno ao sentir o odor do lenço da ninfa).

O corpo de Nijinski, associando a força que emana da relação entre sua impressionante musculatura e uma graça feminina ímpar, foi desenhado por artistas como Jean Cocteau, Aristide Maillol, Amedeo Modigliani e Oskar Kokoschka; pintado por Léon Bakst; esculpido por Auguste Rodin, George Kolbe e Antoine Bourdelle; e fotografado pelos maiores fotógrafos de sua época — mas sua dança nunca foi filmada, pois Diaghilev nunca o permitiu.

Uma paixão negada

Sua vida homossexual se iniciou cedo, quando, em 1908, aos dezenove anos, tornou-se amante do príncipe Pavel Dimitrievitch Lvov, que lhe passou uma doença venérea mas ajudou sua família, introduziu-o nos círculos aristocráticos e artísticos e pagou suas lições de dança com o grande mestre Enrico Cecchetti. Tinha uma vida de luxo e conforto, roupas esplêndidas e joias com diamantes. Depois, foi amante do conde Tishkievitch e conheceu Serguei Diaghilev, de quem se fez companheiro e com quem se tornaria a grande estrela dos Ballets Russes.

Um estranho imbróglio, no entanto, mudou a vida de Nijinski de modo surpreendente, em agosto de 1913: ao seguir para uma turnê na América Latina, que incluiu a primeira de suas duas passagens pelo Rio de Janeiro, conheceu Romola de Pulszki, uma fã de 21 anos que tomara a decisão inabalável de conquistar seu amor e embarcara no mesmo navio, com a intenção expressa de seduzi-lo. Chegando a Buenos Aires Nijinski se casa com ela, num impulso que aliava a negação de sua homossexualidade à necessidade de vingar-se das constantes traições e dos ciúmes que sentia de Diaghilev (este permanecera em Paris porque tinha medo de viajar de navio). A atitude impulsiva de Nijinski pode ser considerada uma passagem ao ato na qual o sujeito se acha desprovido de sua capacidade de deliberar conscientemente.[7]

Minha hipótese sobre esse episódio enigmático, não feita por outros que o abordaram, é a de que o casamento inesperado e irrefletido de Nijinski, aos 25 anos, com uma jovem desconhecida, bem pode ter sido movido, no que concerne a ele, por uma posição subjetiva de homofobia internalizada[8] — uma fuga da própria homossexualidade, a qual até então dominara sua vida sexual e afetiva. Tal homofobia pode ter sido acentuada pelo caráter bastante conflituoso, e provavelmente insatisfatório, da relação que mantinha com Diaghilev. O comentário de Gastão Pereira da Silva naquela entrevista tocava justamente nesse aspecto, sendo impossível eu não me reportar à misteriosa fórmula enunciada por Lacan numa de suas conferências nos Estados Unidos: "A psicose é uma espécie de falha no que concerne à realização do que é chamado de 'amor'".[9]

Uma relação conturbada

A relação entre Nijinski e Diaghilev teve início logo após se conhecerem. Seu ato impensado de casar-se não previu, ingenuamente, que a reação do amante seria extrema: Diaghilev se aproveitou do primeiro deslize de Nijinski para demiti-lo dos Ballets Russes. A partir daí, sua carreira meteórica começou a declinar, e seu estado mental entrou progressivamente em colapso.

Perder Diaghilev foi para Nijinski perder o olhar fascinado de todos à sua volta, lugar agalmático que ele lhe dera ao colocá-lo no centro da maior companhia de balé da época. Seu corpo e sua dança, bem como o fascínio que exerciam sobre todos, perderam repentinamente a benção daquele que o descobrira e o lançara no mundo aristocrático da grande arte.

No fundo, Nijinski perdeu, uma vez mais e de forma igualmente abrupta, o pai, dessa feita aquele que o criou como grande artista e o carregou no colo para entregá-lo ao mundo como o deus da dança. Além disso, Nijinski perdeu o amor e despertou o ódio daquele que o fez nascer como mito. Como seria possível viver sem isso?

Loucura

Bleuler considerou Nijinski um esquizofrênico incurável e o internou imediatamente, mas qual o estatuto da sua loucura? Essa é a pergunta que se forma, quando nos voltamos para os documentos relativos à sua vida, que são seus escritos, os textos de seus biógrafos e os depoimentos daqueles que conviveram com ele.

Sabe-se hoje, após os trabalhos de pesquisa realizados a partir dos anos 1970, o quanto a criação do conceito de esquizofrenia por Bleuler[10] cooptou muitos quadros clínicos então existentes, levando-os ao desaparecimento — em especial o de loucura histérica, resgatado pelo trabalho profícuo de Jean-Claude Maleval, ao publicar sua obra *Loucuras histéricas e psicoses dissociativas*, em 1981.[11] Muitos trabalhos são dedicados atualmente a dar continuidade ao resgate dessa noção de loucura histérica, mais presente na clínica analítica do que se supõe.

Em seguida à internação, Nijinski foi, também por decisão de Bleuler, um dos primeiros pacientes a serem submetidos ao tratamento por insulinoterapia, criado por Manfred Sakel havia pouco tempo e hoje totalmente em desuso. As sucessivas internações e os tratamentos inadequados só serviram, assim, para mascarar seu quadro clínico, que foi se tornando crônico ao longo de três décadas de reclusão.

A clínica da separação amorosa demonstra claramente que o neurótico pode enlouquecer e apresentar uma fenomenologia sintomática compatível com a psicose, devido à fratura, mais ou menos violenta, que a perda do objeto amoroso produz na fantasia inconsciente. A separação repercute, às vezes de forma grave, na estabilidade que a fantasia proporciona ao aparelho psíquico, e os efeitos do levantamento do véu da fantasia em relação ao real — e a localização do gozo que ele emoldura — podem ser devastadores.

Na história do jovem Nijinski, é patente a reação depressiva que ele vivenciou em face da perda de Diaghilev, perda que se pode situar no contexto mais amplo de uma dupla negação: da satisfação de sua homossexualidade e da realização pessoal na arte da dança, tornada possível por sua inserção no poderoso contexto dos Ballets Russes. As tentativas de Nijinski de criar a própria companhia de balé sofreram sucessivos fracassos, que se podem creditar à inexperiência de um jovem acostumado a ser a estrela da maior companhia de balé do planeta e a receber todas as benesses ligadas a esse lugar de destaque. Além disso, teve que se tornar também, de uma hora para outra, coreógrafo e administrador.

Muitos de seus contemporâneos afirmaram jamais ter achado que ele era doente, e que consideravam suas atitudes estranhas mais irreverências e insolências divertidas do que sintomas patológicos. Mesmo no hospital psiquiátrico sua loucura foi tida em alguns momentos como uma verdadeira encenação, como mostra seu principal biógrafo Peter Ostwald, que se refere à sua "personalidade pré-psicótica".[12]

Desse modo, a pergunta que requer ser feita hoje é se Nijinski era psicótico ou se foi enlouquecido pelos 128 choques insulínicos que o emudeceram de uma vez por todas; pelo atendimento que recebeu de psiquiatras na Suíça que — pasme-se — não entendiam sua língua, pois ele só falava russo e não compreendia bem o francês. Teria sua estrutura sido antes a de uma loucura histérica, cada vez mais acentuada pelas identificações fomentadas pelo convívio com os pacientes psicóticos nos asilos psiquiátricos?

O diário de Nijinski revela uma escrita que parece surgir de forma automática,[13] à maneira sugerida por André Breton como a melhor para a criação literária, embora seja verdade que apenas o próprio Breton gostasse desse tipo de escrita. A primeira edição de seu diário foi censurada por Romola em suas passagens sexuais e mais agressivas. No texto, várias vezes ele se autodenomina Deus, com letra maiúscula, mas sabe-se que de fato fora sempre chamado de deus da dança. E se defende da acusação de louco, ainda que sem a verve de Salvador Dalí, que dizia: "A única diferença entre mim e um louco é que não sou louco".

Desenhos

Em sua longa internação, Nijinski passou a desenhar. Seus desenhos revelam ora imagens sombrias, feitas com traços muito fortes, ora leves perfis que delineiam contornos suaves e definidos. Mas sempre se percebe um movimento nas figuras, como se fosse esse o objeto de sua pintura — como se a dança invadisse o espaço bidimensional e produzisse movimento; ou ainda como se Nijinski quisesse obter um efeito cinético, como o da Op Art, mas sem condições técnicas para fazê-lo. Mais ainda, impossível não ver nesses desenhos, chamados de "circulares", as voltas sobre si mesmo do circuito pulsional que perdeu o seu objeto.

Figuras geométricas, de Nijinski.

Dionijinski é, pois, o neonome que se impõe. Como deixar de associar a pessoa de Nijinski ao deus da dança, da música, do vinho e do êxtase? Sua passagem meteórica pela cena da dança deixou um rastro poderoso que evoca a força divina da presença súbita de Dioniso, definido por Alain Didier-Weill, em sua deliciosa peça musical *Come back Dionysos*, como "o deus do entusiasmo frenético".[14]

A Nijinski se aplica, como a nenhum outro dançarino da história, o que o mesmo autor nomeou, ao definir a função do artista:

Criar uma realidade, e uma realidade que introduza o ilimitado. Se o artista é um músico, esse ilimitado se chama o inaudito. Se ele é um pintor, chama-se o invisível. E se o artista é um dançarino, esse ilimitado se chama o imaterial, pois se trata de alguém que foge à materialidade de seu corpo, isto é, a força da gravidade.[15]

4. O saber de Édipo

Caminho: para cima, para baixo, um e o mesmo.

HERÁCLITO

ESTE CAPÍTULO É UMA RELEITURA da tragédia *Édipo rei*, de Sófocles, suscitada por alguns textos escritos por especialistas na cultura helênica. Qui-
semos confrontar duas possibilidades de leitura do texto grego — a do
helenista e a do psicanalista —, de modo a evidenciar o quanto ambas
podem se enriquecer mutuamente: se o historiador fornece elementos fundamentais que iluminam o contexto cultural no qual a tragédia se inscreve,
o psicanalista aponta a ocorrência, nesses mesmos elementos postos em
cena, da ação do significante inconsciente.

Tendo como objeto de debate um artigo do psicanalista Didier Anzieu,
publicado em 1966 na revista *Les Temps Modernes*, o historiador da Grécia
antiga Jean-Pierre Vernant escreveu em 1967 um ensaio intitulado "'Édipo'
sem complexo",[1] no qual critica a visão freudiana do Édipo. Para Vernant,
a concepção de Freud sobre esse mito é destituída dos elementos históricos
e sociais que, segundo ele, fornecem a verdadeira significação ao texto da
tragédia de Sófocles. Vernant observa que o sentido que Freud extrai da
peça, revelador da existência na mente infantil das mesmas tendências ao
parricídio e ao incesto que conduzem o herói trágico à ruína, é situado por
ele, assim como pelos psicanalistas depois dele, na emoção que a trama
consegue despertar universalmente no público. Ao passo que, para um helenista, ainda segundo Vernant, a análise do "efeito trágico" sobre o espectador não poderia prescindir da contextualização geral na qual se produziu a

tragédia grega: "Freud parte de uma vivência íntima, a do público, que não está historicamente situado; o sentido atribuído a essa experiência é então projetado sobre a obra independentemente de seu contexto sociocultural".[2] Para Vernant, a psicologia histórica procede de modo inverso, pois apenas o contexto histórico, social e mental possibilita extrair da tragédia toda a sua força significativa, sendo que é somente após o estudo desse contexto que aquela vivência do espectador adquire seu pleno sentido.

Desconsiderar os diferentes mecanismos simbólicos inconscientes faz com que Vernant não veja outras determinações, na tragédia de Sófocles, senão aquelas inerentes à cultura grega e à fase de transição que ela então vivia: a passagem do mito ao Estado. Por outro lado, cumpre ressaltar a pertinência de sua crítica aos excessos interpretativos de Anzieu, que parece querer apontar, com indevida facilidade, a onipresença do modelo freudiano da fantasia edipiana na mitologia grega: "Segundo Anzieu, quase todos os mitos gregos reproduziriam, sob formas de variantes infinitas, o tema da união incestuosa com a mãe e do assassinato do pai".[3]

Contudo, referindo-se à passagem do universo mítico ao propiciado pelo ambiente da cidade, Vernant nos fornece, à sua revelia, elementos para perceber que a tragédia grega, ao pôr em cena o problema do sujeito do direito e, portanto, o da responsabilidade do homem pelos próprios atos, então emergente na Atenas do século v, coloca em evidência a questão mesma do inconsciente, pois em seu cerne reside a pergunta: "em que medida o homem é realmente a fonte de suas ações?".[4] Nesse sentido, pode-se dizer que os deuses e os oráculos constituem, na tragédia grega, uma primeira metáfora do inconsciente, daquilo que age nos sujeitos como uma determinação que lhes escapa e em oposição ao lugar de agente de sua ação, que lhes é outorgada pelo direito. O conceito freudiano de sobredeterminação (ou superdeterminação) inconsciente, desenvolvido amplamente no capítulo final de *A psicopatologia da vida cotidiana*, é a postulação teórica dessa força determinante que transcende a vontade do sujeito.

Se Édipo constitui o paradigma do herói trágico, isso se dá porque o homem da ação trágica é, por definição, o homem antitético, surgido nessa divisão entre o agente da ação e o joguete dos deuses. O que essa divisão trágica revela é o homem na "encruzilhada da ação",[5] diante de uma escolha que se opera

> num mundo de forças obscuras e ambíguas, um mundo dividido onde "uma justiça luta contra outra justiça", um deus contra outro deus, onde o direito nunca está fixo, mas desloca-se no decorrer mesmo da ação, "vira" e transforma-se em seu contrário.[6]

Tomemos, então, o texto de Sófocles.

Saber sem saber que sabe

Para nós, o âmago da tragédia de *Édipo rei*[7] situa-se, de saída, na questão: Édipo sabe ou não sabe que seus pais verdadeiros não são Pôlibo e Mérope de Corinto? Vernant acredita que Anzieu falsifica a "evidência do texto"[8] ao afirmar que Édipo sabe bem que seus pais não são aqueles e afirma que tal falseamento é necessário à interpretação psicanalítica. Mas o fato é que Anzieu está correto em sua argumentação, pois Édipo fornece elementos que sugerem que ele sabe que seus pais são adotivos, apenas trata-se de uma forma de saber muito particular, um saber inconsciente. Édipo sabe sem saber que sabe, ao mesmo tempo em que age movido pelo desconhecimento ativo desse saber. Tal saber permanecia recalcado em Édipo, que não queria saber nada disso, fórmula por meio da qual Lacan define o recalcamento: "O inconsciente é o testemunho de um saber, no que em grande parte ele escapa ao ser falante".[9] Édipo faz uma insinuação a essa forma de saber que age nele, mesmo à sua revelia, quando, diante da descrição de Laio por Jocasta, exclama: "Ai! Infeliz de mim! Começo a convencer-me de que lancei contra mim mesmo, sem saber, as maldições terríveis pronunciadas hoje!".

Senão vejamos: todo o enredo da tragédia acha-se calcado, basicamente, na desconfiança que Édipo mantém desde sempre em relação à legitimidade de sua filiação. Tudo começou, ele mesmo o narra num diálogo com Jocasta, quando, ainda jovem e considerado "o cidadão mais importante de Corinto", ele ouviu em uma festa, de um conviva bêbado — *in vino veritas...* —, o insulto de que era filho adotivo.

Ao serem indagados por Édipo, seus pais o negaram de forma indignada, mas, diz ele, "ainda assim o insulto sempre me doía; gravara-se profundamente em meu espírito". Nessa mesma passagem, Édipo prossegue dizendo que, sem o conhecimento dos pais, isto é, sabendo que fazia algo que os contrariava, dirigiu-se no dia seguinte ao oráculo de Delfos para desfazer tais dúvidas e, ao invés de conseguir uma resposta do oráculo sobre isso, ouviu de Apolo que ele assassinaria seu pai e se uniria à própria mãe. É nesse momento que Édipo foge de Corinto e, no caminho de Tebas, encontra Laio com sua escolta e o mata durante uma briga criada em torno da preferência de passagem na estrada. Laio fugia porque estava sendo perseguido por Pelopes, cujo filho, Crísipo, ele raptara.

Essa fuga de Édipo é, em si mesma, bastante ambígua: para Vernant, ela é reveladora de que ele acredita ser filho de Pôlibo e Mérope, caso contrário não fugiria e, permanecendo em Corinto, ficaria a salvo das predições tenebrosas do oráculo. Vernant não valoriza a pungente narrativa de Édipo sobre a dúvida a respeito de sua origem, que o corroía, e privilegia a ideia de que Édipo supunha, de fato, ser filho dos dois: "Não apenas uma vez, mas muitas, Édipo afirma, sem a menor dúvida, ser filho de Pôlibo e Mérope".[10]

A excessiva insistência de Édipo em afirmar-se filho de seus pais adotivos (Vernant faz questão de enumerar dez passagens no texto) lembra-nos, no entanto, uma das características do inconsciente, segundo a qual a proliferação excessiva de um elemento pode ser indicativa de sua falta, como no texto freudiano "A cabeça de Medusa", na qual as inúmeras serpentes representantes do falo são indicativas de seu oposto, qual seja, da castração. Por isso, elas surgem na cabeça decapitada, isto é, castrada, da Medusa.[11] Nesse mesmo sentido, a insistência repetitiva de determinado elemento no discurso do sujeito pode consistir numa forma sofisticada de defesa denegatória em relação a seu oposto. Aqui, não se trata de utilizar a partícula negativa, como na denegação trivial, mas da necessidade de proliferar uma afirmação reiteradamente no sentido de escamotear com insistência sua ausência; dito de outro modo, trata-se de uma afirmação repetitiva vinda, tal como uma denegação, a serviço do recalque de seu oposto.

Lacan sublinha que se Freud escolheu o mito de Édipo, isso se deveu não apenas à conjunção fundamental — matar o pai e dormir com a mãe —, que pode ser encontrada em muitos outros heróis, mas sim ao fato de que "ele não sabia que tinha matado seu pai e dormia com sua mãe".[12] Teria sido esse "ele não sabe fundamental"[13] que fez com que Freud escolhesse o mito de Édipo para falar da dimensão absolutamente inconsciente do desejo.

Que Édipo sabe sem saber que sabe não só que Pôlibo e Mérope não são seus pais adotivos, mas também que ele próprio é o assassino de Laio, seu pai, se evidencia através de um lapso que, muito sutilmente, Sófocles coloca em sua boca logo no início da tragédia. Quando Creonte, irmão de Jocasta, lhe diz de modo peremptório que não foi um único homem que assassinou Laio, mas muitos ("alguns bandidos encontraram Laio e o trucidaram, não com a força de um só homem, pois numerosas mãos se uniram para o crime"), Édipo indaga: "Como teria ousado tanto o malfeitor sem conspirata em Tebas e sem corrupção?".

Édipo, para se referir ao assassino, sem notar assinala o singular onde Creonte falava clara e enfaticamente no plural. Mais surpreendente ainda é essa passagem quando se vê que o poder revelador de seu saber inconsciente nesse pequeno lapso fora anunciado por ele próprio imediatamente antes, ao dizer que "um mínimo detalhe talvez nos leve a descobertas decisivas se nos proporcionar um fio de esperança".

Que sua fala tem a estrutura de um lapso que expressa a verdade se corrobora quando, mais à frente, ele fala dos assassinos em termos que admitem, apesar da fala de Creonte ter sido tão clara a respeito, duas possibilidades distintas: "O criminoso ignoto, seja ele um só ou acumpliciado, peço agora aos deuses que viva na desgraça e miseravelmente!". A continuação dessa sua fala consegue ser ainda mais eloquente na mesma direção porque nela ele se refere a si mesmo de uma forma tão ambígua que sugere a possibilidade de ele próprio ser o assassino de Laio: "E se ele convive comigo sem que eu saiba, invoco para mim também os mesmos males que minhas maldições acabam de atrair inapelavelmente para o celerado". Ainda aqui, e pela terceira vez, Édipo fala no singular para se referir ao possível assassino de Laio.

Duplos sentidos

O artigo de Vernant apresenta elementos valiosos para a reflexão psicanalítica, ainda que fique bastante evidenciada essa espécie de "olho mau"[14] que ele incide sobre a abordagem freudiana, por exemplo quando contesta a afirmação de Freud segundo a qual a lenda de Édipo é a reação da nossa imaginação a esses dois sonhos típicos [parricídio e incesto] e, como esses sonhos são no adulto acompanhados de sentimentos de repulsa, é preciso que a lenda traga o terror e a autopunição no seu próprio conteúdo. Vernant continua argumentando que nas primeiras versões do mito não se manifesta nenhuma autopunição e "Édipo morre tranquilamente instalado no trono de Tebas, sem ao menos ter furado seus olhos".[15] Tal raciocínio é tão falacioso quanto aquele que quisesse destituir a força do sorriso capcioso da Mona Lisa porque os esboços realizados por Da Vinci para a tela não o teriam retratado, ou, então, porque ele, o sorriso, não estivesse realmente presente no semblante da modelo, Mona Lisa del Giocondo. Ora, foi a versão trágica de Sófocles, e apenas ela, que se impôs com seu elevado poder de comoção ao longo dos séculos, e não os diferentes conteúdos legendários dos quais ele extraiu o material para realizá-la.

Os efeitos de seu "mau-olhado" prosseguem, contudo: para Vernant, a força perturbadora de toda e qualquer tragédia residiria não no fato de ela veicular um tipo particular de sonho, mas na maneira de dar forma à matéria que é por ela tratada. Isso permite que se entenda que outras tragédias também tenham seu poder de comoção do público, ainda que não abordem os sonhos edipianos. Dizendo-se "estupefato" com o fato de Freud mencionar que dramas modernos fracassaram ao tentar produzir o "efeito trágico" sem utilizar o material dos sonhos edipianos, Vernant apela para as outras tragédias gregas, que, em sua quase totalidade, não o utilizam igualmente, embora conservem seu poder diante do público. Vernant quer demolir a base sobre a qual Freud construiu um dos pilares de sua teoria, o complexo de Édipo. Não obstante, ao fazê-lo, colhemos elementos importantes para nossa reflexão: a psicanálise sabe aproveitar-se da palavra, ainda que muitas vezes esta se pretenda uma maldição.

Refiro-me à estrutura da tragédia destacada por Vernant, que é mais bem desenvolvida em um artigo subsequente, intitulado "Ambiguidade e reviravolta. Sobre a estrutura enigmática de 'Édipo rei'".[16] A estrutura da tragédia grega se baseia, nos ensina Vernant, na ambiguidade como meio de expressão e como modo de pensamento. Além disso, *Édipo rei* é a tragédia de Sófocles que mais apresenta expressões de duplo sentido,[17] e por isso W. B. Stanford considerou que, do ponto de vista da anfibologia, ela tem um valor de modelo. O que é relevante, para Vernant, é que a ambiguidade presente em Édipo é diferente dos tipos de ambiguidade encontrados em geral nas tragédias, seja a do conflito de valores semânticos, seja a da duplicidade de um personagem.

A ambiguidade presente naquilo que Aristóteles chama de homonímias ou ambiguidades léxicas se relaciona com o fato de que as mesmas palavras assumem sentidos diversos ou até mesmo opostos na boca de personagens diferentes, já que seu valor semântico muda segundo o contexto, seja ele religioso, jurídico, político ou a língua comum: "Cada herói, fechado no universo que lhe é próprio, dá à palavra um sentido e um só".[18] O termo *nómos* designa, assim, na fala de Antígona, uma regra religiosa, ao passo que, na de Creonte, um decreto promulgado pelo chefe de Estado. O mesmo termo designa também valores que são inconciliáveis, e a ambiguidade se encarrega de traduzir essa tensão criada entre eles. O uso da homonímia pelo autor trágico é, dessa forma, o modo de transparecer a impossibilidade de comunicação entre os personagens, que, falando as mesmas palavras, dizem coisas diferentes. É no destacamento dessas zonas de opacidade e de incomunicabilidade entre as falas humanas que se transmite, para Vernant, a mensagem trágica. O espectador é levado, desse modo, a experienciar "a ambiguidade das palavras, dos valores, da condição humana".[19]

Outro tipo de ambiguidade trágica diz respeito à duplicidade de um personagem. Trata-se aqui de discursos que, por meio de uma particular destreza anfibológica, dissimulam outro discurso, cujo sentido é contrário ao primeiro e só é perceptível pelo espectador. Mas em *Édipo rei* a ambiguidade é de outra ordem, pois é o próprio Édipo que é duplo. Ele é um enigma, cujo sentido acabará por revelar que ele é, precisamente, o oposto do que acreditava ser. A verdade de suas palavras Édipo as diz sem querer e, quando ele fala, acontece de ele dizer o contrário do que está falando: é o que se pode chamar de ironia trágica.

Aristóteles considerou que, em *Édipo rei*, os dois elementos que constituem a tragédia (além do patético inerente às emoções de terror e compaixão), o reconhecimento e a peripécia — ou seja, a reviravolta da ação em seu contrário —, coincidem, pois o reconhecimento que Édipo faz leva a si próprio. A ambiguidade surge logo na abertura da peça, quando Édipo, ao afirmar que ele mesmo descobrirá quem é o assassino de Laio, diz: *Ego phano*, significando "sou eu que porei à luz o criminoso"; mas, também, "eu me descobrirei criminoso". O discurso de Édipo é tão duplo quanto ele próprio.

Na fala do coro que sucede esse momento crucial, "catastrófico",[20] em que Édipo fica sabendo quem ele era, o destino (e o desatino) de Édipo é comparado ao do homem em geral: "Com teu destino por paradigma, desventurado, mísero Édipo, julgo impossível que nesta vida qualquer dos homens seja feliz!". Nesse sentido, não cabe dizer, como Vernant, que Freud faz uma generalização impertinente, mas sim perceber que o próprio Sófocles faz o mesmo, pois ele encerra a tragédia com uma fala do corifeu aos cidadãos de Tebas exortando-os a se mirarem no destino trágico de Édipo.

O caráter antitético de Édipo é ressaltado por Vernant, que fala de Édipo enquanto dual, duplo.[21] Mas, psicanaliticamente, seria mais correto falar em antítese do que em duplicidade, pois, se há duplicidade, é uma duplicidade extrema, uma duplicidade dilaceradora, que concilia num único ser não apenas dois elementos diferentes, mas, mais do que isso, dois opostos absolutos. Assim, se Édipo é no início da tragédia o "renomado", o "melhor dos homens", o "mortal melhor que todos", em seu final ele surgirá como o "mais infeliz entre os desventurados", "um criminoso", "um ente tão impuro que nem a terra, nem a chuva abençoada, nem mesmo a luz agora poderão tocar".

Elisabeth Roudinesco e Michel Plon chamam a atenção para o fato de que Freud não faz qualquer referência ao episódio homossexual de Laio, que havia raptado o jovem e belo Crísipo quando era rei de Tebas. Atribuem isso ao fato de que Freud era tão sensível à tolerância da Antiguidade em relação à pederastia que se esqueceu de que "mesmo entre os gregos o amor pelos rapazes podia ser reprovado como um vício que ameaçava a civilização".[22] Lembram ainda que foi Hera, protetora do casamento, quem enviou a Esfinge, em resposta ao ato de Laio, a fim de punir os tebanos por sua tolerância quanto a essa forma de relacionamento. Mas é preciso acrescentar também que, agindo assim, Laio transgrediu a lei da hospitalidade, pois fora acolhido pelo pai de Crísipo, o rei Pelopes, em seu palácio, onde começou o namoro com o rapaz e depois o raptou, o que constituiu uma afronta a Zeus. E Laio já havia desrespeitado o oráculo de Apolo, filho de Zeus, que o aconselhara a não ter filhos.[23]

Édipo Esfinge

O caráter antitético de Édipo se evidencia com seus traços mais marcantes quando nos damos conta de que ele, sábio decifrador do enigma da Esfinge, acaba por revelar-se como sendo, ele mesmo, a própria Esfinge. O que é a Esfinge? Chamada igualmente de cruel cantora, de virgem misteriosa, é um monstro absolutamente heteróclito e antitético, composto de cabeça e busto de mulher, corpo e garras de leoa, cauda em forma de serpente, asas de ave e voz humana. Ora, sua composição feminina é, de fato, uma condensação que conjuga em uma única figura — como numa figura onírica — as partes mais poderosas de cada um dos seres vivos dos quais se constitui: das aves, as asas; e da leoa, a força do corpo e das patas, com suas garras. Ou seja: é uma associação antitética entre o leve e o pesado, o suave e o bruto. A cauda, de elemento inofensivo que é, transformando-se numa serpente torna-se, por antítese, venenosa. De humano, ela possui apenas a cabeça, o busto e a voz. A Esfinge é a própria antítese encarnada.

Se a voz é o elemento humano que mais sobressai, Édipo, por sua vez, após furar os olhos, afirma que "se houvesse ainda um meio de impedir os sons de me chegarem aos ouvidos eu teria privado meu sofrido corpo da audição a fim de nada mais ouvir e nada ver". Édipo está dizendo que não quer mais ouvir o canto da Esfinge, sua voz, assim como a própria voz dos homens e suas palavras tão ambíguas. Ele está dizendo, por outro lado e mais essencialmente, que deixar de ver talvez seja possível, mas deixar de ouvir, não.

Se Édipo acaba por se revelar como sendo ele mesmo a própria Esfinge, e se todo homem tem destino semelhante ao seu, todo homem é, igualmente à Esfinge, antitético em sua natureza. Pois o fim de Édipo é semelhante ao da Esfinge, que foi lançada no abismo depois de ele ter decifrado seu enigma. Já cego, ele pergunta referindo-se a esse destino semelhante de ambos: "Ai de mim! Como sou infeliz! Aonde vou? Aonde vou? Em que ares minha voz se ouvirá? Ah! Destino!... Em que negros abismos me lanças?". Ele fala como se só lhe restasse sua voz, precisamente aquilo que a Esfinge — a cruel cantora — possuía de mais humano.

O fato de Édipo ter furado os olhos com os broches de ouro que adornavam as roupas de Jocasta (é de notar que tais broches, na época, eram usados para segurar os tecidos das vestes), imediatamente após tê-la visto enforcada, faz-nos pensar nessa báscula do olhar para a voz. Com efeito, tudo se passa como se se quebrasse o espelho invisível que se encontra entre Édipo e a Esfinge, aliás muito bem retratado por Ingres em sua famosa tela *Édipo explica o enigma da Esfinge*. Nela, veem-se Édipo e a Esfinge situados um defronte ao outro, numa posição própria à especularização de uma imagem. O fato de que Édipo tem sua mão estendida e ela, sua pata, não deixa dúvida de que essa especularização existe. Além disso, cumpre notar que o olhar da Esfinge está voltado para o espectador da tela, como

Édipo explica o enigma da Esfinge, de Ingres.

se estivesse denunciando que este está igualmente implicado na trama que se passa entre os dois.

Assim, se suas palavras são ambíguas e se em seu discurso transparece, continuamente, a anfibologia, isso se dá porque eles apenas refletem o ser antitético de Édipo. Já foi bastante ressaltada a habilidade de Sófocles em manejar a ironia trágica, e um dos momentos em que essa ambiguidade tragicamente irônica surge com maior força é aquele em que Édipo, referindo-se a seu empenho em descobrir o assassino de Laio, afirma: "Hei de lutar por ele como por meu pai".

Jocasta Enigma

A enigmática Jocasta, por sua vez, refere-se à ambiguidade das palavras trazidas pelo mensageiro que anuncia as notícias, vindas de Corinto, de que Pôlibo, pai adotivo de Édipo, morrera. A brevíssima passagem de Jocasta na peça é reveladora de que o feminino parece possuir o saber sobre essa antítese inerente ao humano. Ela identifica a verdade sobre a origem de Édipo, sua dualidade lhe é transparente. Assim, se num primeiro momento ela solta "ingenuamente" para Édipo que "Laio tinha traços teus",[24] conforme o desvendamento de Édipo avança, ela pretende freá-lo: "De hoje em diante não mais olharei à esquerda ou à direita[25] em busca de presságios". Jocasta repele a possibilidade de prosseguir na investigação, agindo como se já soubesse de antemão aonde levaria.

Jocasta tenta deter essa busca que Édipo, por sua vez, quer levar até o fim. Ela chega a ponto de tentar tranquilizá-lo de seus temores de manter uma relação com a própria mãe com palavras tão ambíguas que, ao mesmo tempo que parecem dissuadi-lo da ideia de que haja incesto entre eles, parecem igualmente induzi-lo a aceitar essa mesma ideia: "Não deve amedrontar-te, então, o pensamento dessa união com tua mãe; muitos mortais em sonhos já subiram ao leito materno. Vive melhor quem não se prende a tais receios". Com efeito, num diálogo anterior, Jocasta respondera a Édipo, que lhe solicitava que fosse trazido o pastor escravo, de maneira sumamente ambígua e como que a acatar: "Tua vontade será feita sem demora. Nada faria contra teus desejos".

Considerando que o mito de Édipo "nada mais é do que uma fantasia de desejo, a projeção sobre um poder exterior, o 'destino', de desejos recalcados (ódio ao pai, amor pela mãe) com um valor-prazer de sinal inverso (repulsa, horror)",[26] Sándor Ferenczi propôs que os dois principais heróis da tragédia sejam compreendidos como os dois princípios da atividade psíquica:

> Édipo, que, procurando elucidar o seu terrível destino obstina-se infatiga-
> velmente em sua investigação, mesmo quando pressagia que a resposta só

lhe reserva horror e espanto, representa o princípio de realidade do espírito humano que impede o recalcamento das ideias incidentes, por mais penosas que sejam, exigindo que todas sejam submetidas ao teste de realidade.[27]

E Jocasta, suplicando a Édipo que não vá adiante em suas indagações,

é a personificação do princípio de prazer que, sem se preocupar com a realidade objetiva, não tem outro propósito senão poupar ao eu todo sentimento penoso, propiciando-lhe o máximo de prazer; e, para conseguir isso, expulsa da consciência, tanto quanto possível, todas as representações e ideias suscetíveis de produzir desprazer.[28]

De fato, Jocasta se desespera no momento em que vem a saber que Édipo mandara chamar o pastor, que era o escravo de Laio ao qual ela mesma entregara o menino Édipo para ser sacrificado. Jocasta somente se angustia ("Já é demasiada a minha própria angústia!") quando vê que o pastor está chegando e tenta impedir Édipo de prosseguir, exclamando: "Peço-te pelos deuses! Se inda te interessas por tua vida, livra-te dessas ideias!". E insistindo de um modo que revela que ela já sabe e que só lhe importa, na verdade, evitar que Édipo venha a saber: "Nada me importa! Escuta-me! Por favor: para!".

Depois de suas derradeiras palavras para Édipo ("Nunca jamais saibas quem és!"), ela se retira para o palácio sem esperar a chegada do pastor e ali mesmo se enforca. Não poderia essa frase servir de epígrafe para o olhar ameaçador da Esfinge dirigido ao espectador no quadro de Ingres? Além disso, a mesma expressão — "com as próprias mãos" — é utilizada pelo pastor para mencionar que fora ela, Jocasta, quem lhe entregara a criança pequena pelo criado e para dizer que ela se suicidara: "com as próprias mãos ela deu fim à existência".

O nome de Édipo é paradigmático de sua própria condição, pois o enigma que lhe propõe a Esfinge está contido nele mesmo.[29] *Oidípous* significa, em grego, pés inchados, *oîdos poûs*, isto é, a marca indelével que ficou em seus tornozelos amarrados quando foi levado ao sacrifício. Lembrando-

-se, com Lacan, que a homofonia — isto é, o máximo de equívoco e de pluralidade de sentido — é o que "favorece a passagem do inconsciente ao discurso",[30] veremos que *Oidípous* designa, igualmente, por homofonia, aquele que sabe, *oîda*, o enigma dos pés. Vernant ressalta que *oîda, eu sei*, é "uma das palavras dominantes na boca de Édipo triunfante, Édipo tirano".[31]

Assim, ao longo de toda a tragédia, são várias as referências aos pés de Édipo,[32] e, mais essencialmente, é preciso ver no enigma que lhe lança a Esfinge o enigma que diz respeito não só a ele mesmo, como também ao ser humano em geral. A Esfinge lhe interrogou: qual é o ser que é ao mesmo tempo *dípous, trípous, tetrápous*? A decifração de Édipo, *Oidípous*, referente ao enigma inscrito em seu nome próprio, diz respeito igualmente ao próprio enigma do homem. Além disso, Édipo tem em seu nome inscrito o saber: *Oidípous* tem como prefixo o verbo *oída*, que significa "saber", "conhecimento".

Fica a questão: não é surpreendente que tal enigma encontre meios de se expressar falando precisamente da postura ereta do ser humano por meio da condensação, no nome próprio de Édipo, do enigma da bipedia, de *Oi-dípous*?[33] Ao responder que é o homem o ser que é *dípous, trípous, tetrápous*, Édipo só faz relançar o enigma de outro modo: mas, afinal, o que é o homem?

Um enigma, diz Lacan, "é uma enunciação da qual não se acha o enunciado".[34] Responder a um enigma só é possível por meio de outro enigma: só um simbólico afetado pelo real pode tratar do real afetado pelo simbólico. Por isso, entre o parricídio e o incesto, foi a Esfinge que se ergueu diante de Édipo: após o parricídio, que já havia ocorrido, ela é a última barreira que se erige, como castração mortal, diante do horror do incesto.

A matriz mortífera

Em sua peça *Óidipous, filho de Laios: A história de Édipo rei pelo avesso*, uma transcriação de *Édipo rei*, de Sófocles, Antonio Quinet deu voz aos personagens que em Sófocles não estão presentes, como Laio, pai de Édipo, ou estão presentes mas falam muito pouco, como Jocasta, cuja posição subjetiva na trama sempre foi considerada nebulosa. A intervenção de Quinet aqui é, em essência, psicanalítica: dar a palavra ao sujeito para ele contar a sua própria história e, assim, aceder ao saber inconsciente. Como ele afirma, "em *Óidipous, filho de Laios*, coloquei a ênfase na herança simbólica inconsciente (a transmissão da história paterna) que determina os atos do sujeito Édipo. Trata-se da dívida simbólica que os filhos pagam pelos crimes dos pais a nível inconsciente".[35]

A história de Laio presentifica aquilo que, de forma latente, ordena toda a história de Édipo — a pulsão de morte — e localiza a sua ação devastadora na linhagem edipiana. O Outro de Édipo surge aqui em toda a sua potência destrutiva e nos coloca diante do lamento que ele próprio proferirá, já muito velho, em Colono: "Atos mais sofridos que cometidos".[36]

Na antecena de *Óidipous, filho de Laios*, passada no tenebroso reino de Hades (dos mortos), o espectro de Laio (o torto) nos relata sua história: ele era filho de Lábdacos, o rei manco de Tebas (traço que o aproxima de Édipo), morto por tiranos. Órfão aos dois anos e tendo escapado da morte, Laio é deixado na terra do rei Pelopes, que o adotou. Pelopes cuida dele com os cuidados e privilégios devidos ao filho de um rei, o que ele era. Mais tarde, Pelopes entrega Crísipo, seu filho adolescente, para Laio já adulto educar, e este se apaixona pelo "menino dos deuses, lindo, imberbe, de olhos esbugalhados".[37]

"Infringindo a lei dos homens e dos deuses",[38] Laio rapta Crísipo e o leva embora, de volta a Tebas, onde se casaria com Jocasta. É então que, tendo sido separado do filho, Pelopes lança uma maldição que acompanharia a vida de Laio: "Se tiveres um filho, ele te matará e toda a tua descendência desgraçada será".[39] Laio perdera seu pai ainda bebê e foi Pelopes quem o salvou, cuidando dele: Pelopes foi o único pai que Laio conheceu. Laio, no entanto, trai o amor de Pelopes ao raptar seu filho: tendo ele próprio sido criado sem seu verdadeiro pai, ele agora impõe a Pelopes a perda do filho. Ato de extremo ódio que vinga um amor impossível: quem teve seu pai roubado, rouba o filho de quem foi seu pai adotivo.

Mas essa matriz que comporta uma morte da qual o sujeito escapou ainda bebê é precisamente o que se repete na vida de Édipo: ele também será enviado para a morte por seu pai Laio, temeroso da maldição que fora lançada sobre ele. Mas é a Jocasta que Laio pede que destrua o bebê, pedido fadado à não realização: pedir à mãe que mate seu próprio filho! Jocasta, por sua vez, ao entregar o bebê ao pastor pedindo-lhe que o mate, pede, no fundo, que o pastor se apiede e cuide dele. Já diz o ditado popular: "Quem quer faz, quem não quer manda".

É o que o pastor fará, ao entregar o bebê a outro pastor: essa passagem de mão em mão é, decerto, um afastamento gradual da pulsão de morte — do voto de morte paterno — permitindo o acolhimento gradativo do bebê pelo amor e pelo desejo do Outro. O amor do Outro vai aumentando à medida que o bebê se afasta do lugar de onde veio — da morte — até chegar às mãos de Pôlibo e Mérope, de Corinto, casal sem filhos que toma o bebê como um presente maravilhoso enviado pelos deuses — aliás, a forma habitual pela qual os pais recebem seus bebês.[40]

A mulher e a mãe

Laio manda Jocasta matar Édipo, pedido da ordem do horror que não pode ser cumprido sem suscitar inconscientemente ódio e desejo de vingança: "Pedes-me que mate nosso filho, que elimine nossa descendência, fruto maior de nosso amor! Então só me resta salvá-lo para que ele me vingue por ter tido um filho com semelhante sanguinário e o mate!". Jocasta parece salvar Édipo para que ele mate Laio. De certo modo, a divisão mãe/mulher de Jocasta é o núcleo da tragédia: se Laio pediu a ela que eliminasse seu lado mãe assassinando o próprio filho, Jocasta, ao não realizar esse pedido, transfere tragicamente ao filho o poder de satisfazê-la como mulher.

A vingança de Jocasta se dá através de Édipo: ela se vinga, não como Medeia, que executa o ato mais abominável de todos, matar os próprios filhos, dela e de Jasão, por este tê-la abandonado por outra mulher, mais nova que ela. Jocasta se vinga de Laio por ele ter traído sua própria paternidade, e, não destruindo Édipo, permite que ele volte e mate o pai.

Ao entregar Édipo para Jocasta eliminar, Laio pede, no fundo, que a mulher Jocasta mate a mãe Jocasta. A divisão da mulher entre duas diferentes posições — mãe e mulher —, destacada por Jacques-Alain Miller,[41] parece assim ser um dos núcleos principais da tragédia de Édipo, que salienta, no fundo, o quanto o incesto representa a própria abolição dessa divisão.

A comparação entre Medeia e Édipo pode ser elucidativa nesse sentido. Abandonando sua mulher, Medeia, por outra mulher, Jasão leva Medeia à loucura de tirar a vida dos três filhos que tivera com ele. Como se, após Jasão ter "matado" a mulher em Medeia, só restasse a esta "matar" a mãe em si mesma através do assassinato dos filhos. Ao passo que, entregando seu filho Édipo para ser morto por Jocasta, Laio "mata" nesta a mãe e a leva a "matar" nela mesma a mulher ao desposar o próprio filho. Em ambos os casos, observa-se uma extinção da divisão do feminino entre as posições de mãe e de mulher, como se a extinção de um dos lados da divisão conduzisse, ato contínuo, a abolir o outro. O que é interessante nessa comparação é avaliar o quanto assassinato e incesto ocupam um lugar homólogo, o de franquear a via para o gozo absoluto e mortífero — precisamente o que a Esfinge tentou em vão impedir.

Pois, no fundo, o famoso enigma da Esfinge temível era apenas uma severa advertência em relação à castração e à morte. Esse ser que caminha de manhã com quatro patas, à tarde com duas e à noite com três é o ser mortal do homem, que nasce absolutamente desamparado e dependente do desejo do Outro, adquire certa autonomia numa etapa da vida, mas apenas para mergulhar em seguida numa precariedade cada vez maior que o conduzirá ao fim. Por isso, o grito lancinante de Édipo em Colono ecoa o sofrimento do ser mortal ao fim de uma existência cheia de dor: "*Mé funai!* Melhor seria não haver nascido!".

5. Hamlet e o desejo

Há TODA UMA SÉRIE DE ENSINAMENTOS — clínicos, metodológicos, teóricos — que Lacan produziu, em seu seminário de 1958-9, *O desejo e sua interpretação*, a partir da tragédia *Hamlet*, de Shakespeare.[1]

Ao abordar um texto literário, o primeiro ensinamento de Lacan é, de fato, metodológico. Resume-se à crítica da leitura feita por outros psicanalistas, como a inglesa Ella Sharpe, autora que, no entanto, ele preza: "quando [...] vocês vão buscar numa obra o que quer que seja que possa informá-los sobre o autor, o que fazem é uma investigação biográfica sobre ele, não uma análise do alcance da obra como tal".[2] Em substituição a essa estratégia, Lacan propõe que se pesquise a estrutura do texto:

> para dar profundidade a uma peça como se dá a uma sala ou a um palco, é preciso haver um certo número de planos superpostos, suportes, vigas, toda uma maquinaria. E é no interior da profundidade assim obtida que pode ser formulado, da maneira mais ampla, *o problema da articulação do desejo*.[3]

Lacan sublinha que há, evidentemente, fatos marcantes na história pessoal de Shakespeare, como a morte de seu pai, além de traições que ocorreram durante a escrita de *Hamlet*. Mas frisa: "Mas o fato de haver o drama de Shakespeare por trás de *Hamlet* é secundário, tendo em vista o que compõe sua estrutura. É essa estrutura que responde pelo efeito de *Hamlet*".[4] Mais essencialmente, ele lembra que, para Freud, a arte é um testemunho do inconsciente,[5] e que sua tentativa de articular a vida do autor à obra encontrou vários obstáculos, por exemplo na *Gradiva* de Jensen. Nesses casos, a interpretação não passa de uma conjectura e o risco da "psicanálise selvagem", prescindindo das associações referentes ao discurso do analisando, é sempre uma ameaça. Para Lacan, a prática psicanalítica é uma prática "absolutamente puntiforme",[6] e é esse valor de singularidade subjetiva que deve ser preservado nela a fim de que seu vigor seja mantido.

Para Lacan, a ignorância com a qual nos deparamos diante de *Hamlet* é a própria presentificação do inconsciente. *Hamlet* é, para ele, uma "estrutura tal que, nela, o desejo pode encontrar seu lugar, situado de maneira suficientemente correta, rigorosa, para que ali possam se projetar todos os desejos ou, mais exatamente, todos os problemas suscitados pela relação do sujeito com o desejo".[7]

Lacan critica a tradição analítica que se centra no desejo de Hamlet *por* sua mãe, lendo a história tal qual a de Édipo. Freud e a tradição analítica (Jones, por exemplo, em seu longo ensaio sobre *Hamlet*) colocam no primeiro plano, em *Hamlet*, o parricídio como o desejo inconsciente associado ao desejo incestuoso pela mãe. Assim, a estrutura básica seria a mesma de *Édipo rei*, embora com modificações secundárias. Já Lacan desloca a ênfase para o desejo *da* mãe, ou, melhor dizendo, para o desejo enquanto tal.

Freud observa que, na tragédia de Sófocles, a representação é mais direta, pois é o próprio herói que comete o crime, mesmo sem saber que o faz e cumprindo um destino que lhe surge como estranho. Ele sublinha, contudo, que, ao ter sua culpa revelada e tornada consciente, Édipo não tenta se eximir dela, apelando para a fatalidade do destino que o envolveu. Ao contrário, "seu crime é reconhecido e punido como se fosse um crime integral e consciente, algo fadado a parecer injusto à nossa razão, mas a nível psicológico perfeitamente correto".[8]

Em *Hamlet*, diz Freud, a representação é mais indireta, pois o herói não comete o crime, que é executado por outra pessoa para quem o fato não constitui um parricídio e sim um fratricídio. O complexo de Édipo de Hamlet surge no efeito causado sobre ele pelo crime do outro: ele não consegue se vingar desse crime devido ao sentimento de culpa que o paralisa. Esse sentimento de culpa passa a ser vivido como uma inaptidão para cumprir sua missão. Em resumo, a determinação do ato em Édipo é inconsciente, enquanto em Hamlet é consciente.

O enigma que Lacan se propõe a decifrar em Hamlet é que, se o desejo descoberto por Freud é o desejo pela mãe, este deveria levar à ação e não entravá-la. Assim, ele mostrará que o que Hamlet revela é uma relação particular do sujeito com seu próprio desejo, na qual a morte encontra um lugar proeminente. Daí dizer que Hamlet é a tragédia do desejo.

Lacan introduz uma oposição entre neurose e perversão a partir do conceito de fantasia, que é aquilo que vem precisamente dar ser ao sujeito, pois a fantasia é o derradeiro termo que o sujeito encontra para a sua própria questão. Ao sujeito falta, originariamente, ser, e a fantasia é o que oferece a ele, minimamente, a ilusão de ser, alguma estabilidade, alguma homeostase; ela fixa o desejo do sujeito a algum objeto, e sem ela o desejo estaria solto numa deriva absolutamente infinita.

$\$ \Diamond a$ é a fórmula da fantasia que, na perversão, apresenta uma ênfase no objeto *a*, enquanto na neurose a ênfase recai no $\$$ dividido, o que, segundo Lacan, faz com que a fantasia, na perversão, seja mais vinculada ao espaço, e na neurose, ao tempo: "Na neurose, o objeto vê-se carregado dessa significação que deve ser buscada no que chamo de hora da verdade. O objeto está sempre antes da hora ou depois da hora".[9]

Quanto à perversão, todo o desenvolvimento feito por Freud sobre a construção do objeto fetiche revela o quanto esse deve à relação do olhar com os objetos no espaço.

Desse modo, na neurose, a fantasia $\$ \Diamond a$ é substituída pela relação do sujeito com a demanda do Outro, $\$ \Diamond D$. A fantasia está sob o efeito do isolamento e da formação reativa na neurose obsessiva, ao passo que o sintoma está sob o efeito da anulação retroativa e da formação reativa. Toda a dinâmica intrapsíquica do obsessivo se dá no sentido de eliminar os vestígios do conflito psíquico que, na histeria, surge de modo evidente.

Se na histeria o eu está em permanente conflito com as moções pulsionais (o desejo surge insatisfeito, logo, deslizante), no obsessivo o eu está em constante montagem defensiva: fechado, resguardado, como que cristalizado. Se na histeria o sintoma se enquista no eu, na neurose obsessiva o eu é o sintoma. Pois o ponto nevrálgico do obsessivo é justo o narcisismo do eu, que é constituído, segundo Freud, precocemente.[10] Daí ele prescindir do objeto externo situando seu próprio eu como um objeto. Lacanianamente, pode-se dizer que o obsessivo quer resolver o enigma do desejo do Outro, do desejo da mãe, com seu próprio eu.

Os mecanismos básicos do obsessivo (formação reativa, anulação retroativa e isolamento) são defesas acionadas contra o vazamento do desejo, o que constitui um problema na clínica: ao contrário da histérica, que espera o reconhecimento de seu desejo produzindo sintomas, o que o obsessivo pede na análise é a recomposição da estrutura defensiva do eu, garantindo o distanciamento do desejo inconsciente; ou seja, ele pede que lhe seja restituído o lugar que ele acredita ter ocupado outrora, de falo, para o Outro.

Na histeria, Lacan fala de um desejo insatisfeito (no passado), e no obsessivo, de um desejo impossível (no futuro). Se o histérico permanece preso à repetição do trauma (uma das primeiras observações de Freud sobre a histeria foi que o histérico sofre de reminiscências), o obsessivo posterga para depois a realização do desejo. Essa postergação do obsessivo encontra seu sentido quando se percebe que ele adia o encontro com a morte: eis o sentido do *to be or not to be*. Hamlet foge do desejo precisamente porque foge da morte.

Lacan sublinha que, ainda que Hamlet considere que o assassinato de Cláudio, seu tio e padrasto, é justo para vingar seu pai, ele o adia sempre. E só conseguirá realizá-lo — esta me parece ser a chave de toda a tragédia destacada por Lacan — "quando Hamlet já foi mortalmente atingido, no curto intervalo que lhe resta entre a morte recebida e o momento em que nela se perde".[11] Somente a morte pressiona o desejo de Hamlet na direção de sua execução, seu ato se projeta nesse "encontro, o derradeiro de todos os encontros [...] e no qual ele se situa no seu final".[12] Mais essencialmente ainda, é apenas na iminência de sua própria morte que Hamlet encontrará forças para realizar seu desejo.

Assim, Hamlet posterga a realização de seu desejo no que este representa, no fundo, um encontro com a morte.[13] Adiando a realização de seu desejo, Hamlet posterga, na verdade, seu encontro com a morte. Aqui se está, em cheio, na clínica do obsessivo. Lacan introduz, a propósito do obsessivo, um de seus aforismos mais importantes: "Não há Outro do Outro". Esse aforismo também pode ser escrito por meio do matema S(Ⱥ), o significante da falta de pelo menos um significante no campo do Outro.

Nesse sentido, Lacan observará que "Hamlet nos permite, e é isso que dá à peça seu valor, ter acesso ao sentido de S(Ⱥ).[14] O que significa S(Ⱥ)? Lacan responde que

> O A maiúsculo barrado quer dizer o seguinte. Em A — que é não um ser, mas o lugar da fala, o lugar onde repousa, sob uma forma desenvolvida, ou sob uma forma envolvida, o conjunto do sistema dos significantes, ou seja, de uma linguagem — falta alguma coisa. Essa alguma coisa que falta só pode ser um significante; daí o S. O significante que falta [*fait défaut*] no nível do Outro, é essa a formulação que dá seu valor mais radical ao S (Ⱥ). É, por assim dizer, o grande segredo da psicanálise. O grande segredo é: não há Outro do Outro.[15]

No seminário *A angústia*, Lacan dirá também que o obsessivo procura um signo, isto é, um significante que deixe de funcionar como tal, de modo que seu desejo se prenda totalmente à demanda do Outro: dito de outro modo, seu desejo é de morte do desejo.

A postergação surge aqui, em Hamlet, como na neurose obsessiva em geral, enquanto um efeito da busca, pelo sujeito, do Outro do Outro. É o que Lacan introduz dizendo que "o jogo com a hora do encontro domina essencialmente a relação do obsessivo com este".[16] Para Lacan, Hamlet

> aparece, por certas frases, mais próximo da estrutura do obsessivo. Isso se deve àquilo que, no obsessivo, é o elemento revelador da estrutura, aquele que é valorizado ao máximo pela neurose obsessiva, a saber, que a principal função do desejo consiste, nesse caso, em manter à distância, em esperar essa hora do encontro desejado.[17]

A dialética que se instaura no obsessivo é a da consciência moral que obstaculiza o ato desejante.

Se Hamlet adia, procrastina — Lacan menciona essa posição fundamental em relação ao ato, que é a de adiar para o dia seguinte —, isso se dá porque está suspenso à hora do Outro, ele aguarda que seja do Outro que venha a hora para o seu ato: "No seu objeto, o sujeito sempre busca ler sua hora. Pode-se até dizer que aprende a ler a hora nele. Eis o fundamento de um comportamento neurótico, na sua forma mais geral".[18]

Lacan pontua que "Hamlet está sempre na hora do Outro",[19] o que constitui uma miragem neurótica, posto que, não havendo Outro do Outro, "não há no significante nenhuma garantia da dimensão de verdade instaurada pelo significante. Para Hamlet, há apenas a sua hora, e há também uma só hora, é a hora de sua perdição".[20]

Se a cadeia significante produz um deslizamento contínuo que aponta para uma infinitização do desejo, o objeto é precisamente o que permite ao sujeito um mínimo de estabilização do desejo, ou, freudianamente falando, de fixação: "O que falta a todo instante em Hamlet [...] é que ele não fixa para si uma meta, que ele não dá um objeto para sua ação, com a cota de arbitrariedade — o que assim é chamado — que isso sempre implica".[21] Claro está que essa "arbitrariedade" se insere numa grande sobredeterminação inconsciente que escapa ao sujeito, e é justamente contra essa sobredeterminação que lhe escapa que o obsessivo se insurge com seus inúmeros mecanismos de controle.

É a esse ato desejante, que afirma uma relação entre sujeito e objeto, que Hamlet se furta. Daí esse traço de que é impossível o objeto do desejo ser um dos mais marcantes do obsessivo. Diz Lacan: "O que caracteriza propriamente o obsessivo é que ele põe a ênfase no encontro com essa impossibilidade. Em outras palavras, ele dá um jeito para que o objeto de seu desejo adquira valor essencial de significante dessa impossibilidade".[22] Assim, Hamlet só eleva Ofélia ao lugar de objeto depois que ela morre. Lacan observa que

> há um grande inconveniente em confundir o que é relação com o significante e o que é relação com o objeto [...] mesmo que reconheçamos, como de fato fazemos, todo o valor primitivo determinante dos significantes da demanda, enquanto significantes orais, anais, para colocá-los em correspondência com

todas as subdivisões, todas as diferentes orientações ou polarizações que o objeto como tal pode assumir em relação ao sujeito.[23]

Se por um lado Hamlet posterga a ação, pois para ele o encontro se dá sempre cedo demais, por outro, quando age, o faz de modo completamente precipitado, numa espécie de *acting*, numa precipitação que se produz sempre por um "apelo qualquer do acontecimento para além dele mesmo, de sua resolução, de sua decisão, [o que] parece lhe oferecer uma abertura ambígua qualquer".[24] O exemplo mais evidente dessa precipitação — ou seja, dessa ação não subjetivada — se oferece quando Hamlet mata Polônio, que se escondia por trás da cortina no quarto da rainha, acreditando tratar-se de Cláudio. Hamlet não executa nenhum ato, o que ele faz são gestos que finalizam aquilo que ele acreditava fossem os atos do outro. Atuando precipitadamente, Hamlet só faz recolocar o desejo enquanto culpa e remorso, e desse modo o desejo não terá qualquer valor de satisfação e de assunção subjetiva.

O diálogo final entre Hamlet e Horácio, seu amigo, é bastante revelador nesse sentido. Nele se evidencia o quanto Hamlet se porta como vítima de um fatalismo inexorável, de uma "divindade que lavra nossos desígnios"; o quanto, mesmo depois de ter tido sua vida encomendada pelo rei, ele só concebe matá-lo como sendo um dever e não um desejo. Diz Hamlet para Horácio: "Em sã consciência, não cabe a este meu braço dar-lhe o troco?". Ainda aí, seu ato se reduz ao gesto mimético da retaliação especular, embora tudo o levasse à vingança.

Para que um ato se dê, de fato, Hamlet terá que ser ferido mortalmente. Isto é, terá que ser atingido nessa completude fálica que ele preserva a qualquer preço para que, de dentro da castração, ainda que no último instante, ele possa dar, ele mesmo, com um ato, sentido à própria vida. Para que haja o vigor do desejo, é necessário que haja a inclusão da morte — a castração — na vida. É a verdade que nos ensina Hamlet no limiar de sua existência e ao preço dela.

PARTE III

Despertar

1. Sonho, fantasia, delírio, ilusão

O inconsciente é muito exatamente a hipótese de que a gente não sonha somente quando dorme.

J. LACAN

COM A DEFINIÇÃO DOS REGISTROS do imaginário e do real, efetivada a partir de 1974 por Lacan, podemos estabelecer uma articulação bastante simples entre esses dois elementos, seguindo o "ideal de simplicidade"[1] a que ele próprio aspirava em seu ensino. Tal articulação é precisa: o imaginário é simplesmente o sentido fechado, uno; já o real, diz Lacan, é o "avesso do imaginário", é o não-sentido, o não senso, o sentido em branco, o *ab-sens*, o sentido ausente. No seminário "Nomina non sunt consequentia rerum", ele diz a respeito: "Há uma coisa que, de todo modo, é certa, se é que alguma coisa possa sê-lo, é que a ideia mesma de real comporta a exclusão de todo sentido. Não é senão na medida em que o real é esvaziado de sentido que nós podemos apreendê-lo um pouco...".[2]

Cabe-nos acrescentar que, dentro dessa perspectiva, o simbólico pode ser definido como sendo da ordem do duplo sentido, o que é congruente com toda a teoria freudiana da linguagem destacada por Lacan em sua lógica do significante. O extenso segmento da obra de Freud sobre os pares antitéticos, apresentado especialmente em alguns textos princeps — como "A significação antitética das palavras primitivas" (1911) e "O estranho" (1919) —, evidencia o binarismo inerente à estrutura do significante, que, representando sempre o sujeito para outro significante, jamais compa-rece a não ser por meio do par e, de modo particularmente exemplar, do

par antitético.[3] Vê-se aqui que o simbólico, o campo do duplo sentido, é
o registro que se situa como o verdadeiro articulador do sentido com o
não-sentido, isto é, do imaginário com o real. Como a operação analítica
se desenrola inteiramente no campo da linguagem, ela retira toda a sua
força, inerente ao registro do simbólico, desse poder do duplo sentido de
produzir a articulação do sentido uno com o não-sentido.

R – não-sentido

S – duplo sentido

I – sentido uno

Acrescento que, se essa tripartição é nomeada por Lacan, ela se acha,
contudo, presente ao longo de toda a obra de Freud, especialmente numa
figura que o fascinava de modo intenso: a cabeça da divindade romana
Jano, da qual, segundo narram os historiadores, ele mantinha uma esta-
tueta em sua mesa de trabalho. Situada nos pórticos das cidades da Antiguidade e comemorada no mês de janeiro (cujo nome provém justamente
do da divindade), a cabeça de Jano é constituída de duas faces opostas que
associam, numa só unidade, a dualidade do velho e do jovem, do feio e do
belo e, mais essencialmente, do masculino e do feminino. Se nos pórticos
Jano cuida não somente do interior da cidade, mas também daquilo que lhe
é exterior, em janeiro ele olha tanto para o ano que se encerra como para
o ano que se insinua. Para Freud, que observa a ocorrência dessa estrutura
de cabeça de Jano em todas as formações do inconsciente,[4] Jano representa
a própria imagem do inconsciente, no qual os contrários coexistem e onde
não há nem negação nem partículas exclusivas (*ou* isso *ou* aquilo), somente
aditivas (isso *e* aquilo), e onde não há inscrição da diferença sexual. Jano é
a imagem mesma do sujeito do inconsciente, de uma unidade continuamente clivada pela dualidade.

Se a cabeça de Jano fascinou Freud tanto quanto outra figura, o nó borromeano, fascinou Lacan, isso se dá, a nosso ver, porque a cabeça de Jano
é, ela mesma, um nó borromeano: cada uma de suas faces, tomada em sua

unidade, representa o imaginário, o sentido radicalmente unívoco; o real, "avesso do imaginário", reside no eixo central que sustenta a própria cabeça, embora seja impossível de ser apreendido como tal; o simbólico é a estrutura da linguagem, inerente à cabeça, enquanto possibilidade de o sujeito passar de um sentido para o outro, isto é, de um imaginário para outro. Fazê-lo significa tocar, ainda que pontualmente, no não-sentido do real.

O despertar do sentido...

Quando Federico Fellini foi entrevistado por ocasião do lançamento de um de seus filmes, perguntaram a ele qual o seu preferido. Fellini respondeu: "Mas eu só fiz um único filme!". Tomo essa resposta do cineasta para fazer a suposição de que Freud escreveu um único livro, composto de inúmeros capítulos, e que poderia, talvez, ser intitulado, segundo a leitura lacaniana, de "A experiência do despertar".

Tal percepção da obra freudiana como um único livro, constituído de diversos capítulos, apresenta, de forma inerente a ela, certa metodologia de estudo à qual chamo histórico-conceitual e a partir da qual se podem depreender articulações bastante interessantes.

Dou um exemplo: ao estudar o conceito de pulsão dentro dessa perspectiva, pode-se perceber que esse conceito, um dos quatro fundamentais da psicanálise segundo Lacan, é, essencialmente, tributário da reflexão freudiana sobre a teoria da bissexualidade. Conforme já vimos em capítulos anteriores, ao longo da intensa e fecunda correspondência que Freud manteve com Wilhelm Fliess, seu interlocutor privilegiado durante o período de gestação de sua descoberta, entre os diversos temas abordados por eles, o da bissexualidade era o mais recorrente. Assunto muito estudado no século xix e elevado por Fliess a uma categoria especial, a bissexualidade esteve na origem da aproximação desses dois conquistadores e, igualmente, na origem de sua ruptura.

Contudo, enquanto Fliess pretendia estender essa noção ao domínio da biologia — visto que pretendia construir uma teoria que inaugurasse uma nova biologia geral[5] —, Freud via na bissexualidade uma importante alavanca para propulsar a teoria psicológica geral que visava elaborar. Assim, Freud levou muito tempo para poder discernir sua própria concepção da bissexualidade daquela de Fliess. Chama a atenção que foi um ano após ter rompido seu relacionamento com Fliess (que durou de 1887 a 1904), ou seja, em 1905, que Freud introduziu nos "Três ensaios sobre a teoria da sexualidade" seu conceito de pulsão — cujo objeto é definido por ele como sendo variável e, no fundo, indiferente.

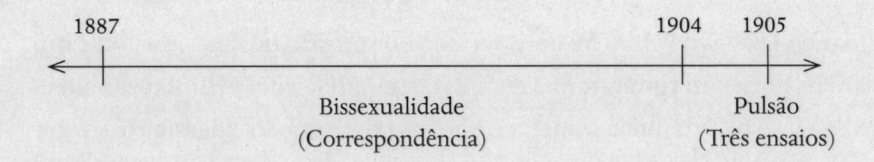

Freud continuou a utilizar a noção de bissexualidade até o fim de sua obra, e, se essa noção praticamente desapareceu nos escritos analíticos contemporâneos, isso se deve, a meu ver, ao fato de que hoje dispomos do conceito de objeto *a* introduzido por Lacan. O conceito de objeto *a* — a um só tempo objeto da pulsão, da fantasia, do desejo e da angústia — substituiu com propriedade a noção de bissexualidade, posto que essa noção apresenta uma versão imaginária da diferença sexual, entre masculino e feminino. Já o objeto *a* implica a percepção do real em jogo na diferença sexual, para além da diferença puramente imaginária entre os sexos. Assim, o conceito de pulsão, conceito único que sustenta toda a teoria freudiana da sexualidade, é produto do longo diálogo estabelecido entre Freud e Fliess sobre a categoria da bissexualidade.

Retomo o fio inicial. "Despertar" é um termo empregado por Lacan. É também utilizado por Freud. Mais do que isso, parece designar o cerne do que está em jogo na experiência psicanalítica. Uma das maneiras mais pungentes, embora indireta, com que Freud se referiu ao termo foi ao mencionar o terceiro "golpe narcísico" que a psicanálise havia dado na humanidade, após o golpe cosmológico de Copérnico e o golpe biológico de Darwin. O descentramento da Terra do Universo e o descentramento do homem da criação divina são, em essência, formas de despertar. São igualmente descentramentos de sentido. O sentido que se apresentava fechado e harmônico passa a ser questionado: se não há centro, como será possível encontrar o sentido definitivo? Na mesma direção, o descentramento do homem de si mesmo produzido por Freud traz uma perda irreparável de sentido.

E em que a psicanálise é uma experiência do despertar, cabe logo indagar? Um despertar para o além do sentido narcísico e, portanto, imaginário. E sabemos que o sentido está precisamente no âmago do discurso da neurose individual e da neurose coletiva, a qual, para Freud, representa a religião.

Por outro lado, a própria metodologia freudiana pode ser situada em torno de um certo modo de despertar: sempre que abordava um novo tema, Freud se empenhava inicialmente em desconstruir o sentido admitido, dado até então para aquele tema não só pela tradição clássica, como por seus contemporâneos. Freud desconstrói o discurso de Artemidoro e outros antigos para poder interpretar os sonhos, desconstrói o discurso de Lipps para abordar o chiste, desconstrói o discurso do triunvirato da sexologia — Havellock Ellis, Krafft-Ebing e Moll — para enxergar a sexualidade de modo novo, ou seja, através do conceito de pulsão.

Essa metodologia de desconstrução, de subversão do sentido dado, é uma forma de despertar do sentido aceito e admitido em uma determinada época. Não se trata apenas de um desvencilhar-se do sentido dado, mas de um reordenamento deste, pois é nessa mesma tradição que Freud recolhe elementos para sua construção. É o caso do sonho de Alexandre Magno — narrado e analisado por Artemidoro de Daldi — em que um sátiro aparece dançando. Tal análise foi considerada por Freud um verdadeiro exemplo de interpretação analítica: a palavra *melete* é cortada de modo a produzir um significante que representa Alexandre — *as-tyros*, isto é, é *tua Tiro*. Alexandre estava fazendo o cerco à cidade de Tiro há alguns meses e esperava o momento de invadi-la quando teve esse sonho.

Outra modulação dessa mesma metodologia pode ser encontrada no frequente diálogo que Freud estabelece, em grande número de seus textos, com um suposto interlocutor, por exemplo no ensaio "A questão da análise leiga" (1926): esse interlocutor é sempre colocado no lugar-tenente do defensor do sentido estabelecido e é ele que Freud se empenha em despertar para algo radicalmente novo. Por outro lado, o próprio Freud é quem observa que o novo é uma fonte de desprazer na medida em que imprime uma grande exigência à mente, tal como no desprazer da criança ao ver um rosto estranho. O estranho é evitado porque desperta e sacode o familiar.

... e suas quatro dimensões: sonho, fantasia, delírio...

Nascida do abandono da técnica da hipnose,[6] a psicanálise é uma experiência que, ao contrário de hipnotizar o sujeito, visa revelar aquilo que já o hipnotiza desde sempre, desde sua própria constituição. A alienação, por ser o "fato do sujeito",[7] segundo Lacan, ou seja, estruturante, nem por isso deixa de ser alienação. O despertar em jogo na análise indica, por sua vez, o caminho da separação.

Na obra de Freud, a abordagem do sentido pode ser depreendida em quatro grandes segmentos conceituais que foram percebidos por ele numa espécie de sequência lógica, em que um conceito levava sucessivamente ao outro: sonho, fantasia, delírio, ilusão. A análise de cada um desses elementos representou uma etapa na construção de uma experiência do despertar do sentido.

A obra de Freud se inaugura com a *Deutung* dos sonhos e, a partir dela, é sobre o campo do sentido que ele irá operar. *A interpretação dos sonhos* abre para a descoberta da psicanálise e, para Freud, a função do sonho é fundamentalmente a de ser um "guardião do sono". Na carta de 9 de junho de 1899, durante o período de escrita de *A interpretação dos sonhos*, Freud escreve a Fliess: "Invariavelmente, o sonho visa realizar *um* desejo que assume diversas formas. É o desejo de dormir! Sonhamos para não ter que acordar, porque queremos dormir. *Tant de bruit* [*pour une melete*]...".[8]

No seminário *O avesso da psicanálise*, na lição de 21 de janeiro de 1970, Lacan observa quanto há de misterioso nesse desejo de dormir que Freud anuncia no mecanismo do sonho. "O desejo de dormir é, de fato, o maior enigma",[9] diz Lacan, salientando que Freud não situa aquilo que determina a operação do sonho como uma necessidade de dormir, *schlafen Bedürfnis*, mas sim como um desejo de dormir, *Wunsch zu schlafen*. Lacan prossegue comentando que "o curioso é que Freud completa essa indicação com o seguinte — um sonho desperta justamente no momento em que poderia deixar escapar a verdade, de sorte que só acordamos para continuar sonhando — sonhando no real, ou, para ser mais exato, na realidade".[10]

O sonho, ao realizar alucinatoriamente o desejo — e o desejo é sempre sustentado pela fantasia[11] —, está a serviço do adormecimento, e é justo naquele momento em que algo do real tenta imiscuir-se no sonho, como no sonho de angústia, que o sujeito acorda. Paradoxalmente, o sujeito acorda, diz Lacan, para prosseguir dormindo, isto é, fantasiando. Às vezes, durante o próprio sonho de angústia, dizemos para nós mesmos, a fim de evitar o despertar que se insinua: "Afinal de contas, isto é apenas um sonho!".

O trabalho de escrita do livro sobre os sonhos — centrado, sobretudo, em sua própria análise —, custou caro a Freud, como atesta em sua correspondência da época ao dizer que "colocar isso no papel me é mais difícil do que qualquer outra coisa".[12] E ainda: "Estou completamente mergulhado no [livro do] sonho, escrevendo oito a dez páginas por dia [...]. Meu estilo, infelizmente, tem estado ruim, porque me sinto bem demais fisicamente; tenho que estar me sentindo um pouco mal para escrever bem".[13] O período que sucede a escrita do livro é de profunda depressão.[14]

Há uma relação íntima entre o sonho e a fantasia. Se todo sonho é a realização de um desejo, a fantasia é o suporte do desejo. "Nossos sonhos nada mais são do que fantasias"[15] — frisa no artigo "O poeta e o fantasiar" (1908) — que sofreram a ação da censura e emergiram deformadas e distorcidas. A mesma ação da fantasia inconsciente, em torno da qual o sonho e o devaneio (fantasia consciente) se constroem, irá constituir para o sujeito, na vida de vigília, sua relação com a realidade, ou, melhor dizendo, sua própria realidade, uma vez que a realidade é, essencialmente, realidade psíquica.

Como vimos, a fantasia ocupa a elaboração freudiana durante um longo período, que denomino de "ciclo da fantasia", situado entre 1906 e

1911, que se estende desde o ensaio sobre a *Gradiva* de Jensen até o texto metapsicológico sobre a fantasia, "Formulações sobre os dois princípios do funcionamento mental". Durante esse período, Freud tematiza a questão da fantasia em diversos pequenos artigos, todos dedicados a tratar da fantasia em suas diferentes manifestações, em sua relação com o sintoma e o ataque histérico, as teorias sexuais infantis e a criação literária.

É interessante observar que somente ao cabo desse longo período de estudo aprofundado da fantasia ele consegue extrair a complexa lógica inerente ao delírio na psicose: em 1910, escreve simultaneamente o caso Schreber e "Formulações sobre os dois princípios...", ambos publicados conjuntamente em 1911, no mesmo volume da revista *Jahrbuch*. A postulação freudiana do delírio enquanto tentativa de cura da psicose não pôde prescindir da compreensão da função essencial da fantasia no aparelho psíquico: uma verdadeira função de "ponte" entre o princípio de prazer e o princípio de realidade. A esse respeito, é digno de nota que foi precisamente em "Formulações" que Freud introduziu, pela primeira vez em sua obra, a articulação entre princípio de prazer e princípio de realidade.

Já expus que a fantasia fundamental só entra em cena a partir da operação do recalque originário, cujo efeito primordial será o da instalação dessa fantasia fundamental como uma espécie de escudo protetor em relação ao real do gozo. Caso a fantasia não seja instaurada, ou seja, caso haja uma falha no recalque originário, como ocorre na psicose, a pulsão de morte passa a operar de forma direta e sem freio, e é como tentativa de substituir a falha da instauração da fantasia fundamental que o psicótico construirá seu delírio. O delírio é, na psicose, uma tentativa de suplência da não instauração da fantasia fundamental, isto é, tentativa de estabelecer o plano fantasístico impossibilitado pelo fracasso do recalque originário na psicose.

Conforme vimos anteriormente, a grande reviravolta operada por Freud em relação à concepção psiquiátrica das psicoses se deu ao enunciar que o delírio não é a psicose, mas, ao contrário, o esforço que o psicótico faz para reconstruir o seu mundo, o que significa que representa a própria tentativa de cura da psicose. Ou seja, o delírio é a tentativa — mais exitosa na paranoia, onde comparece de modo sistematizado,[16] e menos exitosa na esquizofrenia, em que é fragmentado e sem sistematização — de reconstituir esse verdadeiro filtro da fantasia, que opera na neurose de modo a proteger o sujeito do encontro com o real em jogo na pulsão de morte.

Pode-se compreender melhor, desse modo, aquilo que Freud se empenha em elaborar nos dois famosos artigos de 1924, "Neurose e psicose" e "A perda da realidade na neurose e na psicose": a perda que está em jogo aí, para Freud, não é tanto a da realidade, que, de fato, é perdida não só na neurose como também na psicose (como ele se apressa em retificar no segundo artigo, escrito apenas alguns meses depois do primeiro), mas sim a da fantasia, no caso da psicose. O encaminhamento dado ao conjunto dos dois artigos sugere exatamente isso, sobretudo porque Freud os encerra postulando, no final do segundo, o lugar central ocupado pela fantasia na neurose e pelo delírio na psicose.[17] Freud conclui que, se a perda da realidade é comum à neurose e à psicose, o modo de substituir a realidade perdida é que será diferente em cada uma das duas estruturas: "O novo mundo externo, fantástico, da psicose quer substituir a realidade externa; por sua vez, o da neurose prefere ligar-se, como o brinquedo das crianças, a um fragmento da realidade…".[18]

Digamos, então, que o primeiro despertar promovido por Freud se deu em relação ao inconsciente, cuja "via régia" foi aberta pelo livro sobre os sonhos. Assim, seus três livros inaugurais, considerados por Lacan obras "canônicas em matéria de inconsciente",[19] são como que três batidas de um tambor que, tal como as três sinetas do teatro, ou os três toc-toc-toc do sujeito que bate na porta, anunciam a descoberta do inconsciente e promovem um despertar em relação à Outra Cena.[20]

O segundo despertar promovido por Freud tem a ver com a fantasia em sua relação com a pulsão sexual. Quanto a isso, cumpre ressaltar que o período áureo de estudo da fantasia é, por um lado, precedido pela introdução do conceito de pulsão, em 1905, nos "Três ensaios", e, por outro, é sucedido, em 1914, pelo ensaio "Introdução ao narcisismo", no qual Freud dá seus primeiros passos rumo ao segundo dualismo pulsional.

O que é a fantasia — que vai, em seu largo escopo, da fantasia inconsciente ao devaneio — senão a manifestação mais palpável no psiquismo da insatisfação inerente à própria pulsão sexual? Freud chamou a atenção para esse aspecto no segundo artigo sobre a psicologia do amor, de 1912, intitulado "Sobre a mais geral degradação da vida amorosa", no qual afirmou, manifestando ele mesmo certa surpresa, que algo "na natureza da própria pulsão sexual é desfavorável à obtenção da satisfação plena".[21] Tal conclusão, enunciada de forma aparentemente anódina, foi tomada por Lacan como um verdadeiro axioma da teoria psicanalítica da pulsão e, no *Seminário 11*, no qual retoma os fundamentos da psicanálise,[22] ele sublinha essa característica para ver nela o real em jogo na própria pulsão, o real enquanto o impossível de se satisfazer.

O terceiro despertar foi o do fundamento mortífero da pulsão em sua exigência imperiosa de satisfação absoluta. E, nessa direção, talvez se possa considerar a análise que Freud faz da religião como um corolário de sua longa travessia dessas diversas dimensões de despertar. Somente tendo atravessado essas três dimensões — sonho, fantasia, delírio — Freud teria podido anunciar um despertar em relação à religião e à ilusão que é inerente à crença.

... e ilusão

É digno de nota que *O futuro de uma ilusão* tenha sido escrito no período imediatamente posterior à grande virada operada por Freud com o "Além do princípio de prazer". Ao introduzir a pulsão de morte nesse trabalho, ele pôde dar à pulsão seu radical e verdadeiro status de força, de pressão (*Drang*) que almeja a satisfação absoluta, denominada por ele de morte e, posteriormente, por Lacan, de gozo. Recapitulo esse momento da construção freudiana considerando-o como uma conclusão à qual toda a sua teoria da pulsão parece ter se dirigido desde o começo. Com o segundo dualismo pulsional, que passa a opor pulsões de vida e pulsão de morte, vimos que Freud de fato passa a considerar duas ordens de pulsão: as pulsões de vida (que, no fundo, são as pulsões sexuais), que, por sua própria natureza, fazem muito barulho, e a pulsão de morte, que opera em silêncio.

Lacan ressaltou por diversas vezes a importância do "Além do princípio de prazer" no conjunto da obra de Freud, texto que foi objeto de repúdio por parte de muitos psicanalistas. No seminário *Os quatro conceitos fundamentais da psicanálise*, Lacan afirma que "toda pulsão é pulsão de morte"[23] e, se ele o faz, é preciso reconhecer que tal afirmativa pode ser encontrada no próprio texto de Freud, ainda que ali isso não seja dito dessa maneira. Mas basta que se leia com atenção o "Além..." para se concluir, como Lacan, que o que Freud se empenha em demonstrar é, justamente, a ideia de que toda pulsão é pulsão de morte:

> [...] as pulsões de vida têm muito mais a ver com nossa percepção interna; de fato, surgem como revoltosas, sem cessar trazem tensões cujo alívio é sentido como prazer, enquanto as pulsões de morte parecem realizar seu trabalho discretamente. O princípio de prazer parece estar diretamente a serviço da pulsão de morte.[24]

A pulsão apresenta um vetor na direção da satisfação absoluta — morte ou gozo —, e, se tal busca de satisfação absoluta encontra algum freio, isso se dá pela entrada em ação da fantasia inconsciente como sendo aquele fator que sexualiza a pulsão de morte e a transforma em pulsão sexual. Assim, toda pulsão sexual é, no fundo, igualmente pulsão de morte, apenas que freada em seu empuxo na direção do gozo absoluto. A não sexualização da pulsão de morte, efeito da não entronização da fantasia pela falha do recalque originário, é o que se passa na psicose, na qual Lacan observa que o inconsciente surge "a céu aberto". Em outros processos patológicos, como as toxicomanias graves, a fantasia parece sofrer uma rarefação progressiva que dessexualiza paulatinamente a pulsão e a faz emergir em seu radical direcionamento rumo ao gozo mortífero.

Na linha do tempo abaixo, veem-se as quatro dimensões do despertar e sua posição relativa à teoria da pulsão na obra de Freud:

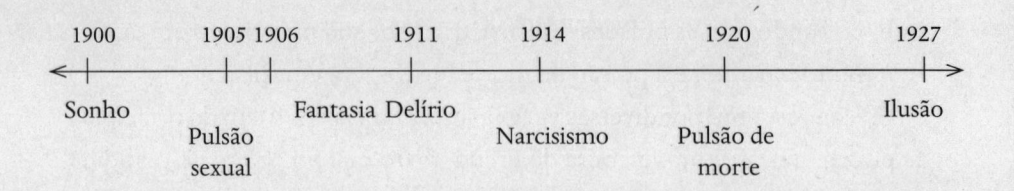

Consideradas por Freud "a peça talvez mais importante do inventário psíquico de uma cultura",[25] as ideias religiosas são por ele tomadas como verdadeiras "ilusões". Mas que estatuto dar a essa ilusão? Freud aproxima a ilusão inerente à religião mais do delírio do que da fantasia, embora "uma ilusão não seja a mesma coisa que um erro; tampouco é necessariamente um erro".[26] Pois o que caracteriza as ilusões é que elas são derivadas de desejos humanos. Aproximam-se dos delírios, mas diferem deles: os delírios estão em contradição com a realidade. Já as ilusões não precisam ser necessariamente falsas, ou seja, irrealizáveis, nem estar em contradição com a realidade. Nas religiões, a ilusão se expressa através da crença e Freud afirma que podemos "chamar uma crença de ilusão quando uma realização de desejo constitui fator proeminente em sua motivação",[27] de modo que desprezemos sua relação com a realidade tanto quanto a própria ilusão não dá valor à verificação. As doutrinas religiosas são todas elas ilusões e algumas delas podem ser comparadas a delírios.

Na medida em que pretende suturar o real, a religião é um discurso que constitui uma fantasia com características particulares, uma fantasia que se aproxima do delírio — ou talvez uma "fantasia delirante", segundo a curiosa expressão utilizada por Freud em alguns momentos de sua obra, por exemplo no ensaio sobre a *Gradiva*. A religião é um "tesouro de representações, engendrado pela necessidade de tornar suportável o desamparo humano".[28] A posse dessas ideias, prossegue Freud, protege o homem "em dois sentidos: contra os perigos da natureza e do Destino, e contra os danos que o ameaçam por parte da própria sociedade humana".[29] Freud observa que aqui reside, segundo seus próprios termos, "a essência da questão":[30] trata-se de produzir um sentido mais elevado para a vida, que passa a ser compreendida como um estágio de aperfeiçoamento da alma humana. O ponto nuclear, o alvo desse discurso que visa dar sentido à vida não poderia ser outro senão a morte. E a morte passa a ser objeto dessa produção de sentido: a própria morte passa a ser considerada não mais "um aniquilamento, um retorno ao inanimado inorgânico, mas o começo de um novo modo de existência que se acha na via rumo ao desenvolvimento superior".[31]

O poder inerente ao discurso religioso depende dessa contínua produção de sentido expressa em seu grau máximo através do sentido que é outorgado precisamente àquilo que não tem nenhum sentido — a morte. Pois a morte é um dos nomes do real e talvez seja o melhor deles, algo que opera a radical perda do sentido. É interessante observar que o próprio Freud situa a necessidade de ultrapassar essa idade religiosa como um "despertar intelectual"[32] das massas.

Freud, Pfister e "a essência da questão"

A relação de amizade entre Freud e o pastor Oskar Pfister foi, de fato, ocasião para um longo diálogo sobre o sentido da religião. Pfister foi um dos primeiros psicanalistas não médicos e um pioneiro em fazer uma conexão entre a psicanálise e a pedagogia, assim como a estender o tratamento psicanalítico a crianças e adolescentes. Membro fundador da Sociedade Psicanalítica Suíça, manteve uma afetuosa correspondência com Freud durante aproximadamente trinta anos.

Quanto a isso, cumpre notar que um grande número de interlocutores de Freud era de outros lugares que não Viena: Fliess, de Berlim; Ferenczi, de Budapeste; Jung e Pfister, de Zurique. Isso significa que o Outro com o qual Freud dialoga profundamente encontra-se além de Viena, e cabe perguntar, assim, se o fato de não encontrar um verdadeiro interlocutor na cidade em que morava não era uma das causas essenciais de seu ódio em relação a ela. Numa carta a Fliess, por exemplo, em que combinavam um congresso em Berlim (quando os dois se encontravam, tratava-se sempre de um congresso), Freud diz que a única coisa que o desagradava era saber que, quando retornasse a Viena, odiaria essa cidade três vezes mais do que já o fazia. Retornar a Viena significava retornar a esse lugar onde se encontrava só e sem pares que o ouvissem.[33] Sabemos que no ódio, situado na junção entre o real e o imaginário, é precisamente o simbólico que falta.[34]

A correspondência Freud-Pfister tem momentos extremamente saborosos, como o da carta de 25 de novembro de 1928, na qual Freud, numa conhecida passagem, declara:

> Não sei se o senhor adivinhou a ligação secreta entre a "Análise leiga" e o *Futuro de uma ilusão*. Na primeira, quero proteger a análise dos médicos, na segunda, dos sacerdotes. Quero entregá-la a uma categoria que ainda não existe, uma categoria de curas de alma seculares, que não necessitam ser médicos e não podem ser sacerdotes.[35]

Por outro lado, quando *O mal-estar na cultura* é publicado, Pfister se apressa em manifestar, numa carta de 4 de fevereiro de 1930, sua discordância em relação à pulsão de morte: "Na doutrina das pulsões o senhor tem pensamento conservador, eu progressista. [...] Vejo a 'pulsão de morte' somente como declínio da 'força vital', não como uma pulsão propriamente dita...".[36] Apenas três dias depois, na carta de 7 de fevereiro de 1930, Freud se apressa em responder que a pulsão de morte é

> novamente um caso da luta entre ilusão (realização de desejo) e reconhecimento. Não se trata de modo algum de aceitar o que seja mais agradável ou mais cômodo e vantajoso para a vida, e sim o que mais se aproxima da enigmática realidade que existe fora de nós. A pulsão de morte não me é um anseio de coração, ela surge somente como uma hipótese inevitável a partir de razões biológicas e psicológicas.[37]

É relevante para a nossa perspectiva notar ainda que, numa carta de 9 de fevereiro de 1909, situada, portanto, logo no início do contato entre eles, durante o período em que Freud estudava a fantasia — e a pulsão não lhe revelava senão sua face sexual, de vida —, os termos de Freud quanto à religião não lembram nem um pouco os de 1927. A religião não é de modo algum situada, aqui, como uma ilusão, e Freud revela uma tolerância em relação a ela que não seria mais possível em 1927: "A psicanálise não é em si religiosa nem antirreligiosa, mas um instrumento apartidário do qual tanto o religioso como o leigo poderão servir-se, desde que aconteça tão somente a serviço da libertação dos sofredores".[38]

Se tomarmos o ensaio que Oskar Pfister escreveu como resposta a *O futuro de uma ilusão*, ironicamente intitulado "A ilusão de um futuro", vê-se que o problema do sentido buscado pela religião domina todo o texto, que, aliás, Freud não só incentivou que fosse escrito, como publicou na revista *Imago* de 1928. Nele, Pfister se empenha em negar, uma por uma, as "acusações" que Freud faz à religião: a religião como obsessão neurótica, como configuração do desejo, como hostil à razão, como proteção (policial) da cultura. Sua conclusão desemboca na ideia de que a religião "se ocupa com a pergunta pelo sentido e valor da vida".[39] Pfister corrobora, assim, aquilo que Freud considerava "a essência da questão": a religião como algo que é valorizado pelo fato de atribuir sentido à vida, sendo que, para tanto, necessita anular a falta de sentido inerente à morte.

A abordagem da religião, iniciada em *O futuro de uma ilusão*, prossegue em *O mal-estar na cultura*. Se, naquele, Freud diz que "a cultura corre um maior perigo aferrando-se a seu vínculo atual com a religião do que desatando-o",[40] neste ele reafirma sua formulação de que "só a religião sabe responder à pergunta sobre o propósito da vida".[41]

Dos quatro grandes caminhos do homem, classicamente considerados como sendo a arte, a ciência, a filosofia e a religião, a psicanálise sempre manteve uma relação de troca constante com os três primeiros, e apenas em relação à religião, como um discurso, Freud produziu uma reflexão francamente opositiva com a psicanálise. Já as artes plásticas e literárias, as ciências biológicas e antropológicas e as filosofias, de Parmênides a Schopenhauer, sempre enriqueceram a visão psicanalítica e lhe forneceram elementos com os quais ela pôde articular suas descobertas. Quanto à religião, Freud escreveu um texto duramente crítico. Acredito que, se isso ocorre, é porque psicanálise e religião constituem dois modos radicalmente opostos de operar com o sentido: a religião opera fechando o sentido, ao excluir dele o real, ao passo que a psicanálise, incluindo-o, opera abrindo o sentido.

Efeito de sentido real

Em 1974, em *R.S.I.*, Lacan colocou como um verdadeiro projeto de todo o ano de seminário delimitar ao máximo o que pode ser o real de um efeito de sentido: "O efeito de sentido a se exigir do discurso analítico não é imaginário, não é também simbólico, é preciso que seja real".[42] Embora o sentido seja, enquanto tal, da ordem do imaginário, Lacan introduz a ideia do *efeito de sentido* ligado ao real.

Deriva daí a concepção psicanalítica da interpretação, retomada por Lacan a partir da tripartição R.S.I. A interpretação é da ordem do equívoco, do *Witz*, ela é suspensão do sentido dado e jamais se produz como o sentido do campo do imaginário. Lacan pondera que o efeito de sentido a se obter com o discurso psicanalítico não é imaginário nem simbólico, ele é real. A interpretação deve ser equívoca, ela "é feita para produzir ondas",[43] e sua "virtude alusiva" pode ser exemplificada pelo dedo de são João Batista, na última tela de Da Vinci, que aponta para o alto, para uma região imprecisa.[44]

O termo *réveil* (despertar) tem o mesmo radical que *rêve* (sonho) e dele se origina. Assim como o sonho tem uma função psíquica importante, acredito que o despertar apresenta igualmente uma função psíquica extremamente relevante, ainda que, na maioria das vezes, surja apenas de modo bastante pontual, como "hiância".[45]

Lacan encerra a sessão inaugural de 15 de novembro de 1977 do seminário "Le moment de conclure", intitulada "Une pratique de bavardage", dizendo: "O importante é que a ciência é ela própria uma fantasia, e que a ideia de um despertar seja, propriamente falando, impensável".[46] No seminário de 19 de abril de 1977, Lacan afirma que "o despertar é o real sob seu aspecto de impossível, que só se escreve à força ou por força — é isso que chamamos de contranatureza".[47] No seminário subsequente, de 17 de maio de 1977, Lacan reforça essa ideia do impossível despertar e, questionando o porquê de não se introduzir "um novo significante que não tivesse nenhuma espécie de sentido", responde que "nós permanecemos sempre colados ao sentido".[48]

Assim, esse despertar impossível parece estar ligado ao novo significante sem sentido: "Nossos significantes são sempre recebidos. Por que não se inventaria um novo significante? Um significante, por exemplo, que não tivesse, como o real, nenhuma espécie de sentido?".[49] Sempre recebidos, os significantes revelam que, "na verdade, da doença mental que é o inconsciente não se desperta".[50] A ciência, por sua vez, não conduz igualmente ao despertar:

> O que Freud enunciou, o que quero dizer, é isto — em nenhum caso há despertar. A ciência só é passível de ser evocada indiretamente nessa ocasião. É um despertar, mas um despertar difícil, e suspeito. Só é seguro que se despertou quando o que se apresenta e representa é sem nenhuma espécie de sentido. Ora, tudo o que se enuncia até o presente como ciência está suspenso na ideia de Deus. A ciência e a religião vão muito bem juntas. É um *dieu-lire*. Mas isso não presume nenhum despertar.[51]

Se o despertar absoluto é impossível, momentos de despertar, pontuais, não são aquilo que a experiência psicanalítica possibilita? Por outro lado, o despertar absoluto é o que parece estar em jogo no cerne da experiência mística mais radical. E, a esse respeito, cabe indagar a emergência da categoria do princípio de Nirvana na obra de Freud, precisamente quando ele dá à pulsão sua feição mais radical — a de ser, em essência, pulsão de morte.

O princípio de Nirvana e a pulsão de morte

O princípio de Nirvana, denominação proposta pela psicanalista inglesa Barbara Low, foi mencionado por Freud pela primeira vez em 1920, no "Além do princípio de prazer", para designar a tendência do aparelho psíquico de levar a zero ou reduzir o máximo possível a quantidade de excitação de origem interna ou externa. Nesse ensaio, sua definição do princípio de Nirvana se assemelha à do princípio de constância, apresentando a mesma ambiguidade que ela quanto à tendência para o zero e à tendência a se manter constante.

Quatro anos mais tarde, em "O problema econômico do masoquismo" (1924), Freud irá distinguir esses princípios postulando a íntima relação entre o princípio de Nirvana e a pulsão de morte: "O princípio de Nirvana expressa a tendência da pulsão de morte...".[52] Isso significa que a tendência ao zero do princípio de Nirvana expressa a tendência fundamental do aparelho psíquico, ao passo que o princípio de prazer — que pode ser, ele então, igualmente denominado de princípio de constância — é uma modificação que ameniza essa tendência, no sentido de manter constante a excitação sem deixá-la aumentar. No fundo, trata-se da mesma tendência que pode ser tomada em seu vetor mais radical, absoluto, ou em seu vetor relativo, mas ambos expressam a mesma direção desse vetor — a diminuição da tensão interna. Freud chegará, finalmente, a estabelecer as seguintes correlações: princípio de Nirvana como a tendência da pulsão de morte; princípio de prazer como a reivindicação da libido; princípio de realidade, uma modificação do princípio de prazer, como a influência do mundo externo.

De todo modo, é bastante surpreendente que Freud tenha feito referência a um termo oriundo do budismo para designar aquilo que constitui sua definitiva e mais radical postulação sobre a pulsão. O gráfico a seguir permite visualizar a pulsão em seu vetor único de pulsão de morte na direção de *das Ding*, objeto real, impossível, que, caso existisse, proporcionaria a satisfação absoluta; a fantasia como o freio, o filtro, que, ao ser entronizado como consequência do recalque originário, sexualiza a pulsão de morte e funda a pulsão sexual; o advento de duas regiões distintas no vetor único da pulsão: a pulsão sexual submetida ao princípio de prazer e a pulsão de morte regida pelo além do princípio de prazer:

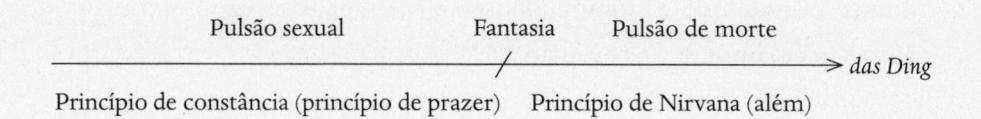

O que significa o termo "Nirvana"? Jorge Luis Borges pondera que muito do fascínio que o budismo exerce sobre o Ocidente provém da palavra Nirvana, que, segundo ele, "tão sonora e enigmática, inclui algo precioso".[53] Na língua sagrada dos budistas, "páli", que significa texto sagrado e é derivada do sânscrito, é dita *nibbana* e, no chinês, *ni-pan*. Nirvana é palavra sânscrita que significa "apagamento", "extinção". A palavra não foi cunhada por Buda e é igualmente usada na religião hindu do jainismo. No poema épico *Mahabharata* se fala de Nirvana e muitas vezes de *Brahma-nirvana*, extinção em Brahma. Para os *Upanishads*, o processo cósmico é o sonho de um deus, mas para o budismo há um sonho sem sonhador. Por trás do sonho e abaixo deste, não há nada. Ou seria melhor dizer — há nada?

Em geral, o termo Nirvana serve para designar a extinção do desejo humano, o aniquilamento da individualidade que se funde na alma coletiva, um estado de quietude e felicidade perfeitas. É bastante relevante que Freud, na sua teorização radicalmente nova introduzida no "Além...", recorra a uma expressão oriunda do budismo.

Tomemos a história de Sidharta, que se tornaria Buda, cujo nome significa "O Desperto". Ela nos é magistralmente contada por Borges,[54] a partir do evangelho do Nepal e do Tibete. Sua mãe, Maya, que significa "ilusão", teve um sonho: em seu flanco entra um elefante de seis presas, tendo o corpo branco como a neve e a cabeça cor de rubi. Os intérpretes do sonho de Maya profetizaram que seu filho seria dono do mundo (um grande rei) ou o seu redentor. Seu pai escolhe a primeira possibilidade e manda erguer para ele três palácios, dos quais exclui tudo o que possa revelar-lhe a senilidade, a dor ou a morte. Dez anos de felicidade transcorrem para o príncipe, dedicados ao gozo dos sentidos em seu alcácer, cujo harém abriga nada menos que 84 mil mulheres. Mas Sidharta insiste em ultrapassar os limites ilusórios que lhe foram impostos e acaba por conseguir atravessar os muros das fortalezas. Para além deles, se depara com a velhice, a doença e a morte.

A vida de Sidharta é a vida daquele que foi protegido do despertar de todos os modos, mas o buscou, igualmente, de todos os modos. Criado no interior de um cinturão de palácios oníricos, ele buscou se deparar com esse real do trauma que se situa para além da fantasia que lhe foi proporcionada pela *père-version*. Sidharta atravessou as cercas que lhe criaram um mundo possível para se deparar com o *i-mundo*, com o impossível. Sidharta buscou o encontro com o real.

A psicanálise não visa transformar os analisandos-Sidhartas em Budas, mas não podemos esquecer que Lacan chega a situar o analista num lugar homólogo ao da santidade, de rebotalho da humanidade. O despertar é um momento inapreensível na vida humana, mas presente: ele é homólogo ao lugar do sujeito. Ele possui a mesma qualidade do anoitecer, da hora da "Ave-Maria" — a hora de transição entre o dia e a noite, pintada por René Magritte em *O império da luz*, tela de 1954. Trata-se da hora do dia em que é muito frequente o sujeito sentir angústia: é a hora em que há passagem, travessia, em que o sentido é dúbio, nela não há luz nem tampouco escuridão. Não é a hora de sonhar — nem de viver nem de dormir. É a hora de morrer. E Buda morreu ao anoitecer.

Exemplo dessa função do despertar na cultura é a festa do réveillon. O termo "réveillon" vem de *réveil*, despertar, e o *Dicionário Robert* situa seu surgimento por volta de 1526. Nessa época a palavra referia-se a uma refeição feita tarde da noite em qualquer período do ano. A partir de 1762, passou a significar a festa que se faz na noite de Natal e, desde 1900, a noite do ano-novo e, por extensão, a própria festa. Portanto, o sentido do termo foi levado, através dos séculos, a significar um instante de passagem, a centelha de um segundo, o risco de um raio.

No Rio de Janeiro, chama a atenção o aspecto tão exuberante dessa festa. O hábito é ir até a praia, chegar à beira do mar e ali aguardar a chegada da meia-noite. Passar a meia-noite na praia, entrar no novo ano na praia. O céu noturno se torna dia, iluminado pelos fogos de artifício. A multidão é como que atraída por uma poderosa força oculta para aquela borda, constituída pela linha instável que separa a água da areia. É de bom augúrio molhar os pés, pedir às divindades a realização de desejos e ali aguardar aquele instante fugidio de passagem de um ano que se esvai, do qual cada um testemunha o que foi, e um ano que, incógnito, se insinua. Mas todo o motivo da festa reside no instante de passagem, puro corte, inapreensível, pura perda. Todos parecem partilhar a experiência de um despertar coletivo e, quando o momento chega, os sujeitos explodem em gritos, cantos, danças, prantos e beijos.

É digno de nota que a festa é, eminentemente, uma festa religiosa, as praias repletas de grupos de candomblé que realizam seus rituais. Tudo se passa como se, ali naquele momento mesmo em que o real emerge, imediatamente o sentido religioso precise se sobrepor. Como diz Lacan em *"Vers un signifiant nouveau"*, "nós permanecemos sempre colados ao sentido".[55] Apenas algumas horas depois, pela manhã, os garis se apressam em recolher as flores e garrafas da comemoração, pois os primeiros banhistas já começam a chegar, nessa terra de sonhos e sonhadores.

Desejo de ser Outro

Toda obra de arte parece ter um compromisso com a função do despertar. Elas representam para o espectador a suspensão do sentido dado e, em muitos casos, requerem dele o esquecimento momentâneo de si, o que constitui grande parte de seu atrativo. Enquanto, em sua cinematografia, Fellini trata do despertar pelo avesso, empenhando-se em mostrar por meio de imagens oníricas que não é possível senão sonhar eternamente, Michelangelo Antonioni é o cineasta do despertar. Seu filme *O passageiro: profissão repórter* (1975) traz a história de um sujeito cujo desejo de ser Outro — poderoso desejo que sustenta as experiências mais díspares, do uso de drogas à experiência analítica — o leva a dimensões inóspitas e destrutivas. O desejo de ser Outro é uma das versões do desejo de despertar, mas se o despertar absoluto é impossível, o desejo de ser radicalmente Outro contém em seu horizonte a destruição.

Repórter de televisão em missão na África central, David Locke descobre que Robertson, seu vizinho de quarto, muito parecido fisicamente com ele, morreu de um ataque cardíaco. Movido pelo desejo de mudar de vida, Locke inverte as fotos dos passaportes e troca de identidade com o morto sem que ninguém se aperceba disso na localidade. Desistindo da própria existência, abandona sua vida em Londres, onde é tido por morto pela mulher e pelos colegas, e começa algo novo, imprevisível: uma aventura fatal, já que ignora que a identidade que assume é a de um traficante internacional de armas. Seguindo a agenda deste, ainda sem saber do que se trata, vai até Munique apanhar um catálogo de armas que fora depositado num armário do aeroporto e, em seguida, a Barcelona, para um encontro pessoal com guerrilheiros. Nessa cidade, no interior da mais deslumbrante construção de Antonio Gaudí, o Palácio Guell, ele encontra por acaso uma jovem que permanece anônima e o acompanha até o fim.

Uma das mais belas cenas do filme é aquela em que a jovem lhe pergunta de que Locke está fugindo. Eles estão num carro conversível e ele responde dizendo-lhe apenas para olhar para trás e, enquanto ela se vira fazendo um gesto com os braços abertos que simula o voo ou a libertação, a câmera mostra a estrada ladeada por uma linda alameda de grandes árvores. Esse gesto é repetido diversas vezes ao longo do filme, como no início, quando seu jipe atola nas dunas de areia e ele joga os braços para o alto exclamando: "Não estou nem ligando!". E também quando ele se debruça num muro à beira do mar e brinca como se seus braços fossem as asas de um pássaro.

A história de Locke pode servir para ilustrar a tese psicanalítica de que a moldura da fantasia não pode ser ultrapassada, ela constitui o enquadramento a partir do qual o sujeito sempre perceberá o mundo à sua volta e se relacionará com seus semelhantes. Ela constitui uma verdadeira prisão da qual o sujeito não pode ambicionar se livrar completamente. Por isso,

Lacan denominou-a de "janela para o real", o que significa que, sem ela, o real surge em seu caráter i-mundo, inumano e mortífero. Nesse sentido, é significativo que o sobrenome Locke, em inglês, seja homofônico com o verbo *to lock* (trancar, cerrar, fechar); além disso, o termo inglês *locke* designa igualmente o prenome, o *given name*, que é dado a alguém e se junta ao nome de família, que é herdado. Aquilo que é comumente designado como nome próprio é, paradoxalmente, a primeira coisa que o sujeito recebe do Outro.

Por isso, a magistral sequência final do filme de Antonioni é realizada com uma câmera que atravessa lentamente as grades de ferro do portal do quarto, transpondo surpreendentemente a separação entre o interior do quarto e a rua. Locke também fizera algo parecido ao sair de dentro de si para buscar fora sua nova identidade. E assim como Locke voltou as costas para a própria vida e quis esquecer-se de quem era, o espectador está de costas para a cena em que ele é morto pelos bandidos e vê apenas, através das grades, a cena bucólica que se desenrola no exterior do hotel da Andaluzia: um menino brinca de atirar algo num simpático cachorrinho e é advertido por um homem velho que lê jornal sentado num banco da praça. O espectador vê a realidade através das grades que ele recusou. Quando o corpo de Locke é encontrado pela polícia, sua esposa se resigna a aceitar a mudança de identidade que ele buscou e nega conhecê-lo. Já a jovem sem nome, que o conhecera depois de largar a vida passada, diz que o reconhece. O reconhecimento do sujeito pelo Outro depende mais do simbólico que do real.

Em inúmeras cenas do filme vemos uma janela através da qual Locke olha, seja no quarto do hotel na África, no restaurante ou em outros locais. A realidade é isto: uma janela fantasística que "revela" o mundo para o sujeito. Para além dela, trata-se do real inominável e sem sentido. Cenas coloquiais, como uma briga de casal, também correm paralelamente às imagens que mostram os atores principais, tal qual o encontro no terraço de outra obra de Gaudí, a Casa Milà, como que para fazer um constante contraponto com a trivialidade da realidade cotidiana.

A última cena mostra o pôr do sol nesse ambiente rural, e a serenidade do entardecer traz de volta a calma para o lugarejo, abalado pelos estranhos acontecimentos daquele dia. O velho de bengala passa acompanhado pelo cachorrinho, o hotel tem suas luzes acesas, seu dono acende um cigarro e vai dar uma volta, a mulher senta para costurar nos degraus da escadinha que fica bem na porta de entrada. Tudo se passa como se todos se preparassem para, quando a noite cair, poder, enfim, dormir.

2. Despertar para o real

"Esta coisa é a mais difícil de uma pessoa entender. Insista. Não desanime. Parecerá óbvio. Mas é extremamente difícil de se saber dela. Pois envolve o tempo."[1] Com essas palavras instigadoras, Clarice Lispector abre "O relatório da coisa", texto no qual explicita aquilo que constitui o âmago da perspectiva de sua escrita: o exercício reiterado da experiência do despertar. Se o que objetiva é atingir a mais radical essência do humano, destacar sua estrutura mínima e transcender as contingências nas quais esta necessariamente se inscreve, para transmitir essa experiência Clarice se vale da banalidade do cotidiano da vida, tão impregnado de sentido que nem mesmo ousa questioná-lo. Fulgurante, sua escrita se alça ao nível de depuração atingido, na grande arte poética dos místicos, por são João da Cruz e santa Teresa d'Ávila. Pois o despertar remete ao êxtase, à aniquilação de toda subjetividade na qual, ascendendo a uma região para além dos sentidos e da linguagem, o sujeito se funde num espaço de indiferença e neutralidade absolutas.

"O relatório da coisa" narra na primeira pessoa o "encontro" com um relógio despertador chamado Sveglia, cuja mera função doméstica é derrogada pela potência denunciatória do que ele faz ver: "Estão me acontecendo coisas, depois que soube do Sveglia, que mais parecem um sonho. Acorda-me, Sveglia, quero ver a realidade. Mas é que a realidade parece um sonho".[2] E o que o Sveglia lhe diz é: "[...] acorda, mulher, acorda para ver o que tem que ser visto. É importante estar acordada para ver".

Esse encontro resgata um paradigma que unifica o despertador e o humano: "Já ouvi o Sveglia, por telefone, dar o alarme. É como dentro da gente: a gente acorda-se de dentro para fora". Mas o primeiro ultrapassa o segundo em excelência: "Seu mecanismo é muito simples. Não tem a complexidade de uma pessoa, mas é mais gente do que gente". Assim, o que a relação entre ambos revela é a situação deficitária do humano quanto ao deparar-se com a verdade: "Eu creio no Sveglia. Ele não crê em mim. Acha que minto muito. E minto mesmo. Na Terra se mente muito". Mas a excelência do Sveglia é inquietante: "Dorme, Sveglia, dorme um pouco, eu não suporto tua vigília. Você não para de ser. Você não sonha. Não se pode dizer que você 'funciona': você não é funcionamento, você apenas é". Assim, se despertar significa deparar-se com a imortalidade inerente ao tempo, dizer dessa experiência transcende o registro do literário: "Sveglia não admite conto ou romance, o que quer que seja. Permite apenas transmissão". Mas como conseguir a difícil simplicidade de um "relatório essencial" como esse, como fazer o "relatório do mistério"?

O neutro e o real: para além da realidade

Ir mais além, "perto do coração selvagem" da vida, ver o essencial no mais banal, recusar as certezas em prol do espanto, não se deixar obscurecer pela trivialidade à qual o dia a dia convida incessantemente, pressentir o mistério onde o óbvio parece se estampar, desejar algo a mais quando a satisfação se mostra aparentemente total, indagar os fatos cuja eloquência adquire o status da suficiência: em suma, desfazer o sentido onde ele se quer mais cabal, aspirar obtê-lo onde ele resiste, opaco. Trata-se de uma verdadeira metodologia que se acha em jogo aqui: por um lado, aumentar o gradiente de enigma inerente ao visível, cuja legitimidade é questionada; por outro, dirigir-se a um horizonte inesperado pelo gozo da diferença mais radical.

Despertar remete o sujeito a um tempo tão remoto como aquele em que ele ainda não tinha um nome, não se diferenciava por nenhum traço particular; antes, se confundia com a vida em qualquer de suas emergências mais brutas. Despertar mostra que nomes são meros apelidos, e assim Sveglia "não tem nome íntimo: conserva o anonimato. Aliás, deus não tem nome: conserva o anonimato perfeito: não há língua que pronuncie o seu nome verdadeiro".[3]

Despertar restitui o anonimato que permite indicar, se não restaurar, um lugar que o sujeito ocupara quando ainda não o haviam limitado a um nome, uma língua materna, uma situação social, momento em que era tão livre que nem mesmo sabia disso.

Também em *Água viva* Clarice ressalta que, sendo "inomeável", o modo de existir dessa subjetividade é o anonimato: "Na hora de pintar ou escrever sou anônima. Meu profundo anonimato que nunca ninguém tocou".[4] Correlata a esse anonimato é a renúncia à sua subjetividade, que se funde e se dissolve nos objetos do real: "Eu me ultrapasso, abdicando de mim, e então sou o mundo: sigo a voz do mundo, eu mesma de súbito com voz única".

Se sua experiência reitera a desimportância da própria subjetividade, são os limites desta que passam a ser transcendidos:

Sinto que nós chegamos ao limiar de portas que estão abertas e, por medo ou pelo que não sei, não atravessamos plenamente essas portas. Que, no entanto, têm nelas já gravado nosso nome. Cada pessoa tem uma porta com seu nome gravado e é só através dela que essa pessoa perdida pode entrar e se achar. O meu "normal" está aquém de mim. Fui além de mim e não posso voltar mais.[5]

Ultrapassando esses limites, o sujeito é "exatamente zero" e seu êxtase é o do não senso radical que deslegitima o sentido dos sentidos. Assim, diz Clarice: "Não quero ter a terrível limitação de quem vive apenas do que é passível de fazer sentido. Eu não: quero é uma verdade inventada".[6]

Perante o "grande tempo que não acaba", no lugar-zero, anônimo, sem sentido, o sujeito não tem uma história, pois o passado, tornado banal, e o futuro, conjectura apaziguante, cedem lugar precisamente ao que não é apreensível, ao presente irreversível — seu tempo é o já da inscrição indefectível da morte, inaugurado no instante mesmo de sua constituição. Seu lugar é o entre, lugar do horror e da maravilha do êxtase: "Escrevo agora para onde? Para o quase. Para o nunca e para o sempre. Vivo no quase, no nunca e no sempre. Quase, quase".[7]

Assim, é a narrativa da experiência do despertar que Clarice empreende, passando a exercitá-la no seio do mais banal cotidiano, cuja realidade harmoniosa defende e protege o sujeito de se deparar com o real. Tal realidade passa a ser pulverizada, sua miudeza espicaçada:

> O tempo é de grande violência. E as pessoas são distraídas, não sabem que só têm uma vida.... Me dei de repente conta de que eu não presto mais atenção em mim e nos fatos meus. Por isto é que de noite fico intrigada pelo que teria feito ou sentido de manhã. Até o café da manhã eu o tomo automaticamente, como se fosse coisa óbvia. Esse "deixar-se levar" é muito menos sofrido. Mas se eu não notar mental e detalhadamente o que estou a cada instante sendo ou fazendo, rebelde ou obediente, perco o aguilhão da vida. Se eu me "deixasse levar" seria um embalo e uma canção mortal. Não pretendo matar os dias. Ou então: posso me deixar levar sem nada provocar, mas, prestando uma leve atenção a tudo, viverei em dobro. Deixar-se levar é assim: um dia a pessoa acorda e se vê toda vazia diante — diante da morte. Os sinos da morte.

Desse modo, equivalente à perda das amarras subjetivas, a experiência do despertar tem como máxima consequência a perda do nome próprio e, assim como a experiência poética de Fernando Pessoa não pôde prescindir da explosão de sua subjetividade em vários heterônimos, Clarice Lispector afirma: "Saí desse sono aos poucos e agora, igual a qualquer homem, me chamo ninguém". Pessoa ninguém.

G.H. e a perda do eu humano

O que a psicanálise demonstra é que o sonho e a realidade têm idêntica estrutura: o ser humano sonha continuamente, esteja dormindo ou acordado, sempre movido pela fantasia inconsciente que não apenas representa para ele a sua realidade, como lhe fornece meios para se relacionar com o mundo real. Contudo, se a linguagem permite o acesso da criança ao mundo humano, ela constitui, simultaneamente, uma prisão originária na qual o sujeito perde todo o acesso direto ao real. Há, portanto, no próprio advento do sujeito uma radical alienação, tão radical que parece ter o status de uma via de mão única em sua existência.

Mas esse limiar pétreo forjado pela linguagem e pela fantasia pode ser, se não franqueado, objeto de uma dialetização tal que dele retire o poder alienante, sendo a isso que se destina a experiência psicanalítica quando levada até seu derradeiro termo: permitindo ao sujeito resgatar aqueles elementos que participaram de sua própria gênese, a análise possibilita deslocá-los enquanto instância suprema. Dessa forma, o que a análise visa é precisamente destituir o sujeito dos ancoramentos simbólicos e imaginários mais primordiais, esvaziar a extrema significação de que estão — e não sem razão — imbuídos e, desse modo, fornecer-lhe algum acesso ao real que, subjacente, presidira seu evento.

A experiência analítica visa, em última instância, o despertar. Despertar do sono no qual o sujeito se achava mergulhado e que dava algum sentido à sua vida. Com ele, o sentido deverá ser reinventado, e a liberdade que então advém é congruente com uma radical entrega a tudo aquilo que porventura possa vir do real. A análise restitui a via de mão dupla inerente ao humano e recupera o terreno que, de outra forma, estaria perdido para sempre. Há, assim, uma homologia estrutural entre a análise e a criação no *lato sensu*: ambas almejam a produção do sentido novo para além dos sentidos já dados.

Talvez seja nessa medida que todo criador, seja em que domínio for, constitua de imediato, com sua obra, uma dívida para todos os homens, pois, ao arrancar o novo do real a estes compromete, posto que o real concerne a cada um. Aquilo que Freud chamava de "sabedoria maior da língua" permite aqui uma importante observação, à qual voltaremos ao final, sobre a identidade etimológica entre criar (*creare*) e criança (*creantia*).

Evidenciando uma vez mais que o poeta consegue frequentemente conceber com limpidez aquilo que a ciência demora a formular, a escrita de Clarice Lispector se empenha no isolamento dessa estrutura mínima fundadora do humano e no resgate de sua insuspeitada essência. Exemplar disso é *A paixão segundo G.H.*, texto cuja densidade exigirá uma abordagem minuciosa mais adiante.

Enfim, enfim quebrara-se realmente o meu invólucro, e sem limite eu era. Por não ser, eu era. Até o fim daquilo que eu não era, eu era. O que não sou eu, eu sou. Tudo estará em mim, se eu não for; pois "eu" é apenas um dos espasmos instantâneos do mundo. Minha vida não tem sentido apenas humano, é muito maior — é tão maior que, em relação ao humano, não tem sentido.[8]

É com essa constatação que a personagem de *A paixão segundo G.H.* se aproxima do término de sua aventura. Redução do nome próprio à estrutura mínima de iniciais, trecho da sequência do alfabeto — AB, CD, EF... —, G.H. é, assim, qualquer um, G.H. é a letra que designa a instância mínima que articula a linguagem real.

A essa região de despersonalização absoluta, ao "pleno seio de uma indiferença", G.H. foi levada por meio de uma experiência que a arrancou da tranquilidade morna do dia a dia: no apartamento limpo e arrumado, surge a barata que a faz deparar-se com a essência ilimitada da vida. G.H. vê a barata, seu rosto, sua boca, seus olhos, seus bigodes... Vê-la significa, para além da repugnância, destituir a realidade que lhe confere sentido e atingir o real que ela oculta: "O que eu via com um constrangimento tão penoso e tão espantado e tão inocente, o que eu via era a vida me olhando". A vida explode aí em sua falta de sentido e ao ver a barata G.H. descobre "a identidade de minha vida mais profunda".

O momento que antecede aquele no qual G.H. incorpora a secreção do inseto se anuncia como um despertar que assume a forma da vivência do pesadelo:

> [...] se eu desse a mim mesma um comando hipnótico, e então como que eu me adormeceria e agiria sonambulicamente — e quando abrisse os olhos do sono, já teria "feito", e seria como um pesadelo do qual se acorda livre porque foi dormindo que se viveu o pior.

É precisamente na medida em que a experiência de G.H. reside no despertar que ela afirmará: "Viver me tira o sono". Voltarei a G.H. adiante ao tratar da destituição subjetiva.

O outro amor

Tomemos aqui o conto de Clarice "Amor", cujo título encerra uma ambiguidade fecunda à qual retornarei nas próximas páginas. A personagem Ana nos é apresentada vivendo em plena harmonia, propiciada pela proliferação dos objetos aos quais dedica seu zelo de esposa, de mãe, de dona de casa: marido, filhos, móveis, comida, limpeza... objetos que não apenas preenchem, como constituem sua vida. Tal redondeza de sua existência talvez já se ilustre simbolicamente por seu nome próprio: Ana, circular que se fecha em si mesmo, mínimo palíndromo que parece não admitir nenhuma interferência externa.

Em Ana, contudo, já residira o germe da convulsão, nele a perplexidade já fora semeada, embora tenha sido abafada pela "escolha" da vida doméstica: "O que sucedera a Ana antes de ter o lar estava para sempre fora de seu alcance: uma exaltação perturbada que tantas vezes se confundira com felicidade insuportável. Criara em troca algo enfim compreensível, uma vida de adulto".[9] Ela "apaziguava tão bem a vida, cuidara tanto para que esta não explodisse. Mantinha tudo em serena compreensão...".

Mas eis que, voltando das compras, o bonde para no ponto e, ali, Ana vê um homem cego que masca chicles. E é o vazio do olhar do cego que a lança num cataclísmico redimensionamento imaginário. Ana inclina-se tanto para ver o cego que a arrancada do bonde joga seu saco de tricô no chão, os ovos quebram-se no embrulho de jornal: "gemas amarelas e viscosas pingavam entre os fios da rede". É o doméstico que se parte aqui e nada mais eloquente para significar tal ruptura instantânea que os ovos quebrados. O bonde parte, enfim, "mas o mal já estava feito". Súbito, aquilo que fora desde sempre amortecido em sua vida revira sua existência, "o mundo se tornara um mal-estar. Vários anos ruíam...".

A um só tempo, os objetos à sua volta deixam de fazer sentido, o espanto se instaura no seio da mínima percepção, seus sentimentos convergem para os extremos do horror, do nojo, da piedade dolorosa, da misericórdia sem limite. Um amor diferente a invade, um amor que não se dirige a nenhum sujeito em particular, mas à vida enquanto acontecimento inarredável diante do qual ela não pode recuar. O cego lançou-a na clarividência e na solidão: "O que chamava de crise viera afinal. E sua marca era o prazer intenso com que olhava agora as coisas, sofrendo espantada".

Ana é, assim, como que despejada no Jardim Botânico, onde "parecendo--lhe ter caído numa emboscada, percebe que ali se fazia um trabalho secreto", o trabalho incessante da vida e da morte, da terra, das árvores, das frutas, dos animais, dos insetos, dos sons das águas, dos cheiros: "Tudo era estranho, suave demais, grande demais". Diante dela as coisas se revelavam com um peso inabitual, tudo a atingia como um susto e Ana permanece sentada no Jardim até quase de noite, quando é sacudida de seu êxtase pela lembrança dos filhos.

Chegando em casa, sua estranheza ainda prossegue, em relação à casa brilhante de tão limpa, em relação ao ser tão parecido com ela que vem abraçá-la: seu filho! Ana

apertou-o com força, com espanto. Protegia-se trêmula. Porque a vida era periclitante. Ela amava o mundo, amava o que fora criado — amava com nojo. Do mesmo modo como sempre fora fascinada pelas ostras, com aquele vago sentimento de asco que a aproximação da verdade lhe provocava, avisando-a. Abraçou o filho, quase a ponto de machucá-lo. Como se soubesse de um mal — o cego ou o belo Jardim Botânico? —, agarrava-se a ele, a quem queria acima de tudo. Fora atingida pelo demônio da fé. *A vida é horrível*, disse-lhe baixo, faminta. O que faria se seguisse o chamado do cego? Iria sozinha.

O cego transmitira a Ana que é preciso enceguecer-se para ver nada. Como Édipo em Colono afirmara: "Hoje, que nada sou, volto então a ser homem?".[10]

Mas para Ana

não havia como fugir. Os dias que ela forjara haviam-se rompido na crosta e a água escapava. Estava diante da ostra. E não havia como não olhá-la. De que tinha vergonha? É que já não era mais piedade, não era só piedade: seu coração se enchera com a pior vontade de viver. Já não sabia se estava do lado do cego ou das espessas plantas. [...] O Jardim Botânico, tranquilo e alto, lhe revelava. [...] Um cego me levou ao pior de mim mesma, pensou espantada. [...] Ah! Era mais fácil ser um santo que uma pessoa!

Santo: pessoa ninguém.

Em sua própria casa, Ana encontra-se partida, devassada, não deixa de estar ali, embora ali também não esteja, invadida pela imensidão da vida que se impõe a ela, rasgando sua microscópica redoma. O olhar do cego instaurara abruptamente o clarão para além de seu pequeno reduto e Ana, estilhaçada, dissolvida, sozinha na sala diz: "Estou com medo".

Hora de dormir

Ao mesmo tempo em que Ana se levanta para ir à cozinha ajudar a empregada a preparar o jantar,

a vida arrepiava-a, como um frio. Ouvia o sino da escola, longe e constante. O pequeno horror da poeira ligando em fios a parte inferior do fogão, onde descobriu a pequena aranha. Carregando a jarra para mudar a água — havia o horror da flor se entregando lânguida e asquerosa às suas mãos. O mesmo trabalho secreto se fazia ali na cozinha. Perto da lata de lixo, esmagou com o pé a formiga. O pequeno assassinato da formiga. O mínimo corpo tremia. As gotas d'água caíam na água parada do tanque. Os besouros de verão. O horror dos besouros inexpressivos. Ao redor havia uma vida silenciosa, lenta, insistente. Horror, horror. Andava de um lado para outro na cozinha, cortando os bifes, mexendo o creme. Em torno da cabeça, em ronda, em torno da luz, os mosquitos de uma noite cálida. Uma noite em que a piedade era tão crua como o amor ruim. Entre os dois seios escorria suor. A fé a quebrantava, o calor do forno ardia nos seus olhos.

Então, gradativamente, um novo ritmo se instala, a melodia familiar volta a ressoar, os objetos readquirem sentido e o anódino recupera pouco a pouco o espaço do anacronismo:

Depois o marido veio, vieram os irmãos e suas mulheres, vieram os filhos dos irmãos. Jantaram com as janelas todas abertas, no nono andar. Um avião estremecia, ameaçando no calor do céu. Apesar de ter usado poucos ovos, o jantar estava bom. Também suas crianças ficaram acordadas, brincando no tapete com as outras. Era verão, seria inútil obrigá-las a dormir. Ana estava um pouco pálida e ria suavemente com os outros. Depois do jantar, enfim, a primeira brisa mais fresca entrou pelas janelas. Eles rodeavam a mesa, a família. Cansados do dia, felizes em não discordar, tão dispostos a não ver defeitos. Riam-se de tudo, com o coração bom e humano. As crianças cresciam admiravelmente em torno deles. E como a uma borboleta, Ana prendeu o instante entre os dedos antes que ele nunca mais fosse seu.

A partir daí, o que fora sua experiência se transforma em insólita indagação e Ana, encostada numa espécie de limiar invisível, se pergunta: "o que o cego desencadeava caberia nos seus dias?".

Do cotidiano parece vir de imediato uma resposta à sua indagação: o despertar é impossível, deste são possíveis apenas momentos fugidios. Ana ouve um estrondo vindo da cozinha e precipita-se afoita, constatando que se tratava apenas do café derramado no fogão pelo marido. "Diante do estranho rosto de Ana, o marido espiou-a com maior atenção. Depois atraiu-a a si, em rápido afago." Ela diz somente: "Não quero que lhe aconteça nada, nunca!".

Aqui se evidencia a ambiguidade do amor: por um lado, indica a função narcísica do amor de Ana pelo marido, a verdadeira função de "amor-tecer" o encontro com o real. Pois ele diz a ela precisamente, ao fim de sua aventura extasiante: "É hora de dormir, é tarde". E "num gesto que não era seu, mas que pareceu natural, segurou a mão da mulher, levando-a consigo sem olhar para trás, afastando-a do perigo de viver". Por outro lado, o amor é aqui igualmente o amor sem limites da mística, amor que não poderia se dirigir a Outro senão a Deus, no êxtase do sujeito perante o absoluto da criação. Amor que se dirige para aquém ou para além do que se vê e ao qual Ana só poderia ter sido levada, ainda que momentaneamente, pela cegueira. Como no fulgurante poema "Cape Ann", de T.S. Eliot, o despertar é muito rapidamente seguido pelo adormecimento, pois ambos são necessários:

> *O quick quick quick, quick hear the song-sparrow,*
> *Swamp-sparrow, fox-sparrow, vesper-sparrow*
> *At dawn and dusk. Follow the dance*
> *Of the goldfinch at noon. Leave to chance*
> *The Blackburnian warbler, the shy one. Hail*
> *With shrill whistle the note of the quail, the bob-white*
> *Dodging by bay-bush. Follow the feet*
> *Of the walker, the water-thrush. Follow the flight*
> *Of the dancing arrow, the purple martin. Greet*
> *In silence the bullbat. All are delectable. Sweet sweet sweet*
> *But resign this land at the end, resign it*
> *To its true owner, the tough one, the sea-gull.*
>
> *The palaver is finished.**

A destituição subjetiva

Após abordar o texto de Clarice Lispector para depreender nele um ponto de congruência radical com a experiência psicanalítica,[11]considerada por Lacan uma experiência do despertar — despertar do sono homeostático da fantasia no qual estamos desde sempre mergulhados —, proponho agora tomar a obra máxima de Clarice, *A paixão segundo G.H.*, para tratar da destituição subjetiva que pode ser entronizada pela fala de G.H.: "Por

---

* Em tradução livre: "Depressa depressa depressa, escuta o pardal canoro,/ O pardal palustre, o pardal astuto, o pardal vespertino/ Da alba e do crepúsculo. Acompanha a dança/ Do pintassilgo ao meio-dia. Dá uma chance/ Ao pintarroxo gorjeante, ao esquivo. Saúda/ Com estrídulo assobio o pio da codorna, da codorniz/ Gingando entre as moitas da baía. Segue o pé/ Do melro-ribeirinho, do andarilho. Persegue o voo/ Da seta bailarina, da andorinha. Aclama/ Em silêncio o noitibó. São todos audíveis. Doce doce doce./ Mas ao fim renuncia a essa gleba, deixa-a/ Ao seu real proprietário, à pertinaz, à gaivota./ E basta de palavreado".

um átimo experimentei a vivificadora morte".[12] A epígrafe da obra, uma frase do historiador e crítico de arte norte-americano Bernard Berenson, antecipa esse processo de encontro com a morte, nomeado pela psicanálise de castração: "Uma vida completa talvez seja aquela que termina em tal identificação com o não-eu que não resta um eu para morrer".[13]

Os temas analíticos mais cruciais são desdobrados na narrativa clariciana com uma desenvoltura soberba num constante recurso à memória infantil: a estranheza,[14] a percepção das identificações imaginárias, o esquecimento e até mesmo o esquecimento do esquecimento. Tudo caminha no sentido de despertar para o real, desprender o sentido que amarra o sujeito nas vivências cotidianas e despejá-lo no real da matéria viva, da vida bruta, do núcleo da vida — perto do coração selvagem da vida.

Do mesmo modo que uma análise deve produzir o bem-dizer do sujeito como uma nova posição ética e desejante, G.H. atravessa uma vasta gama de sentimentos — a covardia, o medo, a mesquinhez, a vaidade — e de apegos humanos — a beleza, o conforto. G.H. fala desses sentimentos, mas no sentido de ultrapassá-los e atingir um mundo em que "não existe piedade nem esperança". Um mundo do "fogo neutro", do "gosto do nada", do "alegre terror".

É a dimensão do núcleo real do inconsciente — para além de sua estruturação pela linguagem, pelo simbólico — que se apresenta aqui diante de G.H. E sua tentativa é a de trazer essa experiência para a palavra: "mas há alguma coisa que é preciso ser dita, é preciso ser dita. Vou te dizer o que nunca disse antes, talvez seja isso que está faltando: ter dito. Se eu não disse antes, não foi por avareza de dizer [...]. Se eu não disse, é porque não sabia que sabia — mas agora sei".

Trata-se de reduzir-se àquilo que, no sujeito, é irredutível. Trata-se de chegar ao nada e perceber que "o nada é vivo e úmido", "sair do próprio mundo e entrar no mundo". Desumanizar-se. Passar da identidade para o neutro.

É espantoso ver como o relato de G.H. é congruente com as articulações feitas por Lacan quanto à temática do fim da análise: as palavras utilizadas são muitas vezes as mesmas de Lacan e, mais essencialmente, a experiência descrita pode ser ouvida, em tudo e por tudo, como a de uma verdadeira dessubjetivação. Além disso, é especialmente significativo que o relato seja desencadeado num período posterior ao de uma separação amorosa. E que a experiência de um aborto seja nele tematizada.

Trata-se da passagem do discurso da histérica para o discurso do psicanalista, passagem esta que Lacan denominou de *passe*, delineado por G.H. quando ela diz:

> Já estava havendo então, e eu ainda não sabia, os primeiros sinais em mim do desabamento de cavernas calcárias subterrâneas, que ruíam sob o peso de camadas arqueológicas estratificadas — e o peso do primeiro desabamento abaixava os cantos de minha boca, me deixava de braços caídos. O que me acontecia? Nunca saberei entender mas há de haver quem entenda. E é em mim que tenho de criar esse alguém que entenderá.

Esse passe está representado nos matemas lacanianos como a passagem que se opera no lugar do agente do discurso: do $\mathcal{S}$, no discurso da histérica, para o *a*, no discurso do psicanalista.

Tal passagem discursiva é passível de ser detectada não apenas no discurso do sujeito submetido à experiência analítica, mas também em algumas grandes obras poéticas. É o caso da obra de Clarice Lispector em geral e, talvez de modo paradigmático, de *A paixão segundo G.H.* Como vimos, G.H. pode ser lido aqui como as letras iniciais de um nome próprio abolido de todo significado e reduzido à dimensão da pura letra.

Mais uma vez, em *A paixão segundo G.H.*, Clarice opera uma reviravolta na subjetividade do personagem introduzindo o inédito precisamente no seio da vida cotidiana e fazendo com que, onde menos se espera, surja algo espantoso. É significativo que toda a experiência se dê dentro do apartamento de G.H.: a casa é uma excelente metáfora da fantasia, do mundo da realidade construída pelo sujeito para fazer face ao i-mundo, ao real. G.H. observa a perda inusitada dos limites dessa fronteira entre o estranho e o familiar: "Essa coisa sobrenatural que é viver. O viver que eu havia domesticado para torná-lo familiar". Já a aparição do horrível inseto doméstico parece ser uma forma privilegiada de irrupção do real, do não-sentido no seio do sentido: afinal, por que as mulheres têm tanto horror às baratas?

Como diz Saint-John Perse, o poeta é aquele que preserva uma contínua aptidão para o espanto: ao se dirigir ao quarto de empregada que havia sido deixado por Janair, movida pelo ímpeto da arrumação e da organização da casa — ela mesma diz que "havia humanizado demais a vida" —, G.H. ruma na direção da perda de sua "montagem humana", da perda de sua "formação humana". Ela subitamente entra em outro mundo, mundo que era o oposto de seu mundo arrumado e cheio de aspas, o de sua "cobertura". O quarto da empregada era tão silencioso que tinha um chiado do "neutro da coisa". Entrar naquele quarto de empregada tornar-se-á uma experiência de dessubjetivação radical, o eu que entra se tornará um ele: "Ali entrara um eu a que o quarto dera uma dimensão de ela". O que ela viverá será o horror: "O horror sou eu diante das coisas". E ela chegará a se perguntar se aquele horror era o amor.

Por um lado, G.H. chega a duvidar do que lhe ocorreu, pois algo ocorreu que a dissolveu, numa "lenta e grande dissolução", algo que ela não compreendeu; mas, se só existe o que se compreende, então isso de fato terá existido? Por outro lado, G.H. se pergunta se não será necessário esquecer o ocorrido — e aí já vai uma aceitação de que algo de fato ocorreu — para continuar humana. Mais do que isso, será necessário esquecer que se esqueceu? "Para que eu continue humana meu sacrifício será o de esquecer? Agora saberei reconhecer na face comum de algumas pessoas que — que elas esqueceram. E nem sabem mais que esqueceram o que esqueceram."

Esquecer que se esqueceu: fórmula através da qual Lacan afirma o que está em jogo no recalque e que permite que se diferencie o recalque do mero esquecimento — o recalque é um duplo esquecimento. Há um segredo, um segredo a ser esquecido e se sabê-lo significou morrer, sabê-lo de novo seria re-morrer. Ela exclama: "O que eu vi arrebenta a minha vida diária". E ainda: "Essa coisa sobrenatural que é viver. O viver que eu havia domesticado para torná-lo familiar". O que ela viverá é assim resumido por ela mesma:

Vi e me assustei com a verdade bruta de um mundo cujo maior horror é que ele é tão vivo que, para admitir que estou tão viva quanto ele — e minha pior descoberta é que estou tão viva quanto ele — terei que alçar minha consciência de vida exterior a um ponto de crime contra a minha vida pessoal.

Surpreendentemente, o quarto que G.H. planejava arrumar, limpar, esvaziar dos entulhos já estava limpo e vazio. E da porta entreaberta do armário surge uma barata. E nessa barata G.H. "via com um constrangimento tão penoso e tão espantado e tão inocente, o que eu via era a vida me olhando". "É que eu olhara a barata viva e nela descobria a identidade de minha vida mais profunda." G.H. estava "se reduzindo ao que nela era irredutível", entrara "no inferno da matéria viva", "chegara ao nada, e o nada era vivo e úmido". Trata-se, de fato, de um encontro com o real: "O divino para mim é o real".

A personagem é uma escultora e é na fotografia que ela se pergunta sobre o surgimento do abismo, do ectoplasma: "fotografia é o retrato de um côncavo, de uma falta, de uma ausência?". "Acho que estou precisando de olhar sem que a cor de meus olhos importe, preciso ficar isenta de mim para ver." A experiência buscada por G.H. é aquela preconizada no seguinte trecho do poema "Burnt Norton", de Eliot:

Descend lower, descend only
Into the world of perpetual solitude,
World not world, but that which is not world,
Internal darkness, deprivation
And destitution of all property,
Desiccation of the world of sense,
Evacuation of the world of fancy,
Inoperancy of the world of spirit;
This is the one way, and the other
Is the same, not in movement
But abstention from movement; while the world moves

In appetency, on its metalled ways
*Of time past and time future.**

Trata-se na experiência de G.H. de uma destituição subjetiva, da qual fala Lacan. Já no início G.H. havia declarado: "Não é que eu queira estar pura da vaidade, mas preciso ter o campo ausente de mim para poder andar. Se eu andar. Ou não querer ter vaidade é a pior forma de se envaidecer?". Suas expressões refletem, todas, esse apagamento da individualidade: "a grandiosa indiferença", "minha alma impessoal". Noutra passagem, ela afirma:

> Eu estava limpa de minha própria intoxicação de sentimentos, limpa a ponto de entrar na vida divina que era uma vida primária inteiramente sem graciosidade, vida tão primária como se fosse um maná caindo do céu e que não tem gosto de nada: maná é como uma chuva e não tem gosto. Sentir esse gosto do nada estava sendo a minha danação e o meu alegre terror.

G.H. nomeia aquilo que vive como uma "desumanização",[15] a qual acarreta a perda de consistência do Outro, e sendo assim não há mais a quem apelar:

> A desumanização é tão dolorosa como perder tudo, meu amor. Eu abria e fechava a boca para pedir socorro mas não podia nem sabia articular. É que eu não tinha mais o que articular. Minha agonia era como a de querer falar antes de morrer. Eu sabia que estava me despedindo para sempre de alguma coisa, alguma coisa ia morrer, e eu queria articular a palavra que pelo menos resumisse aquilo que morria. Afinal, consegui pelo menos articular um

---

* Em tradução livre: "Desce mais fundo, desce apenas/ Ao mundo da perpétua solidão,/ Mundo não mundo, mas o que não é mundo,/ Escuridão interior, privação/ E destituição de toda a propriedade,/ Ressecamento do mundo dos sentidos,/ Evasão do mundo da fantasia,/ Inoperância do mundo do espírito;/ Esse é o único caminho, o outro/ É o mesmo, não em movimento/ Mas de movimento abstêmio, enquanto o mundo se move/ Em apetência, sobre seus metálicos caminhos/ De tempo passado e tempo futuro".

pensamento: "estou pedindo socorro". Ocorreu-me então que eu não tinha contra o que pedir socorro. Eu não tinha nada a pedir. De repente era isso. Eu estava entendendo que "pedir" eram ainda os últimos restos de um mundo apelável que, mais e mais, se estava tornando remoto. [...] Cada vez mais eu não tinha o que pedir.

Ela fala igualmente em "despersonalização": G.H. se confunde com a barata, ela é a barata, ela é também o desenho na parede deixado pela empregada. Fala ainda em confirmar-se como sendo perder o mundo que se tem antes da confirmação, como sendo perder a montagem humana que se tem. O maior medo é o de ser livremente, apenas ser, seguir sendo. *A paixão segundo G.H.* trata de alguém que está sendo. Sendo apenas com a visão da "vida pré-humana", da carne infinita. Carne infinita que nós repartimos pelos dias para humanizar a vida. A carne infinita é a paixão, o "golpe de graça que se chama paixão".

Assim como Lacan situa a santidade no horizonte do psicanalista, G.H. é levada a falar do santo: "O santo quer se purificar porque sente a necessidade de amar o neutro? De amar o que não é acréscimo, e de prescindir do bom e do bonito. A grande bondade do santo — é que para ele tudo é igual. O santo se queima até chegar ao amor do neutro". Na entrevista *Televisão*, ao ser perguntado sobre a sua exclusão do laço social entre analistas (numa alusão à sua expulsão da IPA em 1964), Lacan discorre longamente sobre a santidade e assinala que "não se poderia melhor situar [o analista] senão por aquilo que no passado se chamava: ser um santo. Um santo, durante sua vida, não impõe o respeito que por vezes o faz merecer uma auréola". E prossegue mais adiante: "Um santo, para que me compreendam, não faz caridade. Antes de mais nada ele banca o dejeto: faz descaridade. Isso para realizar o que a estrutura impõe, ou seja, permitir ao sujeito, ao sujeito do inconsciente, tomá-lo por causa de seu desejo". E ainda:

Na verdade, o santo não se considera a partir de méritos, o que não quer dizer que ele não tenha moral. A única coisa chata para os outros é que não se vê aonde isso o leva. Eu cogito loucamente para que haja novos santos assim.

Certamente por eu mesmo não ter atingido isso. Quanto mais somos santos mais rimos, é meu princípio, e até mesmo a saída do discurso capitalista — o que não constituirá um progresso se for somente para alguns.[16]

No seminário *R.S.I.*, Lacan formula que seu objetivo é buscar um efeito de sentido que não seja simbólico, nem imaginário, mas sim real, e se pergunta sobre o que seria esse efeito de sentido real. G.H. exclama igualmente em determinado momento: "O que falo com Deus tem que não fazer sentido! Se fizer sentido é porque erro".

Por isso G.H. recusa o "olhar psicológico": "Além do mais a 'psicologia' nunca me interessou. O olhar psicológico me impacientava e me impacienta, é um instrumento que só transpassa. Acho que desde a adolescência eu havia saído do estágio do psicológico". G.H. teve pressa de viver seu "destino humano menor" rapidamente, para poder se dedicar a viver além do enredo de sua vida. Seu relato caminha na direção de perceber que o mais além do sentido, a falta de sentido, é o próprio lugar da emergência de sentido: "Eu estava vendo o que só teria sentido mais tarde — quero dizer, só mais tarde eu teria uma profunda falta de sentido. Só depois é que eu ia entender: o que parece falta de sentido — é o sentido".

O limite entre o simbólico e o real, com o qual o sujeito se depara ao fim da análise, surge para G.H. como impossível nominação: "Mas é a mim que caberá impedir-me de dar nome à coisa. O nome é um acréscimo, e impede o contato com a coisa. O nome da coisa é um intervalo para a coisa". Tem-se aqui algo que foi formulado por Georges Bataille quando afirmou que "o animal está no mundo como a água na água",[17] formulação que sugere implicitamente que para o sujeito humano o mundo está desde sempre perdido, pois entre ele e o mundo há a linguagem, e cada vez que o homem quer se aproximar do mundo, cava mais fundo ainda o abismo da linguagem que o separa do mundo.

G.H. conclui sua experiência em torno dessa constatação e os termos que ela utiliza podem muito bem ser substituídos pelos registros lacanianos do real (ela fala em realidade) e do simbólico (ela menciona a linguagem):

Eu tenho à medida que designo — e esse é o esplendor de se ter uma linguagem. Mas eu tenho muito mais à medida que não consigo designar. A realidade é a matéria-prima, a linguagem é o modo como vou buscá-la — e como não acho. Mas é do buscar e não achar que nasce o que eu não conhecia, e que instantaneamente reconheço. A linguagem é o meu esforço humano. Por destino tenho que ir buscar e por destino volto com as mãos vazias. Mas — volto com o indizível. O indizível só me poderá ser dado através do fracasso de minha linguagem. Só quando falha a construção é que obtenho o que ela não conseguiu.

O parágrafo final de *A paixão segundo G.H.* parece definir aquilo que Lacan buscou durante seu seminário *R.S.I.*, o efeito de sentido real:

O mundo independia de mim — esta era a confiança a que eu tinha chegado: o mundo independia de mim, e não estou entendendo o que estou dizendo, nunca! Nunca mais compreenderei o que eu disser. Pois como poderia eu dizer sem que a palavra mentisse por mim? Como poderei dizer senão timidamente assim: a vida se me é. A vida se me é, e eu não entendo o que digo. E então adoro ____.

O silêncio, como forma de manifestação do real para além da linguagem, adquire um contorno preciso, quase sólido: "Como é luxuoso esse silêncio. É acumulado de séculos. É um silêncio de barata que olha. O mundo se me olha". O caminho que é delineado se dirige à verdade em sua relação com o real e o grito, que "nós guardamos como um segredo inviolável", é a única forma de expressão nesse limiar entre o mundo (simbólico) do sujeito e o mundo (real): "É que, mão que me sustenta, é que eu, numa experiência que não quero nunca mais, numa experiência pela qual peço perdão a mim mesma, eu estava saindo do meu mundo e entrando no mundo".

Essa experiência convulsiona espaço e tempo de modo radical. O tempo se reduz ao presente, ao tempo enquanto tal:

Era finalmente agora. Era simplesmente agora. [...] Era já. Pela primeira vez na minha vida tratava-se plenamente de agora. Esta era a maior brutalidade que eu jamais recebera. Pois a atualidade não tem esperança, e a atualidade não tem futuro: o futuro será exatamente de novo uma atualidade.

Se podemos dizer que o presente é apenas um furo no qual o futuro mergulha no passado, a experiência de G.H. torna o tempo "palpável" e como que o aproxima do espaço: "como o lugar, o tempo se tornara palpável, eu queria fugir como de dentro de um relógio, e apressei-me desordenadamente". Uma das formas mais pungentes da vivência subjetiva que a análise pode fazer emergir é a vivência do tempo enquanto tal, do instante já, do agora: "agora é o tempo inchado até os limites". Viver o agora significa a perda absoluta das esperanças imaginárias, relativas ao futuro, e exercer o desejo de forma radical. Significa, portanto, entronizar a morte, como Lacan o demonstrou em seu seminário sobre Hamlet, que só consegue realizar o seu desejo de vingança do pai ao ser ferido mortalmente.

Precisamente porque o exercício do desejo no agora é tributário da entronização da morte pelo sujeito, vê-se que o presente pode assumir um caráter altamente ameaçador, como no filme *Alphaville* (1965), de Jean-Luc Godard, em que uma voz grave e monocórdia repete sem cessar pelos alto-falantes das ruas dessa cidade do futuro, pronunciando cada sílaba lentamente: "O pre-sen-te é ir-re-ver-sí-vel". G.H. se defronta com um "presente contínuo": "E terminara, também eu toda imunda, por desembocar através dela [da barata] para o meu passado que era o meu contínuo presente e o meu futuro contínuo [...]".

Quanto ao espaço, ele se abre para outro espaço: o quarto de empregada adquire uma "vastidão indelimitada [...], aquele quarto que vibrava em silêncio, laboratório de inferno". Ele se transforma num minarete no deserto, deserto que é a forma privilegiada do puro espaço.

E como não aproximar a alegria a que G.H. alude sem cessar com o entusiasmo sem o qual, diz Lacan, não há analista: "Se ele não é levado ao entusiasmo, é bem possível que tenha havido análise, mas analista, nenhuma chance".[18] G.H. fala de uma "certa alegria cega e já feroz que começava a me tomar", da "tortura de uma alegria", de um "alegre terror".

O fascínio pelos animais,[19] onipresente na obra de Clarice, absolutamente tributário da percepção de que "amor é a matéria viva", ressurge aqui concentrado na relação entre G.H. e a barata, o que não impede que o texto seja pontilhado, assim como *Água viva* já o fora de forma radical, por menções a diferentes animais: o escaravelho; a lagosta, crustáceo como a barata; a borboleta mais antiga que esvoaça; o crocodilo, cujo rastejar dá nojo; a lagartixa, cuja vida insistente faz com que, partida, seus pedaços estremeçam e se mexam; também por referência às mais tênues formas de vida, como o protoplasma, o sêmen, a proteína, o tecido misterioso, o plasma, o protozoário, o plancto; e ainda por alusões à mera animalidade, o pôr-se de quatro e engatinhar. O fascínio pelos animais leva à formulação sobre o que o simbólico, através do livro dos livros, pode dizer sobre o real: "Eu me sentia imunda como a Bíblia fala dos imundos. Por que foi que a Bíblia se ocupou tanto dos imundos, e fez uma lista dos animais imundos e proibidos? Por que se, como os outros, também eles haviam sido criados?".

A paixão por toda e qualquer forma de vida é a tradução do amor que se dirige à pura vida enigmática, para além do simbólico, e toca o real: "Amor é quando não se dá nome à identidade das coisas?".

Amor e morte se localizam no mesmo lugar e, numa contínua rivalidade, brigam por um espaço maior, mas não vivem um sem o outro. Eles se situam na fronteira entre o silêncio e a palavra, entre o real e o simbólico: "[...] eu também sabia que na hora de minha morte eu também não seria traduzível por palavra".

Fazendo um contraponto subliminar com a reza da "Ave-Maria" e com a temática religiosa da paixão que anima todo o relato, o décimo capítulo de *A paixão segundo G.H.* é atravessado pelo tema do entrelaçamento entre amor e morte. Não o amor das relações amorosas, mas Eros em toda a sua potência divina, o amor à vida; não a morte como encerramento da vida, mas a morte entronizada na vida e nela continuamente despejada: a morte que vivifica.

3. Arte e travessia da fantasia

Para Freud, desde os "Três ensaios sobre a teoria da sexualidade" (1905), existe um único conceito de fantasia que apresenta três localizações psíquicas diferentes: consciente, pré-consciente e inconsciente. A diferença entre tais localizações pode ser entendida com facilidade quando se sabe que entre o consciente e o pré-consciente o trânsito é livre, pois o pré-consciente é como a antessala do consciente; lembranças e fantasias que estão no pré-consciente podem ser acessadas com facilidade, bastando para isso franquearmos essa antessala. Dito de outro modo, entre consciente e pré-consciente há uma porta que não está fechada, apenas encostada. Mas entre o consciente e o inconsciente o trânsito está totalmente impedido; entre eles, há um portão trancado a sete chaves e estas não estão nas fechaduras!

As fantasias conscientes e pré-conscientes compreendem os sonhos diurnos ou devaneios,[1] os chamados "romances familiares", assim como inúmeras criações literárias. As fantasias inconscientes representam aqueles elementos que estão na base dos sintomas histéricos, ponto que Freud desenvolveu especialmente em dois artigos escritos no período que consideramos como o ciclo da fantasia, entre 1906 e 1911: "Fantasias histéricas e sua relação com a bissexualidade" (1908) e "Algumas observações gerais sobre o ataque histérico" (1909).

Ambas as fantasias, conscientes e inconscientes, estão intimamente relacionadas para Freud. Nesse sentido, a oposição introduzida por Melanie Klein e desenvolvida por Susan Isaacs, entre phantasia (*phantasy*) inconsciente e fantasia (*fantasy*) consciente, perde sua legitimidade dentro da teoria freudiana. Pois os dois registros da atividade fantasística estão presentes no processo do sonho: a fantasia consciente participa do remanejamento do conteúdo manifesto do sonho, que constitui a elaboração secundária, ao passo que a fantasia inconsciente se inscreve na origem mesma da formação do sonho.

No artigo metapsicológico "O inconsciente" (1915), Freud dá uma definição da fantasia que confirma suas concepções precedentes: ela é caracterizada por sua mobilidade e é apresentada como o lugar e o momento de passagem de um registro da atividade psíquica para o outro, sendo irredutível a um único registro, consciente ou inconsciente. Ainda em 1915, Freud introduz o conceito de fantasia originária no artigo "Um caso de paranoia que contradiz a teoria psicanalítica da doença", conceito que será desenvolvido amplamente na "Conferência introdutória XXIII" e no estudo clínico do Homem dos Lobos. É digno de nota que esse conceito tenha sido introduzido por Freud no mesmo ano em que menciona, igualmente pela primeira vez, em seu artigo metapsicológico "Recalque" (1915), o conceito de recalque originário. Voltaremos a esse ponto adiante.

As fantasias originárias são, para Freud, as fantasias da cena primária, da castração e da sedução. Elas têm a ver com a origem da história individual do sujeito. Para Freud, a universalidade dessas fantasias está relacionada, por um lado, com a sua transmissão filogenética e, por outro, com o fato de que tais fantasias representariam determinadas realidades dos primórdios da família humana. De fato, Freud postula que tais fantasias primitivas constituem "uma espécie de acervo filogenético [...] e foram em determinada época ocorrências reais dos tempos primitivos da família humana":[2] cena primária — surgimento da excitação sexual por observar o coito dos pais; castração — ameaça de castração ou a própria castração; sedução — sedução de crianças. Tais fantasias teriam sido ocorrências reais nos tempos primitivos e "as crianças, em suas fantasias, simplesmente preenchem os brancos da verdade individual com a verdade pré-histórica".[3]

As fantasias originárias, ou protofantasias, como são também denominadas, estão sempre relacionadas à problemática das origens e pretendem fornecer alguma espécie de representação para o enigma da origem, tal como os mitos coletivos, se lembrarmos igualmente da preciosa definição que Lacan fornece do mito como sendo "a tentativa de dar forma épica ao que se opera na estrutura".[4] Cada uma dessas fantasias originárias se relaciona com determinado aspecto do enigma da origem: a da cena primária, com a origem do indivíduo; a da sedução, com a origem da sexualidade; a da castração, com a origem da diferença sexual.

Mas o que é preciso ressaltar, a nosso ver, é que em todas as fantasias originárias, assim como em todas as fantasias, o denominador comum diz respeito *ao enigma da sexualidade*. Avancemos aqui o ponto de partida de nossas elaborações: a fantasia inconsciente é o axioma de base da estrutura psíquica, axioma que se inscreve para cada sujeito como uma forma particular para fazer face ao real, ao não saber inerente à diferença sexual. Além disso, pode-se assinalar que as fantasias originárias prefiguram (para a espécie humana) a noção lacaniana de fantasia fundamental de cada sujeito. Há, contudo, uma ou duas passagens em Freud que parecem se referir à existência da fantasia fundamental de forma bastante direta.

Recalque originário e fantasia fundamental

Há uma relação entre recalcamento originário e fantasia fundamental que merece ser precisada. O recalcamento originário é uma operação que produz uma perda de gozo. Segundo a distinção estabelecida pela primeira vez por Lacan em sua apresentação da edição francesa das *Memórias* do presidente Schreber, há dois sujeitos: o sujeito do gozo e o sujeito do significante. Lacan aí se refere à "polaridade — a mais recentemente promovida — do sujeito do gozo e do sujeito que o significante representa para um significante que é sempre outro".[5]

Lacan faz questão de nos lembrar que o gozo é o que revela "a origem sórdida"[6] de nosso ser. O sujeito do gozo, na neurose, sofre a operação do recalcamento originário, através da qual ele entra na linguagem e advém como sujeito do significante, isto é, sujeito do desejo. Tal operação é responsável pela extração do objeto *a* da realidade psíquica, produzindo simultaneamente o advento de um "pouco de realidade" — segundo a expressão de André Breton, em seu romance *Nadja*, valorizada por Lacan — para o sujeito e a perda do gozo absoluto enquanto um real doravante inatingível. É nesse sentido que, ainda que isso possa parecer extremamente paradoxal, a fantasia é o princípio de realidade para Freud. A fantasia é o efeito da instauração da falta-a-ser e a perda da qual ela é efeito será o móbil dessa aspiração à completude que lhe é inerente.

Vê-se, portanto, que a definição do real como impossível está relacionada, para Lacan, ao gozo. Na operação do recalque originário, o significante Nome-do-Pai vem substituir o desejo da mãe (em seu duplo genitivo, subjetivo e objetivo) e funciona para o sujeito como um Não[7] ao gozo absoluto — doravante considerado como impossível — e um Sim simultâneo de possibilidade de acesso ao gozo fálico, parcial, que é o gozo propriamente dito sexual. O sujeito do gozo é, assim, substituído pelo sujeito do significante, o qual preserva também, por sua vez, um certo acesso ao gozo, mas um gozo parcial, recortado pelos significantes e emoldurado pela fantasia, o que Lacan nomeia de gozo fálico.

A consequência disso é que o objeto *a*, enquanto radicalmente perdido, é o objeto da fantasia que passa a sustentar o desejo. Para Lacan, o desejo é sempre sustentado pela fantasia. Se o desejo é, em sua essência, da ordem da falta, a fantasia é a estrutura que enquadra, emoldura essa falta num certo limite, numa certa "janela para o real".[8] Se o desejo é a falta enquanto tal, a fantasia é o que sustenta essa falta radical ao mesmo tempo em que indica ilusoriamente "o que falta". Há falta, diz o desejo. É isso que falta, aponta a fantasia.

O fato de que Freud tenha, assim, introduzido ambos os conceitos — recalque originário e fantasia originária — no mesmo ano e em dois artigos diferentes, talvez nos ensine que (e é essa a hipótese que elaborei neste livro) a instauração da fantasia fundamental é o principal efeito produzido pelo recalcamento originário: se a castração introduz um limite ao gozo, ela instala uma forma particular para cada sujeito deparar-se com o real, ao mesmo tempo em que constitui, para cada um, uma realidade psíquica que é a fantasia. Vê-se que não se pode prescindir da distinção conceitual entre a realidade e o real, distinção que foi estabelecida por Lacan a partir de certas indicações e problemas levantados por Freud.

Como já assinalado em outro capítulo, uma observação do cotidiano, que me foi comunicada há muitos anos, me parece ser a mais excelente exemplificação do que significa essa perda de gozo de que fala Lacan. Um menino de seis anos, ao observar seu irmãozinho de leite mamando no peito de sua mãe, diz a ela: "Mamãe, eu também quero mamar!". A mãe responde: "Mas você já mamou!". E ele exclama: "Mas eu não sabia!". É dessa disjunção radical entre saber e gozo que fala Lacan. O menino, ao observar o irmão, quer voltar ao gozo do seio materno perdido, mas sabendo disso! Acontece que esse retorno não é possível: onde há linguagem, não há gozo, e onde há gozo, não há linguagem.

O sujeito pode, portanto, afirmar que vai gozar no futuro, ou, então, que gozou no passado, mas jamais que o faz no presente. No aparelho psíquico, no mundo da linguagem, o gozo é sempre aspiração ou lembrança. Do mesmo modo, costuma-se dizer, coloquialmente: "Eu era feliz e não sabia…!", indicando com isso que a felicidade (o gozo) e o saber são sempre excludentes. Se ser feliz e saber são incompatíveis, a felicidade é igualmente aspiração ou nostalgia.

A realidade é fantasística

Freud não chegou facilmente à sua concepção sobre a fantasia. Como já fizemos uma análise desse percurso freudiano, vamos apenas lembrar aqui alguns momentos desse trajeto. É preciso salientar de início que a emergência mesma do conceito de inconsciente está ligada à demonstração, por Freud, da ação inconsciente da fantasia. Freud permaneceu durante muito tempo preso à teoria da sedução e do trauma relatados por suas pacientes histéricas, já que lhe faltava a concepção da fantasia. Quando essa concepção lhe ocorreu, um passo essencial foi dado no sentido de indicar a dimensão do inconsciente. Esse momento produziu uma reviravolta profunda na elaboração freudiana, uma vez que Freud pôde se deslocar da concepção do trauma sexual para a do sexo traumático. Lacan valorizou muito especialmente esse momento da obra freudiana e falou da noção de trauma como contingência.

Durante bastante tempo, Freud se debateu entre a influência dos fatores hereditários, que ele queria afastar de sua concepção da origem das neuroses, e a dos fatores acidentais e das experiências adquiridas. Quando ele se deparou com a perda da importância da sedução — e, logo, dos fatores acidentais e traumáticos na origem das neuroses —, isso significava que os fatores constitucionais e hereditários iriam se impor uma vez mais como estando na origem dos sintomas histéricos, concepção da qual ele fazia todo o esforço para se afastar. Mas Freud sublinha no artigo "Meus pontos de vista sobre o papel desempenhado pela sexualidade na etiologia das neuroses" (1906) que, para ele, o constitucional é da ordem de uma "disposição neuropática geral". Essa espécie de torção operada por Freud na oposição entre o hereditário e o adquirido estará na base de diversas concepções psicanalíticas fundamentais posteriores: há o hereditário e o constitucional, sim, mas eles são universais e não constituem mais o apanágio apenas de certas doenças.

Essa assim nomeada "disposição neuropática geral" é a maneira freudiana de indicar a problemática do furo real constitutivo do inconsciente, o *troumatisme*, palavra-valise que, segundo Lacan, nos sugere que o verdadeiro trauma é o furo. Lacan afirmou isso de diferentes modos, por exemplo, quando disse que o inconsciente é a verdadeira doença mental do homem. A falta de inscrição da diferença sexual no inconsciente — ponto de não saber que constitui o núcleo em torno do qual o saber inconsciente orbita — induz por ela mesma a necessidade de construção da fantasia por parte do sujeito. Tal fantasia é construída em íntima relação com o enigma do desejo do Outro, o *Che vuoi?* (Que queres?), cuja questão será respondida pelo sujeito com uma construção fantasística primordial, que constitui uma verdadeira matriz a partir da qual o sujeito vai desenvolver todas as suas relações com seus semelhantes e o mundo à sua volta.

Pouco a pouco, a função primordial da fantasia como constitutiva da realidade psíquica surge para Freud em sua plenitude, e essa apreensão atinge seu ponto máximo nos dois artigos de 1923 intitulados "Neurose e psicose" e "A perda da realidade na neurose e na psicose", nos quais ele se choca com o caráter problemático da noção de realidade. Esta estará sempre, no fundo, submetida à fantasia, na neurose, e ao delírio, na psicose — segundo os próprios termos de Freud, nesse último caso trata-se de uma espécie de fantasia que invade a realidade.

A fantasia constitui a realidade psíquica para cada sujeito, ela mediatiza o encontro do sujeito com o real. Ela é, assim, uma espécie de tela protetora para o sujeito, e se compõe, para Lacan, um suporte do desejo é na medida em que estabiliza, fixa o desejo do sujeito numa relação com determinado objeto *a*, para "fazer tela" a *das Ding*. É nesse sentido que a fantasia constitui uma janela para o real: $\mathcal{S}\Diamond a \rightarrow das\ Ding$. É também por isso que Moustapha Safouan assinala que a função da fantasia é a de situar o desejo do sujeito, pois o desejo tem essa propriedade de ser fixado, cooptado não a um objeto, mas essencialmente à fantasia. Uma tela de René Magritte ilustra essa oposição entre real e realidade com mestria. Trata-se do quadro *A luneta da aproximação*, no qual se vê uma janela que, ao ser entreaberta, mostra o vazio e a escuridão que ela esconde, revelando que a imagem do céu que parecia estar além dela faz parte, na verdade, da própria janela.

Dando profundidade às concepções clínicas freudianas, Lacan parece outorgar à fantasia inconsciente um estatuto fundador para o sujeito. A falta-a-ser inerente à estrutura subjetiva diz respeito à não inscrição da diferença sexual e vem a ser preenchida precisamente pela fantasia inconsciente, modo primordial pelo qual o sujeito mediatiza seu encontro com o real e constitui sua realidade psíquica, particular e não objetiva. A realidade material, ou dita objetiva, não é algo comum para todos os sujeitos falantes: cada sujeito estabelece uma relação com o mundo e com os outros por meio de uma fantasia particular, advinda para ele no momento mesmo de sua constituição e tendo, portanto, uma íntima relação com o recalcamento originário. O conceito lacaniano de real vem, de certa forma, retificar todos os problemas que a noção freudiana de realidade apresenta.

A luneta da aproximação, de Magritte.

Mas talvez possamos indicar em Freud alguns surgimentos embrionários do conceito lacaniano de real, como numa passagem do texto de 1938, "Esboço de psicanálise", em que ele afirma que "a realidade sempre permanecerá 'incognoscível'".[9]

É necessário sublinhar igualmente a função defensiva da fantasia, modo pelo qual o sujeito impede a emergência de um episódio traumático e se detém numa determinada imagem. Trata-se de uma espécie de imagem congelada, um modo de defesa contra a castração. Mais essencialmente ainda, Lacan inscreve a fantasia no quadro de uma estrutura significante e, assim, ela não pode ser reduzida ao registro do imaginário, tampouco à imaginação, "contrassenso do qual a escola kleiniana, que nisso levou as coisas muito longe, não sai, por não poder nem mesmo entrever a categoria do significante". Trata-se, na fantasia inconsciente, de uma "imagem utilizada na estrutura significante".[10]

Pontuando que "a fantasia, em seu uso fundamental, é aquilo mediante o que o sujeito se sustenta no nível de seu desejo evanescente",[11] Lacan introduz também a noção de fantasia fundamental como uma estrutura geral situada mais além da diversidade das fantasias, que seria — mais do que destacada na análise, como as fantasias subjacentes aos sintomas — construída ao final da análise. O fim da análise consistiria na travessia da fantasia, travessia que ocasionaria um remanejamento das defesas e uma modificação da relação do sujeito com o gozo. Nisso residiria para Lacan a verdadeira eficácia de uma análise. Lucien Israël fala dessa travessia com simplicidade e profundidade:

> A fantasia na qual o sujeito está encarcerado, afogado, mergulhado, empare- dado, nos serve de crivo para recortar, na realidade do mundo, as constela- ções que nos convêm. Mas são constelações escolhidas pelo crivo da fantasia. Em outras palavras, pelo tempo em que o sujeito estiver prisioneiro da fan- tasia, o outro do encontro amoroso, e pouco importa seu sexo, vai ser um outro projetivo, um outro conforme o fabriquemos em nossas representações primordiais. No encontro amoroso só reconhecemos aquilo que já trazíamos dentro, isto é, alguma coisa que não representa mais do que uma parte da outra. Mas se a fantasia for aberta, desencapsulada, como eu disse um dia, se ela se abrir de maneira que suas partes constituintes possam ser separadas, nesse momento estaremos em presença de um sujeito desejante que pode escolher um outro radicalmente diferente dele, sem nenhuma relação com ele, um outro que constitui a abertura em direção a uma outra aventura, em direção a uma vida nova que não era previsível, nem programável, nem representável, e que, no limite, não era sequer possível.[12]

Em 1957, Lacan elaborou com seu grafo do desejo um matema da lógica da fantasia no qual situa o assujeitamento originário do sujeito ao Outro numa relação que traduz uma questão sem resposta: *Che vuoi?*. O matema $\$\Diamond a$ formula a relação entre o sujeito do inconsciente, sujeito barrado, dividido pelo significante que o constitui, e o objeto *a*, objeto inapreensível do desejo que remete a uma falta originária, um vazio do lado do Outro. Desenvolvi a hipótese segundo a qual há uma relação intrínseca e particular entre a fantasia e o gozo: a fantasia é uma forma de possibilitar o acesso ao gozo fálico do objeto, perdido por definição.

Lacan elabora sua distinção entre necessidade, demanda e desejo observando que é o outro, a mãe ou seu substituto, que confere sentido à necessidade orgânica que o bebê expressa sem qualquer intencionalidade. A criança se acha referida ao discurso desse outro, cuja posição privilegiada contribui para a constituição do Outro. A necessidade se transforma em demanda e a passagem da sucção natural do leite como alimento para o ato pleno de prazer de sugar o seio tem um gozo inicial que jamais poderá ser reencontrado. Desse modo, o Outro originário permanece impossível de ser alcançado, e Lacan o situará no seminário *A ética da psicanálise* como *das Ding*, a Coisa impossível situada fora de toda e qualquer possibilidade de significação.

Lacan estabelece uma distinção entre prazer e gozo, pois o gozo apresenta uma tentativa constante de ultrapassar os limites do princípio de prazer, numa busca incessante, repetitiva,[13] da Coisa perdida, que falta no lugar do Outro e representa por isso uma causa de sofrimento. Contudo, o sofrimento jamais vai eliminar completamente a busca do gozo situado além do princípio de prazer e, logo, vinculado à pulsão de morte. Por isso, Lacan vincula como verdadeiramente equivalentes o mal sadiano e o bem kantiano, pois o gozo se sustenta pela obediência do sujeito a uma injunção que o leva a se destruir na submissão ao Outro e ao abandono de seu desejo.

Lacan faz uma releitura do mito da horda primitiva, introduzido por Freud em *Totem e tabu*, para mostrar que o pai originário, não submetido à castração, é o suporte da fantasia de um gozo absoluto. Lacan o chama de *hommoinzin*, neologismo que condensa *homme moins un*, literalmente homem menos um, pois o pai da horda é o *au moins un*, ao menos um. Morto, assassinado por seus filhos, ele será o pai simbólico para Lacan, que funda a possibilidade de existência do conjunto dos outros homens. É nesse sentido que só há gozo para o homem enquanto gozo fálico, limitado, submetido à castração. O gozo fálico constitui a identidade sexual entre os homens.

Do lado das mulheres, não há o equivalente do pai originário, não há *hommoinzin* que escapa à castração. O gozo do Outro não é mais concebido como sendo exclusivo do pai originário, ele é esperado e se revela igualmente impossível para as mulheres, que, no entanto, não constituem objeto de uma interdição da castração. É nesse sentido que o gozo feminino se torna sem limites e adquire a consistência de um gozo suplementar e não complementar. Lacan funda, assim, a teorização de um gozo feminino isolado de qualquer referência anatômica ou biológica e introduz na questão da diferença sexual — classicamente concebida em torno da oposição atividade/passividade para elaborar a distinção entre masculino e feminino — a diferença entre gozo fálico e gozo do Outro.[14]

A fórmula do discurso psicanalítico é, em si mesma, congruente com a elaboração lacaniana sobre o fim da análise como a travessia da fantasia, uma vez que nela a fantasia ocupa o primeiro plano: $a \rightarrow \$$. O psicanalista é situado aí como o semblante do objeto a, que se dirige ao outro enquanto sujeito causado pelo enigma desse objeto. O silêncio do analista é congruente com a ocupação desse lugar de semblante do objeto a e presentifica o furo que anima o desejo e o discurso do analisando.

Duchamp e Da Vinci

Ainda que encontremos produções artísticas que visam oferecer uma compensação da falta a partir de uma representação que preencha essa falta, a arte, em sua essência, parece ocupar uma posição particular em relação à fantasia: a de evidenciar a falta inerente à estrutura do sujeito. Toda a elaboração empreendida por Marcel Duchamp, que acabou por produzir uma reviravolta na arte do século xx, dando-lhe novos rumos através da crítica ao que chamava ironicamente de arte "retiniana", parece-nos advir dessa percepção de que a arte, em sua motivação maior, isto é, na essência do ato criativo, é demonstração do real e da falta que subjazem a toda e qualquer fantasia. Se a fantasia é uma construção simbólico-imaginária, a base sobre a qual ela se constrói é eminentemente real, o vazio do real.

Duchamp pôde ressaltar o caráter inconsciente de toda criação artística e denominou de "coeficiente artístico" precisamente essa diferença entre "a intenção e a sua realização, uma diferença de que o artista não tem consciência". Tal coeficiente "é como que uma relação aritmética entre o que permanece inexpresso embora intencionado e o que é expresso não intencionalmente".[15] Isso significa que o artista é ultrapassado pela própria obra, pois esta acaba por expressar algo relativo ao seu não saber inconsciente, que o domina e se expressa, à sua revelia, através da construção artística. Há, assim, uma lógica inconsciente na obra que transcende a coerência que o artista quis lhe outorgar, por mais elaborada que a obra seja. O artista, como todo mundo, está mergulhado no inconsciente e dele sofre efeitos de sujeito.

Duchamp parece ter se esmerado em demonstrar essa tarefa inerente à arte em sua origem, em sua produção mesma. Por exemplo, com seus *ready-mades*, um urinol, uma roda de bicicleta, um porta-garrafas perdem o significado original (funcional, sim, mas isso pouco importa para o que queremos ressaltar) e adquirem um relevo estético e uma significação, sofrem um questionamento e uma investigação que lhes eram negados até então. Tal ato de Duchamp destaca a dimensão inerente ao ato de criação para além do objeto que é criado através desse mesmo ato. Ele mostra o ato. O ato do artista se situa além da imagem que se produz, e por isso o *ready-made* exibe esse ato e nos faz ver o que não é visível no objeto, mas que esteve na origem de sua constituição. Tem-se aí uma potencialização máxima daquilo que, segundo Gregory Battcock, referindo-se a Andy Warhol, constitui "uma preocupação intrínseca à arte — estender e redefinir a realidade".[16]

Sua concepção do *ready-made* vai de par com a ideia de que o espectador participa do ato criador, que não se encerra com a obra e vai além dela. A arte, diz ele, "é um produto com dois polos: há o polo daquele que faz uma obra e o polo daquele que a olha. Dou àquele que a olha tanta importância quanto àquele que a faz".[17] Duchamp sublinha que o espectador como que repete esse ato criador, e por isso é tão comum na história da arte que obras de certos artistas sejam valorizados e apreciados muito tempo depois. Seus *ready-mades* revelam o polo do espectador que é suposto realizar igualmente, na fruição da obra, um ato criador. Como afirmou o próprio Duchamp,

> o ato criador não é executado pelo artista sozinho; o público estabelece o contato entre a obra de arte e o mundo exterior, decifrando e interpretando suas qualidades intrínsecas e, dessa forma, acrescenta sua contribuição ao ato criador. Isto se torna ainda mais óbvio quando a posteridade dá o seu veredito final e, às vezes, reabilita artistas esquecidos.[18]

Como ressaltou Battcock, as noções de Duchamp, especialmente as referentes ao *ready-made*, "tornaram muito difícil para nós encontrar o trivial verdadeiro. Assim que nós o fazemos, ele se transforma em Arte. O que não é Arte? E, então, o que é?".[19] Perdendo os limites que lhe eram outorgados classicamente, a Arte torna-se disseminada em toda criação humana.

Do mesmo modo, a porta que Duchamp confeccionou quando morava em Paris (rua Larrey, 11) apresenta-se como um objeto que, desqualificado de sua função original, transfere ao espectador toda a tensão criativa inerente ao mais simples objeto utilitário. Tal porta apresentava a singular característica de abrir e fechar — ao mesmo tempo — diferentes cômodos: abrindo um, ela fechava o outro, e vice-versa. Porta heraclitiana: o caminho que sobe e o que desce são um único e mesmo. Ou, talvez, aquela porta de que nos fala T.S. Eliot: *"Down the passage which we did not take/ Towards the door we never opened/ Into the rose-garden".**

---

* Em tradução livre: "Ao longo das galerias que não percorremos/ em direção à porta que jamais abrimos/ para o roseiral".

Nessa mesma direção de dar ao real inerente à obra o valor derradeiro, também heraclitianamente, Duchamp "amava o acaso".[20] A obra à qual dedicou mais de dez anos de sua vida, o *Grande vidro*, ficou pronta quando, ao ser transportada, quebrou-se de uma maneira tal que ele acreditou, só então, que ela estava finalmente pronta. Algo da ordem do real invadiu definitivamente a obra, tornou-se solidário dela, fez com que ela portasse a sua marca indelével.

A sexualidade e a equivocidade que lhe são inerentes surgem frequentemente em Duchamp, por exemplo, quando ele se traveste na figura de Rrose Sélavy, onde é preciso ler *"Eros c'est la vie"* — Eros é a vida. Os títulos de seus trabalhos são igualmente reveladores dessa profunda ambiguidade característica da estrutura da linguagem. Mas Duchamp considerava a sua vida e a maneira pela qual dispunha de seu tempo como a sua grande criação: "Gosto mais de viver, de respirar do que de trabalhar [...] Se você quiser, minha arte seria a de viver; cada segundo, cada respiração é uma obra que não está inscrita em nenhum lugar, que não é visual nem cerebral. É uma espécie de euforia constante".[21] O pano de fundo de sua arte é o silêncio ao qual dedicava grande energia, e o tempo, seu objetivo maior.

Em suas telas, Leonardo da Vinci apresenta um determinado elemento que valorizamos igualmente nessa mesma direção: muitas de suas telas apresentam algum personagem com a mão apontando, indicando algo que está para além do espaço da própria tela, algo que não se pode ver, mas que parece constituir o núcleo mesmo da tela. Para além da representação, do retiniano, o ato, o real, o impossível de ser evidenciado. Lacan se refere ao dedo indicador de *São João Batista*, última pintura de Da Vinci, como sendo a estrutura da interpretação em psicanálise: sua virtude alusiva. Mas há um grande número de telas de Da Vinci nas quais o indicador aparece aludindo ao além da obra mesma. Como se elas dissessem: "Admira-me em minha beleza, em minha perfeição, em minha harmonia. Mas não se esqueça jamais do mistério do qual eu me originei. Não se esqueça do vazio anterior à minha existência e à minha criação. Sem ele, eu não haveria".

A travessia de Edward Hopper

Um artista norte-americano chamado Edward Hopper traçou insistentemente em sua pintura a solidão do sujeito situado na margem, na beira, no umbral, no limiar em relação ao real. Um poderoso silêncio pode ser escutado em suas telas. Revisitando seus trabalhos, coloco a seguinte indagação: será Hopper o pintor do fim da análise, da travessia da fantasia?

Precursoras do hiper-realismo norte-americano, suas telas são muito conhecidas e algumas se tornaram verdadeiros ícones da arte norte-americana, como *Nighthawks* e *Early Sunday Morning*. Hopper pinta o mundo humano com uma acentuada frieza, e seus personagens parecem estar absortos por uma espécie de falta de sentido.

Em suas telas, não se vê vestígio de amor ou sexo. Entre os diferentes personagens há apenas convívio, e todos parecem estar diante de um supremo impacto. Além disso, todos parecem estar profundamente sós, mesmo quando partilham alguma atividade. Em seu livro sobre o pintor, Maria Costantino afirma que "as figuras solitárias que habitam as pinturas de Hopper parecem estar perdidas em pensamento".[22] Não há troca de olhares entre eles, nem de sorrisos. Mas não há igualmente sinal de tristeza ou de dor, eles não estão desesperados, mas possuídos por uma certa solenidade que contrasta com a cena cotidiana: eles parecem viver um momento de epifania, de revelação. E essa revelação parece ser a mesma com a qual o sujeito se depara na travessia da fantasia: não há relação sexual. Seus personagens não se comunicam; cada um está só diante do outro e nada parecem esperar uns dos outros. O que é bastante notável é a insistência de Hopper em representar esses personagens numa situação tal que há um limiar que separa nitidamente o mundo simbólico e o além do simbólico — o real.

Examinemos algumas de suas pinturas. Na tela intitulada *Sunday*, um homem está sentado à beira da calçada, com os braços cruzados, o olhar absorto, como numa cidade abandonada. Em *Summer Interior*, uma mulher seminua está sentada aos pés da cama, com o corpo abandonado, a cabeça voltada para o chão, como se nada mais restasse. Lá fora parece brilhar o sol.

Summer Interior e *Room in Brooklyn*, de Hopper.

O tema das figuras diante de janelas é onipresente em sua pintura — janelas que Lacan usou como metáfora para situar a fantasia como uma "janela para o real". *Room in Brooklyn* apresenta uma mulher sentada de costas para o espectador e diante de uma janela que descortina os telhados nova-iorquinos. Esse quadro é construído em torno de um vaso de flores que domina nosso olhar. O olhar da mulher está dirigido para o exterior da casa enquanto o nosso é capturado por esse vaso que é, aliás, um poderoso símbolo da fantasia: se o vaso é a construção do vazio, como o formula Lacan no seminário *A ética da psicanálise*, as flores presentificam a estrutura da criação fantasística: preencher o vazio com um objeto erótico.

A oposição entre casa e mundo é uma constante nas telas de Hopper, cujos personagens frequentemente se situam à beira de suas casas. Em *Summertime*, uma mulher está de pé no primeiro degrau que separa a entrada de sua casa da rua, como se ela estivesse entre o familiar e o estranho, a realidade e o real; entre seu mundo particular, pleno de sentido, e o não senso do i-mundo. A mesma tensão entre o dentro e o fora de casa se repete na tela *High Noon*, na qual uma mulher, vestida apenas com um robe, está à porta da casa situada no meio de um campo vazio.

Várias telas, como *Cape Cod Evening*, *South Carolina Morning*, *Sunlight on Brownstones*, *People in the Sun* e *Second Story Sunlight*, tematizam figuras humanas à beira de casas e diante de um mundo desértico, um mundo sempre ensolarado e vazio, um mundo do qual a casa é uma evidente proteção e ao qual só se chega protegido pela moldura simbólica da fantasia. Surgindo como limite para os personagens, os limites da casa parecem representar os próprios limites do corpo, sobretudo quando se sabe, com Freud, o poder universal que a casa tem de representar o corpo humano. Em muitas de suas telas a casa parece significar uma proteção que defende o sujeito do mundo que o cerca.

Para além da casa, além do corpo, isto é, além do sexual, surge o não sexual, o real, o não senso radical: lugar de *das Ding*, a Coisa que não tem palavra nem imagem para designá-la. Essas telas parecem sugerir: para além do sexual, o real; ou, para além da realidade colocada pela fantasia — realidade constituída por uma trama simbólico-imaginária —, o real.

Em diversas obras, vê-se o puro contraste entre uma natureza selvagem, fechada em si mesma, insondável, absolutamente real, e o mundo humano, como em *Seven a.m.*, tela que apresenta a vitrine de uma lojinha — com um relógio, garrafas de bebida, desenhos — cercada por uma floresta densa e escura. E em *August in the City*, observa-se o mesmo contraste violento entre a casa com seu mundo simbólico constituído pelos objetos e o exterior, no qual se veem somente uma floresta escura e uma rua vazia. O mundo simbólico está cheio de objetos, é vivo, é rico. O mundo externo é o da natureza em seu estado bruto, do homem ali não há qualquer traço. Encontramos outros exemplos de telas que apresentam a mesma dicotomia, como *Hotel by a Railroad*, *Office in a Small City* e *City Sunlight*.

Três telas nos parecem concentrar com mais eloquência a força dessa temática: *Cape Cod Morning*, *Morning Sun* e *A Woman in the Sun*. Nas três, vê-se uma mulher olhando pela janela: a primeira está debruçada diante da janela que dá para a floresta; a segunda está sentada na cama, vestida; a outra está nua, de pé. Seus olhares são vazados, parecem não ter nenhum contato com a realidade, absorvidos pelo real do mundo externo. O que captura seus olhares de forma tão pregnante senão a morte figurada, indiretamente, é claro, por esse mundo bruto?

Hopper nos permite retomar nossa ideia de que a obra de arte é uma construção imaginária que, de dentro do mundo simbólico, indica o real fundante da estrutura psíquica. Assim como na obra de Da Vinci, a onipresença desse dedo que aponta para fora da própria tela é uma espécie de indicador do real — ideia que desenvolvi no primeiro volume desta obra —,[23] em Hopper o real é indicado pelo olhar dos personagens que, de dentro do mundo simbólico, se dirige insistentemente a essa região que permanece fora do campo do visível, inacessível à visão do espectador.

Alain Didier-Weill observou, num colóquio em Bruxelas, que esses personagens estão como que congelados nesse encontro com o real, e lhes falta um segundo tempo no qual poderiam se voltar ainda para o mundo simbólico, mas atravessados por esse real situado além da fantasia. Ali, eles poderiam retomar a via do desejo sem restringi-lo ao suporte da fantasia. Esses personagens, aos quais falta alegria, leveza (essa posição na qual o real mortífero exerce uma atração absoluta sobre o olhar é a posição do sujeito melancólico), ressaltou igualmente Jean Charmoille, parecem ter chegado ao limite entre o simbólico e o real, mas eles sofrem de uma injunção superegoica que lhes enuncia: "Vocês chegaram até aqui! Então, aqui permanecerão!". Como se uma verdadeira punição vinda do supereu arcaico lhes fizesse pagar caro por essa audácia de transpor os limites da janela constituída pela realidade fantasística e se situar em face do real, desvelando o logro da estrutura que nos constitui.

Vaso de flores

Erwin Panofsky conceitua a obra de arte como um objeto feito pelo homem que pede para ser experimentado esteticamente. Mas o que é essa experiência estética da obra de arte? Ela me parece ser — insisto — da ordem da emergência do real para além da configuração simbólico-imaginária da própria obra. A meu ver, a verdadeira obra de arte deve rememorar o nada — *ex nihilo* — do qual ela se originou, apontando para ele e dando-lhe um valor precipual. Podem-se conceber, assim, diferentes formas de a arte indicar o real para além de si mesma, como desenvolvi num trabalho anterior: alterando o olhar do espectador, como Duchamp; conduzindo-o, através da própria imagem, a ir além dela, como Da Vinci e Hopper; ocultando a imagem e tornando-a misteriosa e enigmática, como os empacotamentos de Christo e Jeanne-Claude.[24]

Voltemos à metáfora das flores no vaso: ela resume a relação entre o vazio real e a fantasia, e foi desenvolvida magistralmente no filme *As horas* (2002), de Stephen Daldry, que traz a história de três mulheres — Virginia Woolf, Laura Brown, Clarissa Vaughan — passada em três épocas diferentes, diante da vida e da morte. Três sujeitos diante da pulsão de morte e atravessados por três posições fantasísticas diversas: como as Horas da mitologia grega, Eunômia, Dicéa e Irene, elas podem representar o dia, o entardecer e a noite.

Em 1923, cuidada por Leonard, um marido que a ama, Virginia Woolf é a noite: mulher melancólica, insone, inapetente, doente, tentando sobreviver, através de tratamento psiquiátrico, à ideação suicida e às alucinações auditivas. Ela não se cuida, está absorta apenas em sua escrita, no seu romance, nas suas personagens. Sua relação com o marido, a irmã, os sobrinhos e as empregadas é distante, superficial, pois ela está tragada pela força de seu mundo interior. Tentou se matar duas vezes, até que na terceira consegue, afogando-se num rio com pedras no bolso do casaco. Virginia passou o último período da vida escrevendo *Mrs. Dalloway* e tentando dar um destino à personagem que não fosse a morte. Mas a morte é o grande interesse de Virginia, como na cena em que a vemos deitada ao lado da passarinha morta, olhando-a de perto, após ter cercado o seu corpo com flores. Apenas a escrita de Virginia consegue dar um contorno fantasístico à sua vida, uma janela para o real. Mas eis que de dentro de sua própria fantasia de escritora, a morte lhe acena continuamente. Nem o intenso e dedicado amor de Leonard consegue deter esse fluxo inexorável de autodestruição. Leonard satisfazia todos os seus caprichos, tentando com isso dar-lhe todas as alegrias possíveis, mas seu desejo mais profundo era a morte.

Em 1951, Laura Brown está lendo o romance *Mrs. Dalloway*, de Virginia Woolf. Casada com um marido dedicado, tendo um filho adorável, morando num lindo bairro e numa casa perfeita, Laura está infeliz. Ela é uma mulher dividida e angustiada como o entardecer. Não quer aquela vida para ela, mas não sabe o que fazer senão matar-se para se ver livre daquela prisão de luxo. Aquela confortável prisão domiciliar não é a que lhe convém. O olhar de seu filho, Richard, parece compreendê-la todo o tempo — ele se tornará um importante poeta. Chega a ir até um hotel para ingerir frascos inteiros de remédios e desaparecer, mas é contida pelo apelo da vida apenas embrionária da filha que está começando a gestar. Decide ir embora depois que a filha nascer: não aguentou, não teve escolha, era ir embora ou morrer. Escolheu finalmente a vida, abandonou aquela redoma que não a protegia de si mesma e inventou uma nova fantasia: foi ser bibliotecária no Canadá. Seu marido morreria jovem, de câncer, assim como essa filha. Richard, seu filho poeta, se mataria por ser soropositivo num estágio terminal dos danos decorrentes da aids, dizendo que não queria mais enfrentar as horas. Quando jovem, ele fora amante de Clarissa Vaughan e agora era o seu melhor amigo.

Clarissa vive em Nova York em 2001, é editora, tem uma filha adulta e uma namorada com quem partilha uma casa. Sempre ocupada com seus afazeres domésticos, ela organiza com detalhes a festa na qual Richard, já na fase mais adiantada da doença, seria homenageado com um prêmio pelo conjunto de sua obra, marcando os lugares das mesas e cozinhando. Sua fantasia está preservada e é sempre renovada, pelo trabalho, pela amizade, pelo amor. O olhar de Clarissa está sempre iluminado, brilhando, refletindo a luz do dia. Nem mesmo a morte de Richard abalaria a felicidade que conquistava em cada momento de seus dias. Clarissa se apega a seus objetos amorosos, reconstrói sua fantasia incessantemente e não abre mão dela.

Antes de ir para a cama à noite, seu olhar acaricia amorosamente a sua casa, um verdadeiro lar. Ele está sempre repleto de vasos com flores: apesar da morte, da perda do amigo, da dor do encontro com Laura Brown que veio para o enterro do filho, do desencontro contínuo imposto pela vida, ela consegue fantasiar e sonhar. Ela sabe que é necessário pôr flores no vaso constantemente: é preciso preencher o vazio com a beleza mais pura, mais gratuita, para que a vida tenha algum sentido e para aplacar a dor de existir. E as flores bem simbolizam aquilo que na natureza expressa a transitoriedade inerente à felicidade. Das três Horas, apenas a ela se aplica a formulação de Lacan: "A realidade é aquilo sobre o que a gente repousa para continuar a sonhar".[25]

Notas

Introdução [pp.13-8]

1. J. Lacan, *O Seminário*, livro 22, *R.S.I.*, lição de 10 dez. 1974.

PARTE I: Fantasia e pulsão sexual

1. A pulsão sexual: Primeira subversão freudiana [pp.21-45]

1. S. Freud, "Três ensaios sobre a teoria da sexualidade", in *AE*, vol.VII, p.179; *ESB*, vol. VII, p.203. As referências à obra de Freud serão feitas, neste livro, tanto à edição argentina da Amorrortu Editores (doravante *AE*) quanto à edição brasileira da Imago (doravante *ESB*, Edição Standard Brasileira das *Obras completas de Sigmund Freud*).
2. S. Freud, "Moral sexual 'civilizada' e doença nervosa moderna", in *AE*, vol.IX, p.169; *ESB*, vol.IX, p.194.
3. S. Freud, "Três ensaios sobre a teoria da sexualidade", in *AE*, vol.VII, p.221; *ESB*, vol.VII, p.250.
4. J. Strachey, "Nota do editor inglês", in S. Freud, "Três ensaios sobre a teoria da sexualidade", in *AE*, vol.VII, p.112; *ESB*, vol.VII, p.124.
5. Carta citada em P. Gay, *Freud, Uma vida para o nosso tempo*, p.146.
6. Cf. M.A.C. Jorge, *Fundamentos da psicanálise de Freud a Lacan*, vol.I, *As bases conceituais*.
7. Cf. ibid., em que abordo os dois grandes conceitos da teoria psicanalítica de modo oposto ao da cronologia de seu surgimento: primeiro a pulsão e em seguida o inconsciente.
8. J. Lacan, *O Seminário*, livro II, *Os quatro conceitos fundamentais da psicanálise*, p.143.
9. Ibid., p.24.
10. S. Freud, "Prefácio à segunda edição" de "Três ensaios sobre a teoria da sexualidade", in *AE*, vol.VII, p.117; *ESB*, vol.VII, p.129.
11. Cf. o filme de Rosa von Praunheim *O Einstein do sexo*.
12. Cf. E. Roudinesco e M. Plon, *Dicionário de psicanálise*, p.702; e P. Ariès e A. Béjin (Orgs.), *Sexualidades ocidentais*.
13. E. Roudinesco, "Présentation", in H.F. Ellenberger, *Histoire de la découverte de l'inconscient*, p.24.
14. Ibid.

15. Ibid., p.25.

16. J.F. Costa, "A comédia do demônio sexual", in *O vestígio e a aura*, pp.32 e 34-5.

17. Ibid., p.51.

18. J.-B. Pontalis, "Argument", *Nouvelle Revue de Psychanalyse*, n.29, pp.5-10.

19. Ibid., p.8.

20. Realmente, para Lacan as pulsões constituem "o eco, no corpo, do fato de que há um dizer", e ele próprio frisa que lhe coube precisamente o mérito de explicitar essa via "da relação entre linguagem e sexo". Cf. J. Lacan, *O Seminário*, livro 23, *O sinthoma*, pp.18 e 117, respectivamente.

21. S. Freud, "Prefácio à quarta edição" de "Três ensaios sobre a teoria da sexualidade", in *AE*, vol.VII, p.121; *ESB*, vol.VII, p.134.

22. O termo "galinhagem", empregado em nossa língua, parece nos indicar essa balbúrdia inerente à pulsão sexual.

23. S. Freud, "Além do princípio de prazer", in *AE*, vol.XVIII, p.61; *ESB*, vol.XVIII, pp.84-5.

24. Após *A interpretação dos sonhos*, *O banquete*, "Além do princípio de prazer", *A fenomenologia do espírito*, *Totem e tabu*, *Função e campo da palavra e da linguagem na psicanálise*. Cf. École Lacanienne de Psychanalyse, *Index des noms propres et titres d'ouvrages dans l'ensemble des séminaires de Jacques Lacan*, p.66.

25. Essa sala é a única do apartamento da Berggasse 19, em Viena, que hoje se encontra mobiliada exatamente como na época em que os Freud ali viveram, pois quando a cidade de Viena comprou o imóvel para transformá-lo em museu, na década de 1970, Anna Freud enviou de Londres o mobiliário da sala de espera para recompô-la integralmente.

26. G. Ricci, *As cidades de Freud*, p.125.

27. Como as situei em M.A.C. Jorge, *Fundamentos da psicanálise de Freud a Lacan*, vol.I, *As bases conceituais*.

28. S. Freud, "Três ensaios sobre a teoria da sexualidade", in *AE*, vol.VII, p.152; *ESB*, vol.VII, p.170.

29. Em 1910, no ensaio sobre Leonardo da Vinci, Freud deixa de utilizar a expressão "inversão sexual" e passa a usar a palavra "homossexualidade".

30. S. Freud, "Três ensaios sobre a teoria da sexualidade", in *AE*, vol.VII, p.209; *ESB*, vol.VII, p.236.

31. S. Freud, "Moral sexual 'civilizada' e doença nervosa moderna", in *AE*, vol.IX, p.170, p.181 (duas vezes); *ESB*, vol.IX, p.194, p.208 (duas vezes).

32. Ibid., in *AE*, vol.IX, p.174; *ESB*, vol.IX, p.200.

33. Ibid., in *AE*, vol.IX, p.169; *ESB*, vol.IX, p.194. Interessante assinalar o grifo de Freud na palavra "legítima".

34. Ibid., in *AE*, vol.IX, p.170; *ESB*, vol.IX, p.195.

35. S. Freud, "Três ensaios sobre a teoria da sexualidade", in *AE*, vol.VII, p.209; *ESB*, vol.VII, p.237.

36. Ibid., in *AE*, vol.VII, p.134; *ESB*, vol.VII, p.149. A mesma sutil estratégia de desconstrução da barreira entre normal e patológico surge também no artigo "Moral

sexual 'civilizada' e doença nervosa". Cf., por exemplo, as expressões "chamadas anormalidades", in *AE*, vol.vii, p.168; *ESB*, vol.vii, p.193; e "chamado normal", in *AE*, vol.ix, p.172; *ESB*, vol.ix, p.197.

37. S. Freud, "Três ensaios sobre a teoria da sexualidade", in *AE*, vol.vii, p.132; *ESB*, vol.vii, p.146.

38. Ibid., in *AE*, vol.vii, p.152; *ESB*, vol.vii, p.170.

39. Ibid., in *AE*, vol.vii, p.151; *ESB*, vol.vii, pp.168-9.

40. Ibid., in *AE*, vol.vii, p.146; *ESB*, vol.vii, p.163.

41. Ibid., in *AE*, vol.vii, p.124; *ESB*, vol.vii, p.136.

42. Platão, *Le banquet/Phèdre*, p.49.

43. S. Freud, "Três ensaios sobre a teoria da sexualidade", in *AE*, vol.vii, pp.135-6; *ESB*, vol.vii, p.150.

44. Ibid., in *AE*, vol.vii, p.139; *ESB*, vol.vii, p.155.

45. Ibid., in *AE*, vol.vii, p.156; *ESB*, vol.vii, p.174.

46. Cf. o capítulo "Freud e Fliess: O recalque e a bissexualidade", in M.A.C. Jorge, *Fundamentos da psicanálise de Freud a Lacan*, vol.1, *As bases conceituais*.

47. S. Freud, "Meus pontos de vista sobre o papel desempenhado pela sexualidade na etiologia das neuroses", in *AE*, vol.vii, p.267; *ESB*, vol.vii, p.288.

48. S. Freud, "Três ensaios sobre a teoria da sexualidade", in *AE*, vol.vii, p.174; *ESB*, vol.vii, p.196.

49. Ibid., in *AE*, vol.vii, p.131; *ESB*, vol.vii, p.144.

50. S. Freud, "Fantasias histéricas e sua relação com a bissexualidade", in *AE*, vol.ix, p.146; *ESB*, vol.ix, p.169.

51. O tema está desenvolvido no capítulo "Genealogia do objeto *a*", in M.A.C. Jorge, *Fundamentos da psicanálise de Freud a Lacan*, vol.4, *O laboratório do analista*.

52. J. Lacan, "A lógica da fantasia", in *Outros escritos*, p.326.

53. J. Lacan, "Alocução sobre as psicoses da criança", in *Outros escritos*, p.364.

54. J. Lacan, *O Seminário*, livro 22, *R.S.I.*, lição de 21 jan. 1975.

55. J. Lacan, *O Seminário*, livro 20, *Mais, ainda*, pp.67-8.

56. J. Lacan, *O Seminário*, livro 4, *A relação de objeto*, p.13; e S. Freud, "Três ensaios sobre a teoria da sexualidade", in *AE*, vol.vii, p.203; *ESB*, vol.vii, p.229.

57. S. Freud, "Três ensaios sobre a teoria da sexualidade", in *AE*, vol.vii, p.134; *ESB*, vol.vii, p.149.

58. Ibid., in *AE*, vol.vii, p.132; *ESB*, vol.vii, p.147.

59. Ibid., in *AE*, vol.vii, p.153; *ESB*, vol.vii, p.171; e também in *AE*, vol.vii, p.146; *ESB*, vol.vii, p.163.

60. G. Vidal, "Sexo é política", p.229.

61. A esse respeito, é bastante significativo que Freud, igualmente, encerre os "Três ensaios" se referindo à Antiguidade grega.

62. A. Quinet, "Retorno às trevas, com subsídios", *O Globo*, 15 nov. 2004, p.7; A. Maya, "Coerção disfarçada de terapia", *O Globo*, 19 jun. 2004, p.7.

63. E. Roudinesco, "Psicanálise e homossexualidade", in *Em defesa da psicanálise*, p.71.

64. S. Sontag, *Aids e suas metáforas*, p.124.

65. Ibid., pp.127-8.

66. *Aids: Conhecer para evitar* foi publicado pelo Senai.

67. J. Lacan, "Do *Trieb* de Freud e do desejo do psicanalista", in *Escritos*, p.865.

68. G. Vidal, "Sexo é política", p.229.

69. A. Proulx, "Brokeback Mountain". No conto e no filme originais, o título não comporta a palavra, interpretativa, "segredo" do título brasileiro.

2. O ciclo da fantasia [pp.46-75]

1. Ver *Fundamentos da psicanálise de Freud a Lacan*, vol.3, *O lugar do analista*.

2. S. Freud e C.G. Jung, *Correspondência completa*, pp.90, 92 e 110. Esse comentário, atravessado pela dor do não reconhecimento, lembra a observação de Marcel Duchamp, segundo a qual a maior obra de arte seria aquela que, sendo tão inovadora para a sua época e, consequentemente, difícil de ser assimilada, teria desaparecido sem deixar vestígios e sem ser apreciada por ninguém. Duchamp supõe assim, perdida na noite dos tempos, uma galeria de obras jamais vista e jamais considerada: "A história da arte é o que resta de uma época num museu, mas não é forçosamente o que havia de melhor nessa época e, no fundo, é até, provavelmente, a expressão da mediocridade da época, pois as belas coisas desapareceram, o público não querendo guardá-las". M. Duchamp, *Ingénieur du temps perdu*, p.116.

3. J. Lacan, "Conférences et entretiens dans des universités nord-américaines", *Scilicet*, p.21.

4. Ibid., p.22.

5. S. Freud, "Delírios e sonhos na *Gradiva* de Jensen", in *AE*, vol.ix, p.8; *ESB*, vol.ix, p.18.

6. Ibid., in *AE*, vol.ix, p.61; *ESB*, vol.ix, p.77.

7. J. Lacan, *O Seminário*, livro 2, *O eu na teoria de Freud e na técnica da psicanálise*, p.14.

8. S. Freud, "Delírios e sonhos na Gradiva de Jensen", in *AE*, vol.ix, p.37; *ESB*, vol. ix, p.50.

9. Ibid., in *AE*, vol.ix, p.76; *ESB*, vol.ix, pp.93-4.

10. Ibid., in *AE*, vol.ix, pp.19 e 32; *ESB*, vol.ix, pp.30 e 45.

11. Ibid., in *AE*, vol.ix, p.74; *ESB*, vol.ix, p.91. O grifo é meu.

12. Como no engraçado exemplo do arqueoptérix. S. Freud, ibid., in *AE*, vol.ix, p.28; *ESB*, vol.ix, p.41. A noção fundamental de representação conciliatória ou intermediária será abordada no próximo volume da presente obra.

13. Esse é um recurso comum no texto trágico. Cf. no presente volume o capítulo "O saber de Édipo".

14. S. Freud, "Delírios e sonhos na *Gradiva* de Jensen", in *AE*, vol.ix, pp.68 e 70-1; *ESB*, vol.ix, pp.84 e 86-8.

15. Ibid., in *AE*, vol.ix, p.29; *ESB*, vol.ix, pp.41-2.

16. Ibid., in *AE*, vol.ix, p.34; *ESB*, vol.ix, p.47.

17. Ibid., in *AE*, vol.ix, p.41; *ESB*, vol.ix, p.54.

18. Ibid., in *AE*, vol.ix, p.43; *ESB*, vol.ix, p.58. De todo modo, a expressão *fantasia delirante* tem o mérito de revelar, por si só, que o delírio é, no fundo, uma espécie de fantasia.

19. Ibid., in *AE*, vol.ix, p.38; *ESB*, vol.ix, p.52.

20. Esse ponto central será retomado adiante.

21. G.G. de Clérambault, *L'Érotomanie*, p.74.

22. Ibid.

23. É preferível falar aqui de certeza e não de crença, uma vez que Lacan sublinhou que esta é um fenômeno típico da neurose.

24. As características do delírio repertoriadas por Karl Jaspers são: um juízo falso; uma produção de caráter associal que não pode ser compartilhada; uma convicção extraordinária, com certeza subjetiva praticamente absoluta, inabalável e irremovível por meio de provas, argumentos ou experiências.

25. Significativamente, Freud utiliza fórmula quase idêntica ao falar da relação do neurótico com a fantasia.

26. S. Freud, "Delírios e sonhos na *Gradiva* de Jensen", in *AE*, vol.ix, p.57; *ESB*, vol. ix, p.72.

27. Ibid., in *AE*, vol.ix, p.26; *ESB*, vol.ix, p.39.

28. Ibid., in *AE*, vol.ix, p.29; *ESB*, vol.ix, p.42.

29. P. Gay, *Freud, uma vida para o nosso tempo*, p.286.

30. Ibid.

31. Na *ESB* a opção foi: "Escritores criativos e devaneios".

32. J. Gerbase, "Fantasia ou fantasma", *Falo*, pp.45-50.

33. Ibid., pp.46 e 48.

34. S. Freud, "Sonho de crianças", in *Conferências introdutórias à psicanálise*, *AE*, vol. xv, p.115; *ESB*, vol.xv, p.155.

35. S. Freud, "O poeta e o fantasiar", in *AE*, vol.ix, p.131; *ESB*, vol.ix, p.153.

36. Ibid., in *AE*, vol.ix, p.130; *ESB*, vol.ix, p.153.

37. S. Freud, "Os caminhos da formação dos sintomas", in *AE*, vol.xvi, p.333; *ESB*, vol.xvi, p.427.

38. S. Freud, "O poeta e o fantasiar", in *AE*, vol.viii, p.131; *ESB*, vol.ix, p.154.

39. J. Lacan, *O Seminário*, livro 2, *O eu na teoria de Freud e na técnica da psicanálise*, p.158.

40. S. Freud, "Fantasias histéricas e sua relação com a bissexualidade", in *AE*, vol.ix, p.141; *ESB*, vol.ix, p.163.

41. Ibid., in *AE*, vol.ix, p.143; *ESB*, vol.ix, p.166.

42 Ibid., in *AE*, vol.ix, p.142-3; *ESB*, vol.ix, p.165.

43 Ibid., in *AE*, vol.ix, p.143; *ESB*,vol.ix, p.165.

44. S. Freud, "Moral sexual 'civilizada' e doença nervosa moderna", in *AE*, vol.ix, p.176; *ESB*, vol.ix, p.202.

45. S. Freud, "O poeta e o fantasiar", in *AE*, vol.ix, p.128; *ESB*, vol.ix, p.151.

46. S. Freud, "Fantasias histéricas e sua relação com a bissexualidade", in *AE*, vol.IX, p.144; *ESB*, vol.IX, p.166.

47. Ibid.

48. Cf. M.A.C. Jorge, "Freud e Fliess: O recalque e a bissexualidade", in *Fundamentos da psicanálise de Freud a Lacan*, vol.I, *As bases conceituais*, pp.36ss.

49. S. Freud, "Fantasias histéricas e sua relação com a bissexualidade", in *AE*, vol.IX, p.145; *ESB*, vol.IX, p.168.

50. A bissexualidade é o nome dado por Freud à falta de objeto do desejo, falta grafada por Lacan como objeto *a*, que não é um objeto, mas a nomeação — aliás, mínima possível — da falta de objeto. Cf. M.A.C. Jorge, *Fundamentos da psicanálise de Freud a Lacan*, vol.I, *As bases conceituais*, p.35.

51. J. Lacan, *R.S.I.*, lição de 10 dez. 1974.

52. S. Freud, "Sobre as teorias sexuais das crianças", in *AE*, vol.IX, p.192; *ESB*, vol.IX, p.218.

53. S. Freud, "Romances familiares", in *AE*, vol.IX, p.218; *ESB*, vol.IX, p.244.

54. Ibid., in *AE*, vol.IX, p.220; *ESB*, vol.IX, p.246.

55. Para Lacan, "estrutura psíquica" seria melhor que "funcionamento mental": J. Lacan, *O Seminário*, livro 7, *A ética da psicanálise*, p.39.

56. Mesmo que, depois dele, duas pequenas contribuições freudianas de 1912 ainda se esmerem em abordar o tema da fantasia e consigam fornecer alguns achados relevantes: "Contribuições a um debate sobre a masturbação" e "Uma nota sobre o inconsciente na psicanálise".

57. J. Lacan, *O Seminário*, livro 2, *O eu na teoria de Freud e na técnica da psicanálise*, p.82.

58. H.F. Ellenberger, *Histoire de la découverte de l'inconscient*, p.247.

59. Ibid., p.250.

60. H. Nunberg e E. Federn, *Les premiers psychanalystes*, p.39s.

61. Peter Gay conta que Freud leu a conferência, mas considerou a discussão pouco compensadora. Na manhã seguinte confidenciou a Ferenczi: "Tratar com essas pessoas está se tornando constantemente mais difícil", assinalando que havia ali "uma mistura de admiração tímida e contestação estúpida". P. Gay, *Freud, uma vida para o nosso tempo*, p.312.

62. Griesinger chamara a atenção para o caráter realizador de desejos das psicoses e dos sonhos.

63. S. Freud, "Formulações sobre os dois princípios do funcionamento mental", in *AE*, vol.XII, p.226; *ESB*, vol.XII, p.281.

64. H. Nunberg e E. Federn, *Les premiers psychanalystes*, p.42.

65. J. Lacan, "Alocução sobre as psicoses da criança", in *Outros escritos*, p.362.

66. H. Nunberg e E. Federn, *Les premiers psychanalystes*, pp.41-2.

67. O "ciclo da técnica" será abordado em *Fundamentos da psicanálise de Freud a Lacan*, vol.3, *A prática analítica*.

68. S. Freud, "Os caminhos da formação dos sintomas", in *AE*, vol.XVI p.343; *ESB*, vol. XVI, p.439.

69. Ibid., in *AE*, vol.XVI, p.339; *ESB*, vol.XVI, p.434.

3. Sintoma e fantasia [pp.76-89]

1. S. Freud, "Carta a Georg Groddeck de 5/6/1917", in *Correspondência de amor e outras cartas (1873-1939)*, p.370.
2. S. Freud, "A história do movimento psicanalítico", in *AE*, vol.xiv, p.15; *ESB*, vol. xiv, p.26.
3. J. Lacan, "C'est à la lecture de Freud...", in Robert Georgin, *Lacan*, p.13.
4. J. Lacan, *O Seminário*, livro 11, *Os quatro conceitos fundamentais da psicanálise*, capítulo 13.
5. S. Freud, "As pulsões e suas vicissitudes", in *AE*, vol. xiv, p. 117; *ESB*, vol. xiv, p.142.
6. "A dimensão da chave é conatural a todo e qualquer ensino... não existe ensino que não se refira ao que chamarei de ideal de simplicidade." J. Lacan, *O Seminário*, livro 10, *A angústia*, p.30.
7. J. Lacan, "Da estrutura como intromistura de um pré-requisito de alteridade e um sujeito qualquer", in *A controvérsia estruturalista*, p.200.
8. S. Freud, "O inconsciente", in *AE*, vol.xiv, p.161; *ESB*, vol.xiv, p.191.
9. "[...] o verdadeiro sentido dado ao que encontramos na noção de instinto, o de implicação de um saber", J. Lacan, *O Seminário*, livro 17, *O avesso da psicanálise*, p.16.
10. J. Lacan, *O Seminário*, livro 22, *R.S.I.*, lição de 15 abr. 1975.
11. J. Lacan, "Conférences et entretiens dans des universités nord-américaines", *Scilicet*, p.50.
12. M.A.C. Jorge, *Fundamentos da psicanálise de Freud a Lacan*, vol.1, *As bases conceituais*, p.39.
13. J. Lacan, "Abertura do seminário", 10 nov. 1978, Sainte-Anne, apud B. Ogilvie, *Lacan: A formação do conceito de sujeito*, p.122.
14. Lembremos que o inconsciente — *missing link* — representaria, assim, um saber que veio preencher a falha deixada na espécie pela adoção da postura ereta e a consequente perda do vínculo instintual preponderante nos mamíferos, o olfato.
15. S. Freud, "Sobre as teorias sexuais infantis". Esse artigo foi estudado no presente volume, capítulo, "O ciclo da fantasia".
16. S. Freud, *Chistes e sua relação com o inconsciente*, in *AE*, vol.viii, p.153; *ESB*, vol.viii, p.184. O grifo é meu.
17. S. Freud, *Conferências introdutórias à psicanálise*, in *AE*, vol.xv, p.92; *ESB*, vol.xv, p.126.
18. Num de seus textos mais fascinantes sobre a psicologia amorosa, Freud formula *en passant* aquilo que se tornará para Lacan um axioma da teoria das pulsões: "Por mais estranho que pareça, creio que devemos levar em consideração a possibilidade de que haja algo, na própria natureza da pulsão sexual, desfavorável à obtenção da plena satisfação". S. Freud, "Sobre a tendência universal à depreciação na esfera do amor", in *AE*, vol.xi, p.182; *ESB*, vol.xi, p.171.
19. Cf. no presente volume capítulo "A pulsão de morte: segunda subversão freudiana".

20. Como nos sugeriu a psicanalista norte-americana Ona Nierenberg (comunicação pessoal, feita no seminário que proferimos na Après-Coup Psychoanalytic Association, em Nova York, em março de 2002).

21. J. Lacan, *O Seminário*, livro 11, *Os quatro conceitos fundamentais da psicanálise*, p.142.

22. J. Lacan, *O Seminário*, livro 20, *Mais, ainda*, p.122.

23. Nesse sentido, Freud assevera: "Não posso omitir a relação entre as fantasias e os sonhos. Nossos sonhos noturnos nada mais são do que fantasias dessa espécie, como podemos demonstrar mediante sua interpretação". S. Freud, "O poeta e o fantasiar", in *AE*, vol.IX, p.131; *ESB*, vol.IX, p.154.

24. É extremamente significativo que tenha sido após esse longo período em que se debruçou sobre a fantasia que Freud tenha produzido, em 1911, no caso Schreber, a análise do delírio e o destaque da lógica inerente a ele; e, simultaneamente, tenha encerrado o "ciclo da fantasia" com o artigo metapsicológico sobre a fantasia intitulado "Formulações sobre os dois princípios do funcionamento mental", no qual introduz pela primeira vez seu dualismo princípio de prazer/princípio de realidade.

25. Cf. no presente volume capítulo "A pulsão de morte: segunda subversão freudiana".

26. J. Lacan, "Ouverture de la section clinique", *Ornicar?*, p.11.

27. S. Freud, "Notas psicanalíticas sobre um relato autobiográfico de um caso de paranoia (*dementia paranoides*)", in *AE*, vol.XII, p.65; *ESB*, vol.XII, pp.94-5.

28. Sobre a essencial distinção conceitual operada por Lacan entre real e realidade, consultar: S. Faladé, "Sobre lo real", *Documentos*; e M.A.C. Jorge, *Fundamentos da psicanálise de Freud a Lacan*, vol.1, *As bases conceituais*, p.131.

29. É digno de nota que o termo "autismo" tenha sido criado em 1907, pelo psiquiatra Eugen Bleuler, para designar a perda do contato do esquizofrênico com a realidade. Bleuler foi o primeiro a tentar introduzir as teses freudianas na psiquiatria, pela contração do termo "autoerotismo", do qual a partícula *eros* foi suprimida, numa manifesta resistência às concepções freudianas sobre a sexualidade.

30. Como Freud formulou que "a neurose é o negativo da perversão", conclui-se que a perversão é o "positivo".

31. J. Lacan, *O Seminário*, livro 22, *R.S.I.*, lição de 18 fev. 1975.

32. Vimos que Freud esboça essa distinção no ensaio sobre a *Gradiva*.

33. Nesse sentido, penso que quanto mais o delírio, seja ele qual for, se estrutura, mais ele se imaginariza (na direção da certeza delirante) e mais revela a sua essência: a de ser, no fundo, delírio de interpretação.

34. La Rochefoucauld, *Máximas e reflexões*, p.77.

35. Apenas acrescentamos às três fases descritas por Freud em relação ao caso Schreber uma quarta, aquela que diz respeito ao recalque orgânico. Cf. M.A.C. Jorge, *Fundamentos da psicanálise de Freud a Lacan*, vol.1, *As bases conceituais*, p.59.

36. Ibid., capítulo 1.

37. Cf. no presente volume o capítulo "Sonho, fantasia, delírio, ilusão".

38. J. Lacan, "Conférences et entretiens dans des universités nord-américaines", *Scilicet*, p.41. Um outro aspecto importante que esse esquema permite igualmente evidenciar é o quanto os matemas introduzidos por Lacan na psicanálise se referem ao núcleo da estrutura psíquica e àquilo que a sustenta: S(Ⱥ), *a*, Ş. Creio ser importante frisar isso para se poder depreender com precisão o lugar dos matemas na teorização da psicanálise — um lugar limítrofe entre o simbólico e o real.

4. Os dois polos da fantasia [pp.90-116]

1. J. Lacan, *O Seminário*, livro 10, *A angústia*, p.197.
2. J. Lacan, "Função e campo da fala e da linguagem na psicanálise", in *Escritos*, p.526.
3. Detivemo-nos nesse período da obra de Freud no capítulo "O ciclo da fantasia".
4. S. Freud, "A perda da realidade na neurose e na psicose", in *AE*, vol.xix, p.193; *ESB*, vol.xix, p.229.
5. S. Freud, "Sobre a gênese do fetichismo", in *Revista Internacional da História da Psicanálise*, pp.371-87.
6. J. Lacan, *O Seminário*, livro 20, *Mais, ainda*, pp.85-6.
7. Ibid., p.108.
8. Ibid., p.127.
9. Ibid., p.116.
10. Ibid., p.110.
11. Ver no presente volume o capítulo "A pulsão de morte: segunda subversão freudiana", onde essas questões são tratadas em detalhes.
12. S. Freud, "Neurose e psicose", in *AE*, vol.xix, p.157; *ESB*, vol.xix, p.191.
13. M.A.C. Jorge, "Lacan e a estrutura da formação psicanalítica", in *Lacan e a formação do psicanalista*, p.100.
14. B. Fink, *Introdução clínica à psicanálise lacaniana*, p.83.
15. J. Lacan, *O Seminário*, livro 8, *A transferência*, p.194.
16. Ibid., p.172.
17. M. Shane e E. Shane, "Unconscious fantasy", apud E.S. Person, *O poder da fantasia*, p.137.
18. Ibid.
19. J. Lacan, "De uma questão preliminar a todo tratamento possível da psicose", in *Escritos*, p.581.
20. J. Lacan, *O Seminário*, livro 20, *Mais, ainda*, p.69.
21. Ibid.
22. J. Lacan, *O Seminário*, livro 20, *Mais, ainda*, p.64.
23. Ibid., p.62.
24. Narrativa colhida pelo psicanalista Octavio de Souza, do Rio de Janeiro.
25. J. Lacan, Apresentação de "Memórias de um doente dos nervos", in *Outros escritos*, p.221.

26. J. Lacan, *O Seminário*, livro 20, *Mais, ainda*, p.9.

27. Ibid., p.108.

28. Ibid., p.116.

29. Ibid.

30. J. Lacan, *O Seminário*, livro 10, *A angústia*, p.197.

31. Tema amplamente desenvolvido em A. Quinet e M.A.C. Jorge (Orgs.), *As homos-sexualidades na psicanálise*.

32. Conferir as inúmeras críticas de Lacan às concepções norte-americanas desse tipo. Éric Laurent, por sua vez, se refere a essa teoria como um verdadeiro delírio em *Versões da clínica psicanalítica*, p.31.

33. E. Roudinesco, "Psicanálise e homossexualidade", in *Em defesa da psicanálise*, pp.46-72.

34. S. Freud, "Bate-se numa criança", in *AE*, vol.XVII, p.193; *ESB*, vol.XVII, p.245.

35. Ibid.

36. Ibid.

37. Ibid.

38. S. Freud, "Fetichismo", in *AE*, vol.XXI, p.147; *ESB*, vol.XXI, p.179.

39. R.J. Stoller, *La perversion*.

40. No Brasil, o grupo Engenheiros do Hawaii chegou a gravar, em 1990, uma cândida canção-homenagem intitulada "Era um garoto que como eu amava os Beatles e os Rolling Stones".

41. Cf. M.A.C. Jorge, capítulo "O objeto perdido do desejo", in *Fundamentos da psicanálise de Freud a Lacan*, vol.1, *As bases conceituais*.

42. E. de A. Gomes e L. Pasta, *The Beatles. Letras e canções comentadas*.

43. Apud M. Mannoni, *Amor, ódio e separação*, p.89.

44. Ibid., p.88.

45. Ibid., p.61.

46. *Folha de S.Paulo*, Mais!, 29 mar. 1998, p.5.

47. C. Lispector, "Um ser livre", in *A descoberta do mundo*.

5. Do amor ao gozo: Uma leitura de "Bate-se numa criança" [pp.117-37]

1. Cf. no presente volume o capítulo "O ciclo da fantasia".

2. S. Freud, "Bate-se numa criança", in S. Freud e A. Freud, *Bate-se numa criança*, p.56.

3. E. Jones, apud J. Novick e K.K. Novick, "Prohibido a los bárbaros: Una crítica de *Pegan a un niño* de Freud", in E.S. Person (Org.), *En torno a Freud: "Pegan a un niño"*, p.51.

4. E. Roudinesco e M. Plon, *Dicionário de psicanálise*, p.258.

5. A. Freud, "Fantasias de surras e devaneios", in S. Freud e A. Freud, *Bate-se numa criança*, pp.73-99.

6. Cf. no presente volume o capítulo "Os dois polos da fantasia".

7. S. Freud, "Bate-se numa criança", p.60.

8. Ibid., p.61.

9. Ibid.

10. Vê-se nessa e em outras passagens que o mito tão difundido entre os psicanalistas de que o sujeito perverso não busca tratamento analítico não é partilhado pelo próprio Freud. Seria interessante investigar a origem desse mito, como sugeriu a psicanalista Paola Mieli em um seminário clínico realizado no Corpo Freudiano Seção Rio de Janeiro, em maio de 2007. Tem-se, de todo modo, elementos para supor que ele parece ser uma fantasia neurótica dos analistas relativa a uma suposta satisfação sexual plena dos perversos.

11. Cf. no presente volume o capítulo "A pulsão de morte: segunda subversão freudiana".

12. P. Bowles, *O céu que nos protege*, p.245.

13. No filme ocorre a cena da relação sexual, embora no romance eles retornem à cidade sem que isso aconteça.

14. P. Bowles, *O céu que nos protege*, p.92.

15. Cf. S. Freud, "Bate-se numa criança", p.35.

16. J. Lacan, *Os complexos familiares na formação do indivíduo*, p.30.

17. S. Freud, "Bate-se numa criança", p.45.

18. Ibid., pp.45-6. Em *Macbeth*, lemos no trecho a que Freud alude, na Cena III do Ato I, quando as três feiticeiras se dirigem e saúdam Macbeth e Banquo, generais do exército do rei Duncan da Escócia, e, dirigindo-se a Banquo, profetizam: Primeira feiticeira: "Menor do que Macbeth e maior!"; segunda feiticeira: "Nem tão feliz, entretanto, muito mais feliz!"; terceira feiticeira: "Tu engendrarás reis, embora nunca o sejas...".

19. No dizer de Freud, "a segunda fase, inconsciente e masoquista, [...] é incomparavelmente a mais importante". Cf. S. Freud, "Bate-se numa criança", p.58.

20. Ibid., p.50.

21. Assinalo que Freud nesse momento considera o sadismo como anterior ao masoquismo, concepção que será invertida em 1924, no artigo "O problema econômico do masoquismo".

22. Cf. S. Freud, "Bate-se numa criança", p.50.

23. Ibid., p.59. Mahony chama igualmente a atenção para essa e outras contradições do texto. P.J. Mahony, *"Pegan a un niño*: Un estúdio histórico, clínico y textual", in E.S. Person (Org.), *En torno a Freud: "Pegan a un niño"*, pp.67-86.

24. S. Freud, "Bate-se numa criança", p.43.

25. Ibid.

26. Ibid., p.50.

27. Para Freud, toda fantasia é considerada fantasia de desejo.

28. Cf. no presente volume o capítulo "Os dois polos da fantasia".

29. J. Lacan, *O Seminário*, livro 6, *O desejo e sua interpretação*, p.338.

30. J. Lacan, *O Seminário*, livro 4, *A relação de objeto*, p.115.

31. Ibid., p.116.

32. Ibid., p.114.

33. Ibid.

34. J. Lacan, *O Seminário*, livro 5, *As formações do inconsciente*, p.242.

35. É preciso sublinhar que a tese lacaniana que nega que a perversão é apenas uma fixação em uma pulsão pode ser encontrada em Freud: "Embora não se duvide da concepção que põe em primeiro plano nas perversões o fortalecimento da constituição ou o caráter prematuro de um componente sexual, isso não explica tudo". S. Freud, "Bate-se numa criança", p.52.

36. J. Lacan, *O Seminário*, livro 4, *A relação de objeto*, p.120.

37. Lacan fala de "referência intersubjetiva tríplice". J. Lacan, *O Seminário*, livro 4, *A relação de objeto*, p.118.

38. J. Lacan, *O Seminário*, livro 1, *Os escritos técnicos de Freud*, p.245.

39. Ibid., pp.245-6.

40. Ibid., p.253.

41. S. Freud, "Bate-se numa criança", p.44.

42. Ibid., p.45.

43. Ibid., p.44.

44. Ibid., p.63.

45. Ernst Kris considerou que as fantasias de surra estavam relacionadas ao desejo de ser amado sexualmente pelo pai e, por isso, talvez sejam universais em sua ocorrência. Cf. "The Kris Study Group of the New York Psychoanalytic Institute", in E.D. Joseph (Org.), *Monograph I: Beating Fantasies*, p.66.

46. De acordo com a reviravolta produzida em 1924 por Freud em sua teoria do masoquismo — a anterioridade do masoquismo em relação ao sadismo, invertendo a afirmação dos "Três ensaios" a esse respeito —, seria mais correto passar a falar em tendência masoquista-anal.

47. Sublinhe-se que a homossexualidade feminina não implica uma posição sádico--anal.

48. J. Lacan, *O Seminário*, livro 20, *Mais, ainda*, p.98.

49. S. Freud, "Bate-se numa criança", p.43.

50. Ibid.

51. Ibid., p.46.

52. J. Lacan, *O Seminário*, livro 4, *A relação de objeto*, p.118.

53. Na edição inglesa, a expressão, difícil de ser traduzida por ser bastante vaga, é *"nice stories"*. A. Freud, "Fantasias de surras e devaneios", p.142. Adotamos a expressão "histórias agradáveis" proposta pela psicanalista Eliana Rodrigues Pereira Mendes, de Belo Horizonte, em sua tradução não publicada e por mim aqui utilizada.

54. P. Mahony, *"Pegan a un niño*: Un estudio histórico, clínico y textual"*, in E.S. Person (Org.), *En torno a Freud: "Pegan a un niño"*, p.69.

55. Freud se refere a esses elementos brevemente em seu texto: "Em dois de meus quatro casos femininos, tinha se desenvolvido sobre a fantasia masoquista de surra

uma superestrutura de devaneios (de grande significação para a vida da paciente), sobre a qual recaiu a função de possibilitar a satisfação da excitação, mesmo em caso de renúncia ao ato de masturbação". S. Freud, "Bate-se numa criança", p.49.

56. A. Freud, "Fantasias de surras e devaneios", p.83.

57. Ibid., p.82.

58. Ibid.

59. Nesse ponto, é imperioso lembrar — e Anna Freud o faz igualmente — que cabe ao analista lidar com a fantasia enquanto tal, independentemente de suas fontes oriundas da realidade vivida. Lacan insiste sobre tal aspecto ao afirmar também, de modo veemente, que "o valor da psicanálise está em operar sobre a fantasia". Cf. J. Lacan, "Alocução sobre as psicoses da criança", in *Outros escritos*, p.364.

60. A. Freud, "Fantasias de surras e devaneios", p.87.

61. Anna Freud se refere às pessoas fracas e fortes como passivas e ativas. Cf. Ibid., pp.90-1.

62. Ibid., pp.91-2. O grifo é meu.

63. Ibid., p.92.

64. Ibid.

65. Ibid., p.93. O grifo é meu.

66. J. Lacan, "Conférences et entretiens dans des universités nord-américaines", *Scilicet*, p.16.

PARTE II: **Fantasia e pulsão de morte**

1. A pulsão de morte: Segunda subversão freudiana [pp.141-92]

1. Para dar um exemplo eminente: O. Fenichel, "A critique of the death instinct", in H. Fenichel e D. Rapaport (Orgs.), *The Collected Papers of Otto Fenichel*, p.363.

2. S. Freud, "Por que a guerra?", in *AE*, vol.xxii, p.194; *ESB*, vol.xxii, p.254.

3. H. Nunberg e E. Federn, *Les premiers psychanalystes*, p.319. A Apresentação de S. Spielrein se intitulou "Sobre a transformação".

4. S. Spielrein, "La destruction comme cause du devenir", in *Entre Freud et Jung*, p.213. Sobre a vida de Spielrein, ver J. Kerr, *Um método muito perigoso*.

5. Segundo Marthe Robert, no artigo de Spielrein a pulsão de morte fora antecipada quase ponto por ponto. M. Robert, *La révolution psychanalytique*, vol.ii, p.192.

6. S. Freud, "Carta a Georg Groddeck de 5/6/1917", in *Correspondência de amor e outras cartas (1873-1939)*, p.370. Tradução modificada pela citada em P.L. Assoun, *Metapsicologia freudiana*, p.174.

7. Tratei desse ponto no capítulo "Sintoma e fantasia", do presente volume.

8. E. Porge, *Freud/Fliess: Mito e quimera da autoanálise*.

9. Assim como outros dois temas: a relação entre o nariz e a sexualidade feminina e a teoria da periodicidade vital, ambos igualmente em moda no século xix. Frank

Sulloway critica as hipóteses de Iago Galdston sobre a relação entre Freud e a medicina romântica, mas concorda com o fato de que "as teorias tão difamadas de Fliess são realmente mais compreensíveis e verossímeis em seu contexto histórico do que em geral se imagina hoje em dia". F. Sulloway, *Freud biologiste de l'esprit*, p.137.

10. J. Lacan, "A lógica da fantasia", in *Outros escritos*, p.326.

11. O. Mannoni, *Freud, uma biografia ilustrada*, p.116.

12. J. Lacan, "Função e campo da fala e da linguagem em psicanálise", in *Escritos*, p.271.

13. Cf., por exemplo, a instrutiva obra de L. Hanns, *Dicionário comentado do alemão de Freud*, p.338. De particular interesse é a ocorrência do termo *Trieb* na Bíblia judaica, lida por Freud na infância.

14. J. Lacan, *O Seminário*, livro 11, *Os quatro conceitos fundamentais da psicanálise*, p.154.

15. Ibid., p.161. Tal afirmação de Lacan sobre o caráter não natural da pulsão evoca uma passagem de Freud em suas conclusões finais sobre o longuíssimo debate, realizado em 1921, na Sociedade Psicanalítica de Viena, em torno do tema masturbação: "Se tivéssemos que falar sobre a natureza em termos humanos, teríamos que dizer: ela nos parece com o que, no homem, chamaríamos de inconsequente". S. Freud, "Contribuições a um debate sobre a masturbação", in *AE*, vol.XII, p.257; *ESB*, vol.XII, p.312.

16. J. Laplanche e J.-B. Pontalis, *Vocabulário da psicanálise*, p.508.

17. J. Lacan, *O Seminário*, livro 11, *Os quatro conceitos fundamentais da psicanálise*, p.155.

18. Ibid., p.171.

19. Ibid., p.157.

20. Ibid., p.158.

21. Assinalo apenas que, na época do *Seminário 11*, Georges Bataille acabara de republicar, em 1962, seu livro *La haine de la poésie*, de 1947, sob o novo título *L'impossible*, em cujo prefácio afirma: "Podemos, no entanto, e até mesmo devemos responder a algo que, não sendo Deus, é mais forte do que todos os direitos: este impossível ao qual só acedemos esquecendo a verdade de todos esses direitos, aceitando o desaparecimento". As poesias desse livro de fato orbitam em torno do tema da morte, como: "Mais alto/ que o alto escuro do céu/ mais alto/ numa louca abertura/ um rastro de luar/ está o halo da morte". E: "A noite é minha nudez/ as estrelas são meus dentes/ lanço-me aos mortos/ vestido de sol branco". G. Bataille, *L'impossible*, pp.11, 149 e 169.

22. J. Lacan, *O Seminário*, livro 11, *Os quatro conceitos fundamentais da psicanálise*, p.159.

23. Ibid.

24. S. Freud, "Sobre a tendência universal à depreciação na esfera do amor", in *AE*, vol.XI, p.182; *ESB*, vol.XI, p.171.

25. J. Lacan, *O Seminário*, livro 11, *Os quatro conceitos fundamentais da psicanálise*, pp.158-9.

26. Ibid., p.159.

27. Ibid., p.170.

28. É necessário observar que tais regiões do corpo são zonas de transição cutâneo--mucosa inteiramente aptas para as sensações prazerosas.

29. J. Lacan, *O Seminário*, livro 11, *Os quatro conceitos fundamentais da psicanálise*, p.167.

30. É possível suspeitar que a origem do primeiro dualismo pulsional tenha se dado na sessão de 24 de fevereiro de 1909 da Sociedade das Quartas-Feiras, na qual Freud fez uma exposição intitulada "Sobre a gênese do fetichismo". Na discussão, ao criticar a argumentação de Adler, Freud diz que "lhe vem à mente uma ideia que coincide em muitos sentidos com as posições de Adler... o recalcamento das pulsões libidinais provém da pulsão do eu, da pulsão de conservação. Trata-se, portanto, de uma luta entre duas pulsões: a que tenta conservar o indivíduo e a que tenta sacrificá-lo em prol da espécie". S. Freud, "Sobre a gênese do fetichismo", *Revista Internacional da História da Psicanálise*, n.2, p.385. Freud publicaria um ano depois o artigo "A perturbação psicogênica da visão segundo a psicanálise", no qual fala pela primeira vez sobre o conflito entre pulsões do eu e pulsões sexuais.

31. S. Freud, "Além do princípio de prazer", in *AE*, vol.xviii, p.19; *ESB*, vol.xviii, p.32.

32. A esse respeito, consultar a rica tese de J. Cabassut *Écrire le réel en psychanalyse?*.

33. S. Freud, "Além do princípio de prazer", in *AE*, vol.xviii, p.23; *ESB*, vol.xviii, p.37.

34. Cf. P. Valas, *As dimensões do gozo*.

35. A dissertação de mestrado de A.A.B. Jaques, *Crueldade, barbárie e trauma*, teve o mérito de chamar a atenção para esse aspecto essencial.

36. S. Freud, "Análise terminável e interminável", in *AE*, vol. xxiii, p.246; *ESB*, vol. xxiii, p.278. O grifo é meu.

37. S. Freud, "O problema econômico do masoquismo", in *AE*, vol.xix, p.169; *ESB*, vol.xix, p.204.

38. S. Freud, "Dois artigos de enciclopédia", in *AE*, vol.xviii, p.253; *ESB*, vol.xviii, p.311.

39. S. Freud, "As pulsões e suas vicissitudes", in *AE*, vol.xiv, p.117; *ESB*, vol.xiv, p.142.

40. A.M. Rudge, "Pulsão de morte como efeito de supereu", in *Ágora*, p.83.

41. J.A. Arlow e C. Brenner, *Conceitos psicanalíticos e a teoria estrutural*, p.40. Mantive os termos "instinto", para designar a pulsão, e "id", para designar o isso, presentes na tradução brasileira.

42. J. Lacan, "Posição do inconsciente", in *Escritos*, p.863.

43. G. Raulet, "As duas faces da morte", in J. Le Rider (Org.), *Em torno de "O mal-estar na cultura"*, de Freud, p.84.

44. S. Freud, *O mal-estar da civilização*, in *AE*, vol.xxi, p.134; *ESB*, vol.xxi, p.163.

45. T.S. Eliot, *Poesia*, p.213.

46. J. Lacan, *O Seminário*, livro 7, *A ética da psicanálise*, p.260.

47. J. Lacan, *O Seminário*, livro 11, *Os quatro conceitos fundamentais da psicanálise*, p.195.

48. Ibid., p.243.

49. S. Freud, "Além do princípio de prazer", in *AE*, vol.xviii, p.60; *ESB*, vol.xviii, p.83.

50. J. Lacan, *O Seminário*, livro 23, *O sinthoma*, p.117.

51. M.A.C. Jorge, *Fundamentos da psicanálise de Freud a Lacan*, vol.1, *As bases conceituais*, p.149.

52. J.-A. Miller, "O que fazer com o gozo?", in S. Jimenez e M.B. da Motta (Orgs.), *O desejo é o diabo*, p.164.

53. Ibid.

54. J. Lacan, "Kant com Sade", in *Escritos*, p.797.

55. Em seguida vieram outros três: *O julgamento final*, também dirigido por James Cameron; *A rebelião das máquinas*, por Jonathan Mostow; e *A salvação*, por McG.

56. Ver, a esse respeito, neste mesmo capítulo, as observações feitas à p.170.

57. C. Soler, *O que Lacan dizia das mulheres*, p.209. Soler se refere à grafia *repetição* utilizada por Lacan ao falar do "transfinito da demanda". J. Lacan, "O aturdito", in *Outros escritos*, p.495.

58. J. Lacan, *O Seminário*, livro 7, *A ética da psicanálise*, pp.259-60.

59. Observo que no seminário sobre *A ética da psicanálise*, Lacan usa diversas vezes a expressão "campo de *das Ding*", que prefigura a expressão "campo lacaniano", hoje consagrada, mas que só será introduzida muito mais tarde, em *O Seminário*, livro 17, *O avesso da psicanálise*. Cf. J. Lacan, *O Seminário*, livro 7, *A ética da psicanálise*, pp.130-1 e 133-4, seminário em que surge igualmente, no mesmo sentido, a expressão "campo da Coisa" (p.262).

60. J. Lacan, *O Seminário*, livro 20, *Mais, ainda*, p.11.

61. Ibid.

62. Ibid.

63. R. Vaneigem, "Jouissance", in *Dictionnaire de la psychanalyse*, p.383.

64. Ibid., p.384.

65. S. Freud, "O ego e o id", in *AE*, vol.xix, p.48; *ESB*, vol.xix, p.63.

66. Ver, a esse respeito, *Gozo*, de N. Braunstein.

67. J. Lacan, "Subversão do sujeito e dialética do desejo", in *Escritos*, p.836.

68. P. Valas, *As dimensões do gozo*.

69. J. Lacan, "Subversão do sujeito e dialética do desejo", p.837.

70. J. Lacan, *O Seminário*, livro 7, *A ética da psicanálise*, p.256.

71. J. Lacan, *O Seminário*, livro 17, *O avesso da psicanálise*, p.16.

72. Freud já observara o sono que advém após a mamada do bebê como prototípico do gozo sexual.

73. Esse esquema que articula a pulsão de morte com a fantasia foi introduzido em meu seminário no Corpo Freudiano Seção Rio de Janeiro na lição de 23 out. 2001.

74. J. Lacan, "O ato psicanalítico", in *Outros escritos*, p.376.

75. L. Israël, "A Coisa e a fantasia", p.66.

76. J. Lacan, *O Seminário*, livro 20, *Mais, ainda*, p.125.

77. L. Israël, "A Coisa e a fantasia", p.64.

78. Ibid.

79. J. Lacan, *O Seminário*, livro 22, *R.S.I.*, lição de 21 jan. 1975.

80. J. Lacan, *O Seminário*, livro 20, *Mais, ainda*, capítulo vii.

81. L. Israël, "A Coisa e a fantasia", p.67.

82. J. Lacan, *O Seminário*, livro 3, *As psicoses*, p.28.

83. H. Ey, P. Bernard e C. Brisset, *Manual de psiquiatria*, pp.534-5.

84. J. Lacan, "Proposição de 9 de outubro de 1967 sobre o psicanalista da Escola", in *Outros escritos*, p.259.

85. G. Bataille, *Théorie de la religion*, p.32.

86. J. Lacan, "Alocução sobre as psicoses da criança", in *Outros escritos*, p.366.

87. S. Freud, "Além do princípio de prazer", in *AE*, vol.xviii, p.39; *ESB*, vol.xviii, p.57.

88. Talvez tenha sido nesse sentido que Clarice Lispector disse que queria morrer explodindo de saúde.

89. M.A.C. Jorge, "O desejo de saber como laço entre analistas. Um comentário sobre 'Nota italiana'", in M.A.C. Jorge (Org.), *Lacan e a formação do psicanalista*, p.249.

90. J. Lacan, "Proposição de 9 de outubro de 1967 sobre o psicanalista da Escola", in *Outros escritos*, p.257.

91. M.L. Dal Farra, "Pequena biografia de Florbela Espanca", in F. Espanca, *Poemas*, p.LIV.

92. Ibid., p.LV.

93. Ibid., p.301.

94. J. Lacan, *O Seminário*, livro 22, *R.S.I.*, lição de 18 fev. 1975.

95. Caberia aqui perguntar: qual o sujeito que não é adepto de alguma forma de compulsão, de alguma forma de "droga", de alguma "drogaria"? Mas é claro que há drogas e drogas...

96. W. Shakespeare, *Macbeth*.

97. O que denomino de "desejo de ser Outro". Cf. a obra magistral de M. Milner, *L'imaginaire des drogues*.

98. O que constitui, para Denise Maurano, o tema pivô para as tragédias contemporâneas são os esforços de conjugação do amor com a sexualidade. Cf. D. Maurano, *A face oculta do amor*, p.35 e o capítulo "A tragédia contemporânea e o apelo à libido".

99. S. Freud, "Sobre a transitoriedade", in *AE*, vol.xiv, p.310; *ESB*, vol.xiv, p.346.

100. Ao produzirem obras de realização extremamente difícil, como os empacotamentos do Reichstag alemão ou da Pont-Neuf em Paris, e de duração breve, os artistas plásticos Christo e Jeanne-Claude valorizam ainda na obra de arte a sua efemeridade e replicam o paradoxo inerente à beleza da vida: hipercomplexidade de seu advento e curtíssima duração.

101. S. Freud, "Sobre a transitoriedade", in *AE*, vol.xiv, p.310; *ESB*, vol.xiv, p.346.

102. P. Gay, *Freud, uma vida para o nosso tempo*, p.163.

103. Numa *boutade* sem igual, Nelson Rodrigues já dissera que o dinheiro compra tudo, até amor sincero.

104. J. Lacan, "Alocução sobre as psicoses da criança", in *Outros escritos*, p.362.

105. S. Freud, "A aquisição e o controle do fogo", in *AE*, vol.xxii, pp.173-8; *ESB*, vol. xxii, pp.227-33.

106. S. Freud, "Carta a Romain Rolland, de 4/3/1923", apud B.B. Fuks, *Freud e a judeidade*, p.91: "Pertenço a uma raça que na Idade Média era considerada responsável por todas as epidemias e que hoje é culpada pela desintegração do império austríaco e pela derrota alemã. Tais experiências têm um efeito moderador e não propiciam a crença em ilusões. Grande parte do trabalho da minha vida [...] foi [uma tentativa] de destruir as minhas ilusões e as da humanidade. Mas se essa

esperança não puder pelo menos em parte ser realizada, se no curso da evolução não aprendermos a distrair as nossas pulsões do ato de destruir a nossa própria espécie, se continuarmos a odiar um ao outro por pequenas disputas e matar um ao outro por um ganho mesquinho, se continuarmos a explorar, para a nossa destruição mútua, o grande progresso que se fez no controle de recursos naturais, que espécie de futuro nos aguarda?".

107. J. Lacan, *O Seminário*, livro 10, *A angústia*, p.197.

2. Amor e morte [pp.193-218]

1. J. Lacan, *O Seminário*, livro 20, *Mais, ainda*, p.62.
2. Ibid., p.64.
3. S. Freud, "Pulsões e destinos da pulsão", in *AE*, vol.xiv, p.128; *ESB*, vol.xiv, p.154.
4. J. Lacan, *O Seminário*, livro 20, *Mais, ainda*, p.69.
5. E. Lemoine-Luccioni, *Le partage des femmes*, p.73. H. Neri chama a atenção para essa aguda observação em sua dissertação de mestrado *O feminino, a paixão e a criminalidade*, além de desenvolver de modo original meu gráfico sobre a pulsão de morte, apresentado na p.171.
6. Cf. o capítulo "A pulsão de morte: segunda subversão freudiana", no presente volume.
7. S. Freud, "Além do princípio de prazer", in *AE*, vol.xviii, p.38; *ESB*, vol.xviii, p.56.
8. S. Ferenczi, "A criança mal-acolhida e sua pulsão de morte", p.47.
9. Ibid.
10. Ibid., pp.48-9.
11. Ibid., p.49.
12. Freud discorda, abertamente, da teoria de Otto Rank no último capítulo de "Inibição, sintomas e angústia": "A fórmula [de Rank] — de que se tornam neuróticas as pessoas nas quais o trauma do nascimento foi tão forte que jamais foram capazes inteiramente de ab-reagi-lo — é altamente discutível de um ponto de vista teórico. Não sabemos ao certo o que se quer dizer por ab-reação do trauma", in *AE*, vol.xx, p.142; *ESB*, vol.xx, p.175.
13. J. Lacan, "Le malentendu", *Ornicar?*, p.13.
14. S. Ferenczi, "A criança mal-acolhida e sua pulsão de morte", p.50.
15. Ibid.
16. F. Espanca, *Poemas*, p.300.
17. Spitz precisa que "o termo 'hospitalismo' designa uma condição viciada do corpo devido a um longo confinamento num hospital, ou a condição mórbida da atmosfera de um hospital. O termo foi cada vez mais empregado para especificar o efeito maléfico dos cuidados institucionais nas crianças colocadas em instituições numa idade precoce, particularmente do ponto de vista psiquiátrico. Esse estudo concerne especialmente ao efeito dos cuidados institucionais continuados

de crianças com menos de um ano de idade, internadas por outras razões que não doença. O modelo de tais instituições é a casa dos expostos". R. Spitz, "Hospitalism: An inquiry into the genesis of psychiatric conditions in early childhood", in *The Psychoanalytic Study of the Child*, vol.I, p.53.

18. Ibid.

19. Ibid., p.70.

20. D. Winnicott, "Pediatria e psiquiatria", in *Da pediatria à psicanálise*, p.238.

21. D. Winnicott, "A mente e sua relação com o psicossoma", in *Da pediatria à psicanálise*, p.335.

22. R. Spitz, "Hospitalism: An inquiry into the genesis of psychiatric conditions in early childhood", p.53.

23. J. Lacan, "De uma questão preliminar a todo tratamento possível da psicose", in *Escritos*, p.589.

24. C. Soler, *O que Lacan dizia das mulheres*, p.106.

25. É nessa passagem na qual advém o sujeito e emerge o objeto *a* enquanto objeto perdido que se inscreve o objeto transicional de Winnicott, que abordei em *Fundamentos da psicanálise de Freud a Lacan*, vol.4, *O laboratório do analista*, no capítulo "Genealogia do objeto *a*".

26. S. Freud, "Além do princípio de prazer", in *AE*, vol.XVIII, p.38; *ESB*, vol.XVIII, p.56.

27. Ibid., *AE*, vol.XVIII, p.39; *ESB*, vol.XVIII, p.57.

28. Ibid.

29. S. Ferenczi, "A criança mal-acolhida e sua pulsão de morte", pp.50-1.

30. Sófocles, "Édipo em Colono", in *A trilogia tebana*, p.167.

31. Cf. o capítulo "O saber de Édipo", do presente volume.

32. Lacan chama a atenção para o fato de que é no fetiche "que se desvela a dimensão do objeto como causa do desejo". Cf. J. Lacan, *O Seminário*, livro 10, *A angústia*, p.116.

33. M.P. Legemann foi quem me chamou a atenção para esses contos, em sua dissertação de mestrado *A construção do olhar em alguns contos fantásticos de Guy de Maupassant*.

34. Cumpre notar a equação inconsciente entre cabelos e castração, que surge no texto freudiano "A cabeça de Medusa", in *AE*, vol.XVII; *ESB*, vol.XVII. O conto "Uma aparição" foi incluído na coletânea, organizada por B. Tavares, *Freud e o estranho*, p.266.

35. Freud elaborou a relação entre odor e fetichismo dos pés numa conferência feita nas reuniões da Sociedade Psicanalítica de Viena, em 24 fev. 1909, na qual assinala a existência de uma pulsão olfativa (*Riechtrieb*). S. Freud, "Sobre a gênese do fetichismo", in *Revista Internacional da História da Psicanálise*, n.2, p.371. Desenvolvi alguns elementos relativos à pulsão olfativa em *Fundamentos da psicanálise de Freud a Lacan*, vol.I, *As bases conceituais*, pp.72ss.

36. J. Ruffié, *Le sexe et la mort*, pp.18-9.

37. Ibid., p.20.

38. Ibid., p.22.

39. "Pois a presença do sexo está ligada à morte." J. Lacan, *O Seminário*, livro 11, *Os quatro conceitos fundamentais da psicanálise*, p.168.

40. J. Lacan, *O Seminário*, livro 22, *R.S.I.*, lição de 11 fev. 1975.

41. J. Lacan, *O Seminário*, livro 20, *Mais, ainda*, p.37.

42. Ibid., p.62.

43. Em francês, *bander*. J. Lacan, "Une pratique de bavardage", *Ornicar?*, p.9.

44. "Amor é um livro, sexo é esporte/ Sexo é escolha, amor é sorte/ Amor é pensamento, teorema/ Amor é novela, sexo é cinema/ Sexo é imaginação, fantasia/ Amor é prosa, sexo é poesia/ O amor nos torna patéticos/ Sexo é uma selva de epiléticos/ Amor é cristão, sexo é pagão/ Amor é latifúndio, sexo é invasão/ Amor é divino, sexo é animal/ Amor é bossa nova, sexo é carnaval/ *Amor é para sempre, sexo também*/ Sexo é do bom, amor é do bem/ Amor sem sexo é amizade/ Sexo sem amor é vontade/ Amor é um, sexo é dois/ Sexo antes, amor depois/ Sexo vem dos outros e vai embora/ Amor vem de nós e demora/ Amor é cristão, sexo é pagão/ Amor é bossa nova, sexo é carnaval/ Amor é isso, sexo é aquilo/ E coisa e tal, e tal e coisa.../ Ai, o amor... Hum, o sexo..."

45. Observação que me foi relatada pelo psicanalista José Sebastião Menezes Fernandes, de Belo Horizonte.

46. B. Fink, *Introdução clínica à psicanálise lacaniana*, p.63.

47. L. Cottingham, "The prisonhouse of language", *Contemporanea: International Art Magazine*, p.56.

48. B. Milan, *O que é amor*, p.48.

49. Ibid., p.35.

50. Ibid.

51. Ibid., p.36.

52. J. Lacan, *O Seminário*, livro 10, *A angústia*, p.197.

53. Ele mesmo o reconhece: "Esse negócio da relação sexual, se há um ponto desde onde isto se poderia esclarecer, é justamente do lado das damas, na medida em que é da elaboração do não-todo que se trata de romper o caminho. É meu verdadeiro tema deste ano, por trás desse *Mais, ainda*, e é um dos sentidos do meu título. Talvez assim eu chegue a fazer aparecer algo de novo sobre a sexualidade feminina". J. Lacan, *O Seminário*, livro 20, *Mais, ainda*, pp.78-9.

54. J.G. Rosa, "As garças", in *Ave, palavra*, pp.376-7.

55. Os nomes de certas drogas — ecstasy, morfina, heroína — parecem aspirar a uma liberdade impossível.

56. J. Dwyer e K. Flynn, *102 minutos*.

57. J. Lacan, *O Seminário*, livro 20, *Mais, ainda*, p.69.

58. J. Lacan, *O Seminário*, livro 20, *Mais, ainda*, p. 62.

59. J. Lacan, *O Seminário*, livro 20, *Mais, ainda*, p.94.

60. Conforme precisa Lacan: "Se digo que o pequeno a é o que causa o desejo, isto quer dizer que ele não é seu objeto". J. Lacan, *O Seminário*, livro 22, *R.S.I.*, lição de 21 jan. 1975.

61. M.A.C. Ribeiro, "Nunca houve história mais bela", in *Anais do III* Congresso *Nacional de Psicanálise da UFC.*

62. W. Shakespeare, "For never was a story of more woe", in *Romeo and Juliet*, p.109.

63. Tradução introduzida por M.D. Magno na versão brasileira de *O Seminário*, livro 20, *Mais, ainda*, de Lacan, para o termo francês *hainamoration*, palavra que embute *haine*, "ódio", e *énamouration*, "enamoramento". Outra tradução possível seria *enamoródio*.

64. J. Lacan, *O Seminário*, livro 20, *Mais, ainda*, p.120.

3. Nijinski, um deus enlouquecido [pp.219-26]

1. A história de Sabina Spielrein pode ser considerada uma dessas outras.

2. Por exemplo, N.M.L.B. Yaghen-Vial, "Un caso para la clínica de las psicosis: Vaslav Nijinsky. Un caso paradigmático de la investidura narcisista del cuerpo y del devenir psicótico", *Revista Latinoamericana de Psicopatología Fundamental*, vol.2, n.4.

3. G.P. da Silva, "Entrevista", *Revirão — Revista da Prática Freudiana*, n.1, p.149.

4. Ibid., p.141.

5. S. Freud, "Leonardo da Vinci e uma lembrança de sua infância", in *AE*, v.xi, p.59; *ESB*, vol.xi, p.59.

6. M.-M. Lessana, "Arthur Bispo do Rosário e seu exemplo artístico para a psicanálise". Conferência na Universidade do Estado do Rio de Janeiro. Anotações pessoais.

7. M.A.C. Jorge, *Fundamentos da psicanálise de Freud a Lacan*, vol.3, *A prática analítica*, pp.143ss.

8. Cf. M.A.C. Jorge e N.P. Travassos, "Homofobia: uma interpolação na abordagem da transexualidade", e P.P.S. Antunes, *Homofobia internalizada.*

9. J. Lacan, "Conférences et entretiens dans des universités nord-américaines", *Scilicet*, n.6-7, p.16.

10. Cf. E. Bleuler, *Dementia praecox o el grupo de las esquizofrenias.*

11. Cf. J.-A. Bulard, *Étude sur la folie hystérique ou De l'hystérie considérée comme cause d'aliénation mentale*, e J.-C. Maleval, *Locuras histéricas y psicosis disociativas.*

12. P.F. Ostwald, *Nijinsky: Un saut dans la folie*. p. 273.

13. V. Nijinski, *O diário de Nijinski*; V. Nijinski, *Cadernos de Nijinski.*

14. A. Didier-Weill, "Come back Dionysos", in *Théâtre*, p.383.

15. A. Didier-Weill, "Os nomes do pai", in *Os nomes do pai*, p.19.

4. O saber de Édipo [pp.227-43]

1. J.-P. Vernant, "'Édipo' sem complexo", in J.-P. Vernant e P. Vidal-Naquet, *Mito e tragédia na Grécia antiga.*

2. Ibid., p.79.

3. Ibid., p.85s.

4. Ibid., p.80.

5. Ibid., p.82.

6. Ibid.

7. Nossa referência daqui por diante são os versos traduzidos do grego por Mário da Gama Kury. Cf. Sófocles, A trilogia tebana: *Édipo rei, Édipo em Colono, Antígona*.

8. J.-P. Vernant, "'Édipo' sem complexo", p.97.

9. J. Lacan, *O Seminário*, livro 20, *Mais, ainda*, p.190.

10. J.-P. Vernant, "'Édipo' sem complexo", p.93.

11. Nesse texto Freud fala de uma verdadeira "regra técnica": "a multiplicação dos símbolos do pênis significa castração". S. Freud, "A cabeça de Medusa", in *AE*, vol. XVIII, p.270; *ESB*, vol.XVIII, p.329.

12. J. Lacan, *O Seminário*, livro 8, *A transferência*, p.104.

13. Ibid., p.45.

14. A categoria do "mau-olhado" é utilizada aqui no sentido de que "o olhar se presta especialmente à condenação superegoica". Cf. A. Didier-Weill, *Os três tempos da lei*, p.70.

15. J.-P. Vernant, "'Édipo' sem complexo", p.82.

16. J.-P. Vernant, "Ambiguidade e reviravolta. Sobre a estrutura enigmática de 'Édipo rei'", in J.-P. Vernant e P. Vidal-Naquet, *Mito e tragédia na Grécia antiga*, p.104.

17. Repertoriadas em 50 por A. Hug, "Der Doppelsinn in Sofhokles *Oedipus König*", apud J.-P. Vernant, "Ambiguidade e reviravolta. Sobre a estrutura enigmática de 'Édipo rei'", p.103.

18. Ibid., p.105.

19. Ibid.

20. M. da G. Kury sublinha que "catástrofe" é o ponto da tragédia "em que ocorre a reviravolta, para pior, na sorte do protagonista". Cf. Sófocles, A trilogia tebana, p.98.

21. J.-P. Vernant, "Ambiguidade e reviravolta. Sobre a estrutura enigmática de 'Édipo rei'", pp.108 e 110.

22. E. Roudinesco e M. Plon, *Dicionário de psicanálise*, verbete "Homossexualidade".

23. Devo a A.V. de Azevedo o apontamento desses e de outros traços constituintes da cultura e da língua gregas.

24. Dito no qual se percebe uma inversão cuja significação é a de censurar a verdade: Édipo tem traços de Laio!

25. Conforme nos explica M. da G. Kury, trata-se da observação da direção do voo dos pássaros, indicadora de bons ou maus presságios. Cf. Sófocles, A trilogia tebana, p.98.

26. S. Ferenczi, "A figuração simbólica dos princípios de prazer e de realidade no mito de Édipo", in *Obras completas*, vol.1, p.206.

27. Ibid., p.207.

28. Ibid., pp.207-8.

29. Cf. A.V. de Azevedo, "Entre Túche e Autómaton: O próprio nome de Édipo", in *Percurso — Revista de Psicanálise*, pp.53-62.

30. J. Lacan, "Conférences et entretiens dans des universités nord-américaines", *Scilicet*, p.36.

31. J.-P. Vernant, "Ambiguidade e reviravolta. Sobre a estrutura enigmática de 'Édipo rei'", p.116.

32. Ibid., p.117.

33. Ver o capítulo "A pulsão de morte: segunda subversão freudiana", do presente volume.

34. J. Lacan, *O Seminário*, livro 23, *O sinthoma*, p.65.

35. A. Quinet, "Decifra-me ou te devoro", p.1 (texto de divulgação da peça).

36. Sófocles, "Édipo em Colono", in *A trilogia tebana*, versos 276-81.

37. A. Quinet, *Óidipous, filho de Laios*, p.2.

38. Ibid.

39. Ibid.

40. Em seu magnífico CD *Ray of light*, Madonna canta o nascimento da primeira filha, Lourdes Maria, nos seguintes termos: *"God gave a present to me/ made of flesh and bones/ My life/ My soul/ You make my spirit whole/... / Never forget where you come from/ From love/ You are a treasure to me/ You are my star/ You breathe/ New life/ Into my broken heart"*. ("Deus me deu um presente/ feito de carne e osso/ Minha vida/ Minh'alma/ Você completa meu espírito/.../ Nunca se esqueça de onde você vem/ Do amor/ Você é um tesouro para mim/ Você é minha estrela/ Você respira/ Nova vida/ Para meu coração partido.")

41. J.-A. Miller sublinha que a criança não somente preenche a mãe como divide "no sujeito feminino, que tem acesso à função materna, a mãe e a mulher". J.-A. Miller, "A criança entre a mulher e a mãe", p.73. Helen Deutsch já estudara de modo bastante original essa divisão em seu clássico artigo "Maternité et sexualité". Cf. também T. Costa, *Édipo*, p.70.

5. Hamlet e o desejo [pp.244-50]

1. Trata-se de "Sete lições sobre Hamlet", proferidas por Lacan em março e abril de 1959, que fazem parte do *Seminário 6* (pp.253-379).

2. J. Lacan, *O Seminário*, Livro 6, *O desejo e sua interpretação*, p.295.

3. Ibid., p.296. O grifo é meu.

4. Ibid., p.297.

5. J. Lacan, "Conférences et entretiens dans des universités nord-américaines", *Scilicet*, p.21.

6. Ibid.

7. J. Lacan, *O Seminário*, Livro 6, *O desejo e sua interpretação*, p.298.

8. S. Freud, "Dostoievski e o parricídio", in *AE*, vol.xxi, pp.185-6; *ESB*, vol.xxi, p.217.

9. Lacan, *O Seminário*, Livro 6, *O desejo e sua interpretação*, p.338.

10. S. Freud, "A disposição à neurose obsessiva", in *AE*, vol.XII, pp.344-5; *ESB*, vol. XII, p.408.

11. J. Lacan, *O Seminário*, Livro 6, *O desejo e sua interpretação*, p.316.

12. Ibid, p.317.

13. Ibid., p.316.

14. Ibid., p.321.

15. Ibid., p.322.

16. Ibid., p.318.

17. Ibid.

18. Ibid., p.339.

19. Ibid., p.348.

20. Ibid.

21. Ibid.

22. Ibid., p.359.

23. Ibid., p.334.

24. Ibid., p.347.

PARTE III: **Despertar**

1. Sonho, fantasia, delírio, ilusão [pp.253-76]

1. J. Lacan, *O Seminário*, livro 10, *A angústia*, p.30.

2. J. Lacan, "Nomina non sunt consequentia rerum", *Ornicar?*, n.16, p.12.

3. Cf. M.A.C. Jorge, capítulo "Freud e os pares antitéticos", in *Fundamentos da psicanálise de Freud a Lacan*, vol.I, *As bases conceituais*.

4. Como por exemplo, no livro sobre os chistes: S. Freud, *Chistes e sua relação com o inconsciente*, in *AE*, vol.VIII, p.147; *ESB*, vol.VIII, p.179.

5. Sobre esse assunto, consultar E. Porge, *Freud/Fliess: Mito e quimera da autoanálise*.

6. A antinomia entre psicanálise e hipnose foi salientada por E. Roudinesco ao observar que, cada vez que uma grave crise acomete a psicanálise, a hipnose retorna como um verdadeiro sintoma. Cf. *História da psicanálise na França*, vol.I, p.162.

7. J. Lacan, "Posição do inconsciente", in *Escritos*, p.854.

8. J.M. Masson, *A correspondência completa de Sigmund Freud para Wilhelm Fliess (1887--1904)*, p.355.

9. J. Lacan, *O Seminário*, livro 17, *O avesso da psicanálise*, p.54.

10. Ibid.

11. "A fantasia, em seu uso fundamental, é aquilo mediante o qual o sujeito se sustenta no nível de seu desejo evanescente." J. Lacan, "A direção do tratamento e os princípios de seu poder", in *Escritos*, p.643.

12. S. Freud, *Chistes e sua relação com o inconsciente*, p.269.

13. Ibid., pp.370-1.

14. Ibid., p.372.

15. S. Freud, "O poeta e o fantasiar", in *AE*, vol.IX, p.131; *ESB*, vol.IX, p.154. Freud recorre à "sabedoria da língua" e ilustra com o termo Tagtraum (devaneio), correlativo ao inglês *daydream*, literalmente "sonho diurno", essa íntima relação entre sonho e fantasia.

16. Tal fato, por si só, explica por que tanto Freud (caso Schreber) quanto Lacan (caso Aimée) abordaram a psicose, de saída, através da paranoia, que é por isso mesmo muito mais acessível à análise.

17. S. Freud, "A perda da realidade na neurose e na psicose", in *AE*, vol.XIX, pp.196-7; *ESB*, vol.XIX, pp.233-4.

18. Ibid., p.197.

19. J. Lacan, "A instância da letra no inconsciente ou a razão desde Freud", in *Escritos*, p.526.

20. Quanto à função do número três na emergência do sujeito, conferir A. Didier-Weill: "[...] a gênese do Verbo requer a geração de um ritmo em três tempos" (*Os três tempos da lei*, p.110).

21. S. Freud, "Sobre a mais geral degradação da vida amorosa", in *AE*, vol.XI, p.182; *ESB*, vol.XI, p.171.

22. Este era, aliás, o título original do livro 11 do *Seminário: Fundamentos da psicanálise*.

23. J. Lacan, *O Seminário*, livro 11, *Os quatro conceitos fundamentais da psicanálise*, pp.195 e 243.

24. S. Freud, "Além do princípio de prazer", in *AE*, vol.XVIII, p.61; *ESB*, vol.XVIII, pp.84-5.

25. S. Freud, *O futuro de uma ilusão*, in *AE*, vol.XXI, p.14; *ESB*, vol.XXI, p.25.

26. Ibid., *AE*, vol.XXI, p.30; *ESB*, vol.XXI, p.43.

27. Ibid., *AE*, vol.XXI, p.31; *ESB*, vol.XXI, p.44.

28. Ibid., *AE*, vol.XXI, p.18; *ESB*, vol.XXI, p.30.

29. Ibid.

30. Ibid.

31. Ibid., *AE*, vol.XXI, p.19; *ESB*, vol.XXI, p.30.

32. Ibid., *AE*, vol.XXI, p.39; *ESB*, vol.XXI, p.53.

33. "Viena tem feito o possível para desmentir sua participação no nascimento da psicanálise. Em nenhum outro lugar como ali o analista sentiu tão nitidamente a indiferença hostil dos círculos científicos e ilustrados." S. Freud, "Sobre a história do movimento psicanalítico", in *AE*, vol.XIV, p.39; *ESB*, vol.XIV, p.52.

34. J. Lacan, *O Seminário*, livro 1, *Os escritos técnicos de Freud*, p.309.

35. E.L. Freud e H. Meng (Orgs.), *Cartas entre Freud e Pfister (1909-1939)*, p.167.

36. Ibid., pp.173-4.

37. Ibid., p.176.

38. Ibid., p.25.

39. O. Pfister, "A ilusão de um futuro", in Wondracek, K.H.K. (Org.), *O futuro e a ilusão*, p.53.

40. S. Freud, *O futuro de uma ilusão*, AE, vol.xxi, p.35; *ESB*, vol.xxi, p.48.

41. S. Freud, *O mal-estar na civilização*, in *AE*, vol.xxi, pp.75-6; *ESB*, vol.xxi, p.94.

42. J. Lacan, *O Seminário*, livro 22, *R.S.I.*, lição de 11 fev. 1975.

43. J. Lacan, "Conférences et entretiens dans des universités nord-américaines", *Scilicet*, p.35.

44. J. Lacan, "A direção do tratamento e os princípios de seu poder", in *Escritos*, p.648.

45. J. Lacan, *O Seminário*, livro 11, *Os quatro conceitos fundamentais da psicanálise*, p.58.

46. J. Lacan, "Une pratique de bavardage", *Ornicar?*, n.19, p.9.

47. J. Lacan, "La varité du symptôme", *Ornicar?*, n.17/18, p.15.

48. J. Lacan, "Vers un signifiant nouveau", *Ornicar?*, n.17/18, p.23.

49. Ibid., p.21.

50. Ibid.

51. Ibid.

52. S. Freud, "O problema econômico do masoquismo", in *AE*, vol.xix, p.166; *ESB*, vol.xix, p.201.

53. J.L. Borges e A. Jurado, *Buda*, p.58.

54. J.L. Borges, *Sete noites*.

55. J. Lacan, *"Vers un signifiant nouveau"*, p.23.

2. Despertar para o real [pp.277-97]

1. C. Lispector, "O relatório da coisa", in *Onde estivestes de noite*.

2. Essa e as próximas citações de C. Lispector transcritas até o final da seção "Despertar para o real" foram extraídas de "O relatório da coisa".

3. C. Lispector, "O relatório da coisa".

4. Essa e a próxima citação de C. Lispector foram extraídas de *Água viva*.

5. O. Borelli, *Clarice Lispector: Esboço para um possível retrato*.

6. C. Lispector, *Água viva*.

7. Essa e as próximas citações de C. Lispector transcritas até o final da seção "O neutro e o real: além da realidade" foram extraídas de O. Borelli, *Clarice Lispector: Esboço para um possível retrato*.

8. Essa e as próximas citações de C. Lispector transcritas até o final da seção "G.H. e a perda do eu humano" foram extraídas de *A paixão segundo G.H.*

9. Essa e as próximas citações de C. Lispector transcritas nas seções "O outro amor" e "Hora de dormir" foram extraídas de "Amor", in *Laços de família*.

10. Sófocles, *Édipo em Colono*, in *A trilogia tebana*, p.123. Na saborosa versão inglesa de E.F. Watling pode-se ler: *"Am I made man in the hour when I cease to be?"*, *The Theban Plays*, p.83.

11. Já abordei o texto de C. Lispector também para nele isolar uma qualidade do discurso feminino: poder estabelecer uma ponte entre as vivências pré-edipianas (reais, corporais) e a linguagem edípica (simbólico). Cf. M.A.C. Jorge, "Clarice Lispector e o poder da palavra", in A. Didier-Weill, *Nota azul*, p.105.

12. Essa e as próximas citações de C. Lispector transcritas na seção "A destituição subjetiva" foram extraídas de *A paixão segundo G.H.*

13. A tradução citada foi a que C. Lispector ofereceu a Antonio Carlos Jobim; essa é a frase em inglês: *"A complete life may be one ending in so full identification with the non-self that there is no self to die."* C. Lispector, Entrevistas, p.112.

14. Cf. M.C. Poli, "Um estranho-feminino em Clarice Lispector".

15. Cf. C. Lispector, *A paixão segundo G.H.*: no início do relato, G.H. fala sobre a experiência vivida no dia anterior, como a da perda de sua montagem humana (p.10), de sua formação humana (p.11). Pergunta-se também na mesma direção: "Quem sabe me aconteceu apenas uma lenta e grande dissolução?" (idem). E acrescenta ainda: "Eu havia humanizado demais a vida" (idem).

16. Toda essa sequência de citações: J. Lacan, *Televisão*, pp.32-4.

17. G. Bataille, *Théorie de la religion*, p.33.

18. J. Lacan, "Nota italiana", in *Outros escritos*, p.313.

19. Já pude indicar anteriormente que há uma relação inconsciente entre a sexualidade e a animalidade, denotada pela própria linguagem através dos inúmeros nomes de animais que servem para designar os órgãos sexuais, masculinos e femininos. Cf. M.A.C. Jorge, *Fundamentos da psicanálise de Freud a Lacan*, vol.1, *As bases conceituais*, p.187.

3. Arte e travessia da fantasia [pp.298-318]

1. Na primeira conferência introdutória sobre psicanálise, Freud chama a atenção para o fato de o termo "devaneio" (em inglês, *daydream*; em alemão, *Tagtraum*) sugerir um parentesco entre a fantasia e o sonho, já que inclui o termo "sonho" no próprio nome, ainda que não apresente as duas características que definem todo e qualquer sonho: ocorrer durante o sono e ser constituído predominantemente de imagens.

2. S. Freud, "O caminho da formação dos sintomas", in *AE*, vol.xvi, p.338; *ESB*, vol. xvi, p.433.

3. Ibid.

4. J. Lacan, *Televisão*, p.55.

5. J. Lacan, "Apresentação das *Memórias de um doente dos nervos*", in *Outros escritos*, p.221.

6. J. Lacan, "De uma questão preliminar a todo tratamento possível da psicose", in *Escritos*, p.589.

7. Daí o valor atribuído por Lacan à homofonia, na língua francesa, entre *nom*, nome, e *non*, não.

8. J. Lacan, "Proposição de 9 de outubro de 1967 sobre o psicanalista da Escola", in *Outros escritos*, p.259.

9. S. Freud, "Esboço de psicanálise", in *AE*, vol. xxiii, p.198; *ESB*, vol. xxiii, p.225.

10. J. Lacan, "A direção do tratamento e os princípios de seu poder", in *Escritos*, p.643.

11. Ibid.

12. L. Israël, "A Coisa e a fantasia", in *Mancar não é pecado*, p.67.

13. Daí Freud ter estabelecido, em "Além do princípio de prazer", uma relação interna entre a compulsão à repetição e a pulsão de morte.

14. Denise Maurano me chamou a atenção para esse ponto bastante importante da reviravolta introduzida por Lacan com as fórmulas quânticas da sexuação apresentadas no seminário *Mais, ainda*.

15. M. Duchamp, "O ato criador", in G. Battcock, *A nova arte*, p.73.

16. G. Battcock, "Humanismo e realidade: Thek e Warhol", in *A nova arte*, p.40.

17. M. Duchamp, *Ingénieur du temps perdu*, p.122.

18. M. Duchamp, "O ato criador", p.74.

19. G. Battcock, "A geração Warhol", in G. Battcock, p.49.

20. M. Duchamp, *Ingénieur du temps perdu*, p.132.

21. Ibid., p.126.

22. M. Costantino, *Edward Hopper*, p.11.

23. M.A.C. Jorge, *Fundamentos da psicanálise de Freud a Lacan*, vol.1, *As bases conceituais*, pp.211ss.

24. Cf. M.A.C. Jorge, capítulo "Testemunhos do inconsciente", in *Fundamentos da psicanálise de Freud a Lacan*, vol.4, *O laboratório do analista*.

25. J. Lacan, "Discours à l'E.F.P.", *Scilicet*, p.28.

Referências bibliográficas

Aids: Conhecer para evitar. Rio de Janeiro, Santuário/Senai, 1988.

Antunes, Pedro Paulo Sammarco. *Homofobia internalizada: O preconceito do homosse-xual contra si mesmo*. São Paulo, Annablume, 2017.

Ariès, Philippe e André Béjin (Orgs.). *Sexualidades ocidentais*. São Paulo, Brasiliense, 1986.

Arlow, Jacob A. e Charles Brenner. *Conceitos psicanalíticos e a teoria estrutural*. Rio de Janeiro, Imago, 1973.

Assoun, Paul Laurent. *Metapsicologia freudiana: Uma introdução*. Rio de Janeiro, Zahar, 1995.

Azevedo, Ana Vicentini de. "Entre Túche e Autómaton: o próprio nome de Édipo", *Percurso — Revista de Psicanálise*, ano XII, n.23, 1999.

Baal-Teshuva, Jacob. *Christo and Jeanne-Claude*. Köln, Taschen, 2001.

Bataille, Georges. *L'impossible*. Paris, Minuit, 1962.

_____. *Théorie de la religion*. Paris, Gallimard, 1973.

Battcock, Gregory. *A nova arte*. São Paulo, Perspectiva, 2002.

Bleuler, Eugen. *Dementia praecox o el grupo de las esquizofrenias*. Buenos Aires, Polemos, 2011.

Borelli, Olga. *Clarice Lispector: Esboço para um possível retrato*. Rio de Janeiro, Nova Fronteira, 1981.

Borges, Jorge Luis. *Sete noites*. São Paulo, Max Limonad, 1983.

Borges, Jorge Luis e Alicia Jurado. *Buda*. São Paulo, Difel, 1977.

Bowles, Paul. *O céu que nos protege*. Rio de Janeiro, Rocco, 1990.

Braunstein, Nestor. *Gozo*. São Paulo, Escuta, 2007.

Buckle, Richard. *Nijinsky*. Nova York, Avon, 1975.

_____. *Diaghilev*. Nova York, Atheneum, 1979.

Bulard, Jules-Amédée, *Étude sur la folie hystérique ou de l'hystérie considérée comme cause d'aliénation mentale*. Paris, L'Harmattan, 2011.

Cabassut, Jacques. *Écrire le réel en psychanalyse?*. Tese de H.D.R., Universidade de Nice Sophia Antipolis, 2006.

Clérambault, Gaëtan Gatian de. *L'Érotomanie*. Paris, Les Empêcheurs de Penser en Rond, 1993.

Costa, Jurandir Freire. *O vestígio e a aura*. Rio de Janeiro, Garamond, 2004.

Costa, Teresinha. *Édipo*. Rio de Janeiro, Zahar, 2010.

Costantino, Maria. *Edward Hopper*. Nova York, Barnes & Noble, 1995.

Cottingham, Laura. "The prisonhouse of language", *Contemporanea: International Art Magazine*, Nova York, 1990.

Deutsch, Helen. "Maternité et sexualité", in *Les "comme si" et autres textes*. Paris, Seuil, 2007.

Dickinson, Emily. *75 poemas*. Tradução de Lucia Olinto. Rio de Janeiro, Sette Letras, 1999.

Didier-Weill, Alain. *Os três tempos da lei*. Rio de Janeiro, Zahar, 1997.

_____. "Come back Dionysos", in *Théâtre*. Paris, Éditions des Crépuscules, 2010.

_____. "Os nomes do pai", in *Os nomes do pai*. Rio de Janeiro, Contra Capa/Corpo Freudiano Seção Rio de Janeiro, 2015.

Didier-Weill, Alain et al. *Nota azul: Freud, Lacan e a arte*. Rio de Janeiro, Contra Capa, 1997.

Duchamp, Marcel. *Ingénieur du temps perdu: Entretiens avec Pierre Cabanne*. Paris, Belfond, 1977.

Dwyer, Jim e Kevin Flynn. *102 minutos: A história inédita da luta pela vida nas Torres Gêmeas*. Rio de Janeiro, Zahar, 2005.

École Lacanienne de Psychanalyse. *Index des noms propres et titres d'ouvrages dans l'ensemble des séminaires de Jacques Lacan*. Paris, Epel, 1998.

Eliot, T.S. *Poesia*. Tradução, introdução e notas de Ivan Junqueira. Rio de Janeiro, Nova Fronteira, 1981.

Ellenberger, Henri. *Histoire de la découverte de l'inconscient*. Paris, Fayard, 1994.

Espanca, Florbela. *Poemas*. Maria Lucia Dal Farra (Org.). São Paulo, Martins Fontes, 2005.

Ey, Henri, Paul Bernard e Charles Brisset. *Manual de psiquiatria*. Rio de Janeiro, Masson, 1981.

Faladé, Solange. "Sobre lo real", *Documentos*, 10, Rio de Janeiro, Corpo Freudiano do Rio de Janeiro, 1999.

Felman, Shoshana. *Writing and Madness: Literature/Philosophy/Psychoanalysis*. Nova York, Cornell University Press, 1985.

Fenichel, Otto. "A critique of the death instinct", in Hanna Fenichel e David Rapaport (Orgs.). *The Collected Papers of Otto Fenichel*. Nova York, Norton, 1953.

Ferenczi, Sándor. "A figuração simbólica dos princípios de prazer e de realidade no mito de Édipo", in *Obras completas: Psicanálise I*. São Paulo, Martins Fontes, 1991.

_____. "A criança mal-acolhida e sua pulsão de morte", in *Obras completas: Psicanálise IV*. São Paulo, Martins Fontes, 1992.

Fink, Bruce. *A Clinical Introduction to Lacanian Psychoanalysis: Theory and Technique*. Cambridge/Londres, Harvard University Press, 1997.

Fontenele, Laéria. *A máscara e o véu. O discurso feminino e a escritura de Adélia Prado*. Rio de Janeiro, Relume Dumará, 2002.

Freud, Anna. "Fantasias de surra e devaneios", in Sigmund Freud e Anna Freud, *Bate-se numa criança*. Rio de Janeiro, Zahar, 2020.

Freud, Ernst L. e Heinrich Meng (Orgs.). *Cartas entre Freud e Pfister (1909-1939)*. Viçosa, Ultimato, 1998.

Freud, Sigmund. *Edição standard brasileira das obras psicológicas completas de Sigmund Freud*. Rio de Janeiro, Imago, 1972-80, 24 vols.

_____. *Correspondência de amor e outras cartas (1873-1939)*. Rio de Janeiro, Nova Fronteira, 1982.

_____. "Sobre a gênese do fetichismo", *Revista Internacional da História da Psicanálise*, n.2, 1989, Rio de Janeiro, Imago, 1992.

_____. *Obras completas*. Buenos Aires, Amorrortu, 1996.

_____. "Bate-se numa criança", in Sigmund Freud e Anna Freud, *Bate-se numa criança*. Rio de Janeiro, Zahar, 2020.

Freud, Sigmund e Carl Gustav Jung. *Correspondência completa*. Rio de Janeiro, Imago, 1976.

Fuks, Betty B. *Freud e a judeidade*. Rio de Janeiro, Zahar, 2000.

Gay, Peter. *Freud, uma vida para o nosso tempo*. São Paulo, Companhia das Letras, 1989.

Gerbase, Jairo. "Fantasia ou fantasma", *Falo*, n.1, Salvador, Fator, 1987.

Gomes, Eliane de Almeida e Leda Pasta. *The Beatles. Letras e canções comentadas*. São Paulo, Lira, 2004.

Hanns, Luis. *Dicionário comentado do alemão de Freud*. Rio de Janeiro, Imago, 1996.

Israël, Lucien. "A Coisa e a fantasia", in *Mancar não é pecado*. São Paulo, Escuta, 1994.

Jaques, Ana Augusta Brito. *Crueldade, barbárie e trauma: Um estudo sobre a guerra*. Dissertação de mestrado, Psicanálise, Saúde e Sociedade, Rio de Janeiro, UVA, 2009.

Jorge, Marco Antonio Coutinho. "Lacan e a estrutura da formação psicanalítica", in Marco Antonio Coutinho Jorge (Org.). *Lacan e a formação do psicanalista*. Rio de Janeiro, Contra Capa, 2006.

_____. *Fundamentos da psicanálise de Freud a Lacan*, vol.1, *As bases conceituais*. Rio de Janeiro, Zahar, 3ª ed. revista e ampliada, 2022.

_____. *Fundamentos da psicanálise de Freud a Lacan*, vol.3, *A prática analítica*. Rio de Janeiro, Zahar, 2ª ed. revista e ampliada, 2022.

_____. *Fundamentos da psicanálise de Freud a Lacan*, vol.4, *O laboratório do analista*. Rio de Janeiro, Zahar, 2022.

Jorge, Marco Antonio Coutinho e Nadiá Paulo Ferreira. *Freud, criador da psicanálise*. Rio de Janeiro, Zahar, 2002.

_____. *Lacan, o grande freudiano*. Rio de Janeiro, Zahar, 2005.

Jorge, Marco Antonio Coutinho e Travassos, Natália Pereira. "Homofobia: uma interpolação na abordagem da transexualidade", *Revista Latinoamericana de Psicopatologia Fundamental*, vol.24, n.1, 2021.

Kahane, Martine (Org.). *Nijinsky: 1889-1950*. Paris, Réunion des Musées Nationaux, 2000. (Catálogo de exposição no Museu d'Orsay.)

Kerr, John. *Um método muito perigoso*. Rio de Janeiro, Imago, 1997.

Krasovskaya, Vera. *Nijinsky*. Nova York, Schirmer Books, 1979.

Lacan, Jacques. "Discours à l'E.F.P.", 6 dez. 1967, *Scilicet*, n.2-3, Paris, Seuil, 1970.

_____. "Conférences et entretiens dans des universités nord-américaines", *Scilicet*, n.6-7, Paris, Seuil, 1976.

Lacan, Jacques. "Da estrutura como intromistura de um pré-requisito de alteridade e um sujeito qualquer", in Richard Macksey e Eugenio Donato (Orgs.). *A controvérsia estruturalista: As linguagens da crítica e as ciências do homem*. São Paulo, Cultrix, 1976.

_____. "C'est à la lecture de Freud…", in Robert Georgin. *Lacan, Cahiers Cistre*, n.3, Lausanne, L'Age d'Homme, 1977.

_____. "Nomina non sunt consequentia rerum", *Ornicar?*, n.16, Paris, Lyse, 1978.

_____. "La varité du symptôme", *Ornicar?*, n.17-8, Paris, Lyse, 1979.

_____. "Une pratique de bavardage", *Ornicar?*, n.19, Paris, Lyse, 1979.

_____. "Vers un signifiant nouveau", *Ornicar?*, n.17-8, Paris, Lyse, 1979.

_____. *O Seminário, livro 1, Os escritos técnicos de Freud*. Rio de Janeiro, Zahar, 1979.

_____. *O Seminário, livro 11, Os quatro conceitos fundamentais da psicanálise*. Rio de Janeiro, Zahar, 1979.

_____. "Le malentendu", *Ornicar?*, n.22-3, Paris, Lyse, 1981.

_____. *O Seminário, livro 20, Mais, ainda*. Rio de Janeiro, Zahar, 1982.

_____. *O Seminário, livro 2, O eu na teoria de Freud e na técnica da psicanálise*. Rio de Janeiro, Zahar, 1985.

_____. *Os complexos familiares na formação do indivíduo*. Rio de Janeiro, Zahar, 1987.

_____. *O Seminário, livro 3, As psicoses*. Rio de Janeiro, Zahar, 2ª ed., 1988.

_____. *O Seminário, livro 7, A ética da psicanálise*. Rio de Janeiro, Zahar, 1991.

_____. *O Seminário, livro 17, O avesso da psicanálise*. Rio de Janeiro, Zahar, 1992.

_____. *O Seminário, livro 8, A transferência*. Rio de Janeiro, Zahar, 1992.

_____. *Televisão*. Rio de Janeiro, Zahar, 1993.

_____. *O Seminário, livro 4, A relação de objeto*. Rio de Janeiro, Zahar, 1995.

_____. *Escritos*. Rio de Janeiro, Zahar, 1998.

_____. *O Seminário, livro 5, As formações do inconsciente*. Rio de Janeiro, Zahar, 1999.

_____. *Outros escritos*. Rio de Janeiro, Zahar, 2003.

_____. *O Seminário, livro 10, A angústia*. Rio de Janeiro, Zahar, 2005.

_____. *O Seminário, livro 23, O sinthoma*. Rio de Janeiro, Zahar, 2007.

_____. *O Seminário, livro 6, O desejo e sua interpretação*. Rio de Janeiro, Zahar, 2016.

_____. *O Seminário, livro 22, R.S.I.* Inédito, mimeo.

Laplanche, Jean e Jean-Baptiste Pontalis. *Vocabulário da psicanálise*. Lisboa, Moraes, 1976.

La Rochefoucauld. *Máximas e reflexões*. Rio de Janeiro, Imago, 1994.

Leader, Darian. *O que é loucura? Delírio e sanidade na vida cotidiana*. Rio de Janeiro, Zahar, 2013.

Legemann, Marisa Pardo. *A construção do olhar em alguns contos fantásticos de Guy de Maupassant*. Dissertação de mestrado. Ciência da Literatura/UFRJ, 2007.

Lemoine-Luccioni, Eugénie. *Le partage des femmes*. Paris, Seuil, 1979.

Lessana, Marie-Magdeleine. "Arthur Bispo do Rosário e seu exemplo artístico para a psicanálise". Conferência pronunciada na Universidade do Estado do Rio de Janeiro, 2012. Anotações pessoais.

Lispector, Clarice. *Água viva*. Rio de Janeiro, Nova Fronteira, 1979.

_____. "O relatório da coisa", in *Onde estivestes de noite*. Rio de Janeiro, Nova Fronteira, 1980.

_____. "Amor", in *Laços de família*. Rio de Janeiro, José Olympio, 1982.

_____. *A descoberta do mundo*. Rio de Janeiro, Nova Fronteira, 1984.

_____. *A paixão segundo G.H.* Benedito Nunes (coord.). Arquivos/Unesco, 1988.

_____. *Entrevistas*. Rio de Janeiro, Rocco, 2007.

Maleval, Jean-Claude. *Locuras histéricas y psicosis disociativas*. Buenos Aires, Paidós, 1987.

Mannoni, Maud. *Amor, ódio, separação*. Rio de Janeiro, Zahar, 1995.

Mannoni, Octave. *Freud, uma biografia ilustrada*. Rio de Janeiro, Zahar, 1998.

Masson, Jeffrey Moussaieff. *A correspondência completa de Sigmund Freud para Wilhelm Fliess (1887-1904)*. Rio de Janeiro, Imago, 1986.

Matret, Albert e Salager, Edmond. *La folie hystérique*. Paris, L'Harmattan, 1999.

Maurano, Denise. *A face oculta do amor: A tragédia à luz da psicanálise*. Rio de Janeiro/ Juiz de Fora, Imago/UFJF, 2001.

Maya, Acyr. "Coerção disfarçada de terapia", *O Globo*, 19 jun. 2004.

Mesmer, Franz Anton. *Mémoire sur la découverte du magnétisme animal*. Paris, Allia, 2006.

Mieli, Paola. *Sobre as manipulações irreversíveis do corpo e outros textos psicanalíticos*. Rio de Janeiro, Contra Capa, 2002.

Milan, Betty. *O que é amor*. São Paulo, Brasiliense, 1983.

Miller, Jacques-Alain. "O que fazer com o gozo?", in Stella Jimenez e Manoel Barros da Motta (Orgs.). *O desejo é o diabo*. Rio de Janeiro, Contra Capa, 1999.

_____. "A criança entre a mãe e a mulher", in *Opção Lacaniana*, n.21, São Paulo, Eolia, abr. 1998.

_____. "Despertar", in *Matemas I*. Rio de Janeiro, Zahar, 1996.

Milner, Max. *L'Imaginaire des drogues: De Thomas de Quincey à Henri Michaux*. Paris, Gallimard, 2000.

Moore, Lucy. *Nijinsky*. Londres, Profile Books, 2013.

Neri, Heloneida. *O feminino, a paixão e a criminalidade*. Dissertação de mestrado, Programa de Pós-Graduação em Pesquisa e Clínica em Psicanálise/IP/Uerj, set. 2007.

Nijinski, Vaslav. *O diário de Nijinski*. Rio de Janeiro, Rocco, 1985.

_____. *Cadernos de Nijinski*. Rio de Janeiro, Francisco Alves, 1998.

Novick, J. e K.K. Novick. "Prohibido a los bárbaros: una crítica de 'Pegan a un niño' de Freud", in E.S. Person (Org.). *En torno a Freud: "Pegan a un niño"*. Madri, Biblioteca Nueva, 2000.

Nunberg, Herman e Ernst Federn (Orgs.). *Les premiers psychanalystes. Minutes de la Société Psychanalytique de Vienne*, vol.III, 1910-1911. Paris, Gallimard, 1979.

Ogilvie, Bertrand. *Lacan: A formação do conceito de sujeito*. Rio de Janeiro, Zahar, 1988.

Ostwald, Peter Frederic. *Nijinsky: Un saut dans la folie*. Paris, Passage du Marais, 1993.

Person, Ethel Spector. *O poder da fantasia*. Rio de Janeiro, Rocco, 1997.

_____. (Org.). *En torno a Freud*: "Pegan a un niño". Madri, Biblioteca Nueva, 2000.

Pfister, Oskar. "A ilusão de um futuro: um embate amigável com o prof. dr. Sigmund Freud", in Karin Hellen Kepler Wondracek (Org.). *O futuro e a ilusão*. Petrópolis, Vozes, 2003.

Platão. *Le banquet/Phèdre*. Tradução, comentários e notas de Emile Chambry. Paris, Garnier-Flammarion, 1964.

Poli, Maria Cristina. "Um estranho-feminino em Clarice Lispector", in Márcia Mello de Lima e Marco Antonio Coutinho Jorge (Orgs.). *Saber fazer com o real: Diálogos entre psicanálise e arte*. Rio de Janeiro, Companhia de Freud, 2009.

Pontalis, Jean-Bertrand. "Argument", *Nouvelle Revue de Psychanalyse*, n.29, Paris, Gallimard, 1984.

Porge, Erik. *Freud/Fliess: Mito e quimera da autoanálise*. Rio de Janeiro, Zahar, 1998.

Porter, Roy. *Uma história social da loucura*. Rio de Janeiro, Zahar, 1990.

Proulx, Annie. *O segredo de Brokeback Mountain*. Rio de Janeiro, Intrínseca, 2006.

Quinet, Antonio. *Óidipous, filho de Laios: A história de Édipo rei pelo avesso*. Mimeo, 2009.

Quinet, Antonio e Marco Antonio Coutinho Jorge (Orgs.). *As homossexualidades na psicanálise na história de sua despolitização*. São Paulo, Segmento Farma, 2013.

_____. "Retorno às trevas, com subsídios", *O Globo*, 15 nov. 2004.

_____. "Decifra-me ou te devoro". Texto de divulgação da peça *Óidipous, filho de Laios*. Teatro Sesc/RJ, mar. 2009.

Raulet, Gérard. "As duas faces da morte: sobre o estatuto da agressividade e da pulsão de morte em 'O mal-estar na cultura'", in Jacques Le Rider (Org.). *Em torno de "O mal-estar na cultura", de Freud*. São Paulo, Escuta, 2002.

Reiss, Françoise. *Nijinsky ou La grace: Sa vie, son esthétique et sa psychologie*. Paris, Editions d'Aujourd'hui, 1980.

Ribeiro, Maria Anita Carneiro. "Nunca houve história mais bela", *Anais do III Congresso Nacional de Psicanálise da UFC — X Encontro de Psicanálise da UFC*. CD-ROM. Fortaleza, 2005.

Rivera, Tânia. *Arte e psicanálise*. Rio de Janeiro, Zahar, 2002.

_____. *Cinema, imagem e psicanálise*. Rio de Janeiro, Zahar, 2008.

Robert, Marthe. *La révolution psychanalytique: La vie et l'oeuvre de Freud*, vol.II. Paris, Payot, 1964.

Rosa, João Guimarães. "As garças", in *Ave, palavra*. Rio de Janeiro, Nova Fronteira, 2001.

Roudinesco, Elisabeth. *História da psicanálise na França: A batalha dos cem anos*, vol.1, *1885-1939*. Rio de Janeiro, Zahar, 1989.

_____. *Em defesa da psicanálise*. Rio de Janeiro, Zahar, 2009.

Roudinesco, Elisabeth e Michel Plon. *Dicionário de psicanálise*. Rio de Janeiro, Zahar, 1998.

Rudge, Ana Maria. "Pulsão de morte como efeito do supereu", *Agora: Estudos em Teoria Psicanalítica*, vol.IX, n.1, Rio de Janeiro, Contra Capa/UFRJ, jan.-jun. 2006.

Ruffié, Jacques. *Le sexe et la mort*. Paris, Odile Jacob, 1986.

Safouan, Moustapha. "A fantasia na doutrina psicanalítica e a questão do fim da análise", in *Estudos sobre o Édipo*. Rio de Janeiro, Zahar, 1979.

Shakespeare, William. *Romeo and Juliet*, in *Complete Works*. London, Oxford, 1969.

_____. *Macbeth*. Tradução de Carlos Alberto Nunes. Rio de Janeiro, Agir, 2008.

Silva, Gastão Pereira da. "Entrevista", in *Revirão — Revista da Prática Freudiana*, n. 1: Nasce uma estrela, Rio de Janeiro, 1985, pp.139-49.

Sófocles. *A trilogia tebana: Édipo rei, Édipo em Colono, Antígona*. Tradução de Mário da Gama Kury. Rio de Janeiro, Zahar, 1990.

_____. *The Theban Plays*. Tradução de E.F. Watling. Middlesex, Penguin, 1977.

Soler, Colette. *O que Lacan dizia das mulheres*. Rio de Janeiro, Zahar, 2006.

_____. "Trauma e fantasia", *Stylus*, n.9, Rio de Janeiro, Associação Fóruns do Campo Lacaniano, out. 2004.

Sontag, Susan. *Doença como metáfora / Aids e suas metáforas*. São Paulo, Companhia das Letras, 2007.

Souza, Naum Alves de. *Nijinski*. Rio de Janeiro, Civilização Brasileira, 1989.

Spielrein, Sabina. *Entre Freud et Jung*. Paris, Aubier, 2004.

Spitz, René. "Hospitalism: an inquiry into the genesis of psychiatric conditions in early childhood", in *The Psychoanalytic Study of the Child*, vol.1. Nova York, International Universities Press, 1945.

Sulloway, Frank. *Freud biologiste de l'esprit*. Paris, Fayard, 1981.

Tavares, Bráulio. *Freud e o estranho: Contos fantásticos do inconsciente*. Rio de Janeiro, Casa da Palavra, 2007.

The Kris Study Group of the New York Psychoanalytic Institute. Edward D. Joseph (Org.). *Monograph I: Beating Fantasies — Regressive Ego Phenomena in Psychoanalysis*. Nova York, International Universities Press, 1965.

Trillat, Étienne. *De l'hystérie à la psychose: Du corps à la parole*. Paris, L'Harmattan, 1999.

Valas, Patrick. *As dimensões do gozo*. Rio de Janeiro, Zahar, 2001.

Vaneigem, Raoul. "Jouissance", in *Dictionnaire de la psychanalyse*. Paris, Encyclopaedia Universalis/Albin Michel, 1997.

Vernant, Jean-Pierre e Pierre Vidal-Naquet. *Mito e tragédia na Grécia Antiga*. São Paulo, Brasiliense, 1988.

Vidal, Gore. "Sexo é política", in *De fato e de ficção: Ensaios contra a corrente*. São Paulo, Companhia das Letras, 1987.

Winnicott, Donald Woods. *Da pediatria à psicanálise: Obras escolhidas*. Rio de Janeiro, Imago, 2000.

Yaghen-Vial, Nafia Marianne Laurence Bahena. "Un caso para la clínica de las psicosis: Vaslav Nijinsky. Un caso paradigmático de la investidura narcisista del cuerpo y del devenir psicótico", in *Revista Latinoamericana de Psicopatología Fundamental*, vol.2, n.4, São Paulo, out.-dez. 1999, pp.143-58.

Zalcberg, Malvine. *Amor, paixão feminina*. Rio de Janeiro, Campus, 2008.

Filmes

Alphaville (*Alphaville, une étrange aventure de Lemmy Caution*, 1965), de Jean-Luc Godard.

Asas do desejo (*Der Himmel über Berlin*, 1987), de Wim Wenders.

Casablanca (*Casablanca*, 1942), de Michael Curtiz.

Central do Brasil (1998), de Walter Salles.

Céu que nos protege, O (*The Sheltering Sky*, 1990), de Bernardo Bertolucci.

Declínio do império americano, O (*Le déclin de l'empire américain*, 1986), de Denys Arcand.

Einstein do sexo, O (*Der Einstein des Sex*, 1999), de Rosa von Praunheim.

Esse obscuro objeto do desejo (*Cet obscur objet du désir*, 1977), de Luis Buñuel.

Eu sei que vou te amar (1986), de Arnaldo Jabor.

Exterminador do futuro, O (*The Terminator*, 1984), de James Cameron.

Exterminador do futuro II, O: O julgamento final (*Terminator 2: Judgment Day*, 1991), de James Cameron.

Exterminador do futuro III, O: A rebelião das máquinas (*Terminator 3: Rise of the Machines*, 2003), de Jonathan Mostow.

Exterminador do futuro IV, O: A salvação (*Terminator Salvation*, 2009), de McG.

Homens (*Männer...*, 1985), de Doris Dörrie.

Horas, As (*The Hours*, 2002), de Stephen Daldry.

Império dos sentidos, O (*L'Empire des sens*, 1976), de Nagisa Oshima.

Invasões bárbaras, As (*Les invasions barbares*, 2003), de Denys Arcand.

Lanternas vermelhas (*Da hong deng long gao gao gua*, 1991), de Zhang Yimou.

Ligações perigosas (*Dangerous Liaisons*, 1988), de Stephen Frears.

Nijinsky: Uma história real (*Nijinsky, a True Story*, 1980), de Herbert Ross.

Palhaços, Os (*I clowns*, 1971), de Federico Fellini.

Passageiro: Profissão repórter, O (*Professione: reporter*, 1975), de Michelangelo Antonioni.

Passagem para a Índia (*A Passage to India*, 1984), de David Lean.

Segredo de Brokeback Mountain, O (*Brokeback Mountain*, 2005), de Ang Lee.

Sexo, mentiras e videoteipe (*Sex, Lies and Videotape*, 1989), de Steven Soderbergh.

Tomates verdes fritos (*Fried Green Tomatoes*, 1991), de Jon Avnet.

Traffic: Ninguém sai ileso (*Traffic*, 2000), de Steven Soderbergh.

Trainspotting: Sem limites (*Trainspotting*, 1996), de Danny Boyle.

Créditos das ilustrações

p.62: © Photothèque R. Magritte/ AUTVIS, Brasil, 2022. *Os dias gigantescos*, 1930. Óleo sobre tela, 72,4 × 54 cm/ Fine Art Images/ Album/ Fotoarena.

p.226: Vaslav Nijinski (1889 – 1950). *Figuras geométricas*, s.d. Lápis de cor sobre papel, 37 × 30 cm.

p.237: Jean Auguste Dominique Ingres (1780-1867). *Édipo explica o enigma da Esfinge*, 1808. Óleo sobre tela, 189 × 144 cm.

p.305: © Photothèque R. Magritte/ AUTVIS, Brasil, 2022. *A luneta da aproximação*, 1964. Guache sobre papel, 60,5 × 35,5 cm/ © Christie's Images/ Bridgeman/ Fotoarena.

p. 313 (acima): © Hopper, Edward/ AUTVIS, Brasil, 2022. *Summer Interior*, 1909. Óleo sobre tela, 61 × 73,7 cm/ Fine Art Images/ Album/ Fotoarena.

p. 313 (abaixo): © Hopper, Edward/ AUTVIS, Brasil, 2022. *Room in Brooklyn*, 1932. Óleo sobre tela, 73,98 × 86,36 cm/ Erich Lessing/ Album/ Fotoarena.

1ª EDIÇÃO [2022] 1 reimpressão

ESTA OBRA FOI COMPOSTA POR MARI TABOADA EM DANTE PRO E
IMPRESSA EM OFSETE PELA GRÁFICA PAYM SOBRE PAPEL PÓLEN DA
SUZANO S.A. PARA A EDITORA SCHWARCZ EM NOVEMBRO DE 2024